北大讲座

第二十一辑

《北大讲座》编委会

北京大学出版社
PEKING UNIVERSITY PRESS

图书在版编目(CIP)数据

北大讲座.第 21 辑/《北大讲座》编委会编.—北京:北京大学出版社,
2009.11
ISBN 978-7-301-07295-0

Ⅰ.北… Ⅱ.北… Ⅲ.①社会科学-中国-文集②自然科学-中国-文
集 Ⅳ.Z427

中国版本图书馆 CIP 数据核字(2009)第 189727 号

书　　　　名:	北大讲座(第二十一辑)
著作责任者:	《北大讲座》编委会　编
责 任 编 辑:	胡利国
标 准 书 号:	ISBN 978-7-301-07295-0/G·1165
出 版 发 行:	北京大学出版社
地　　　　址:	北京市海淀区成府路 205 号　100871
网　　　　址:	http://www.pup.cn　电子邮箱:hlgws0380@sina.com
电　　　　话:	邮购部 62752015　发行部 62750672　出版部 62754962
	编辑部 62765016
印 刷 者:	三河市北燕印装有限公司
经 销 者:	新华书店
	650mm×980mm　16 开本　22 印张　334 千字
	2009 年 11 月第 1 版　2011 年 9 月第 2 次印刷
定　　　　价:	38.00 元

未经许可,不得以任何方式复制或抄袭本书之部分或全部内容。
版权所有,侵权必究
举报电话: 010-62752024　电子邮箱: fd@pup.pku.edu.cn

北大讲座

季羡林

《北大讲座》编委会

主　　任：周其凤
副 主 任：张　彦
成员单位：北京大学党委宣传部
　　　　　北京大学学生工作部
　　　　　北京大学教务部
　　　　　北京大学教育基金会
　　　　　北京大学科学研究部
　　　　　北京大学社会科学部
　　　　　共青团北京大学委员会
　　　　　北京大学艺术学院
　　　　　北京大学出版社

《北大讲座》(第二十一辑)编委会

主　　　编：吕晨飞
副　主　编：郑清文
执 行 主 编：于家明
执行副主编：庄姝婷
编辑委员会：(按姓氏笔画排序)

丁雪晨	马　畅	马梦璇	王大林	王玉珏
王怡丹	冯　丽	卢武习	申禹杰	刘　健
那　威	孙宪明	孙浩然	孙　硕	何方竹
李　可	李　果	杨　鹏	张友谊	陈　特
林清祥	周光照	胡　吉	胡　明	钱　涛
徐　杰	黄世哲	黄成玉	黄劲草	雷　蕾
熊　丹	薛　元			

目 录

大学生的四个 Learn ……………………………… 许纪霖（1）

    大学生在大学应学习的四个 Learn 是：(1) Learn to know（学习知识）；(2) Learn to be（学习做人）；(3) Learn to do（学习做事）；(4) Learn to be together（学习相处）。

做人，做事，做学问 ……………………………… 陈哲夫（14）

    首先是做人，第一要诚信；第二要谦虚；第三要宽容；第四要忍耐。其次是做事，年轻人要立志做大事，不可立志做大官，要自控能力强，能够团结群众。再次是做学问，做学问就得甘心坐冷板凳，心静如水，才能做出大的成绩。

悟（误）读中国人 ………………………………… 唐　林（22）

    唐林在这篇演讲中是这样悟（误）读中国人的：面子是中国人的核心价值；好处是中国人的核心指南；恩情是中国人的核心感情；孝顺是中国人的核心手段。

法律适用时代是否已经到来？
    ——**法律适用主义与大陆法系判例制度** ……… 黄　卉（62）

    黄卉教授发表演讲认为我国法律适用时代已经到来，清华大学的许章润老师、北大的葛方松老师和葆郁林老师做了生动、妙趣横生的现场评议。

人权的若干理论问题 ……………………………… 李步云（93）

文学何为？ ………………………………………… 曹文轩（103）

    文学对于人类来说究竟有什么样的意义？它的根本意义在于为人类提供良好的人性基础，包括以下三个维度：一、道义；二、审美；三、情感。

中印经济比较 ·· 程瑞声(128)
  中印两国崛起是一个重大的历史事件。中印两国比较,中国经济的优势
有:(1)工业产业快速发展;(2)基础设施建设好;(3)开放程度高,吸收的外资
多;(4)储蓄率高;(5)社会主义的优越性。
  印度经济的优势:(1)印度对投资的利用比中国好;(2)制度创新能力强;
(3)软件行业竞争力强;(4)股票市场与银行管理强;(5)私人资本运作成熟;
(6)不搞计划生育,人口比例较合理。
  两国共同的问题:(1)要真正赶上发达国家还有很长的路要走;(2)能源问
题;(3)贫富悬殊问题。

金融危机的起源与演变 ·· 王湘穗(142)
未来之路与成功人生 ·· 李廷海(154)
  一个人成功,有四大关键要素:第一是知识,第二是技能,第三是经验,第四
是职业素养;五个能力:第一是沟通能力,第二是社会适应能力,还有创新能力、
决策能力、整合资源能力。

新农村建设的实践与思考 ······································ 牛有成(179)
  (1)"三农"所处的阶段;(2)"三农"所面临的现状;(3)北京新农村建设的
实践。

智者·惑也 ··· 谭　智(195)
  分众传媒首席执行官讲述他的成功经商故事。

理解文化 ·· 李景强(215)
  什么是文化,众说纷纭,不可能有一个没有争议的理想的答案,此文对于我
们对文化的理解有参考意义。

京西皇家园林沧桑 ·· 刘　阳(231)
  (1)"三山""五园"的概念;(2)第二次鸦片战争及西郊皇家园林被损毁的
历史过程;(3)庚子事件后的西郊园林。

中国首都的变迁与地理环境 ···································· 王恩涌(258)
  (1)首都的功能与条件;(2)我国首都的空间格局与环境;(3)夏、商、西周时
的首都;(4)秦、汉到唐时的首都;(5)宋时首都的变动;(6)元、明、清时的北京

中国行政区划与地方行政管理 ………………………… 韩茂莉(270)

  (1)回顾历史上地方行政管理的方式,以及在这个过程中地方行政区划经历的发展阶段;从历史回归到今天,看当代地方行政区划的层级以及在地方行政管理过程中有哪些需要商榷和讨论的问题;讲述行政区划的原则以及行政区划界限在国家政治中起到的作用。

当前中国民族问题的症结与出路 ………………………… 马　戎(289)

  马戎教授认为,我们应该强化中华民族意识,建议把原来的56个民族,改为"某某族群",以全体中国人的长远利益和根本利益为考虑。

电视广播产业链的变革 ……………………………………… 卢增祥(309)
汶川救灾中的气象保障 ……………………………………… 梁爱民(316)
《北大讲座》十一至二十辑总目录 ……………………………… (334)

大学生的四个 learn

■ 许纪霖

[演讲者小传]

许纪霖,男,1957年生,教授、博士生导师,1982年毕业于华东师范大学政治系,获法学学士学位并留校任教,1985年在该系在职攻读中国近现代政治思想史硕士研究生,1988年获得法学硕士学位。现为华东师范大学紫江特聘教授、历史系中国近现代思想史方向博士生导师、上海市重点学科中国近现代史学科带头人、国家哲学社会科学985创新基地华东师范大学思勉人文高等研究院常务副院长、教育部人文社会科学研究重点研究基地华东师范大学中国现代思想文化研究所常务副所长,兼任上海历史学会副会长、秘书长、中国史学会理事、上海哲学社会科学联合会委员、香港中文大学《二十一世纪》杂志编委。先后在香港中文大学、澳大利亚国立大学、新加坡国立大学、哈佛大学、台湾"中央"研究院、加拿大不列颠哥伦比亚大学担任高级访问学者。

近年来,主要从事20世纪中国思想史与知识分子的研究、上海的城市文化研究,著作有:《无穷的困惑》、《智者的尊严》、《中国现代化史》(主编)、《寻求意义》、《许纪霖自选集》、《另一种启蒙》、《中国知识分子十论》、《启蒙的自我瓦解》(合著)、《近代中国知识分子的公共交往》(合著)等。另有学术论文近百篇,发表于《二十一世纪》、《读书》、《历史研究》、《近代史研究》、《国外社会科学》、《学术月刊》等学术刊物,有6篇论文被译为英文、法文、日文和荷兰文,在美国、英国、澳大利亚、法国、日本和荷兰等国的学术刊物和出版物上发表。

今天我们许多人都在谈大学人文教育,但人文教育究竟是什么?是否开一些通识课程,让学生读读《论语》、《孟子》、《庄子》,或者了解莎士比亚、歌德,就是人文教育?如果对人文教育作如此狭隘的理解,那么对于学生来说,通识课程无疑只是又增加了一点死的知识而已。所谓人文教育,最重要的是教育观念的转变,大学不仅是知识传授的场所,更重要的是培养有知识、有教养的博雅之士。如何培养博雅之士?联合国教科文组织的一个讨论21世纪的报告中说,大学教育应该鼓励学生在大学里面学习四个learn:learn to know,learn to be,learn to do ,learn to be together (学习知识、学习做人、学习做事、学习相处)。在我看来,当大学生的目标在这四个learn上平衡发展时,大学的人文教育才能说真正落到了实处。

大学之所以为大学

大学并不完全是一个乌托邦,而是得从它的历史来看。虽然有人经常说我们中国的大学很古老,湖南长沙岳麓书院有一千年的历史,但是真正意义上的大学还是起源于欧洲,最早的大学产生于意大利、法国,然后再到英国,像我们所熟悉的牛津、剑桥,都是产生于中世纪的欧洲。大学university这个词,按照它原来的含义其实包括两个方面:第一,university是一个地方,一个可以接纳来自世界各地学生的地方。我们知道中世纪的欧洲是由宗教统治的,罗马教会领导的基督教并不是单单一个民族的,它普度众生,是全人类的,最起码是白人的、全欧洲的,这个传统就这么保存了下来。越是好的大学,越是国际化的大学,留学生就越多;越是一般的大学,就越是地方性的大学。所以,对大学来讲,开放是第一个标准。第二,大学是提供博雅教育的地方,培养绅士的地方。在欧洲绅士就是贵族,无论是法国的巴黎大学、德国的洪堡大学,还是英国的剑桥、牛津大学,都是以此为宗旨的。在教会以外之所以还要组建大学,其目的就是要培养有知识的贵族。那个时候的知识可能跟我们今天理解的有些不一样,我们今天更注重应用性的技术,而那时人们更偏向于陶冶性情的知识。因此,他们培养的人都是些博雅之士。

不仅是欧洲,这两点也一样是中国教育的传统。我们中国的孔子虽然没像柏拉图那样有个书院,但是他弟子三千,也形成了一个教育的空间和氛围。从孔子开始,一直到后来宋代出现的各种各样的书院,包括岳麓书院、白鹿洞书院、东林书院等许多著名的书院,你会发现它们的教育理念很接近欧洲大学的风格。它包容性很强,不仅仅只接纳本地人士,而是欢迎来自五湖四海的有志于儒学研究的学子。这些学子常常不满于科举,当年的科举跟我们今天的应试教育差不多,是学不到什么真东西的,所以他们要到书院里面来寻找一些真正有价值的东西。而书院,按照中国的传统,主要不是传授知识,而是教你做人。做什么人呢?成为一个儒家所认为的有道德的君子,一个知书达理的君子。

同样是博雅的教育,无论是在中国还是在欧洲,大学起源的目标是非常非常明确的。那么,这样一个非常清楚的理念为什么到了今天却模糊起来了呢?这个与工业革命,特别是第二次世界大战后大学的大规模发展有关系。大学本来是少数贵族、精英才能去的地方。不要说那么遥远,我是"文革"后第一年恢复高考时读的大学,今年是恢复高考三十周年。我们作为第一届恢复高考的大学生,人数非常少,比现在的博士生还少。那个年代的大学是精英去的地方。

随着第二次世界大战后全世界大学的普及、平民化,大学数量剧增,它教育的性质和目标自然就发生了变化。现在很多大学生甚至把大学看成是一个卖知识的市场,我交了学费,是购买知识,你老师站在讲台上,不过是在出卖知识。双方是一个买卖关系。学生把上大学仅仅看做是买一种专业技能的过程。这样一种看法实际上今天非常流行,有不少学生、家长以这样的标准来选大学。虽然现在不少学校摇身一变都改名叫大学了,但是大学不是专科学校,它是 university,是一个综合性的、培养博雅之士地方,这就是一所真正的大学和一所专科性学校最大的差别。上大学主要是来感受一所综合性大学的氛围,培养博雅的素质。

那么,今天一所真正的 university,公认由什么组成呢?有三部分:一、在教学方面它是学术性教学,决不是应用性的,而是带有研究性的教学。二、大学也同时是一个学术研究的机构,正如清华老校长梅贻琦所说,大学之大,不在于有大楼而在于有大师,可惜的是我们中国今天的大学都热衷于盖大楼而不注重培养大师。第三点最重要,是创造性的文化氛围,看一个大学是不是好的,就要看在校园里面是不是有一种创造性的文化生活。这个文化是广义的,包括文学、艺术、科技,乃至各个方面你所能想象的它都有。以上就形成了大学的三个很重要的标准,也只有满足了这三个条件我们才能说这是一所真正的、理想的大学。

这些标准是欧洲大学的传承,尤其以后同学们有机会出去到国外大学感受一下就会发现。今天我们中国的大学,给人感觉与外面差不多,也都是俗人待的地方。清华、北大现在成为考试精英顶礼膜拜的圣地,一到暑假,全国各地的中小学生就组团举着小旗来清华、北大旅游,在北大未名湖畔、清华牌楼前宣誓:我一定要考上清华、北大!这些举动背后根本不具有神圣性,考上这两所大学只是一个非常世俗的目标。但是如果你到了西方那些非常古老的大学,如牛津、剑桥,美国大学算年轻的,像哈佛、耶鲁,就非常不一样。我在哈佛做访问学者待过半年,哈佛大学可以说其貌不扬,老的哈佛校园可以说比我们一个学院还小,三分钟就可以兜下来了,矮矮的几幢楼,连校门都没有,当然没有我们中国有的大学宏伟的校门那样壮观。但是你一进哈佛,站在哈佛广场,就会感受到一种神圣性;这种神圣性实际上是它的历史传统留下的,让你感到那真是一个学术殿堂。哈佛有个传统,不管是美国总统来了还是比尔·盖茨来了,它都不会给你搞一个什么盛大欢迎仪式。任何人哪怕总统哪怕教皇去,都要低下他的头。为什么?因为哈佛所代表的那种知识的严肃性、神圣性,即使在金钱、权力面前也丝毫不贬值,那种氛围令你肃然起敬。我有个同学,毕业后下海经商了,老是嘲笑我,说你们搞学术什么破玩意儿,这些我都玩过,有什么意思!结果有一年他到美国商务旅行,回来对我说:"我去哈佛了,一进门,那个学术气氛,原来还是很神圣啊!那一瞬间我突然很冲动,算了,钱真没什么用,还是回到校园干学术吧。但一回到中国,看看中国这些学校,想想还是算了吧。"先不要讲抽象的理念,就是校园感观上的这种神圣性,我们这里也破坏得差不多了。而在国外,那些古老的大学,那种学术的庄严感至今不散,在欧洲传统里面当初教会所带来的那种神圣性今天依然还很浓。哈佛被全世界称作学术的圣地,大家都去朝拜,原因也就在此。

当我们了解了大学之所以是大学以后,就可以接下去理解为什么大学生要学四个 learn 了。

learn to know(学习知识)

大家都知道,到大学来就是学习知识。但是学什么知识呢?这个恐怕就不是每一个同学都清楚的了。学专业是当然的了,但大学是培养博雅之士的地方,所以,学习专业以外的知识尤为重要。这里我们会遇到一个博与约的问题,博是博雅,约是指你能化约一个专业的知识,这两个东西之间可能会有点紧张。有些同学讲:老师,我们学专业都忙不过来了,还有多少时间学专业以外的知识呢?其实我们今天的大学体制有很严重的问题,就是照搬前苏联的高等教育体制,把大学的专业分得特别细。我们今天大学的专业分得这样细,可以说全世界少有,英国、法国、德国的大学,还有美国的大学,你考进的时候完全不分专业,大一大二完全是通识教育,大三大四才有所谓的专业供你选择。我们现在的高考,家长和小孩煞费苦心考虑高考选什么专业,一个高中生刚刚被应试教育搞得昏头昏脑的,他搞得清楚自己真正喜欢什么专业吗?他的选择只能按照世俗眼光去衡量,以后什么能赚大钱,什么比较吃香,就选什么。结果考进去以后发现其实自己未必喜欢。一个人最痛苦的,除了嫁错人以外就是选错专业。嫁错人还可以离婚改嫁,选错专业再改,代价就大多了。国外的大学直到大三乃至大四才开始渐渐细分专业。当你修了很多门课后,心灵逐渐丰满起来,真正发现了你的兴趣所在,才开始选择专业。到底自己喜欢什么,适合什么,这是一个过程,不是一次性的决断,但是中国现在的大学却是一次性买断。

  不少读书好的同学,专业知识学得很深,但是比较忽略专业以外的知识。前面讲过大学和职业学校的差别,它不是培养专业技能的,而是培养综合素质的。综合素质像煲鸡汤一样,是文火炖出来的,而不是靠某种专业技能练出来的。这就是一个好的大学和一个专科类大学学生的最大差别。那些被大家公认为金饭碗的跨国公司招新员工的时候,人家根本不看你专业,它只看你出身什么学校,为什么?因为如果你是个人才,我花半年一年时间培训一下专业技能就可以了,技术没有什么难的。但是你这个人是不是一个心灵丰富、知识全面、有创造性的人才,这是需要好环境熏陶的,传统社会讲究好人家出身,现代社会则看是否好学校出身。所以这些跨国公司根本不问专业,只问学校。

  为什么好的学校出来的人社会比较欢迎呢?因为他的知识面非常宽广,他受到了比较好的博雅教育,他是有创造性的,并不只是掌握了某门技能。从这点而言,learn to know 这里大有文章可做。至今我还很怀念我的大学生活,那时候专业学习比较枯燥,最有趣的是自己坐在图书馆里面乱看书,乱翻杂志,然后听各种各样相干的乃至不相干的讲座,这些讲座你当时问我有什么用,我也不知道,但是慢慢地,你的人格、你的心灵、你的知识就被这样一个氛围熏陶出来了。好的大学你进去就会发现,墙上贴满学术讲座的海报,而不是那些实用性的传单。哈佛大学每天各院系、研究中心的讲座加起来有几十个。以费正清东亚研究中心为例子,一周平均就要有二三次讲座。那是真正的大学氛围。要学知识哪里学不到,到新东方去可能还比我们大学学得更好呢!然而,新东方没有讲座,只有大学才有这些"乱七八糟"的讲座,而我们正需要这样的讲座来熏陶心灵。博雅之士在大学里不用专门去学,就是一个熏陶的结果。

现在人们都很关心大学排名,这是最不懂大学的外行人的做法。看一个大学是不是够优秀,首先要看它有没有传统,有传统的就是好学校。当然传统是各种各样的,你选择了一所大学就选择了它的传统。比如说在美国,绝对不是像中国那样,按照什么量化标准,每所大学都想成为清华、北大,如今清华、北大也越来越没有特点,基本上是千校一面。真正好的大学不在于它的大,而在于它的传统。美国的大学真的非常多元,你看,哈佛地处美国东部的新英格兰地区,基本上是欧洲大学的传统。那么到了西部的斯坦福大学就不一样了,斯坦福完全是一所美国的大学,它十分注重创造性,更美国化,注重应用性,所以在大学旁边可以发展出来一个硅谷。斯坦福还有个邻居,是加州大学伯克利校区。伯克利被称为平民的哈佛,在美国公立大学里面它是公认的第一名,充满了前卫和反抗的精神。20世纪60年代反越战时伯克利冲在前面,各种各样的嬉皮士、同性恋云集。当年福柯到美国去,其他学校不去,独独选择了伯克利,他觉得这是他心灵可以栖息的场所。直到今天,伯克利还有个广场,这个广场上还有各种流浪者和乞丐,在中国早就被城管给赶走了,但是伯克利认为这是学校的传统,可以容忍异端,这是从60年代遗留下来的反战传统。

而今天在中国,大学仿佛只以大取胜,越大就越是"大"学,拼成一艘艘航空母舰,像浙大和吉大。而在美国,有一个小小的大学经常压过哈佛和耶鲁,排在第一名,这就是非常小的普林斯顿大学。普林斯顿之小你难以想象,一共才两千名学生,它拒绝办商学院、法学院这类应用型学院。它接受的是欧洲古老传统,认为大学应该发展那些理论性的学科,像数学、物理、人文社会科学……这些所谓形而上的东西。普林斯顿完全没有应用学科，但是它的学生非常精英，它每年从校友里面得到的平均捐款远远高于哈佛。你进了普林斯顿大学后感觉会非常强烈。余英时先生所在的历史系，那幢楼历史悠久，当年爱因斯坦在这里办公，世界上第一台计算机在这里诞生，余先生最后又在这里执教……这就形成了普林斯顿大学非常精英的学术氛围。

　　博与雅的结合，就是一种有用的知识和好的知识的平衡。今天的社会很实际，都在比较这个有用，那个没用，我们很多同学也都想考个证书，积累些有用的知识，但实际上真正能够培养人的心灵的，更重要的是那些没有用的知识，那就是我称之为好的知识。一个博雅的心灵是由很多好的知识塑造起来的 。王小波在一篇杂文里面讲，他读大学时在人民大学，读的是经济。在高等数学课上，来的是位老先生，他上台讲的第一句话是，我今天讲的是高等数学，我想告诉你们的是，高等数学没有用，但却是好的知识。这句话让王小波一生受用。现在很多人脑袋里装的都是有用的知识，这样的人发展空间很有限，最多是个一流技术人才。只有装满好的知识的人，他才有创造性，才见过大世面，他有想象力。有用的知识不给你想象空间的，它教给你的是一套规则，而不是如何突破和创造。前不久，我在我的学校的校报读到整整一版介绍华东师大出身的儒商的文章，读完之后我发现了一个秘密：儒商大部分都不是商学院出身！江南春是中文系的，他最早热衷写诗，后来把写诗这个创造力运用到商业中去：坐电梯时突然想到这个电梯里可以搞广告啊！后来他建立了分众传媒，果然一鸣惊人，显然他的灵感来源于平常写诗所形成的想象力。不是商学院毕业的，后来生意场上为什么也做得那么好呢？这是因为他们有一些技术以外的知识，即使到了商场上，也能慢慢靠着他们丰富的想象力大获成功。所以我们看到好的知识，千万不要以有用没用来衡量，好的知识平时可能没有用，一旦有用的时候就有大用，而且终生受用。

learn to be（学习做人）

　　大学只要是培养博雅之士，那么做人，学习做人（learn to be）就是大学培养的中心目标。从中西方的传统来看，这是比 learn to know 更重要的一个目标。哈佛大学和耶鲁大学的双料博士冯象前不久在接受采访时,讲了一段话。他说,美国的法学院,像耶鲁,从来不把培养专业人才当作自己的目标。那么耶鲁培养什么呢?培养的是品质优异的学生,至于他以后是当律师,当法官,还是当总统,乃至去好莱坞写剧本,都是法学院学生的选择。美国第一流的法学院从来不给学生设定目标,它就是培养一个优秀的、领袖式的人才,这才是它的宗旨。

我们现在也有不少大学自认为是一流大学,要培养一流人才。怎么是一流呢?培养学生从大学起会打高尔夫球!它们觉得一流大学就是要培养贵族,什么是贵族,他们心里也不清楚,大概以为打个高尔夫球就不得了了。而国外的大学又是怎样培养贵族呢?其实,贵族的传统含义根本不是中国某些人想象的打高尔夫球、骑马、打猎这些特权。真正的贵族在大学里面有两个含义。第一,它要培养你作为贵族的自律精神。牛津、剑桥,还有好多欧洲的大学,至今还保持着学院的传统,如国王学院、女王学院、三一学院……学院过的是集体生活,里面的学生完全是按照训练贵族的方式培养的。实际上过去的欧洲贵族,放在今天你们都不想去做,逃避都来不及。欧洲执行长子继承权,不是长子就要当骑士,要出去打仗。尊为贵族,所以就有专门的学校来训练他们。这个训练是像清教徒一般的生活,非常辛苦,条件简陋,纪律像军队一般的严明。今天身为英国的王子,威廉王子,哈里王子,哪怕是到伊顿公学读书,传统还是那个,这是一种非常严格的道德、生活的自律,非常严谨。贵族把什么看得最重要?荣誉。这个传统也被西方的大学继承下来,他们把自己母校的荣誉看得比什么都重。国外的大学都有个校徽,为什么要有校徽呢?这是因为过去的名门望族都有自己的族徽,而校徽也渊源于此。这个大学的校徽代表着你这个家族、这个大学的荣誉,你的一生就和这个荣誉捆绑在一起。在国外你是什么大学出身,你一生的行为规范就和大学紧密联系在一起了。校友对学校的认同感很强,一生都会按照母校的传统去生活,捍卫母校的尊严。校友里面要是出了败类,发生抄袭事件了,所有的校友都会觉得是极大的耻辱,抄袭者会被严厉地清除出大学。

我们今天讲八荣八耻。靠什么维持八荣八耻?靠国法?法是个外在的戒律,虽然说天网恢恢,但是疏而有漏的太多了。靠个人自律?个人自律是有限的,我们也不可能像过去那样修身养性。这里面有一个很重要的动力,那就是荣誉。在国外的大学,尤其是私立大学,很大一部分资金来自校友的捐款。为什么要捐款?他觉得这是非常重要的回报。我是哈佛学生,毕业时找到了好的工作,这个荣誉是我的母校给我的,所以我要给母校回报。

第二点,贵族并不是靠打高尔夫球把自己和平民区别开来,你越是贵族,越要关心平民,要和平民打成一片。每到周末,几乎所有哈佛的同学都会自觉地到社区去做义工,比如在华人社区里面,你可以看到很多很多哈佛的同学在那里帮助新来的华人移民学英语、如何报税纳税。当年我在波士顿的一个教堂参加过英语口语提高班,不用交学费。我的老师是一个非常年轻的女孩子,哈佛商学院毕业的,在一个大银行上班,平时非常非常忙,但是她每周还是抽出两个半天到教堂来做义工,教英语。我问她为什么这样做?她说了两句话,第一句话说:"这是哈佛的传统";第二句话说:"我这一周里面,只有这两天是真正为自己工作,这是我最喜欢的。"什么叫贵族气质?不是今天许多中国的媒体所宣传的那样,与平民隔绝,高高在上。那不是贵族,靠开宝马车、打高尔夫球包装自己的,是伪贵族,只是没有精神底蕴的暴发户而已。

learn to do(学习做事)

要成为贵族,首先要学会做事。我刚才说的都是些大事,但是大事不是一天做出来的,金字塔不是一天建起的。要能够做大事,首先要学会做小事,学会做各种各样的小事,这是大学特别要熏陶的。我们有一些同学,书读得很好,但有一个能力非常弱,就是不会做事。今天我们很多同学出去找工作,给人感觉,大事不会做,小事不想做。报纸上报道,好多学生名牌大学毕业,复印机不会用,最简单的传真不会发。这些小事情,可能有些是一学就会,但是很多能力是要积累的。所以,在大学里面除了书读好以外,还要学会做小事情,这是一种能力。现在我们大学有各种各样志愿者的团体和活动,还有许多勤工俭学的机会。哪怕学生时间再紧,也一定要去参加这些活动,重要的不是你从中得到了什么金钱的回报,而是学会做事。这是很重要的。

我曾经有几个博士生,家里比较贫困。为了表明自己会全心学习,就

对我说:"老师,我宁愿生活苦一点,也坚决不打工。"我对他们说:"你们错了,最出色的学生,书要读的好,工也要打的好,这才是好学生"。在国外的学校里面,不管你有钱还是没钱,许多学生都在打工,中国学生觉得丢脸的工作,即在学校附近的餐馆和咖啡馆里做服务员。今天中午是你的同学来给你端菜,晚上就变成你为他服务了。这是很平常的事,通过做这些,他们要提升自己的生活能力。这不是为钱,主要是锻炼自己在社会中的生存能力。

　　正因为小事做过了,以后才能成就大事。不要以为不做小事直接就能做大事。不要拒绝做小事,只有从一点点做起,每一个细节都把握才能做成大事。我们现在有不少同学找工作,败就败在细节上。现在不少大学生、研究生的求职简历,大部分是千篇一律,没有什么亮点。用人单位想看到的,除了成绩这些硬指标之外,还要看你是否有过社会阅历,比如暑假里面到什么公司兼过什么职,参加过什么志愿团体,有过什么相关的社会实践,在大学里面是否参加过什么社团,在学校里有没有领导过社团……这些都是闪光的地方,是拿得出手的地方,让我知道你是干过小事情,你是能干小事情的。但是,在这方面,大部分同学是一片空白,非常苍白。在国外,大学生参加过太多太多的志愿团体、学生社团乃至各种义工,小事做得太多了,所以他们一进公司,就非常迅速地适应了公司的节奏。现在同学们都想进大公司,因为大公司收入高,发展前途好。但是公司文化不是大学文化。大学还能容忍散漫、随便。但今天的公司像军队一样,非常严谨,越是好的公司越严谨,尤其是外企,学生如果要进去,就要适应这种文化,很多时候就是通过做小事培养起来的。

　　美国波士顿每年到9月份,在中央公园就有一个全市志愿团体联合搞的招募新成员的大会。这个热闹到了难以想象的地步,比上海搞国际车展还热闹。这全是义工,没有报酬,自己还要贴车费、贴精力,但是这么多人,他们就是为了锻炼自己的能力,而这些经历填在求职表上、履历表上都是闪光点。江南春现在成了亿万富翁,但当年却是从搞推销、跑腿开始的。因为他当年竞选校学生会主席,要请每个系的学生会主席吃饭,一圈请下来欠债一百六十块。为了这一百六十块,他出去拉广告,这都是从小事做起,跑着跑着,就跑出了灵感,搞出了分众传媒,占有了全国70%的户外广告市场。所以,对于大学生来说,learn to do 首先不是大事,而是小事和实事。

<h2 style="text-align:center">learn to be together（学习相处）</h2>

我们可以发现，今天的社会非常注重团队精神，不要说公司，就是在大学你搞研究，都是形成各种各样的团队。有的人很有天分，但是他不善于与别人交流，也不善于与别人合作，这就无法担当大任。今天在大学里面，如何学会与别人相处，如何具备团队精神，这也是我们需要重点培养的。欧洲的贵族为什么要在学院里培养集体精神，而不是个人的修身养性？因为骑士们外出打仗不能自说自话，要有严格的纪律和合作精神。1995年我在加拿大不列颠哥伦比亚大学访问的时候，住在圣约翰学院。按照英国的模式，大学不仅有各种专业的院和系，除此之外还有学院。这个学院意味着什么呢？它不是教学和研究机构，而是一个老师和学生日常生活的团体，是一个community。圣约翰学院就是这样，它是一个宿舍，但又不仅是宿舍，功能非常丰富。学院里的人来自于不同的专业和不同的国家，除了上课，他们平时的各种活动都是以学院为单位进行，学生之间的比赛也都是学院与学院之间的较量。学生的荣誉感除了来自大学，就是所在的学院。教授除了所在的系之外，也属于某个学院，因为他要和那个学院的学生有交流。香港中文大学也是这个模式，他们有新亚书院、崇基书院、逸夫书院、联合书院四大书院，每个学生都归属于一个书院，虽然住在里面的同学系科不一样，但在这里过的却是完全的集体生活。

我在圣约翰学院的这个集体里面感受是非常深刻的。学生非常自由独立，生活条件是很好的。每个学生一间房间，虽然不大，但是独立而舒适。学院规定每个进了这个学院的学生每年要做一次学术报告，向其他学科的同学介绍你的最新研究成果，因此同学们得到的知识是异常丰富的。其次就餐是集体的，不是想吃什么就吃什么，每周的菜是事先安排好的。在晚餐时间里，除了吃饭，就是大家围坐在餐桌前自由聊天。因为都是来自全世界五湖四海，有英语好的，也有英语差的，但非常自由，谈天说地，什么都聊。还有丰富多彩的体育比赛，各种各样的兴趣协会，那个活动之多，真是不能想象。我印象最深的活动是那年10月，那是加拿大的感恩节，按照北美的传统，感恩节一家人聚在一起，主食就是火鸡。如果谁家里吃不上火鸡，就说明这家已经穷得不像话了，就像中国的穷人过春节水饺都吃不上一样。那一年，圣约翰学院里举行了一场慈善拍卖会，拍卖所得将捐给银行，这笔善款专门用于免费给穷人发放火鸡。考虑到都是学生，就设定了一个上限，最高出价者不能超过 50 加元。拍卖是象征性的，拍卖品也不名贵，都是学生喜欢的各种好玩的礼物。但是，在整个拍卖过程中的氛围，与电视上看到的大款们的拍卖会没有什么差别，程序是一样的。学院通过这种方式来训练你怎么组织拍卖活动，怎么成为一个有爱心的人。

　　大学最重要的一课是训练如何参加社团、组织社团。如果学生在大学期间没有参加过任何社团活动，那么他的大学生活是有欠缺的，因为他不知道怎么与别人相处。越是好的大学，培养的学生目标就越是高。哈佛大学说，我们培养的就是领袖，社会上的各种领袖，不论是商界领袖、政界领袖还是知识领袖。北大现在也说北大就是培养领袖的。当然不是说人人都要当领袖，但是有没有当领袖的潜力，是学生今后事业上能走多远的一个标志。

　　上海复旦附中出了一个很有趣的人物，这个人物就是前年被哈佛大学提前录取的女学生汤玫捷，那一年全亚洲只有两个学生被哈佛提前录取。当时那个新闻很轰动，我还写过一篇文章，叫《哈佛需要什么样的人才》，因为这个汤玫捷在复旦附中里面按照成绩排名在百名之外，不算最拔尖。但正是这样一名学生却被哈佛看中，看中她的什么呢，不是汤玫捷的成绩，而是汤玫捷的领导力，是她具有的潜在的领袖气质。她高二的时候作为交换学生在美国高中生活过一年，她在那个学校里面已经表现出非常突出的领袖能力。在美国考大学，领袖能力是非常重要的，一流大学要培养的就是领袖人才。汤玫捷就是因为这个才华让哈佛给看中了。后来她果然才智不凡，到了哈佛以后，学生个个自命不凡，但汤玫捷依然还是精英中的精英。她在大一的时候组织了哈佛和全球中学生领袖高峰会议，还拉到了大笔赞助，然后回到浦东召开了这个会议，与会的不仅有哈佛学生，还有来自全世界各地的高中生领袖。后来《纽约时报》一个整版，专题报道了汤玫捷的成功。以前中国人不是这个形象，是她改变了美国人对中国学生的一些看法。

大学的人文教育是一个综合性的教育：它是有形的，通过各种人文的、科学的、社会科学的通识课程加以引导；在许多时候更是无形的，是一个大学的讲座、社团、学生活动、教授的气质、校长的风范等无形的因素熏陶出来的。今天的大学是什么氛围，培养出来的学生就是什么样的风格，未来的中国就有什么样的前景。

(2008 年 11 月 15 日)

做人，做事，做学问

■陈哲夫

[演讲者小传]

陈哲夫，北京大学政府管理学院教授。1949—1952年，就读于北京大学历史系。研究方向：中国政治思想史，行政法学，行政伦理学。代表作：《现代中国政治思想流派》(当代中国出版社1999年版)，《20世纪中国思想史》(山东人民出版社2002年版)。

主持人：

大家好，首先非常感谢大家来听我们的讲座。今天我们非常荣幸地请到了政府管理学院陈哲夫教授给我们做讲座。陈老师现在已经退休了，但是他非常关心我们的成长，依然在这个酷热的天气里来给我们做讲座。下面我们就把更多的时间留给陈老师，让我们一起聆听陈老师的教诲。

陈老师：

我们这就算是一个座谈会吧。我过去很喜欢讲课，现在不讲了，因为年纪比较大，记忆力急剧衰退，昨天说的话今天就不记得了，昨天做的事情今天就忘了。我今天就讲一个大家都比较关心的话题：做人，做事，做学问。

首先是做人。我们上大学，总是要工作，总是要做事的。我想要做事，首先要学会做人。咱们北京大学的同学，智商都是一流的。这不是夸口，我们的智商是一流的，这一点没有问题，但是智商与将来的事业并不完全成正比。并不是说智商高，将来的事业就一定能够兴旺发达。我想就这一点根据我的经验来谈一下。有些人，他的智商并不一定比我们高，比如说我就见过一个事业做得很好的人,他是从煤炭学校毕业的,煤炭学校在我们北大学生看来,没有什么了不起的,但是他却很会做事情。所以说,我们的智商与事业的成败并不一定成比例。人除了智商、除了学习之外,还有一点就是要学会做人。不管智商多高,也不管能力多大,首先都要学会做人。如果你不学会做人,你的前途也不见得有多远大。

要如何做人,要讲好多条,十条八条都讲不完,我也不讲那么多,就简单地讲几条,先讲做人的道理。我们上学就是要塑造一种性格,塑造一种能够适应这个社会、能够被这个社会接受的性格。我现在听到这么一句话,叫做"性格决定命运",有什么样的性格就有什么样的命运。如果性格不好,不能很好地适应这个社会,不能与这个社会很好地磨合,那么就不会有很好的前途,这就是性格决定命运。这句话,我观察了好多人,的确是这样的,所以我们要塑造一种性格来教会我们怎样做人。

做人,我想第一条就是要诚信,一个诚,一个信。诚就是诚实,信就是讲信用。所谓诚实,就是说一个人要老老实实,有一说一,有二说二,不要言过其实。就是说做人要老实,不要夸大其词,不要故作高深,要不卑不亢。过去我就招了这么一个研究生,他在这里读了两年,没有说过一句实话。他说他是党员,我说你是党员就把你的党组织关系转过来。他就是不转,我问他为什么不转,他说我们单位说不用转。我说你在这里读两年不转组织关系,有这样的规定吗?直到后来我才知道他不是党员,我就不要他了。后来他要出国,要我给他写推荐信,我说我不能给你写,你在这里读了两年没有说过一句实话,我能给你写推荐信吗?一个人如果没有起码的老实,处处坑蒙拐骗,这种人是不会有前途的。所以说一个人的老实是取得别人信任的重要条件。一个人要想自己将来的事业发达,能够有所成就,首先要有别人的信任,这样才能有自己的事业,如果别人不信任你,你还可以做什么,什么都不能干。所以,诚实是一个人取得别人信任的重要条件。其次是信,信就是讲信用,就是要说到做到。中国有句古话叫"一言十信,一诺千金。"一诺胜于千金,说到就要做到,做不到就不说,答应别人的事情就一定要办到,办不到就不要答应人家。中国有句话叫"轻诺必寡信",一个人随随便便答应别人一件事,这个人就不会讲信用,因为他太轻易答应别人。总之,诚和信是取得他人信任的重要条件,也可以说是开创未来的通行证。你到哪里,别人说你这个人讲信用、诚实,是个好人,那走到哪里别人都认可你。我讲的第一条就是做人,要做一个诚实讲信用的人。

第二条就是要谦虚。我刚才讲的那个研究生是一个极端的例子,一般说来,诚实这一点我们都能够做到,这个问题不大。我讲的第二个道理就是谦虚,这一点不是每个人都能做到的。现在的情况我不了解,过去咱们北大在外面请中央领导来做报告,北大的学生对领导并不那么尊重。有些话我们学生不爱听,就"嘘、嘘、嘘"起来。看不起领导,也看不起老师,好像考上了北大就是当上了总统一样。所以说谦虚是我们北大的学生最难做到的,但是为了你们的事业,你们的前途,为了你们将来能够兴旺发达,这一点我们还是应该努力做到的。即使将来你能做主席,做总理,做部长,也要谦虚。我没有接触过很大的人物,但是我接触过一些省部级的领导,有些是我们学校出身的,有些不是我们学校的,但是我在他们身上发现了一个共同的特点,就是他们都很谦虚。我举一个例子吧,那是咱们北大毕业的一位同学,现在是中央委员,他就是一个非常谦虚的人。他在当团中央书记的时候,有一次要从美国搞一个项目,就请一些专家来论证评议这个项目,也把我请去了。在这个评议组里,我的年龄最大。他对我毕恭毕敬,一直搀着我走路,我从他身上看到了谦虚。还有很多从北大出去的干部,他们都很谦虚,会做人。

所谓谦虚,就是要正确地估计自己,知道自己到底有多大份量,自己能给自己估价。要正确地对待自己,也要正确地对待别人。往往骄傲的人不能正确地估计自己,也不能正确地对待别人,用自己的优点去比别人的缺点,总是觉得自己比别人强。外国有这么一句话,"一个人的价值与他对自己的估计成反比",就是说对自己的估计越高,就越没有价值。就是说自己是个分子,对自己的估计是个分母,分母越大,这个分数越小,自己越不值钱。我也见过这样的人,很狂妄,对任何人都看不起,包括有的老师也是这样,在讲课的时候,夸夸其谈,最后同学都听不下去了,问:"老师,你是党员吗?""我不但是党员,还是党委书记呢!"还是党委书记,越是党委书记越不应该是这样。所以,这样的人谁都看不起。同学们,你们想一想,你们是喜欢谦虚的人还是喜欢骄傲的人?你看他这么骄傲,最后是什么结果,众叛亲离。如果我们将来要想做一番事业,就要做到谦虚。中国有句古话:"谦受益,满招损";毛泽东主席有句名言:"谦虚使人进步,骄傲使人落后。"清代有个人做了个墓志铭,有三句话,第一句话就是"勿道人之短,勿说人之长",就是不要说别人的长处,也不要说别人的短处。要正确地对待别人就要看到别人的长处,不要以己之长比人之短,要尊重别人。你尊重别人,别人也尊重你;你不尊重别人,别人也不尊重你。我们可以将心比心,你看自己喜欢什么样的人。如果你很谦虚就很受欢迎,你就有能力。一个人的能力首先体现在能够团结群众上,群众都不能团结,你还有什么能力啊?这就是我讲的谦虚,这一点对我们北大人来说是非常重要的。外面的人说我们北大人很骄傲,但我们要做到谦虚,要恢复自己的名誉。我拿做学问来说,学习前三年,如鱼得水,后三年寸步难行。我现在就有这种感觉,当你学到很多的时候,就觉得越陷越深,什么也不会了。我现在就觉得自己什么也不会,甚至会感到自卑,因为有很多新东西我就不会,比方说打电脑,虽然我也会一点,但是没有同学们快。所以,你想想有多少东西值得去学,我们一门都学不好,还有什么值得骄傲的?谦虚是你开创未来的锣鼓,骄傲是你封闭起来的隔离墙。

第三个我讲宽容。要做到宽容,就是要胸怀广阔,要有一个大肚皮,不要小肚鸡肠。过去人讲"宰相肚里能撑船",你有多大的度量,就有多大的事业。《史记》上记刘邦"常有大肚",说的就是刘邦有气量。有史书说李世民"大度内涵高"。这些成功的人士,这些成大事的人都有很大的度量,有宽广的胸怀,能够包容事物。虽然说要坚持原则,但是也不要察察为明,不要太在意人家的小错误。过去人说宋朝的寇准,说他有干将之气,但是不露锋芒。希望你们也能够做到,虽然很有本事,但是不露锋芒。金无足赤,人无完人,人家有了小缺点就不能宽容人家,这样不能团结群众,宽容才能获得群众的拥护。有容乃大,宽则得众,刻薄就会众叛亲离。别人对你不好,你就记住别人,这样也不好。不要老是记住别人的小错误,也不要老是记住别人对你不好的地方。我给你们讲一个小故事。春秋的时候有一个宰相叫管仲,他有一个好朋友叫鲍叔牙。鲍叔牙和管仲一起做买卖,他分钱时,就多分给管仲一点,因为他知道管仲家里穷,鲍叔牙应该算是管仲的恩人。在管仲快要去世的时候,齐桓公问他,如果你不行的话,你想谁来替你?管仲说你想吧,知臣莫若君。桓公说鲍叔牙怎么样,管仲不顾自己和叔牙是朋友说不行。桓公问他为什么,管仲说他看到别人的一点小错误就不放,这样的人当宰相不合适。大家都知道我们的老校长蔡元培先生,他提倡兼容并包。蔡先生的学术成就未必比别人突出,但是很多学术做得很好的大师都很尊重他,就是因为他宽容。蔡先生不仅在咱们大陆受到尊重,在台湾也受到尊重,他的这种性格使得很多人对他有好感。所以,如果我们要做一番事业,就要做到宽容。

我再讲一个就是要忍耐。忍字头上一把刀,你可以想象一下,心上扎一把刀,这是很痛苦的。我们要忍耐自己不能忍受的事。再说一个就是要学会逆来顺受,这一点做起来更难。中国有句古话叫"小不忍则乱大谋"。我们中国现在的大环境是好的,是我们一百多年来最好的大环境,但是有些不好的小环境我们也可能会遇到。社会是比较复杂的,现在我们在学习,碰到的不愉快的事情虽然有,但是很少。当你参加了工作,步入了社会,会遇到各种各样不顺心的事情,这个时候你怎么办,你能不能忍耐不公正的待遇?有的时候你会遇到提工资、晋升的问题,还有其他的什么好处,这种好处可能会落到你头上,也可能不会落在你头上,不落在你头上的原因可能是别人压制了你,这个时候你能不能够忍耐?我有一次在讲课的时候,就有一个学生跟我说"我就不能忍"。我说你不能忍,那你还能做什么,只有忍。其实这种事情不只是社会上有,学校里也有。比方说评职称,就一个名额,竞争很激烈,你认为你能上,他也能上,那怎么办,你就需要忍耐一下。其实这一点不只是我们,即使是一些大人物,有时也做不到。"文化大革命"时期的高级干部有多少自杀的,总得有好几十人吧。他们就忍受不了那种屈辱,邓小平就能等待和忍受,后来他成就了伟大的事业。"文化大革命"时期咱们北大自杀的就有二三十人,如果他们不自杀,还能做很多事情。我们现在在学校里,还感受不到社会中的矛盾,等我们进入社会后会接触到很多社会矛盾,解决这些矛盾的办法之一就是学会忍耐。有的时候就是一念之差,一念之差有些人就死了,有些人活着,有些人成就了伟大的事业。过去邓小平同志受批判的时候,有人恶毒咒骂邓小平同志是"死猪不怕开水烫",邓小平同志就是不说话,虽然我暂时斗不过你,但我也不说。如果他忍受不了,就没有后来的伟大事业。所以,如果我们想做一番事业,就要能够忍受屈辱。

因此,我们要培养一种谦虚、诚信、宽容的性格。有了这种性格就能成就一种命运。其实关于做人还有很多要说的,我就说这么多。如果我们能够做到的话,将来就能够有很大的收获。

下面我讲一下做事。这个问题我们现在还没有遇到,再过几年我们读研究生,读完研究生读博士生,这是每一个人都将要面临的问题——将来我们要干什么。当今社会像一个万花筒,权利、金钱等都有人追求,我们面临的是一个人欲横流的社会。在这个人欲横流的社会,我们要做什么?想当官,可以;想发财,可以;想做学问,也可以。当官可以,我并不反对当官,但是当官要做一个好官,不要做贪官。当官、经商、做学问,这大概就是我们的几种归宿。是当官,发财,还是做学问,我们怎么选择呢?我想每个人都要找准自己的优势,避开劣势,不要选择自己并不很占优势的工作,这样做起来也做不好。据说当前当官最时髦,公务员挺时髦,有名有利,但是并不是每个人都适合当官。如果你不适合当官,可当官去了,这也挺恼火的。当官也得有当官人的脾气。有哪些脾气呢?第一条,听话。第二条,自控能力强,个性不要太强,没有锋芒,性格外向,获众能力强,能够团结群众。这种人适合当官。我自己就不适合当官,我就不那么听话,脾气很大,个性很强。所以,有些不能控制自己的脾气,不那么听话,不能团结群众,个性又比较内向的人,如果让他当官去,恐怕也是一种痛苦。以前我有一个学生要去参加工作,去当官,要我给他一点建议,我就告诉他怎样当一个部下。到了那个地方,要听话,要外向。比如说有一个好主意是你出的,在领导面前就不要说是你出的,说是领导出的。如果说是你出的,那就糟了。事事都要把好处让给头头,自己不要去出风头,越出风头就越倒霉。如果没有这种修养,总是想让自己露一手,那就不好了。那是不是说永远都不要露一手啊,也不是这样的,在适当的场合、适当的情况下,还是要露一手,让领导知道你的才能,但是你不能在领导人露一手的时候露,要在领导不露的时候你才露。

这是我讲的做官要有做官的技术,听话,自控能力强,没有锋芒,性格外向,活动能力强,能够团结群众。这样就可以做官,但是要做个好官,做个清官。

现在做买卖也能赚钱,能当大款,所以很受欢迎。我们有一届的学生中出了很多大款,前几天我享受了他们的优待。七三级今年毕业三十周年,他们搞了个大聚会,钱都是这些大款出的。他们游长江三峡,租了个大游轮,光这个游轮就不下三十万块钱。不但邀请了同学,还邀请了一百多个家属,还邀请了我。我去了,觉得真的不错,有钱也很不错,这也有很大的诱惑力。但是是不是每个人都可以去做买卖,都能够发财呢?这可不一定,因为从商要有很好的人缘,性格要外向,能够与人很好地交流,善于应对,能够从各个方面获得信息,最后还要有一定的运气,光有能力没有运气也不行。所以,我们每个人在学校的时候就要认真地选择适合自己的职业,不要选择自己的劣势。这就是我说的做官和做买卖。

再一个,当老师,做学问,这也是一条路子。改革开放之前,人们都不喜欢做老师,老师是臭老九。现在好像有了一点改变,当老师多多少少还有一点吸引力。但是当老师是不能赚大钱的,要是想赚大钱,就不要当老师,直接去做买卖好了。我不知道我们的同学中将来有没有人想当老师,当中学老师北大的学生可能不愿意,当大学老师可能还有点诱惑力。但是当老师最多不过是一个小康之家,现在提倡建设小康之家,小康也不错。至于做学问,我想我们的同学智商都没有问题,但是你要有坐冷板凳的准备,板凳要坐十年冷。做学问想做出一点成绩,一定要有坐冷板凳的能力。过去有个中央委员范文澜,他在历史研究所当所长。有人到那里去,他给人开会,说:"你到我这里来,想当大官是做不到的。我是一个历史研究所的所长,就是一个连长,我们这儿一百多人,你在这里最多是个排长,到我这里来得坐冷板凳,只有这样才能有所成绩。"大家都知道郭沫若先生是一个百科全书式的人物,他的学问是怎么做成的?他就是大革命时代在日本待了十年,利用这十年的工夫,在历史学上做出了巨大的成绩。我们要想做学问就得坐冷板凳,要做到"臣门若市,臣心如水"。就是说我的门口虽然像一个大集市,但是我就是不动心,潜心做学问。做学问是很苦的,没有名,没有利,外面还有很多引诱,所以做学问要静下心来。另外做学问要做到专、精,专一门,不要贪图很多,这样才能出成绩。

我想我今天就说到这里,我也没有很多的高论。下面看大家有什么问题,我们一起讨论。

现场互动与答问

问:陈老师,请问目前中国的学术人物在媒体上抛头露面太多,会不会影响他们做学问?

答:是这样,做学问需要"臣心如水",有些人并不是真正地做学问,只是在包装自己,有些人叫做活动家,不算学者。钱钟书先生做学问,有很多大人物参加的会议邀请他去,他都不参加。

问: 陈老师,您刚才讲做人的时候讲到要忍耐,要逆来顺受,我现在想为什么要逆来顺受呢?难道做人就要这样吗?

答: 如果环境是这样的,你能做什么呢?不忍受又有什么办法呢?有时忍受一下就过去了。"文化大革命"的时候整个社会是不讲理的,说实话,我就因为一篇文章在"文化大革命"前后被斗了十八年,我最后还是忍过来了。如果我不忍受,十个陈哲夫都没有了。

问: 陈老师,能不能说一下做人和做事的区别?西方文化提倡个性,提倡自由,而东方文化却不是这样的。西方文化强调自信,而东方文化中好像没有这样的东西。

答: 东方文化与西方文化有很大的差异。西方讲求个人主义,东方讲求集体主义。这个是不一样的。东方文化与西方文化会互相影响,但是文化的交流是需要一个很长的过程的。比方说报纸开放,如果我们的报纸开放,马上会有很多的报纸,这样我们会受不了的。我们的社会承受能力很低,不能有很多方面的开放,这是一个长期的过程。

问: 陈老师,您好,您是研究中国政治思想史的,那么我想问一下您在您研究的那些政治思想家中最喜欢的是哪一个?

答: 我最喜欢的就是那些反对专制主义的思想家。我主张民主,凡是有民主思想的思想家,我都很喜欢,凡是有专制主义思想的思想家我就不喜欢,比方说韩非,我就不喜欢。

(2008 年 3 月 12 日)

悟（误）读中国人

■ 唐 林

[演讲者小传]

唐林，男，1962年出生于江苏省苏州市，1980—1984年就读于北京航空航天大学材料工程与材料科学系金属材料专业，获工学学士学位；1984—1987年考入北航大管理工程与系统工程系硕士研究生，获工学硕士学位；1985—1986年任北京市学生联合会副主席兼研究生部部长及北航大研究生会副主席；1987—1990年工作于共青团中央学校部。曾任中华全国学生联合会研究生部副部长。1990—1992年留学新西兰；1991—1992年在奥克兰大学攻读化工博士学位；1992年以独立技术移民身份移居澳大利亚；1993—1995年就读于澳大利亚新南威尔士大学法学院，获法学LL.B.（等同于美国的J.D.）；1994—1995年任世界最大律师事务所Baker & McKenzie律师事务所律师助理；1995年代表澳大利亚参加中国中央电视台在北京举行的国际大专辩论赛，任新南威尔士大学辩论队队长、四辩；1994年至今澳联邦政府NAATI认可翻译（口译及笔译）；1996年入读新南威尔士州律师学院，并通过律师资格考试；1996年8月16日注册为澳大利亚最高法院律师、澳联邦法院律师和新南威尔士州最高法院律师；1996—1997年任澳大利亚迪利士律师事务所律师；1997—1999年任澳大利亚最著名的律师行之一康斯律师行（Corrs Chambers Westgarth Lawyers）商法律师；1999年受聘于美国巨型IT公司（98年财富500强排第88）EDS（Electronic Data Systems），任公司专职律师（Corporate Counsel）；1999年创办澳大利亚首家大陆新移民开办的律师事务所——唐林律师行（LIN TANG & CO. Lawyers）；2000—2005年任中华全国青年联合会委员；任北京市青年联合会荣誉委员；2001年4月起担任澳最大华人社团组织澳大利亚华人团体协会法律顾问；2001年10月起任澳大利亚国际公证律师；2003年11月起经中国司法部批准，创设第一个以大陆留学生为主体的外国律师事务所的中国分所——澳大利亚唐林律师事务所北京代表处并兼任首席代表;2005年4月获国家外国专家局颁发中华人民共和国外国专家证;5月30日被聘为中国石油大学兼职教授;6月10日被聘为北京航空航天大学兼职教授;2006年11月被聘为中北大学教授;2007年3月受全国政协邀请,作为海外华侨代表参加中国人民政治协商会议第十届全国委员会第五次会议;2008年3月任澳大利亚和平统一促进会法律顾问;2008年11月任中国侨联法律顾问委员会海外委员。

今天是我第三次到北大来。第一次是在1986年,那时大家还没有来北大。当时正是北大研究生会换届,我代表北京市学联给换届发了一个贺词。那时候我还是北京航空航天大学的学生,研究生会副主席,也是北京市学联的副主席,北京市学联的研究生部部长。第二次是在三年前,我到北大来做了一场名为"澳大利亚法治实践"的讲座。这个讲座就收录在《北大讲座》的第十三辑里。那一次的讲座主要是受邀于北大哲学教授、博导易杰雄老师。

第三次就是今天。正式开讲之前我先说几句感谢的话。首先感谢北京大学团委。最想感谢的就是北京大学团委能够把一个谁都不知道的名字、讲一个特别大的话题的我请到这个讲台上来。所以,第一片掌声我希望给北大团委,谢谢北大团委的邀请。(掌声)

比感谢北大团委更想感谢的,就是我的一些朋友。有时候他们在小范围内听我神侃,今天也很给我面子,听说我要来讲这个题目,也特地到这里捧场。比感谢这些朋友更想感谢的,是我一个原来一条战线上的老同事,他专门从山西坐飞机赶过来听我的讲座。这反映了一种什么现象?就是非常盲目,根本不知道我讲什么就过来了。(笑)而比感谢这位王校长更想感谢的是我们北大的马克思主义学院原来的学术委员会主任,北大哲学教授、博导,易杰雄老师。(掌声)刚才讲了,易老师是上次邀请我到北大来做讲座的,也是对我这些"歪理邪说"给予了特别大鼓励的人。没有他的鼓励或许我早就歇菜了,根本不可能站在这个讲台上。刚才吃饭的时候和易老师说了,《悟(误)读中国人》如果出书,他就给我写序。易老师已经答应了。假如还有掌声给一下易老师(掌声)。比感谢易老师更需要感谢的是我的家里人,他们今天也来了。(掌声)我知道非常过分（笑），我要用我的余生来检讨这个问题（笑）。

选择到北大来，主要是基于一句话——"没有北大，就没有五四"。五四精神根本是一个批判精神。我到北大来，就是让北大批判的。希望你们今天听进去的也想着批判，没听进去的要更好地批判。今天非常感谢大家这么捧场。我从来没有见过后面站着这么多的人，弄得我都不敢拿凳子坐下。

大家看这个题目。看第一个"悟"字，容易想到印度的一位王子，在菩提树下苦思冥想生老病死；也容易想到英国的一位爵士在苹果树下恍然大悟出万有引力。这里的这个"悟"字其实不是这样的意思，差得远着呢，我是说我比他们差得远呢。这是一个中国的草民在澳大利亚的海边，纯粹的胡思乱想。基于这些胡思乱想，今天我到北大来了。我也去过其他的高校，但是能够到北大就不一样了，再加一个胡说八道。因为是基于胡思乱想的胡说八道，所以我又加用了第二个"误"，误解的"误"。

三句话概括我要讲的东西。第一就是完全基于生活。我虽然是一个读书人，但是读的书很少，待会儿一考我就知道了。第二绝对保证原创。我的句子就是我的，假如是别人用了，你知道是我的就行了，可以批判他。第三就是纯粹为一家之言。有时候，我常常遗憾自己没有生活在春秋战国，那时候有百家争鸣。要是生活在那个时代，也许弄巧就成为第一百零一家了。（笑）

我叫唐林，关于这个讲座，我要说的就是我是在海外生活了差不多二十年的一个中国人，没有其他的，当律师、当客座教授跟今天要讲的东西没太多关系。我们中国是一个讲究中庸的国家，我个人也特别赞同并努力实践中庸，这是我们的生存之道。直到有一天我开始明白，在真理和谬误之间，在真相和假相之间，在真实和虚假之间没有空白地带。假如我们要在这三者之间寻找中庸，我们就容易把借口当道理，容易把道理当借口。要不然为什么我们讲道理的能力不强，找借口的本事却不小呢？

好，我们现在开始正题。先看一下提纲。先是引言，悟（误）读中国历史。首先看一下要讲的悟（误）读的内容。一个就是要讲对中国人的面子的悟（误）读。大家可以想一下什么是面子，谁都懂面子，谁能告诉我什么是面子呢？第二我要讲一下中国人的好处。第三我要讲一下中国人的恩情。第四我要讲一下中国人的孝顺。最后是结束语。

引　言

首先是引言。中国历史不是人的历史,不是官的历史,不是皇帝的历史,甚至不是朝代的历史,而是一把椅子的历史,这把椅子叫龙椅。围绕着这把椅子中国历史只有两个主题,一个叫抢龙椅,一个叫坐龙椅。龙椅坐不稳,便开始新一轮的抢龙椅坐龙椅过程。从此周而复始,直到民国灭亡。

中国的椅子多了去了,今晚大家都坐着一把椅子,有的没坐上。但是只有这把龙椅是永远坐北朝南坐的。这把椅子就是我们中国人的绝对面子,所以我们直接进到面子。

面　子

面子是中国人的核心价值。什么是面子?我个人认为,面子是相关人群中的相对重要性。那么,面子的主体是什么?许多人觉得我有面子,你有面子,今天大家来是因为易老师的面子,为了给易老师面子才来听我的讲座等等。这个面子看起来是个人的,我自己觉得这个面子根本是家庭的。这个相对重要性也决定了我们中国人人格的大小。什么是相关人群?相关人群就是两拨人的交集,这两拨人一拨人叫认识你的人,第二拨人就是你认识的人,认识你的人和你认识的人的交集叫做相关人群。你的面子只在这个人群当中才有意义,你要到了美国谁也不认识,你说我是谁谁谁,没人理你,面子就失去了作用。这是特别重要的唐氏概念。这个相对性就意味着你高就我低,我低就你高。所以,相关人群当中谁倒霉了,其实其他人不见得就悲哀,有时候会挺开心。你们想想是不是有这个情况?我们中国人是典型地容易把他信作为自信的一族。别人觉得自己重要,自己就会觉得自己非常重要;自己觉得自己再重要,如果别人不觉得重要,那还是不重要。有没有面子只看一个标准,就是有没有被人羡慕?所以叫"没面子的人羡慕人,有面子的人人羡慕"。

接下来,我展开谈谈面子的主体。个人有个人的面子。家中男人有男人的面子,女人有女人的面子,小孩有小孩的面子。家外领导有领导的面子,部下有部下的面子,同事有同事的面子。家庭成员互为彼此的面子,所以家里面男人是女人的面子,女人是男人的面子,孩子是大人的面子,大人是孩子的面子。面子看起来是一个个人价值,实际上是一个家庭价值。个人的价值实际上是自由,家里的价值是荣誉,英文叫 Family Honour,就是家族的荣誉。这个荣誉在设定的等级中形成了特有的面子概念。必须要有等级,没有等级形成不了面子。如果说家里面不共用一个面子,为什么贾府的人都对贾宝玉毕恭毕敬呢?因为他承载着贾政、贾母的面子。所以,家是面子共同体。一家人共用一个面子。曹雪芹有一句话叫"一荣俱荣,一损俱损"。当然,家里面具有最大面子的那个人撑着家里的面子,这个面子本身也就成为家庭的面子。我们中国人有一些老话,比如说"一人得道、鸡犬升天"啦,比如说"大树底下好乘凉",倒霉的时候叫"树倒猢狲散",这都跟面子有关系。一个家庭成员在家里面面对面子,他的言语和行为只能有三种后果:第一种后果叫挣了面子,也叫挣脸;第二种后果叫保了面子,面子没增加没减少;第三种后果叫丢脸。考上北大是挣面子,在北大退学就是开始丢脸。

什么是相关人群。有句老话,说"我们不是为自己活,我们是为别人活。"这个别人是谁?这个别人就是我讲的相关人群。我刚才定义了,认识你的人和你认识的人的交集,也是我们通常所说的熟人。我们的文明特别鉴定生人和熟人。甚至可以讲,这个文明,最最重要的就是鉴定生人和熟人。熟人是我们这个礼仪之邦中"礼"字的生命空间,离开了熟人,跟礼没关系。相关人群也是我们中国人人情的施展范围,离开了这个相关人群就没有了人情。熟人之间彬彬有礼,尊卑有序,有人情味。但是,假如是生人呢?我们民间有一句话叫"不打不成交"。打完以后才知道原来你是老张的儿子,原来不知道,这样就开始有了交情了。

在北京早晚段高峰时开车显示的就是典型的生人人格。就是谁都不让,能抢就抢。我一直讲在北京开车,让路规则只有两个字:不让。有个空间就钻进去。你们在座的大部分同学现在没开车,不知道,等开了车以后就会明白我说的不虚。

在熟人之间又分下面这三个概念,叫内外、亲疏、远近。谁是内?我们是面子文化,面子的主体是家。家内是内,关起门来,家丑不外扬,关起门来什么话都好说。家外就是外。家外以后又要分是不是丈母娘,是不是大姨子,这个叫亲疏,要搞清楚哪个亲哪个疏。在亲疏问完以后就开始问远近。远的可能就叫朋友,近的我们经常叫哥们或姐们。当然还有其他的概念,任何关系都是从不认识到认识,然后从远到近,这是一个过程。待会儿我们下面来讲这个过程是怎么回事。所以相关人群在我的理解当中是特别重要的概念。要再伸展一下,它是社会价值的判断者,社会纠纷的微观解决者,也是好处交易的实现者和中间人。待一会儿讲什么叫好处交易。

然后讲面子的序列,为什么要讲一下龙椅,实际上这个话题不是特别适合讲的。因为要讲面子就一定要讲龙椅。面子是与龙椅的距离。离龙椅越远越没面子,离龙椅近了,即便是太监都很有面子,要不然宦官魏忠贤、李莲英等等,怎么都是很有面子的人的呢?想娶个老婆也是可以的。当然面子还分绝对面子、最大面子、最小面子、绝对没面子,这些概念太啰嗦了,太理论性,今天就不讲了。

第二个就是面子是跟有面子的人在一起。今天晚上我们易老师跟我一块吃饭,我就觉得特别有面子,什么原因?因为他有面子。这是我们为什么有些活动一定要拉一个有面子的人来。当然,面子还有一种叫非富即贵。在过去,官方的面子就是一个"贵"字,从一品到七品这都是面子。那民间的面子就是一个富字,看谁宅子大,谁的轿子大,谁的老婆多。我这些东西能解释《红楼梦》,能解释《三国》,能解释《水浒》,但不能解释《西游记》,因为《西游记》不是生活。

孔子说过一句话叫"不义而富且贵,于我如浮云",也许因此非富即贵成了二三千年我们中国人的人生意义。另一种不很贴切的概括也叫福禄寿喜。福,原来的含义可能是子孙满堂。禄,皇帝给钱就是禄,龙椅主给钱就是禄。寿,长寿。喜,我们自古以来有几句话,久旱逢甘露,洞房花烛夜,金榜提名时这些都是喜。所以,娶老婆的时候是最喜的。

下面讲的内容是我比较早研究的一个概念,也是我的体系当中比较核心的一个东西,叫中国人的四个"我"。弗洛伊德也说四个我,我不研究他,我就讲我自己的想法。第一个叫"奴我",第二个叫"主我",第三个叫"本我",第四个叫"真我"。

在比自己面子大的人面前,一个人就开始变成"奴我"。在比自己面子小的人面前就开始变成"主我"。我们有一句成语叫"俯仰无愧"。什么叫俯仰无愧？就是做好奴我，做好主我，这是我的理解。本我，本分的"本"，就是中国人在家庭里面做的"我"。我叫他好男人，好女人，好男孩，好女孩。什么叫好男人，好女人，好男孩，好女孩？待会儿回来再解释。真我，在展开讲奴我、主我之前我先讲"真我"。"真我"三句话：想自己喜欢想的，说自己喜欢说的，做自己喜欢做的。你自己静下心来问自己，你想的是不是自己喜欢想的？那天有个人说不是，我说你怎么不是呢？没人管你想什么是吧？你只管想你自己喜欢的。那你回过头来问你自己，说的是不是自己喜欢说的？这就开始要琢磨上了。再问一句话，在座的大家都是北大的学生，做的是不是自己喜欢做的？假如是，这就是真我。"真我"就是自由的概念。现在来看主我、奴我。我说的我这些个东西，在社会当中越有经历的人越容易有感悟，因为越有社会经历越容易有奴我、主我的体会。

做好"奴我"就三个字：乖、巧、能。顺序不能变。乖是什么意思啊？乖就是听话，听话是什么意思？在2005年的时候，我刚开始琢磨这些事。当时我想把听话翻译成英文，就是 listen to me，但就是感觉不到那个味儿。说话就是 speaking，也觉得没到那个味儿。听话在我们中国就是服从，obedience，说话就是给指示。所以一定要搞清楚这个不是表面上的含义。"奴我"最最重要的指标就是听话。第二是"巧"，巧是说话，根本的也可能包含了知道什么时候不说话。我们整个的人生艺术围绕的是一个说话的艺术，而不是做事的艺术。我们有很多话，比如"祸从口出"，"沉默是金"，老子说"大巧若拙"。巧和不巧是做没做好"奴我"的关键。那我想只乖不巧的可能是个老实人。至于又乖又巧、只巧不乖等这些是什么人，我们怎么去思考？

有头脑的人可以"说话"对我们具有非常重要的意义。再严重的坏事我们看得下去，但是再轻微的坏话我们听不进去。一听就急。什么原因？我琢磨这或许是因为我们的文化讲究内省，对自己的不足考虑得太多。郭晶晶跳水都跳成范本了，结果杨澜给她做采访，她说我除了跳水什么都不会。你说你要什么都会干什么？能跳好水不也挺好吗？而美国巨人菲尔普斯就觉得她就是世界冠军，那就是了不得。这是我们内省文化的结果。也就是说，我们对自己的不足非常清楚，所以别人说什么我们的不足我们就容易急。别人就要给我们抬气，说我们好话。一听到好话，我们才能开始感觉自信。所以对于我们中国人来讲,他信特别重要。谁都觉得你好,你就会觉得自己是不错的嘛,你就觉得自己挺好;别人都觉得你不行,自己想想我还不如死了算了。(笑)这第三的"能"就是善办事。这能字可有可无。这里面还有忍啊,就是口服心不服啊。还有谋啊,断啊,等等。这些今天就不讲了。

现在讲"主我"。要做好"主我"就是两个字:恩、威。恩威两者并重。恩是给好处,威是告诉你我有可能给坏处。这是领导们调节上下关系的非常重要的两条线索。表现良好的就给恩,恩是给实际的好处。要注意我们对领导有一个词,这个词叫又敬又畏。敬源自于恩,畏源自于威。所以让部下想离开又离不开,因为怕舍了那个好处;想靠近又靠不近,因为感觉到那边有威,有距离。仔细想想刚才我讲的说话、听话。很简单,就是主我说话,奴我听话。我们不是任何时候都可以在那儿想说就说的。我刚才讨论过真我的定义,其中有一项是说自己喜欢说的。你要是觉得自己想说就说,说自己喜欢说的,你在中国社会一定走不远的。你一定要想清楚什么时候可以说,特别要想清楚什么时候不说,才能走远,我不是教大家这么走,我只是在理解,我只是在感悟我们中国人。

这样奴我、主我的等级化,在我们的语言当中也经常有。我们经常说"下去吧",西方人说楼梯在哪儿呢?没楼梯,怎么下去?他这不是下去,而是觉得他比你高,他让你下去。另外一个词也用得挺多的,但是不常用,叫"滚"。大家跟我翻译一下这个滚的英文?Get out?这个实际上没有把"滚"翻出来,"滚"这个东西往上是滚不上去的,平地上是滚不起来的,往下滚起来就很顺溜。这也是一个等级词。

主我、奴我导致了中国人的变脸文化。有关这个变脸文化,我经常举个例子,一位处长从一个局长的办公室出来,说"局长您讲得太对了,我回去马上就组织稿子。您早点回去休息,看您这几天都挺憔悴"。然后就带上门,一转身见到一科长,这脸一下子就沉下来了,"你来干什么?"这个时候他原来那把椅子是坐南朝北,结果一转过来他发现自己的椅子坐北朝南了,马上就变脸。变脸当然是四川人发明的剧,但是是不是说明同样的问题我就不知道了。

我们中国人在上下的过程当中是看奴我、主我。那么左右怎么着?也就是分不出上下的时候怎么办?这是下一个话题。

我叫它"看上下比左右"。我在牛年写过一个短信,这个短信里面有一句话叫"鼠牛虎兔龙蛇马羊猴鸡狗猪,活一个比字,比一个牛字"。究竟什么是牛?在座的这位庆华兄正好属牛,今年是他的本命年。我总结了三句话来说这个牛。第一句话叫"听话的牛不过说话的"。第二句话叫"说话的牛不过说了算的"。第三句话叫"说了算的牛不过不说就算的"。(笑)过去有句老话,"人比人气死人"。我给后面加两句,"只要没气死,一定比到死"。比什么?比好处的拥有量,比面子的大小。我们的快乐本质上是比出来的,我们的郁闷也是比出来的,我们的动力是比出来的,我们的泄气也是比出来的。举个例子来讲,大学毕业多年的同学聚会,总有一些人不愿意来,不来的原因是他觉得自己没有混好,跟混好的、发了财的、升了官的在一起他没有面子,他还不如不来,不受那个郁闷,他心情不好。

你有时候见一个中学同学,然后吃完饭,回家以后冲凉的时候突然觉得心情特别好,觉得今天怎么心情这么好。萨特说"存在先于本质"。这时候就该问"存在"了,到底怎么回事?后来就想,你看他原来在中学牛啊,比我强多了,现在不行啊。(笑)当然也有可能感到心情特别不好。觉得原来比我差那么多,现在居然找这么漂亮的老婆等等。(笑)有没有这个现象?

这个比和谁比?对,和相关人群比。不认识的人咱不比。即便是一个双胞胎,一个生在中国,一个送到美国去养,他们也不见得能比。比,有很多结果。比了以后,第一是认输。认输以后产生两种结果:假如和你继续在一起有好处,他就开始攀附,开始跟你交朋友,开始对你点头哈腰;假如跟你在一起没什么好处,他就开始远离你。第二种是输了以后也可能不认输,不认输就开始"我就不信",继续拼命。当然也可能不输不赢,那更得继续比拼。不比出个高低不罢休。当然也可能赢了,赢了以后他就唱唱小曲,喝点小酒,心情非常舒畅,一个字,爽。

关于比,我们有一句话,在心里面说的。我们谁都比,比来比去,大家都是属于"好死不如赖活着"的。什么原因呢?我们一个心理平衡术。心理平衡术也有一句话,叫做"比上不足,比下有余"。虽然有这么一个差不多进入我们每一个人内心的心理平衡术,我们还是总希望比上最好不是那么不足,比下最好绰绰有余。这就是我们的人生方向。

主我、奴我还与我们讲的"气"有关。主我就是有机会顺气,奴我就是只能憋气,那"奴我"的憋气往哪里去顺呢?你就找你的"奴我"那里去顺气,然后就一路一路顺气顺下去。我们有气功,西方人没有气功,也不懂气功。我就琢磨他们憋气不够,这个气功要憋一定的气才能练,没气就没得练了,所以憋气顺气是和奴我主我相对应的。

主我对着奴我顺气,奴我对着奴我的奴我顺气。这样一路往下,最下面有一拨人。这拨人鲁迅给他们起了一个名字叫阿Q们。这拨人是下面没有人的人。下面没有人怎么办呢?他们下面没有顺气的地方。这拨人怎么顺气呢?他就回过头来,把"奴我"在脑子里面想成"主我",把"主他"在脑子里面想成"奴他"过一把意瘾。这一把意瘾就是"儿子打老子",就是阿Q精神。所以不见得每个人都普遍有阿Q精神。这是作为心理平衡术的一个特例,也就是到了最底层的时候才容易产生的这么一种文化现象。同时,每个主我,除了龙椅主,都同时又是奴我。所以谁都带着些阿Q。这就是为什么阿Q这个文学形象那么打动人。

接着讲面子与自由。有两句话大家记着,错和对都容易记。就是"西方人舍什么不舍自由,中国人丢什么不丢面子"。这两句还好懂,后面两句难懂一点,就是"自由是西方人的面子,面子是中国人的自由"。西方人体面不体面就看你实践还是没有实践自由。中国人自由不自由就看你够得上还是够不上体面。你要是够得上体面就能实现你的目标,就能把事情给做成了,所以这是自由。西方人讲的是一种相对自由,这个自由的前提是说你能做我也能做,你不做我也不做,基于的是一种平等理念。我们的自由相对说是一种绝对自由,就是说我做你就别做了,这个就是我们中国人的面子。我们的面子是一种实现能力,是一种做得到面子比他小的人做不到的事的能力。我不知道我讲清楚这个概念了没有?大家再想想。

好　处

好处是我们中国人的核心指南。我这个想法也不叫理论。易老师,能叫理论吗?整个的脉络就是面子是核心价值,好处是核心指南。那么,首先要弄清楚什么是好处。其实很简单,就是凡是有利于面子提升的都是好处。这个范围要比大家平常说的钱要广,甚至要比大家所说的利也要广。春秋战国时候有义利之辩,这个例子下面再展开。

面子是房子,好处是砖瓦。点点滴滴好处,积累起风风光光的面子。简单来讲,面子是好处的总和。好处跟面子之间有这么一个等式存在。这就是为什么面子和好处对我们这么重要。我们决策的时候,几乎无一例外地问四个问题中的一个或多个。首先问值不值,然后问划不划算,再问有没有用,最后问有好处还是没好处。

我非常欢迎大家反对,现在有人跳起来说"我就不这么想问题的,你胡扯";当然也有人拍桌子说"我就是这样做决策的",都有。今天当然不是讨论这个问题。这个比较直观,我就不多解释了。

有一次,我整天在那儿思考问题的时候,我就问自己,说中国人有这么多"好"啊。中国人的"好"字用得很多,这个"好"字到底是什么意思?看球我们叫好球,吃饭我们叫吃好或者好吃,玩叫玩好,走叫走好,男人好叫好男人,儿子叫好儿子,女儿叫好女儿,父母叫好父母。到底这个"好"是什么意思?作为选择题,是"友好"的"好"还是"好处"的"好"?百思不得其解。结果有一天我猛然醒过来,我觉得中国人所有的"好",用我的概念来理解都是"好处"的"好"。为什么这么说呢?

当把这个结论得出来以后,我非常郁闷,我这一辈子没有这么郁闷过。我大睡了三天,好几天没有醒过来,当然最后还是醒过来了,要不然今天不会到这儿来。(笑)你要是把"好处"的"好"理解成中国人的"好",这个"好"跟"友好"的"好"不一样。"友好"的"好"是 This is a kind person; he is nice; she's friendly,这种是"友好"的"好"。其实中国人也经常用"友好"的"好",但是这个"友好"的"好"围着的也是"好处"的"好"。要把"好处"的"好"讲清楚,我讲一下与好相关的四个概念。

这四个概念是好人、好事、好话、好名。

如何理解我们中国人说的好人、好事、好话、好名?首先讲好人,好人是舍得下好处的人,不挣好处。大家都要做三好生,他不争,他就是好人,就是把好处让出去。好事很简单,我们经常拍大腿,说"这是好事啊!"有好处的事就是好事。(笑)好话这个概念特别重要,英文经常叫 compliments。但是跟中国人的好话概念不一样。好话是用来获得好处的话。

你们想一想,为什么我们不怎么把真话全说完?经常是要么不说话,要么说好话。不说话是为避坏处,说好话是要讨好处。然后就是好名,好名是用好处交换回来的名声。这些听起来似乎比较极端,容大家慢慢思考。

刚才讲了一个动态活一个"比"字,那么现在回过头来讲一个静态活一个"好"字。

我们来认真研究什么是好男人,什么是好女人,有没有好自己?

好男人有五个角色,好儿子,好丈夫,好父亲,好女婿,好公公。当然还可以更多,好舅舅,好爷爷都是,当然我只列五个。女人在中国传统文化中,包括现在大多数情况下,作用空间是在家中,所以好女人就是好女儿、好妻子、好母亲、好媳妇、好婆婆。仔细一想,女人的"奴我"就是做好媳妇,女人的"主我"是做好婆婆。(笑)不用着急,都有机会,只有一个字你记得就行了,就是"熬","多年的媳妇熬成婆"嘛!所以女人的奴我、主我是跟家里角色有关系的。那么回过头来问什么是好男人?把好处拿回家的是好男人,还是相对于家来讲的。那什么是好女人?就是不把好处拿出家的是好女人。

这里面有没有好自己的概念?中国人现在经常讲要爱自己,要善待自己。自己在哪里?"好"字还有另一个涵义,这个涵义叫责任。好儿子就是把好处给父母的儿子。什么是把好处给父母啊?中国的孝顺理念从孩子一出生开始到父母过世结束。孩子,是个男孩父母就有期盼,一定要有出息;是个女儿父母也有期盼,一定要嫁好。所以,你要做好儿子就要有出息,不丢父母的脸,最好能把父母的脸挣大,光宗耀祖那就更好。

有句话是比较不好听的,但是特别琅琅上口,叫"跟着好处走,永远不回头"。我已经讲了好处是我们中国人的指南,大家往哪儿走啊?好处在哪儿我们就往哪儿走。今天的好处是从你那儿借到钱,我明天就还你,那个时候以借钱为好处,借到钱了,明天一想,我再用几天,挺好,然后就开始想着是不是能够晚点还,就开始慢慢拖欠,所以我们追债的过程好累人啊。

好处这个东西我就是这么来看的。许多人说西方人不弄好处吗?也弄好处,当然弄好处。我在海外做律师,现在也在澳大利亚做律师,做了十几年澳大利亚律师。我的总结,"西方人在守规则当中寻好处,中国人在寻好处当中破规则"。前者我叫它"市场文明",后者我叫它"江湖文明"。待一会儿我来讲什么叫市场文明,什么叫江湖文明,差别在哪里?西方人做事首先问合不合法?中国人做事首先问有没有事?(笑)没事就能做,当然事一般都是好事,不是好事大家都不做。对这个我比较深的体会就是开车。刚才已经讲到了交通问题。中国是不是跟西方完全接轨,我不敢说。但是,我想两项规则是接轨了。一项规则叫体育规则,不用说了,奥运会那些规则,裁判那些规则。第二项规则我叫它交通规则,澳大利亚是左行,这边是右行,其他的都差不多,但是在澳大利亚开车和在这里开车差别就很大,我用两句话来概括,"在澳洲开车主要是踩油门,在中国开车关键是踩刹车"。(笑)动不动就得停,你不知道从哪里就突然有车有人窜出来了,而且你越遵守交通规则背后越按喇叭,你不知道是怎么一回事。

下面讲的内容,其实我不太愿意讲,因为孔子这么伟大的人早就定了非礼莫言,我现在言的未必是礼,但既然来了,还得讲,是不是礼都得讲。我给大家举个例子,就是勤劳的概念。大家的宿舍是不是整理干净了我不知道。我准备去看,大家是不是先去整理一下我不知道。我讲两种情况。一种情况就是有人去看没人去看我们家里都整理得干干净净的,第二种情况是知道有人来看我们就马上收拾,你告诉我这两种情况哪一种更适合叫勤劳?(同学回答:第一种。)第一种相比之下可能发生在日本,第二种发生在哪里我不知道,你们宿舍我没去过。

我们还讲勇敢和懦弱,我们有一个特别重要的词叫"见义勇为",另外也有一个词叫"重赏之下必有勇夫"。我现在想问的是这两个"勇"是同义词还是不是同义词?当然我们为家庭赴汤蹈火,为相关人群我们也能两肋插刀。如果是非相关人群,我们容易发生所谓"各人自扫门前雪,莫管他人瓦上霜"。其他就不说了。关于跟着好处走,我最后问大家几个问题。大家在真理和好处之间,首先选择哪个?在好处与是非之间选择哪个?在真话与好处之间又选择哪个?在真相和好处之间又选择哪个?我没有答案,大家慢慢思考,我自己也搞不懂。

下面接下来要讲的内容,叫"用、有、是"。这个"用"字特别重要,说到底好处本质上是用处。举个例子来讲,我们古时候就有个词叫学以致用,学的东西要能够用,所以我们就没有出现欧几里得的几何,没有出现巴比伦的代数,我们也没有把圆弄成360度,甚至微积分也不是我们中国人发明的,这是什么原因?因为在这些里面我们没看到用处。中国人讲养兵千日,用兵一时。我带着我的未婚妻去拜访我的一位老领导,我就说你到悉尼的时候一定要找我,我在北京整天觉得自己没有用。哪件事情我做得成你做不成啊?但是到澳洲就不一样,咱们在那儿也算个地头。我回头又说了你到澳洲要有事用得着兄弟的就说一声。

中国人还讲百无一用是书生。关于人的用处我举个例子。现在的手机容量大了,原来的手机只能存250个号码,如果今天我认识了易老师,要把易老师的号码存进去,这250个号码已经满了怎么办?我就把这250个号码走一圈,看看哪个没用的就删了呗。(笑)我这话曾经跟一个中层干部讲过,他一拍桌子说"我就干过这个事"。(笑)所以回过头来想我们的价值到底在哪里?我们作为人的价值在哪里?假如没有用,我们还有没有价值?我们作为中国人,价值是什么?是不是除了使用价值之外我们还有价值?如果有价值,究竟是什么?为什么59岁了,就容易出事?59岁虽然容易出事,那时候还是门庭若市,为什么60岁了就开始门可罗雀?我经常跟我一些朋友讲,你现在要交一些没事的朋友,这样的话你60岁以后还有事,如果你现在交的都是有事的朋友,你60岁以后就没有朋友了,因为没你事了。

要琢磨我们人是我们的椅子还是我们自己。别人是认你的身内之物,还是认你的身外之物?这个问题在我们的文明当中特别值得提出来。这个我没有答案,我只是问问题。通过用的交换,我有用的,你有用的,互相帮助就获得了有,通过用来积累有。通过有就来定义是。What I have is what I am. If I have nothing, I am nothing. 就是我假如什么都没有,我就什么都不是。是不是这样?要琢磨,我不敢下这个结论,我没有这个能力,说到底没有这个勇气,先养几年勇气再说,大家也可以帮着想一想。

接下来,我说说椅子文明和个人文明的差别。看人还是看椅子。椅子是你的有,个人是你的是。曹雪芹一部《红楼梦》真是写绝了,我看了5遍还是觉得没看够。"闹哄哄,你方唱罢我登场"。戏台啊,今天演的是儿子,明天演的是父亲,今天演上级,明天演下级。什么时候演自己?也就是说我们在这个戏台当中,我们 perform,我们是 actors & actresses,我们什么时候演自己的本色而不是演角色?这个演角色就需要今天变这个脸,明天变那个脸。演本色就不需要。那么回过头来就问我们什么时候有机会做把"真我"？我觉得大概三种场合可以做真我。第一个是一个人的时候，对着镜子做把"真我"，做点鬼脸，做点小动作，没人看得见，实际上是不是有探头也不知道；二是能够放肆的时候，没拘没束，所以我觉得能够在一起放肆就是真朋友，在一起拘束那不是真朋友；第三大家当然都知道，就是喝完酒的时候。我们有句话叫"酒后吐真言"。为什么酒特别是白酒在我们的文化当中这么重要？为什么动不动就希望把人灌醉？爱喝不喝，让喝就得喝，该喝就得喝，不喝也得喝，不是想喝就喝，更不是不让喝也喝，让喝也不喝，或者不该喝也喝等等。玩游戏呢！包括卡拉OK这样的娱乐项目，为什么在亚洲这么盛行，在西方就不够popular？因为我们有气啊，我们憋了气，我们要"泄"。借酒消愁，酒后吐真言。醒过来以后，要是记得住的，一定后悔；要是没记住的，一定后怕。（笑）

下面讲一下"泛等级化"。中国人凡是对应的概念，都有阴阳。父亲和儿子，父亲说话，儿子听话；上级和下级，上级说话，下级听话；老师和学生，老师说话，学生听话。毛主席曾经讲过，凡是有人的地方都有左中右，但是是不是这样我也说不准。但是我发现凡是有人、有事、有用的地方，都能辨出一个上中下，至少两样东西辨出个上下很重要。到底谁高谁低，我们一决雌雄。

这里面等级就多了，劳心与劳力。孟子说"劳心者治人，劳力者治于人"。君与臣，"君要臣死，臣不得不死"，官与民，"只许州官放火，不许百姓点灯"等等，富人与穷人，男人分等级，女人分等级，好人分等级，坏人分等级，国家分等级。

民族也是一样，我们不自觉地把这个世界等级化了。比如说澳大利亚就被认为是二三流的西方国家，比起欧洲、美国是要差一点。留学的时候首选是美国，然后看看欧洲，要是英语行的话也看看加拿大、澳大利亚、新西兰等等。所以任何对应概念都有阴阳。这里面多了，包括我们吃东西，贵的就是好的。我们有句话叫"不求最好，但求最贵"。实际上最贵就是最好，跟营养没有关系。创造出一个词叫"家常菜"，就是自己没事的时候吃的叫家常菜。那要吃点好的贵的呢，反而是跟别人一块吃。你看我们中国人到底善待自己了没有？（笑）贵这个字跟面子相关，跟营养不一定相关。贵的菜是不是维生素多了？不一定。维生素蔬菜水果里最多。是不是蛋白质高了？也不一定。燕窝里面可能有两个鸡蛋的营养，卖成这么贵,然后你不给他买他可能还生气,觉得你没有给足他面子。

然后,我再讲讲好处与快乐的关系。这个我觉得特别重要,带点哲学性。尽管我跟哲学一点关系都没有。读了11年大学,读了七年半的工程,三年半的法律,跟我今天现在讲的一点关系都没有。"快乐是西方人的好处,好处是中国人的快乐"。西方人是花钱快乐,中国人是点钱快乐。实在郁闷了,没事打开箱子,点点钱也挺好(笑)。

中国人的快乐一定从好处作为直接的原因产生。其实有一种伦理学,这种伦理学叫功利主义伦理学,以边沁为首,起始于洛克。我到北大来讲这些那绝对是 amateur。这个我不懂,我不是专业的。功利主义实际上对西方现在的影响是很大的,其最基本的是认为 pleasure is good,快乐是善的,或者快乐是好的。我们的文明在实践层面上,可以得出结论:好处是善的。好处是善的,从而快乐就是善的。因为只有有了好处,我们就快乐,失了好处,也就是有了坏处我们就郁闷,我们待会儿再讲郁闷。

我们的好处是相关人群看到的好处,你快乐不快乐,别人觉得你快乐,你就觉得好像我是该快乐。比方说"你还求什么呢?你看你嫁的老公那么好,要什么有什么;房子又那么大,是别墅;开出去的车,我们从来没见过"等等,"你说你还不快乐,还有谁快乐?"回过头来想想我不该不快乐就快乐吧。(笑)这是置换性快乐。也就是任何一个人在这个位置(椅子)上应该快乐的他必然就快乐,假如这个人在这个位置上,他就被认为不能不快乐。另一方面,我们中国人又有一句话,叫各家都有一本难念的经,把这个快乐或者不快乐或者是否是内心体验的真快乐或者真不快乐不告诉大家。

好,我再看一下时间,今天我走得很快,不到一小时,我们还有两个部分,看来两个小时之内讲完。

恩　情

我讲的第三部分的内容叫恩情,是中国人的核心感情。刚才讲了面子通过好处积累,那么好处如何得到?我这个东西到底概括起来要讲一个论就叫好处论,整个围绕的是这么一个词,讲来讲去。首先是恩的定义,我觉得"恩"是用来交换好处的好处。恩是有条件的爱,爱是无条件的恩。恩最初不是爱,但结尾可能比爱还爱。只要条件完成,而且过程反复。

  恩有两个层面,第一个层面是你要问对方图什么? 第二个层面你要问自己凭什么? 假如那头图的和你这头凭的是一致的,就开始产生恩。我给大家讲个例子,我有个朋友,这个朋友原来也是领导的助理,他说唐林你在澳大利亚熟,能不能把我的亲戚介绍到澳大利亚的中资企业去? 我说当然人我是认识的,但是能不能介绍进去不好说。我跟他讲,你能不能把人介绍进去主要是问两个问题。第一个问题是别人用了你的亲戚有什么好处? 第二个问题是别人不用你的亲戚有什么坏处? 如果说都没有,我觉得这事情就很难做成。为什么做不成呢? 一个是觉得帮你做这个事的人不会有所图,这是很难成立的。假如这一点成立了,就不存在"跟着好处走"的概念了。第二个知道他有所图,但是不知道他图什么? 或者是自己无所凭,这两种情况下都做不到。这个恩的概念,所图和所凭是关键。

  大家仔细想想,我们中国人的"爱"字,原来都不单用,用得很少。就算是爱情诗,你说"念去去、千里烟波,暮霭沉沉楚天阔","此去经年,应是良辰美景虚设。便纵有千种风情,更与何人说?"写得多好啊! 你知道对面站的是谁吗? 就是现在社会叫小姐的那拨人,这是柳永,柳永就在妓院里过日子。咱们不说这些。(笑)

  中国人的"爱"是跟"恩"字连着的,所以我们就经常说"恩爱恩爱","一日夫妻百日恩"。只要有了一晚上的爱,那就是有一百日的恩。当然,我们中国人的"恨"也经常跟"怨"连着,所以叫"怨恨怨恨"。"恩爱"和"怨恨"里面比较重要的是我提出来的所谓唐林的观点,叫非恩即怨。举个例子,有个成语叫无功不受禄,大家都知道。其实你要是仔细解读这个成语,并不仅仅是无功不受禄这么单纯,说的是有功就得受禄。假如我有功,给了我禄我就开始感恩,不给我禄或者没给够我禄我就开始抱怨。这就是非恩即怨。

  下面这个例子在你们身边发生得多一点。有一个男孩对一个女孩特别好,这个女孩就一直完完全全地接受这种好意,但是一直没有动静。后来男孩就等不下去了。这个男孩就开始回家抱怨去了,说这女孩不怎么样,没意思就别收人家的东西。当然有一个女孩主动以身相许,到最后男方没有表示,她也会产生怨,这是一样的。非恩即怨是一个特别重要的理念。我有一位朋友,官很大,是一个管组织的人。他和我说过现在安排一个位子,十个人瞄着。然后呢,你就解决一个人,接下来那九个人就开始怨,我该得的没有得到。通常你会以为得到位子的那个人应该开始感恩了,结果得到的那个人在背后想"我早就该得到,我都等了那么多年了",所以得到的那个人是又恩又怨,还不见得单纯是恩。怨多或怨大成仇,仇恨仇恨是连着的。金庸的作品我一部都没看过,但是我买了他的全套,准备把这本书写完以后看金庸,据说金庸写的就是这四个字,恩怨情仇,这就是我们江湖的全部历史。

待会儿我再来讲江湖,这是我的理论最最重要的突破。去年11月我本来想把这本书写完了,突然问自己什么叫江湖?没回答出来,想过后再回答,后来回答出来了。那么,恩的前提是什么?恩必须在相关人群当中进行,假如这个人不是相关人群,首先给他弄成相关人群。不认识的人之间没有恩。我们还有一个成语叫知人善用。知人善用这个词很值得琢磨,也就是说领导要是不了解你,不知道你,他根本没法用你。他首先得知你,也就是你得成为他的相关人群,他才有机会把你提拔起来。仔细想想,有的人不屑于做这些事,或者没面子做这些事,都是非常错误的想法,首先得让领导认识你。我一直讲干部选拔选拔,选是次要的,核心在拔。要拔,领导得认得你这个头才能拔(笑)。

我刚回来的时候,遇到朋友一起吃饭。中国人吃饭一般都有事,30%的中国人吃饭大概都是在结交新人,把非相关人群变成相关人群。70%的人吃饭主要是在相关人群当中进行好处交易。我没事的时候,经常和老朋友一起出来吃吃饭。有一天一个哥们就问了,唐林你有什么事啊?我说没什么事啊,他说"没什么事吃什么饭啊"。(笑)他这句话我一辈子都忘不了,原来没什么事不能吃饭。

现在讲老吾老以及人之老。基督说爱你的邻居,爱你自己。当然也要爱神。我不是基督徒,我19岁就是共产党员,加上又是学科学的,让我再信宗教,门儿都没有。孟子就讲老吾老以及人之老,幼吾幼以及人之幼,这个话就是相当于要把中国人的内外由家内推到家外,也就是老吾老是内,幼吾幼是内,以及人之老,以及人之幼是推到外。这个说到底也是差等的,就是说首先是有等级的,但是你尽量往外推,这跟西方人讲的爱你的邻居,爱你自己不一样,后者是个人的行为。而前者是把家行为往外推。我们首先要辨清这个问题。我们接下去想,隔壁邻居有一个小孩非常可爱,然后你就觉得我应该幼吾幼以及人之幼。我喜欢自己的孩子,也喜欢我隔壁邻居的,结果没事就去跟隔壁邻居的孩子玩一会儿,和他一起吃个饭,送送礼。过后你老婆就问了,你是不是对隔壁那个狐狸精有意思啊?(笑)能这么幼吾幼以及人之幼吗?不能。

下面讲四度空间。第一个叫龙椅、朝廷、江湖、家庭。这是一个四度空间。还有一种四度空间叫个人、家庭、市场、政府。假如我要你们辨清哪个是中国人的四度空间,哪个是西方人的四度空间,你们怎么辨啊?谁能举个手回答我一下?回答:第一个是中国人的四度空间,第二个是西方人的四度空间。

谢谢,我原来的标题实在写不下,但是我觉得四度空间比较好记。这里面我特别标清楚了,把江湖和市场做一个对应。我们的四度空间当中没有个人,我们最基本的角色就是在家庭中的角色。说到底就是你没结婚之前,你就是做个儿子,你们到现在做的角色就是儿子。好好地出息,好好地听话,好好地努力,好好地就业这些东西。

我们再来看看其他的差别。比如说山水画和油画,比如说中国人的地址和外国人的地址,外文地址先写 Mr. John Smith,我们这头是唐林收在最后,是中华人民共和国北京朝阳区建国门外大街 21 号北京国际俱乐部 203 室,然后才写唐林收。洋人就先把"唐林收"三个字给放下,所以这个东西跟个人很有关系。

这方面的话题很多,但是我今天不能都说尽了。江湖到底是什么?既然是好处论,要把好处推广到江湖。江湖就是好处交易场,中国人用来交换好处的地方。江湖实际上是介于家庭和朝廷之间的空间,即便是朝廷当中的某个人要来完成好处交易,他也是在江湖里面完成的,他不是在朝廷当中完成的。这就是为什么饭局不是设在朝廷里。当然个别也有,但做的是另外的事。

这两个四度空间是我对江湖文明和市场文明认识的关键。市场文明就我看至少有八大特征,我是一个澳大利亚律师,置身于其中,不见得对,但是愿意跟大家分享。这八大特征是公开、透明、公正、公平、等价、可以是生人、书面、即时。书面就是都是书面化的,洋人的合同都很厚。可以是生人,陌生人没关系,只要有合同来约束。即时,一锤子买卖做完就完,有没有下一步再说。那么回过头来看江湖。江湖文明的特征也是八个,就是不公开、不透明、(笑)不公正、不公平、不等价、一定是熟人、口头(非书面)、滞后。人在江湖要明白,好处交易不是一锤子买卖。今天你兄弟帮了我一把,我得记着。所以,中国人有一句话叫滴水之恩,涌泉相报,涌泉不知道要流多久呢。

同时,你要看清楚江湖有一些行为原则,我做过一些总结。我们首先讲一个例子。我觉得,中国最有名的画家,是毛延寿。(笑)你说毛延寿画画皇帝给不给他俸禄?一定是给的。然后有人给他钱,他就走入江湖了,就开始好处交易了。为什么要给他钱呢?因为那些不够漂亮的女人希望把自己画漂亮一点,所以她们就把银子给出去,毛延寿一见银子就画得没得说。当时有一位姓王的女子,觉得自己就是绝色,我这么漂亮,还用花钱吗?她就不走江湖,不理这一套,不送礼,不递银子,结果楞是给画多了一点东西。这就是江湖中的一个非常重要的例子。这个例子用来说明"靠山吃山,靠水吃水"。这是江湖的第一个准则,得靠山吃山,靠水吃水。毛延寿就是会画画,他不靠画画换好处,他靠什么得好处?

这里面最关键的是什么呢?王嫱她觉得我这么漂亮还需要送礼吗?中国女人的漂亮和中国男人的能力是一致的,因此中国男人就想我这么有能力,还需要走江湖?你不走试试看?你永远会是"奴我"。因此,你该走江湖的时候要走,以后才能走远。要是王嫱当时也花点钱,那就不是这个命了。

你回过头来再想一个问题,假如王嫱当时没被选出塞,毛延寿这个画家可能也没法成名啊,当然也就死不了。也就是说这样的江湖现象不见得就会被发现了,王昭君可能一辈子就在那里没事擦擦眼泪,以泪洗面,对镜理妆。不知道有多少能人就因为不屑走江湖而被埋没了。

江湖的第二个特点叫雁过拔毛,还有一个特点叫四两拨千斤等等。江湖由圈子和平台组成,中国人讲一级是一级的水平,其实一级未必是一级的水平,但是一级是一级的圈子是对的,相近面子的人容易聚到一起。圈子之间的交集就叫中间人。我们的很多男女关系要开始就靠这批人。说我认识一个男的,你认识一个女的,两个人见一下面,在中国人这叫介绍，中国男女很多是依靠介绍为媒介来相识的。为什么呢？陌生人原来只能到酒吧。到酒吧就觉得男人全是骗子，女人全不是好货。现在叫网恋，也不见得准确。中国人对生人缺少信任，他必须要通过熟人来建立信任，也就是必须通过相关人群。今天是你易老师介绍的，这女孩就错不了，错了我找你易老师，（笑）就这么一个概念。

咱们再举个例子，就讲一块地吧。在澳大利亚我们也经常处理地，政府要把这块地卖掉，一定要在报上登一段时间广告，它所有的标的必须公开，公开完后，通常的情况是最有条件、最有能力、价格最合理的那个人得标了。这个过程确实是公开、透明、公正、公平、等价的。在中国清朝，像圆明园什么的，或者颐和园，给谁啊？给谁不是给，当然是给自己认识的，这就是江湖。在江湖不是靠竞争上岗。别认为是北大出身的，今后一定有大出息。当然北大出身的是 presumed 有大出息，我一点也不想打消你们的积极性。现在你看我们这么多北大的校友，这么了不得。（笑）

江湖还有一个词叫两肋插刀。什么叫两肋插刀？说庆华（听众中唐林的朋友）你遭欺负了，咱们这口气咽不下，走吧，干他一把去，斧头呢，拿着斧头就去了。两肋插刀是典型的江湖行为。这种行为用我的话来讲就是"只问远近不问是非"。武松见了施恩，施恩把蒋门神的话一讲，武松说打，前提是拿酒来。你给了好处，咱们是哥们，那就没得说。蒋门神和施恩谁对谁错，谁是谁非，武松根本就不关心。他关心的就是咱哥们的事。江湖两肋插刀，问的是远近，不问是非。当然要有事大家一块儿有事，所以首先问会不会有事。我经常讲一块儿做好事的叫朋友，一块儿做坏事的叫哥们。（笑）

下面是我的另一个总结，特别关键，叫老大文明。我们是泱泱大国，什么叫泱泱大国？泱泱大国很简单，咱们问旁边的小国"服还是不服？"不服？打。打完以后，再问服还是不服？不服，继续打，打完以后说服了，行，进贡吧。这就是泱泱大国，我们的历史就是这么来的。讲清老大文明，一定要讲中国人的争论现象。举个例子来讲，今天要辩论一个题目。辩论开始一段时间后有人做小结，说仁者见仁，智者见智，他有他的道理，她有她的道理，这是文话，文绉绉的话。老百姓的话很简单，就是公说公有理，婆说婆有理。弄来弄去谁也没有理。我整天琢磨不透的也是我一直想问的，就是仁者为什么就见不到智，智者为什么就看不到仁？公为什么一定跟婆的理没关系,婆为什么一定跟公的理没关系?但是,我们还得做决策,怎么做决策啊?就有人发话了。比如说易老师,您在这儿是长辈,您是老师,您是教授,要么您说个话吧。易老师说行啊。易老师一说就是道理。所以到最后谁发话是道理啊?老大发话是道理。(笑)至于易老师是不是老大,他愿意不愿意做老大,不愿意做老大的话,我们是不是继续捧他做老大,这是另外一个概念。当然大家都没有做过老大,不知道老大的滋味,还是蛮爽的。(笑)好像我做过一样。(笑)

　　老大文明就是四句话:老大制定规矩,非老大遵守规矩,老大不受规矩的约束,只有老大能改变规矩。

　　这非常重要。老大爱抽烟,今天开会,"烟灰缸呢?"赶紧把烟灰缸拿上来。烟灰缸为什么拿下去了呢?因为前一任的老大不让抽烟,就全撤下去了。当然这都是清朝以前的事。(爆笑)

　　如果有两个老大怎么办?这个东西很有讲究,毛主席引用了《红楼梦》里面的一句话,叫"不是东风压倒西风,就是西风压倒东风"。所以两个老大也很简单,要不就干一架,看谁更厉害,另一个愿不愿意服输,不愿意服输的话就把他灭了。林冲上梁山杀了王伦,可以让晁盖做老大,晁盖死了以后宋江做老大。中国人还有一句话叫做一山不容二虎。两个老大的情况还会引发另外一种现象,叫另立山头,出现另一个老大,拉上一拨人重立另外一个山头(笑)。

　　下面这个是比较重头的,跟大家的生活比较接近。我实际上对朝廷龙椅不是很感兴趣,我关心的是家庭和江湖,所以比较安全。(笑)恩情是中国的核心感情,中国人的四大关系都是恩情关系。恩是什么?用好处交换好处。四大关系为什么都是恩情关系,哪四大关系?

　　这四大关系是:一、父母和孩子之间的关系,我们叫亲情;二、男人和女人之间的关系,我们叫爱情;三、朋友(哥们)之间的关系,我们叫友情;四、上下级之间的关系,我不知道是哪门子情。

　　父母和孩子之间是什么恩啊?父母那头养育之恩。这是施恩。孩子这头听话孝顺。这是报恩。一重恩关系由此建立。从时间上来说这个恩的关系可能是最持久的,起始于孩子出生,终止于父母过世。这个过程都叫孝顺。你说这个跟市场文明能一样吗?不一样。

爱情,也叫男人女人关系。为了避免在座的美女对我产生不满,我首先要做两个声明:第一个声明是"中国男人是中国女人的原因",第二个声明是"中国女人是中国男人的产品"。所有在场的美女都没有错的,错都是我们男人的错。

我经常在饭桌上问别人,我说什么是好啊?就马上有人出来说"女子"是好不是吗?好本来就是"女子"这两个字组成的,我想很有道理。女子有特有的好。女子的好是什么好啊?是身子好,所以这是"女子"特有的好,就是身上之物。这就规定了中国男人和女人的好处是不同的。总结这一点我说四句话,这四句话有点别扭,但还是值得说一说的。

第一句话叫"中国女人是中国男人的好处",第二句话叫做"中国男人不是中国女人的好处",第三句话叫"中国男人的好处是中国女人的好处",第四句话叫"除了中国男人好处当中的中国女人"。

这话讲的是有点累,确实也带点思辨性。想想如果你旁边坐着一个女生,然后你就跟她说"你是我的好处,我不是你的好处,我的好处是你的好处,我(其他的)女人不是你的好处",你就明白了。

中国女人有很多问题值得去琢磨,比如说嫁的是不是爱的,爱的是不是嫁的。我认为,中国女人要嫁人,思考的是12个字,3个前提。我先讲完,大家看同意不同意啊。这十二个字是:经济基础,真心对我,有责任心。反对的举手。(笑)(无人举手)那么好处论就开始贯彻。经济基础——拥有一定的好处;真心对我——舍得下把这个好处给我;有责任心——把这个好处只给我不给其他女人。(笑)简直是胡说八道,要批判。谁鼓掌啊?(笑,掌声)

西方人有个词,叫 Mr. Right,这个 Mr. Right 也是 Mr. Compatible。我觉得在中国找的是 Mr. Best。假如有多个人追你,你就琢磨哪个人学历高,哪个人家庭背景好,哪个人有房子、车子等等。然后再想到底哪个人对我最好。这是第一,第二是哪个人最好,两个之间权衡,然后才能决定是不是把自己(的好处)交出去。说明一下,我讲的好处一点没有负面的东西。很中性。平常大家在心里面掂来掂去好处这个词,但不大愿意说。说呢,说的都是感情。

所以,中国的男女关系,假如理解得偏一点,像唐林这样,就是男人的身外之物,恩的一方凭什么,换女人的身上之物,恩的另一方凭什么,当然也是图什么。这个对不对值得仔细琢磨。我一直讲中国女孩看到简历就开始动心,中国男孩看到照片就开始心动。(笑)现在出现了很多二奶现象。许多人纳闷,其实一点儿都不需要纳闷,二奶太正常了,没有二奶实在是不正常。为什么呢?

用好处论很容易来解释。中国女人的好处,因为是身上之物,在同一时间,同一空间,不能分割。中国男人的好处,因为是身外之物,所以在同一时间,同一空间可以分割。因为可以分割,所以容易有二奶。古代中国男人多一个房子,多一个女人,现代中国男人多一辆车子,多一个女人。你仔细想,古代中国房子放在那儿闲着没事,所以找个人进来住。那进来住的人就把这个房子填了,所以中国有个词叫做填房嘛。(爆笑,掌声)

再讲点什么呢?五四之前,先结婚后恋爱,或者先结婚不恋爱。五四之后开始自由恋爱。五四以后就有恋爱自由。自由恋爱以后,你仔细看,中国民国时期,中国现代史上的名人到后来的女人大部分是二奶。要是她不是二奶,她一定不够有名。

虽然五四后有了恋爱自由,但是婚姻在中国还是一个非个人行为,是家庭行为,如果你父母不同意,那么还是有一定的需要处理的过程,待会儿我再讲这个过程怎么处理。

现在来看看婚姻出轨。我们来比较一下东西方的婚姻出轨的现象。一男一女结了婚,如果这个女的跟别人有一腿,这个男的假如是中国人,打的一定是自己老婆;假如这个男的是洋人,要打的话大多数情况打的是那个男的。到底是谁在呵护女人?为什么西方有决斗意识?为什么爱德华八世娶一个辛普森夫人,离过两次婚的女人,为了娶这个女人连王位也不要了?中国人叫不爱江山爱美人。中国男人想不通,说你在那个位置,哪个女人你不能睡啊。(笑声、掌声)掌声太多也不好。这是一层,刚才讲了,这是女的出事,那回过头来看男的出事。

假如说男的出事了,中国女人打的一定是那个女的,(笑声、掌声)说要没你这个狐狸精,我老公能出事吗?她老公永远没事,狐狸精有魔术让他出事。假如是个洋女人,要打一定打的是自己老公。还有一个更深入的现象,十个女的,假如说是洋人,我觉得至少有八个要离婚。十个中国女的,我觉得至少九个半不离婚。别急着点头,自己琢磨。东西方文化有没有差别?你自己问,哪个是爱,哪个是恩?哪个讲的是好处,哪个是真正排外?为什么我们二奶文化盛行,婚姻继续稳定?为什么"彩旗飘飘,红旗不倒"?等等,都值得琢磨。

西方女人要是用我们的标准来看,在婚前很多是不正经的,但是在婚后相对来说就比较稳定。西方男人也是这样,婚前 sleeping around。(笑)但婚后呢,反而知道自己想找谁了,相对就稳定些,不大容易出事。中国男人倒过来,婚前没太多机会,也大都没到成功的年龄。整天对方问凭什么他也凭不出来太多。这个也凭那个也凭哪个都搞不定,只能把有限的资源集中使用,努力攻克一个。到结了婚以后,特别是事业有成后,机会开始多了,觉得其他女人也很好。对这些人,大家叫他有桃花运。仔细想一想,我觉得桃花不是运,而是灾。有一个词叫破财消灾。不花钱消不了这个灾。这段桃花运开始是容易的。你要说我要跟你结束了,就不那么简单。你要是个官或是其他原因,这段情事不能让人知道,那这个讹诈就更大。(笑)

个中原因,中国的婚姻对于女人来讲是赌博。在中国的婚姻里面,男人走的是上坡路,女人走的是下坡路,因为中国女人的好处是身子,身子随着年月是折旧的。何况结过婚的女人和没结过婚的女人,中国人经常鉴别得很清。介绍离过婚的女人,说这个人又漂亮,个子又高,身材好,皮肤好,眼睛大等等,然后最后点了一句,就是离过婚。(笑)完了,完了,这句话一听,就不再往下听了。

现在来看第三层恩情关系。看朋友哥们,看友情。友情有两层,第一层,如说大学同学、军队战友,这个友情是很纯的。我说你们也是用好处来交换,你们可能还不见得答应。那么我现在要来一个鉴别,就是如何来鉴定这友情是不是能够继续维持。这个被认为朋友的人求你件事,这件事你有能力做,但你却不做,关系就开始难以维持。当然如果两个人不认识,互相开始交换好处,今天你帮我,明天我帮你。然后就开始由远拉近,越拉越近，也很经常。江湖里面主要是靠朋友，要不怎么我们中国人有"在家靠父母，在外靠朋友"的说法呢？朋友关系，相比之下是中国人中最具有平等性的概念，虽然也有刘关张这样的结拜排序。这一点上，江湖受了墨子"兼爱"思想的影响。跟朋友有时候开玩笑可以没底，跟父亲和领导就不行。它讲的是一个"义"字。春秋战国，吵来吵去两个字，一个叫义，一个叫利。这个义到底是什么？我仔细看，这个义实际上也是恩，也是好处。你今天对我有义，我明天对你有义。

我们不讲孔子的仁义礼智信，不讲这些概念，我不爱讲这些概念。你告诉我谁是仁者，谁是智者，谁是礼者？那你讲义的时候你就告诉我谁是义士，谁是义的典型？我们讲雷锋大公无私，我们只出来一个雷锋啊。谁是"义"的代表人物呢？关羽，说得太好了，关云长。这个义的过程，大家看一下。曹操对关羽不错，高官厚禄。他继续在那里看着嫂嫂，先投降，然后过五关斩六将，继续找当时投靠袁绍的刘备。那么，这个里面你看的是不是就是一个义字啊？是的。但那义字是不是就与好处无关啊？我看就未必，曹操奸雄也，翻手为云覆手为雨。你跟他做，做到底是一个臣子。但是要是刘备做皇帝了，那我是皇帝的弟弟啊。这是一层。第二层，中国人的义，非义即小人。就是假如你关羽不是这么做，今天就跟着曹操了，那他就是另一个吕布，他得的是一世骂名。人家觉得他不够意思。反而这样做了，有后面跟刘备的未来。尽管后来他因为这个恩放了曹操一把，这个"义"里有"恩"。中国有句话叫忘恩负义，可能两个词本来就是同义。所以，我有一句话，叫"敢问义在何方"。义实际上是一种好处，实际上墨子就讲过。我为了到北大来，怕大家觉得我没学问，上个礼拜天就开始恶补冯友兰的《中国哲学史》，那里面记载墨子说"义，利也"。所以，这也不是我第一个说，只是他说的时候我不知道。当然我说的时候他更是无法知道。（笑）

现在讲一下中国人的脸皮厚和脸皮薄。什么人叫脸皮厚？什么人叫脸皮薄？脸皮厚的人，今天你帮了他，他还没还你呢，明天又让你帮他。他开得出这个口，然后后天又让你帮他。那什么叫脸皮薄呢？就是你还继续帮他。（爆笑、掌声）

关于友情，亚里士多德有一个定义。亚里士多德说友情主要的用处是在一个人倒霉的时候。你倒霉了，你的朋友继续在你的身边。我们的哥们是互相帮助,一旦倒霉了,哥们在哪儿,尽管有时候不太好找。我曾经说过,男女朋友也是一样。一个男人要找女人,你只能问一个问题来测试。假如你倒霉了,她是不是还跟着你?假如你现在有答案,就是你倒霉了她不跟你,这种女人不能找。

上下级就不用多说了。朝廷对龙椅鞠躬尽瘁。许多人以为鞠躬尽瘁是对老百姓说的。诸葛亮说鞠躬尽瘁,这是对上面人说的,一定要搞清楚。皇恩浩荡,功名利禄这个就不用说了,就讲一个"忠"字。核心只有一个,记着,只有一个雇主。你以为我这里过得不顺,到那里就能顺。它还是一个雇主,不能轻易换单位,换了也不见得就行。但朝廷挑的都是最优秀的人。朝廷里面讲的是伯乐和千里马,这个千里马如果是个人,一定要报恩。

江湖里面也是讲一个忠心耿耿。你要是对老板好了,老板把你当马仔。当然江湖里面还有一个词,叫"此处不留爷,自有留爷处",你可以跳槽。我跟你讲,跳槽在中国是一个忌讳。你不见得越跳越好。别以为跳槽就没事了,到时候还会发生事,因为不容易产生信任。外企可能有所不同。

江湖是男人的天地,讲讲中国人的成功概念。成功是好处积累的阶段性特征,成功本身就是标志。大家现在到北大就是一个成功标志,从北大毕业又是一个成功标志,找了一个好工作又是成功标志,然后开始晋升又是成功标志,找了一个美女结婚又是一个成功标志。等等。

中国成功的主体是男人,不是女人。女人成功的标志和成功女人的出路是两个概念。首先讲女人成功的标志。一个中国女人成功了,一万个中国女人,第一万零一个我不知道,没有一个羡慕她的。这句话听完以后,有人觉得唐林你讲的可太有问题了。第二句话你可能理解。一个中国女人嫁给了成功,一万个中国女人没有一个不羡慕她的。所以中国人的成功,一个字:嫁。嫁好了是中国女人人生最重要的使命。命好就是嫁好,嫁不好就是命不好。(笑)仅仅自己好,不曾嫁的好,不是女人的真好。嫁好有两个指标,第一个要嫁的比自己高,第二个就是门当户对。门当户对解释起来很简单。因为面子文化,假如是不门当户对,那么一方一定是高攀,另一方一定是低就。那么你要问,低就的那一方凭什么他要低就?虽然另一方都愿意高攀,所以平衡的结果,就有了门当户对的概念。

所以中国人的爱,如果真有的话,它是有一个恩的门槛,从来不是无条件的。

　　成功女人的出路。成功女人不外乎两条出路。第一条出路叫做女人。做女人就是找一个更加成功的男人。那回过头来这个更加成功的男人,经常不找这样成功的女人。这不是有句话叫"男人女人女博士"吗(笑),就这么来的。中国男人不自信,然后不让中国女人自信,责任全是男人的。你说哪个女人愿意自己绑小脚啊,那全是中国男人惹出来的祸,是不是?没事绑小脚干吗?我们绑了上千年,了不得的文明啊,过去为什么要绑小脚,待一会儿讲。(笑)第二条出路,就是做男人。做男人,就是找一个小白脸。这是男女的位置错位,养一个小白脸,这就叫做男人。文化上的男人。所以说成功女人的出路一个是做女人,一个是做男人。做女人的可能性小,做男人的可能性大。

　　中国人的良心。中国人的良心和西方说的良心有差别。要讲恩,一定要讲中国人的良心。什么叫没良心,或者叫良心发现,原来是对自己信仰背弃行为的领悟。比如说看到一乞丐,没给他钱,回家以后觉得当时应该给他钱,这就开始良心发现了。中国人的良心不一样,中国人的良心很简单。父母说了,"你这个没良心的",不听话,不孝顺。说这人不够良心,没什么良心,你别帮他,庆华你别帮他,帮他他不会回帮你的。所以中国人的良心就是报恩。

　　不报恩,就是没良心。对别人的好意不做出好意的回报,也不是良心。那么你们来看这几个词,感恩戴德,忘恩负义,有情有义。这里面的恩德,恩义,情义,就我来看,在我们的生活当中,就是一个恩字。恩是用来交换好处的好处。这一部分讲完了。我看一下时间,哎呦不对,两小时过了。超过了,散伙吧(笑),不能散伙?这样,必须走的人走,愿意留的人留。(没人走)

孝　顺

　　孝顺是中国人的核心手段。内容比较简单,用的又是非常唐氏的语言,叫孝是孔子发明的生产线。我想下面这两句话今后会有人引的。"春秋战国是中国唯一的天才时代,孔子是中国最大的天才"。"孔子最大的天才是让中国人再也没有天才"。（笑）你看看孔子之后,谁是天才?这世界谁的家谱最长?孔丘的家谱最长。我们秦始皇的家谱往哪儿去了?不知道。汉武帝的?不知道,等等。孔子的家谱到现在不知道有多少代了。姓孔的都想排上去。要讲清楚"孝是孔子发明的生产线","中国人生出来都是铁,父母的任务就是炼钢"。（笑）不管是金银铜铁锡,管他是什么东西,就是用来炼钢。炼成了钢,男孩就出息了,女孩就嫁好了。没炼成钢,这父母动不动就会说,"我是恨铁不成钢啊"。在座的诸位父母肯定都没讲过,因为你们都是钢。所以你回过头来讲,我们孔老先生那真是了不起啊,让我们在黑色的隧道当中,找到了光明。好像有这么一句话,我不知道原话是什么。

孟子讲,恻隐之心,仁之端也;羞恶之心,义之端也;辞让之心,礼之端也;是非之心,智之端也。这么一些概念,在生活当中,老百姓真正知道的,我觉得就是一个字,孝。你跟老百姓讲仁义礼智信,我不知道他知道不知道,反正我是不知道。我真的搞不清楚,仁者爱人,爱的是什么人?

但是孝了不得啊,你说中国人谁不懂孝?待一会儿讲孝的概念。所以孝是孔子整个学说当中,真正落入民间实践的概念,就是进入我们的家庭了,这个字中国人没有不懂的。孝顺的基础很简单,就是听话。听话有两部分。上半部分叫不想父母觉得不该想的,不说父母觉得不该说的,不做父母觉得不该做的。那么听话的下半部分,想父母觉得该想的,说父母觉得该说的,做父母觉得该做的。这是孝的概念。恩关系的建立里面,最最值得我们推敲的实际上是这个孝字。

我们中国人的善是用孝来定义的,孝为百善先。中国人的仁也是用孝来定义的,孝是仁的核心。我的观点是"人性本真"。什么人性善,什么人性恶,我觉得实在胡扯。我觉得人性本真。中国在善恶理论教育的过程中把人弄得都没法真了,不妨保持这份真。再来说孝是孔子发明的生产线。进去的人各个都是表情丰富、活棱活角的;出来的各个都是神情凝重、深沉。中国男人的价值是深沉,深沉是忍耐郁闷的能力啊。（笑,掌声）这句话是我的语录,我没事就在澳大利亚的海边想语录。当然,我们还有一句叫"棍棒底下出孝子"。既然人性本善,为什么要棍棒底下出孝子,我实在搞不懂。

鲁迅讲过一句话,叫"哀其不幸,怒气不争"。鲁迅先生没有讲不争的原因。我认为这不争恰恰是因为中国人讲的孝顺。因为不让争,首先我们要是跟父母争,这就变成顶撞,你顶撞多了,父亲就开始讲反了反了。这跟反了反了有什么关系?我又没有操刀,也没有拿锄头,(笑)什么都没拿,就是意见不同,意见不同就叫反了。你能争吗?反正我是争出来的,我爸爸比较开明,不知道你们争了没有。

下面讲西方人不是人。(笑)我现在要问大家的就是,孝顺的英文对应词是什么?北大可是不能让我失望。Come on,北外可是回答了,当然它是北外。孝顺的英文词,试一下,不难,没关系的,好,谢谢。

学生:filial。

唐林:filial,好,来,为北大鼓掌(掌声),不是外校进来听的吧?噢,不是。没事啊,实际上 filial 再加一个词,filial 是一个形容词,这个叫 filial piety,filial 在英文就是 of son and daughter 的意思,就是孩子的。Piety 就是虔诚的意思,然后你把这个 filial piety 给翻成中文,说孩子的虔诚,然后说这是什么?中国人问这什么意思,看不懂。什么意思?孝这么一个家喻户晓、深入人心、贯彻实践两千五百多年的概念,洋人没有一个对应词。也就是说,中国人没有人不懂孝,西方人没有人懂孝。当时想清楚这一点的时候,我突然明白中西方最大的差别就在这里。其他都好说,开车我们一样,交通规则不一定完全遵守,但是也遵守一部分。唯独这个"孝"没有交集。这一点至关重要。当然这个结论是不是对的,非常值得批评。假如谁写文章把这个结论推翻了,我愿意看这个文章,这个结论假如是错的,我这个《悟(误)读中国人》的书就不写了,然后我就拜你为师。

假如孝是天经地义的,也就是是人都得孝,我们的结论就出来了:西方人就不是人。当然今天在座的没有西方人,我们不让他们知道。我们要讨论一下。你觉得他不是人,他是不是觉得你是人呢?要琢磨,要琢磨。

好。下面讲马斯洛理论的不适用。大家一定都学过。我研究生在北航是学管理的,马斯洛理论也学过。马斯洛这个需求层次啊;首先这样,然后那样,接着这样,然后那样。实际上马斯洛理论基于的是个人,是个人行为。首先得有衣食啊,然后有性啊,然后有 security 啊,然后有 social realization 啊等等。要讲这个不适用,一定要讲清楚"西方人皮肤之外都是别人,中国人屋顶底下都是自己"。在西方,老爹也不见得叫父亲,小时候叫父亲,后来他就叫 John,他照叫。我们这头别说是父亲,就是官,你要是直呼其名,你都是对他不尊重,你一定要把他那个屁股底下的椅子说出来,说某局长他才开心,你说某某某,他不开心,因为他对自己是某某某不关心不在乎,他关心在乎的是屁股下面这个局长椅子。听明白？我们对椅子太关心,因为我们只注重身外之物。说透了,当身外之物交换身上之物的时候,大家忘掉了,就是两头都没有看身内之物。今天我唐林感谢大家来,什么原因,真的感谢,因为唐林是谁啊？什么也不是,谁也没听说过,但是大家冲着"悟(误)读中国人"这个题目愿意来听一听,听得现在还舍不得走。这是身内的东西。没有我的人生指标,也就是我的简历,能反映我今天讲的东西。这个确实没有,当然这是我最愿意做、最快乐做的事情。

接着讲东西文明的差别,一个是人文明,一个是家文明。中国的文明就是家文明。康德说每个人都是自己的目的,康德还说世界上没有比一个人的行为受着另外一个人的意志约束更悲惨的事情。而在我们中国,这种悲惨的行为的前提叫责任,我们得有责任啊。

我有一天在桌上讲,西方人是自私自利的文明,中国人是家私家利的文明。然后,我那天点了一句说日本人是国私国利的文明。结果那天的桌上还真有一个研究日本的人,他说唐林你说得太好了。你要不写,我就先写了。所以我得先到北大讲,省得他写的时候,版权给他拿走了。国私国利,值得琢磨。我准备去日本生活半年,当然首先得挣钱。我一直觉得日本人值得我们认真琢磨,西方人我比较容易理解,我在那儿待着,我在那儿在主流社会待着。我确实比较理解。中国人,一朝是中国人,就永远是中国人。Once Chinese, always Chinese. 没法变。经常有人对我说你把自己当谁啊？当然当中国人。我其实不骂人。许多人以为我跟柏杨一样,柏杨跟我没关系。李敖更是差远了。唯一接近的,我觉得这种思考接近于五四精神,接近于鲁迅、林语堂。当然这要后人来评说。我需要用两年来证明自己。假如证明不了,那我就用20年来证明自己。假如20年证明不了,那就200年来证明自己。孔子用了200多年来证明自己。不要把200年看的太远。我要写的这本书假如有一个前言,就写上一句话,叫"本书是为200年后的中国人写的"。

西方人家是手段,人是目的;中国人人是手段,家是目的。人是目的,获得自由就是手段。家为目的,获得面子就是手段。今天还要讲一下中国人的光宗耀祖。

尼采说上帝死了,唐林说祖宗死了。上帝究竟有没有死我还真不知道,什么原因?因为我根本不知道他是不是活过。(笑)但是祖宗死了我们是知道的。我们的文明围着光宗耀祖。光宗耀祖就我看,就是活人为死人活。为什么活人要为死人活?我们一出息,我们的祖坟就开始冒青烟(笑)。祖坟在哪里?不知道。青烟冒没冒?一定冒(笑)。还有我们一出息,我们的祖宗就在九泉之下觉得非常安慰。那天有一个哥们问,九泉你去过吗?(爆笑)我说没去过,我一泉都没去过啊(笑)。我问他,你去过吗?他说我也没去过。我问谁去过啊,他说不知道,去的人都没回来(爆笑)。郭德纲说相声应该学我。

这是光宗耀祖的问题。柏杨的那句话,我觉得一定要纠正。柏杨说中国人丑陋,我说中国人并不丑陋,中国人辛苦。(对着庆华)今天说,庆华你多好啊,跟我讲讲你。你就说我现在整天过得自由自在,无忧无虑,像个孩子一样。我一看,觉得庆华你是不是有毛病啊?不大像中国人呐。但如果你很深沉,又有一件大事要完成,仿佛整个世界的责任都在你的肩头,看起来就特别像中国人了。(笑)这个中国人是怎么讲?就是中国人用的词叫"累"。这个累字,现代词叫郁闷。我们回过头来问,这个郁闷是不是现在才有的?大家想想这个郁闷是不是现在才有的?假如不是现在才有,这郁闷以前又叫什么?

中国古代的诗人词人,咏的最多的情感不是一个喜字,不是一个乐字,不是一个爱字,不是一个情字,而且一个愁字嘛!"这次第,怎一个愁字了得"。(笑)"抽刀断水水更流,举杯消愁愁更愁"。这是李白。刚才讲的婉约派,那豪放派是辛弃疾。"少年不识愁滋味,爱上层楼;如今识尽愁滋味,欲说还休"。这都不算愁,李煜来了一句,"问君能有几多愁,恰似一江春水向东流"。什么时候最愁啊,龙椅丢了最愁啊!所以这个愁字贯穿我们的文明,这个愁字你要仔细去看,西方的莎士比亚也好,荷马史诗也好,这方面就很少。你回过头来看我们的早于战国春秋就有的《诗经》,"关关雎鸠,在河之洲,窈窕淑女,君子好逑"。那个时候还真是有点自由恋爱的劲头,那时候蛮开放的(笑),那时候睡不着就辗转反侧,后来就变成"男女授受不亲"了,拉个手都是非礼(笑),所以我们轻易不摸。我以前写过一个短信,说中国人"拼来拼去拼的是健康,舍来舍去舍的是自由,弃来弃去弃的是快乐"。这些是非常不对的言论,值得大家批判。

到这里我就想问一个问题,就是假如一种文化,置身于这种文化的大多数人都是郁闷的,这是不是一种好的文化?不用答案,仔细想。

我们中国人讲富不过三代,是不是富不过三代?那些老话千锤百炼,不得不听。为什么"不听老人言,吃亏在眼前"呢?丢好处啊,你得听啊。又说"人在江湖走,哪有不挨刀。"首先得上当,才能去骗人。(笑)

这些老话是要听的。"富不过三代"是老话要听。为什么富不过三代?因为老子想,当时打拼这些是为了谁啊?我还不是为我儿子吗?我现在还让他受苦干嘛呢?他打拼出来他觉得是受苦,因为他做的不是自己喜欢的,所以他现在不想让他儿子受苦。他不想让他儿子受苦,这个家就富不过三代。你回过头来看华人首富李嘉诚、世界首富比尔·盖茨。这差别挺大的,李嘉诚哪里挣钱往哪儿投,比尔·盖茨就干一个微软。

比尔·盖茨的故事值得再引申一下。哈佛大学二年级,自己突发奇想,说要成立一个公司,叫微软。然后就辍学走了。北京大学二年级,有位叫张志强的,志向强大,要辍学,要办个公司,叫软微。结果他妈就来了,说你要是敢从北大辍学,我死给你看。(笑)你知道吗?这个中国女人用passive,被动的aggression。Passive aggression,很厉害。她知道孩子对父母有责任,你有这个责任至少不能让我死。所以,我要是死你还不动静,那你就不是好儿子。那这个父亲是比较主动的,叫active,active aggression,他说你要是敢从北大辍学,我打断你的腿。(爆笑)那父母加起来说的,你要敢从北大辍学,我们就不认你这个儿子。实际上你真辍学了,他肯定也认。但是,他就是用不认让你不辍学。你看,文明的差别,人文明与家文明的差别,软微和微软是非常说明问题的。

快讲完了。我本来想今天卡在两小时内。大家笑声掌声实在太多,把我讲的给延长了(笑)。所以过不在我,当然功也在你们。中国女人绑了千年小脚。这个小脚绑的时候啊,你仔细想想,这是一个痛苦的过程。中国女人承受痛苦为的是什么?首先问谁绑的?自己绑的?(笑)三岁就会绑了?你高估她的能力了。这个小脚是从三岁开始绑,绑到七岁。绑的这个人,通常是两个女人,一个女人叫母亲,一个女人叫外婆,就是母亲的母亲。然后就绑,绑完以后啊,孩子不愿意啊。这时她已经会说话了,就哭天喊地不愿意。这时她母亲就用一句最经典的话来告诉她这个小脚是值得绑的。猜一下,这句最经典的话是什么?"妈是为你好!"(笑)我给你讲此时此刻,唐林在这里做讲座的时候,不知道有多少母亲正在跟她的女儿说,妈是为你好。这句话绝了,待一会儿我们再分析分析。看来我这个东西,真的要销路,还是要到北大来。北大能理解的比较深,幽默也比较到位。我是说我的幽默也比较到位(爆笑)。说到婚姻。你一定要嫁谁,结果你妈不同意。然后你妈就开始说,"感情的事不能感情用事啊"(笑)。不能冲动,我们不能用 emotion,更不能用 emotion 来支配。这个跟西方的浪漫主义运动是不一样的。当然我们也不够理性,我们主要是跟着好处,这和跟着理性是不一样的。通常到婚姻的时候,这个脑子的作用就大,心灵的作用就小。所以感情的事,不能感情用事。小脚文明就说到这里。我还有一个幸福悖论。

幸福悖论就是你现在回过头问,用幸福概念来理解来鉴定,你的父母幸福吗? 真的认真问一下。他们可能很有面子。但是,你问他们是不是幸福? 幸福这个词 Happiness,说到底是外来词。我们是福禄寿喜,我们是面子,我们是非富即贵。我自己琢磨,"自己并不幸福的上一辈教着下一辈如何幸福"是我们的幸福悖论。我们一代一代的人跟幸福没关系,跟光宗耀祖有关系,跟风光有关系,跟前呼后拥有关系,跟母以子贵有关系,跟阿Q说的"我们那时候阔多了"有关系。

我们一代一代跟幸福的距离很远,跟面子的距离很近。妈到底是为谁好? 妈是不是为你好? 我得念一段妈说的话。妈说了"你们说我管这管那,抠门小器,省吃俭用,精打细算,不舍得花钱。我又是为了谁啊?"底下那句话谁能接啊? "我还不是为了这个家吗!"你看妈说实话了,她为的是家,不是为你好,是为家好,因为家好你才能好。我们是家文明,我们共用一个面子。一荣俱荣,一损俱损。

接着,我们来看看中国的父母在孝顺概念当中,到底是爱孩子还是爱面子。这个是见血问法,许多人说我经常见血。裴多菲讲,"生命诚可贵,爱情价更高;若为自由故,两者皆可抛。"萨特讲自由概念。萨特说,人的自由就是选择,人是不得不选择的,假如人不选择,就是选择了不选择。(笑)比较累。康德又说每个人都是他自己的目的。我们的孝,恰恰是,刚才我讲的是生产线,让孩子首先是被剥夺自己的选择,然后身不由己地选择被选择。大家仔细琢磨。

那么成了父母后,有为自己的孩子选择的权利。在跟其他父母交流,替孩子选择的过程中,来选择哪一个更具有社会优越性,与孩子本身的特性,特别是喜好没关系。西方有个词叫 enjoy。我觉得 enjoy 这个词很极端。我们这边还有另一个极端,叫"头悬梁,锥刺骨"。我觉得头悬梁锥刺骨真的是一个 anti-enjoy。但是,为科举我们多少人是这么过来的?有几个人是 enjoy 的?再说就像你们这一代,一会儿是中考,然后又是高考,考大学。青春过了几日啊?过过没有啊?当然了,都不是浪费,也可能都是浪费。

所以,中国父母到底是爱孩子,还是爱面子,是值得思考的。50万到澳大利亚留学,这个我见多了,值不值得,就我看真不值得。蜂拥而至,络绎不绝,一茬一茬,所谓长江后浪推前浪,前浪拍在沙滩上,那个拍在沙滩上的继续来。(笑)回过头来他就跟人讲了,"我儿子在澳大利亚留学!"你知道这句话值多少钱,50万呐。这里面就有这个家的荣耀。所以我在琢磨到底父母是爱孩子,还是爱面子?假如是真爱孩子,孩子喜欢做什么,你跟着往前走,顺着孩子喜欢走的才是真正的爱。我们这边是妈是为你好,把你喜欢的慢慢都拧过来。实际上父母考虑的,我在想,是家,是面子。家是面子共同体,父母实际爱的是面子。但父母是动物,他们的本能需要爱孩子。怎么样又爱面子又爱孩子呢?就是让孩子成为挣面子的手段。这就是中国人的孝。不是有句话叫"子不教,父之过"?

下面讲中国人的四个"不得不":中国男人是不得不上进的,这是第一个"不得不";第二个"不得不",中国女人是不得不让自己男人上进的;第三个"不得不"叫中国的父母是不得不让自己的男孩上进的;第四个"不得不"叫中国的父母是不得不让自己的女儿嫁给上进的。(笑,掌声)不得不啊,都是外力。

西方近代文明也就是近两三百年的事情,从卢梭提出人生来平等自由到演变成现在这个样子,是有代价的。我们因为孝顺,说到底就是跟父母不能等同,也就是我们是以"人生来不平等"作为前提的。奴我、主我不平等,这在中国是天经地义的。从哲学理念上并不能够证明,人到底是生来平等,还是生来不平等。当我们说马有四条腿的时候,这是一个归纳的结果。所以你回过头来去演绎说，马有四条腿，然后白马是马，所以白马有四条腿。首先有一个演绎的大前提，这个大前提是个归纳的结果。人生来平等不是归纳的结果，人生来不平等也不是归纳的结果。所以这才真叫公说公有理，婆说婆有理。尼采讲超人，认为出一个拿破仑，死几千万人小意思。讲的是人不平等。卢梭认为人生来平等。康德认为每个人都有自己的目的，孔丘认为每个人都是家的手段。因为不是归纳的结果，所以尼采推翻不了卢梭，康德否定不了孔子。没对没错，自己选择。

最后一个问题是，中国人什么时候成为中国人？许多人说我不是这样，我妈老古董，整天跟我讲这个，讲那个，我根本不想听，到了更年期不知道她怎么样。（笑）结果有一天，自己有了家，又有了孩子。一有孩子，中国人就完成了从被动地去理解孝顺到主动地去要求孝顺的转变。这个时候，女儿就特别容易理解母亲。动不动就说，还是我妈说的对啊，我打电话问问我妈。中国人成为中国人的时候是有了家并有了孩子以后。所以在座的大家基本上还都不是中国人。不着急，慢慢来，半个而已。

要求孝是中国人的起端。还有一个概念，中华文明伟大，这就不用说了。中华文明伟大的原因，值得琢磨，这个也不说了。那么，伟大有一个原因，就是我们的文明连绵不断。你仔细琢磨我们文明连绵不断的核心原因在哪里？就是这个孝字。你想断都没法断。只要子孙没断，香火没断，它一定不断。因为我们的文明是孝文明，所以它就是这么延续下来的。

好了，我的演讲结束了。我是这样总结悟（误）读中国人的。

四句话：面子是中国人的核心价值，好处是中国人的核心指南，恩情是中国人的核心感情，孝顺是中国人的核心手段。

两句话悟（误）读中国人：动态活一个比字，静态活一个好字。

十个字悟（误）读中国人：跟着好处走，永远不回头。

六个字悟（误）读中国人：看上下比左右。

三个字悟（误）读中国人，凭什么。（笑，掌声）

用两句话谢谢大家："愿更多中国人多一些快乐，愿更多中国人少一些郁闷"。

最后送北大一句话，"没有五四，没有北大！"（掌声）谢谢，谢谢。（热烈掌声）

现场互动

刘女士问：关于"孝"的问题，中华文明孝的传统文化，使得中华民族在几千年的人类历史当中，在根本不可能建立现代全民社会保障体系的前提下，使得不论是穷人还是富人，都会有一个幸福的人生结局。而西方文明，正是在于没有反哺文化，才建立了全民社会保障体系。（掌声）现代西方发达国家，虽然建立了全民社会保障体系，不愁吃，不愁穿，不愁住，不愁生，不愁死，甚至不愁个人的社会发展，但是令西方发达国家的一流的专家学者们百思不得其解的是，当现代物质文明具有充分满足感的时候，为什么西方发达国家的自杀率远远高于我们亚洲国家3.4倍，注意，不是百分比，而是3.4倍，还包括患忧郁症的人数比例，从西方的高自杀率进行反思，是不是文化大于制度，还是制度大于文化？这是第一个问题。第二个问题，之所以自杀率越来越高，是不是西方发达国家越老越绝望，越老越无望？而且呢，这个无望和绝望不论穷人还是富人，都是有的，所以刚才我讲，是反哺文化大于全民社会保障体系的制度呢，还是制度大于文化？谢谢。

问：还有一个问题，刚才唐老师讲的是愁字贯穿中华文明的整个文化领域，那我们说，西方十大悲剧力量贯穿着整个西方文明，就是一个悲字。

唐林：刚才这个问题，问得非常好，我呢，因为我是基于生活，读书很少，像西方十大悲剧也没好好看过。我主要是体会人生，那么回过头来，我确实想过，这个社会制度就是那个保障体系，和孝顺以家为单元。我觉得孔子是个天才，已经说过了，他最最重要的发明就是把西方人认为属于社会的责任给扔到家庭。也就是说，这是你妈，你不管谁管？而那头呢，市场、社会给担起责任来。我说到底两头看的都是横切面，有些论点也不见得公正，就是我现在看也不是说两百年前的西方，我就是看现在的西方，因为我生活在那里，我看到现在也就是现在的中国，当然说到底有时候需要用清朝的话来说，比较客观一些，好接受一些，这一点上到底是制度好，还是文化好？现在的问题是这样，就是置换。就是让一个中国人去过西方人的生活，他愿不愿意？这是一个。第二个，让一个西方人来过中国人的生活，他愿不愿意？我觉得，让一个中国人到西方去生活很容易适应,一个西方人到中国来挺难适应的。你们要仔细琢磨。当人被解释成平等,他就像鸟出了笼子一样,你回过头来和他讲,其实我笼里生活可是妙得很,他不见得愿意进来。这个没有任何贬低的意思。我们看西方说老无所养多悲惨,你觉得他悲惨,你要问他。他不愿意带孙子,他也不愿意整天和孩子住在一起,婆媳关系多难处啊,全世界都一样,自己一个人可是清净得很哪!跟几个老朋友打打麻将,不见得打麻将,是吧,这也挺好,所以他们就像西方的残疾人,有时候你去扶着他,他不愿意,我们这里扶着他,他觉得是关心,他不一样的理念,你一定不能以自己的价值体系为参照系去认识别人。中国人认识世界一共有四个过程。第一个过程:我发过一个短信,以中国为参照系看中国,产生了中华文明,战国争雄,百家争鸣。第二个过程:1840年后,第一个留学生,叫容闳,出国,1867年出去的,进入第二个阶段,以中国为参照系看西方。然后又有一批人,胡适之、林语堂、鲁迅、郭沫若等,他们这些人在西方过了一段时间,他本质上在那边过的不是一个中国人的过法,而是一个西方人的过法,至少在文化领域。举个例子来讲,澳大利亚的文化和中国的文化不一样,澳大利亚的文化是靠争,就是你有理不让人,人家就尊敬你,我说的直接体会,你整天在那求情,没人理你,submissive,人家看不起你。你必须争,你争赢了,你懂法律比他强,他对你非常 respect。这个 respect 不是面子,你跟他争他不觉得丢面子,他认错也不觉得丢面子。我们这头领导说话,别争了,你连插话都不合适,你插插看,你插完以后,他说这个工作比较重要,这个出国你就不要去了(笑)。那么第三个过程,就是说以西方为参照系看中国。第四个过程,这就产生了,以西方为参照系来看中国。五四就是这么一个阶段。春秋战国以中国为参照系思考中国,五四以西方为参照系反省中国。你看,五四每个人都是留过洋的,当然有一个人不是,他叫吴虞,他写了一个《说孝》,他把孝说成是"制造顺民的大工厂"。胡适之在北大做校长,说他是"只手打倒孔家店的老英雄"。回过头来,就是说我们要在真正去看别人的时候,我们一定要先弄清楚别人到底是什么?不然的话,你就容易觉得我们四世同堂多好啊。今天四世同堂,我们现在都不干了。你自己想想吧,大红灯笼高高挂的日子,哪个女人愿意过,你有选择你愿意过吗?比如现在再有机会四世同堂,你愿意吗?你不见得愿意,你可能更愿意过清静生活,小两口甜甜蜜蜜挺好,当然有时候要孝顺也得把父母接过来。接过来再说,假如姐妹俩,就非常微妙到底谁接谁,接到哪去,开始就很微妙。所以这里面你要仔细琢磨,这个过程,孝顺的过程,假如是特别开心的,怎么会"棒打出孝子"。孝顺是个极其艰难的过程。要是容易做,就不会这么强调,它是难做到的。所以要认识西方,一定要认清楚这四个认识阶段。我不敢说我到了哪个阶段,但是我自己是在思考。举个例子来讲,宋朝苏东坡,"横看成岭侧成峰,远近高低各不同,不识庐山真面目,只缘身在此山中";说出来就觉得这个话有哲理啊,好啊!下面怎么识庐山真面目啊?不知道啊,就算了,没办法往下问。我们知道了怎么不识。但是怎么识啊?许多人认为"他山之石,可以攻玉",认为西方人来看中国,他一定就清楚,不行,什么原因,因为西方人不懂得中国人,他容易犯以西方为参照系看中国的毛病,犹如我们的认识的第二阶段。也就是说,"不识庐山真面目,只缘身在此山中","此山外"的人不见得看得清楚,因为云遮雾绕。要看清中国,首先得在中国出生,得在中国受教育,然后去感受西方文明,用西方文明回过头来看我们到底怎么着。我的这本书要回答的问题只有一个,就是当我们说我们中华民族伟大,当我们中华民族勇敢勤劳,当我们中华文明延绵不断,我们要回答的一个最最基本的问题,就是"谁是我们?"这就是我唐林想做的事,谢谢。(热烈掌声)

问:您是学理工科的,后来学法律,是什么原因让您开始思考这些问题的呢?

唐林:这个问题问得好,谢谢。起因很简单,你们北大有一个人,这个人现在很有名,当时我到北大参加了研究生会的改选。改选上来的这个人是原来研究生会副会长,原来的会长就下来了。现在这个副会长是一个副部级干部,我要说的你们都知道,当时他是个省长助理,带着他们省长到澳大利亚去,然后,我接待嘛。在澳大利亚不是还有点用吗!(笑)接待完了以后,他整天就说,这种地方有什么好待的,你还是回国来。他整天催我,然后我就想要不我就回来,所以我就回来了,回来就开了个外国律师事务所代表处。我在澳大利亚有个律师所,中国大陆留学生在澳大利亚开的第一个律师事务所,然后在北京有一个分所,就是驻北京代表处。这样我就两头飞。从2003年开始,我就慢慢发现,西方人,比如澳大利亚人,不见得有钱,但是非常轻松,表情丰富,眼神发亮。我就纳闷啊,咱们中国人呢,个个都是跃跃欲试,一会儿好车,一会儿好房,一会儿这样,一会儿那样,然后个个都好像有心事,都很深沉,都很沉重,都很郁闷。(笑)我就开始问了,为什么会是这样?其实西方人不见得比我们有钱,从绝对值上来讲。我就开始想这个问题,这大概是为什么我把最后落脚点放在快乐上。为什么关注郁闷的普遍性。澳大利亚有两句话:第一句叫 relax;第二句话叫 no worries。这两句话对快乐的理解非常深。什么意思?要快乐首先要放松。其次,不能有忧虑才能真快乐。我再给你举个例子,西方人旅游,你打他手机,找不到人。中国人旅游,接了手机,常常得赶紧回去。这钱不能丢,客户不能丢。谁跟着好处走,谁跟着快乐走,就不难看清了。当然,你仔细想,就算他不跟着好处走,他老婆也不会答应。他老婆说,你看,隔壁的小王家又买新车了!刚才讲了,中国女人不得不让自己男人上进的。回答完了,谢谢。(热烈掌声)

唐林: 今天晚上北大的同学给我的面子实在是太大了,我终身难忘。谢谢大家。(热烈掌声)

主持人: 感谢大家的热情,也感谢唐老师今天的热情,让我们用热烈的掌声对唐老师的到来表示再次感谢。

(2009 年 5 月 22 日)

法律适用时代是否已经到来?
——法律适用主义与大陆法系判例制度

■ 黄 卉

[演讲者小传]

黄卉,女,1969年6月生,华东政法学院法律系1987级本科生,毕业后留校任教。1997年9月留学德国,先后获德国洪堡大学法学硕士、博士学位。2005年8月回国,在北大法学院从事两年半的博士后研究。现为北京航空航天大学法学院副教授,德国法研究中心执行主任,宪法、行政法研究中心副主任,航空法研究中心副主任;北京大学法学院金融法研究中心客座研究员;中国人民大学宪政与行政法治研究中心客座研究员。主要研究方向为中国宪法学和比较宪法学;基础法学领域关注大陆法系的判例制度和法学方法论。博士论文于2005年在德国著名学术出版社Walte de Gruyter出版。此外在《中外法学》、《比较法研究》、《读书》等刊物发表论文若干。2009年获德国洪堡学者奖学金,任德国柏林自由大学法学院客座教授,研究课题为经济宪法的裁判技术,以及宪法解释理论。

主持人: 大家晚上好,欢迎参加法学社"私法纵横"第四讲的讲座,今天我们很荣幸地邀请北京航空航天大学法学院的黄卉老师,来做这场关于法律适用主义与大陆法系判例制度的讲座。另外,我们也请来了三位评议老师,他们分别是来自清华大学的许章润老师、来自北京大学的葛云松老师和傅郁林老师。那么,下面我们欢迎黄卉老师做讲座。(听众掌声)

黄卉:
谢谢各位今晚来听我的讲座,同时也要谢谢三位评议老师,他们都是学界卓有成就的学者,在百忙之中抽空来为我评议,我非常感动,所以要特别感谢。

首先介绍一下确定今天的讲座内容的背景,我给讲座取名为"法律适用时代是否已经到来?"这是个疑问句,也是我近来时不时自问的一个问题。其实这个问题,我去年发表在《读书》第11期上的文章《一切意外都源于各就各位——从立法主义到法律适用主义》中,已经提出来了,今天的讲座可以看作是这篇文章的延续。

其实,这个讲座我答应曹志勋同学已经好几个月了,当初定的题目是分析"泸州情人遗嘱案"。因为各种原因,时间上没有安排好,而这次确定讲座时间和内容时,我提议改变原定题目。其中最主要原因是,我工作习惯不好,经常虎头蛇尾,那篇文章一直没有结尾,时间一长,想法和心态发生了变化,也有点看不上原来的写作了,别的事情一挤兑,也没能续上新的。另外就是,时间一长,有些东西有些陌生了。于是我挑了这篇在《读书》上已经发表的《一切意外都源于各就各位》来接着往下讲,不知道大家有没有看过,如果没有看过的话,听完这个讲座后还有兴趣的话,可以看一下,因为我今天不是重复读这篇文章。这篇文章主要是关于法学教育、法学研究,也可以说是对未来法学教育、法学研究走向的一个考虑,也包括法律方法和大陆法系的判例制度问题。思路主要是在北大做博士后期间形成的,所以我也特别愿意在北大跟同学们讨论。另外,半年多来一直有同行或者同学给我一些信息反馈,促使我继续关注和研究这个问题,有一些意见对我是非常有启发的,一部分更加坚定了我的判断,还有些质疑和询问,让我拓宽了视野。我把今天的讲座也当成一个继续学习和思考的机会,愿意与在座的各位老师和同学一起分享。

发表于去年《读书》第11期上的文章有个副标题,就是"从立法主义到法律适用主义"。我先澄清几个概念,主要是反馈意见中有一些关于"法律适用主义"这个词的询问。我其实不是一个特别纠缠概念的人,但是,我也意识到,"法律适用主义"这样的概念比较惹眼。这不是什么新生事物,学界以及文献中还有其他类似的概念,比如说立法论和解释论,从日本回来的学者愿意用这两个词,意思是,法学主要包括两个方面:其一,关注立法即关注怎么构建制度;其二,关注构建制度之后怎么使用和解释;相应的,法学研究分为"立法论"和"解释论",和我提的"立法主义"和"适用主义"是完全对应的。我不愿意在这里对概念使用分什么高下,立法论和解释论的提法挺好,只是解释论不能太望文生义,认为就是"解释",或者说需要在很广义的层面上理解"解释"。那我为什么会用"适用",还加"主义"呢?其实有一点偶然性。我是想说不能老是谈立法、立完法后又迅速谈修法(也是立法),而是要更多地关注怎么使用法律。整个法律体系是有某种内部结构的,各条文之间也有内部关联,需要学习才会了解,而不是拿着《新华字典》读一遍条文后,就会用法律了。立法本身没错,缺少法律的话就需要立法,但是相信或迷信立法是法治的关键,把一切法律问题都归结到立法工具,就是立法主义。与之相反,就是强调"法律适用",就是立法到了一定阶段后,更要关注如何使用这些法律,在使用中发现问题,修正或补充立法。这就是法律适用,为了和"立法主义"配对,有点押韵效果,就加了"主义"。或者我没有警惕自己有太多"主义"的毛病,给文章起题目使这个毛病很自然地跳出来了。另外,我应该坦白,写这篇文章之前我不知道学界关于"立法论和解释论"的讨论,去德国前学界还没开始谈这个,回来之后完全在部门法内工作,阅读文献时当然注意到了这个问题,但没太多关注学界是使用怎样的语汇讨论这个问题。简单说,我缺这么个知识点。

  文章中我还不断重复"规范法学"这个概念,它应该和"解释论"、"法律适用主义"同义。只是我不知道"规范法学"对应的是什么,对应"非规范法学"?听上去不是很合适,但是我也不能确定。好几位老师提议我放弃"规范法学"这个提法,第一是因为别人提过。我现在从事宪法学的教学研究,所以也提"规范宪法(学)"这个概念,但这首先是林来梵老师提出的概念。建议者认为别人已经提过了你再提的话,就永远是跟着别人,轮不上"第一"了。说实在的,我不是特别在意是"第一"还是"第二",如果别人提对了,跟着也没关系,可以发展别人的理论,有时候"发展"比"提出"要艰难,也很荣耀的。但"第一"在我们的文化中确实很重要,经常听说"我是第一个博士后"、"我是第一个拿到博士学位",干吗不说"我是最好的,虽然不是第一个"。如果有人说"我是德国某某大学第一个拿到某学位的中国人",我听上去"第一个"和"最好的"没什么必然联系,也许是"最马虎的"也说不定。总之,我不介意这个,介意的是内容。唯一不妥当的是,法学就该是"规范法学",Jurisprudence 的意思就是司法裁判者适用法律的学问,而不是其他。所以你强调规范的话,好像还有一个跟它一样重要的非规范的内容。在这个问题上我是有一点点放不下的,所以从我国法律现实出发,也许应该放弃"规范法学"这个概念。"立法论"和"解释论"的提法也许还真是最恰当的。也许今天这个讲座后,我就成了第一个提"法律适用主义"概念的,也是第一个放弃这个概念的人了。

接下来,讲一下这篇文章的主要内容。我在文章中提出了一个问题:我们是不是要从立法时代转向法律适用时代?和今天的讲座题目差不多,但今天我要做正面回答的。而我在文章里没有做正面回答,只是分析,如果要转向的话,有哪些原因妨碍我们转向?我列了四个原因。

第一个阻碍原因,我认为在我们的法律文化当中,或者说在我们的法律现实当中还存在着一种立法的惯性甚至迷信,好像觉得我们现在的法律困境都是立法不善造成的,这是个非常大的误会。这个判断我是在北大才形成的。北大有大批的法律硕士,所以要审阅非常多的法硕论文。论文质量实在不敢恭维,一个共同点是,什么问题都没搞清楚,但最后都会提出立法或修法意见。前面东说西说,我们这也不行那也不行,最后他有一个立法意见,而且好几方面的,都是非常宏大的立法意见。还有很多不沾边的名人名言和不沾边的非法学理论。开始的时候我都批不及格,但有同事马上告诫我,后来又全部改回来了(笑声)。我觉得这不是法学论文。我经常看《南方周末》,它有很多法律案件的追踪报道,都是记者们写的,按道理新闻报道风格就不是研究风格,但我觉得那上面的文章比我们有学术要求的论文更贴近法学路子。我当时震惊极了。当我开始广泛阅读中文文献时,发现这个现象不仅在学生当中存在,部分学者或者说有不少学者也有这么个倾向,也许学生的宏大风格就是这么学来的。我自己的认识是,立法是解决不了所有问题的,一开始立法当然很重要,但立法不是目的,它只是建设法律秩序的开始。法律秩序是个动静结合的"立体工程",成文法是平面的静态的,立完法以后需要研究它的使用,法律使用过程中会形成一些补充性的规范,可以称作判例规范,这是一个动态的、垂直面向的体系,两者不能割裂。我在文章中提到美国圣路易斯大学的南希教授,15年前我本科毕业刚留校,有一次和她聊天,她问我是否了解税法,我不懂装懂、乱说一气,说"我们的税法很简陋,什么都还没有"之类的。她很了解中国的税法,很严肃地对我说:你们的问题根本就不是没有法,而是有了法等于没有法;你们需要把这些法当回事,别老惦记着立新法。当时给我的印象真是太深太深了。但是十几年以后这个问题还是这样。我参加过不少研讨会,在讨论问题的时候,包括学者在内的法律各界人士最后都会指向立法,结论就是修改法律。其实,把他们的意见放进去立法的话,可能更不行,因为没有经过"训练有素"的法律论证,问题是看得到的,问题的症结也可能就是某个法条造成的,但是你去掉它,也许会产生另外的更严重的问题。

这里我插一下我对规范法学的认识。很多同学问我:你现在老说规范法学,到底什么是规范法学?这个问题不好回答,我试着解释一下:规范法学,首先就是搬弄法条,你一定是要阅读法条的,脱开法条说法律概念,从这国概念到那国概念,而且还穿梭于各种学科关于某概念的理解,那等于说"望天书",异想天开,乱七八糟(屠宰场的刀和割稻子的镰刀,有共同点啊,但能是一回事吗)。其次,光搬弄法条的字面意思是不够的,我有个刻薄的说法,就是"阅读和理解法律,新华字典是不够的"。得有方法,得了解法条之间的关系,一部法律和另一部关联法律之间的关系。识别法条彼此关系需要专门的法律方法,因为不是你一个人识别了就可以,而是全国所有法官都需要识别,结论应该是大同小异的。如果没有规律即没有有效的可传授的法律方法,就乱套了,有法等于没法。

要让自己的论文在"规范法学"框架内,其实有个窍门,我提供给在座的同学供参考。比如,你想针对某个法律问题提出一项立法建议,我说过这需要非常小心,但你有这个想法也没什么不可以的,只要论证好了就行。现在的问题是:除非我们还没有相关立法,完全一片空白,那么你可以随便立,否则,就应该首先看现有的立法,主要看现有立法的适用情况,从中发现问题到底是立法还是适用的问题。这里需要适用方法,如果你没有,那很容易得出修法结论。如果是这样的话,即当你提出一个立法依据、建议的时候,你一定要考察我们现在的立法为什么是这样的,为什么没考虑到你那样的?还是已经考虑到了只是不得已选了另外的?当初选择的就一定是错误的吗?当初选择时的背景已经改变了,迫使我们要做第二次选择吗?你给出了第二次选择,你就解决了原来的问题吗?肯定吗?如果解决了原来的问题,你会不会带来新的问题?这个新的问题和现在的问题比较又如何?如果你做完了这些步骤的工作,那么你这个立法论很漂亮,也符合规范法学的套路,也有解释论的功劳。要看法律适用,因为你光盯着法条看是看不出什么名堂的,除非你很熟悉法条所辐射的司法实践;因为如果你看着法条就能想出很多主意,那么估计立法者当初也能想出来。一定是司法实践中反映出来的问题,才会生动地、有说服力地告诉你,立法确实有问题。然后你回答时针对这些问题一点一点来。

我可以明确地告诉大家,对于在座各位,立法空白时代已经过去了,你们出生太晚了,我都晚了。哪怕一个新的领域,比如网络法,哪怕我们全部立法中没有"网络"这个词,这也不是立法空白,你必须在民法、行政法、刑法框架内构筑网络法的秩序。没掌握好这些基础法科,比如没有宪法中言论自由和民法中的名誉权、人格权保护知识,没有行政法关于规制许可和行政处罚责任等知识,你就东抄西抄地凭空弄一个网络法,那就是添乱。我在北大金融法中心待过,金融领域有很多新生事物,金融衍生产品层出不穷,好些学生研究后都提议立一个专门的法。这种思维是错误的,没有可能为每一个事物都立一个专门的法律。再举一个侵权例子,你买东西时摔了一跤,店主就涉嫌侵权,但因为香蕉皮摔跤要立一个香蕉皮摔跤法吗?然后立橘子皮摔跤法?不是的。如果你会用法律,用《民法通则》上的规定就解决问题了;当然要用上很多关于侵权的知识,所以才要上法学院么。

一段时间以来,我在想怎么可能有效地破除这种立法惯性或立法迷信,因为光指出这个结论是没有用的,得进行有说服力的工作。然后我发现其实有许多法律工作者都在思考这个问题。我的建议是要着力建设大陆法系的判例制度。这项工作我也有很多同道者,比如在座的葛云松老师、傅郁林老师,我们都在同一个工作小组中,在推进判例制度的建设。也许有同学会问,判例不是判例法系国家的制度吗? 我们可是大陆法系传统啊! 我可以明确告诉大家,判例制度和判例法系是两个概念。大家一般认为大陆法系是拿法条工作,英美国家才用判例,这是天大的误会,大陆法系也非常依赖判例制度,没有人能光拿法条解决法律问题。

我经常碰到有人问我德国法律问题,他拿来某部德国法律,说看不懂,或者觉得规定得不妥当,问是否翻译错了,希望我能解释一下。我一听就慌神,因为如果不是我正好研究过的,那我看不懂光秃秃的法条的,德国教授也不一定会。准确地说,我也许会说出那么一丁点东南西北来,大概可以对付非法律出身的经理、董事长普法班。而问我问题的基本上都是专家,他们有备而来的,你回答一下,他就问你更深入的问题,三下两下我就被问住了,那我还不如一开始就说不知道,别先乱说一气,到最后还是"不知道"。我甚至觉得,我的专业素质就表现在这里:你问我什么,我就不知道什么;就是我至少能判断你的问题难点在哪里,所以我能知道我不知道答案,而不是觉得我可能知道,等着被逼入死角。一个在我涉及领域的不怎么熟悉的问题,那我得花上一个星期或者一个月,才能给出答案;而且我需要工具书和资料,不是德文版的新华字典、法律字典也不行,得是"法律评注"(Kommentar)。真是这样。判断一个从大陆法系国家留学回来的法律人是否有点水平,基本可以这么做,就是你拿五花八门的法律问题问他留学国是怎么规定的,最好经济法领域的,那么结果就是,问什么不知道什么,那说明他学得挺好(笑声)。当然不能太绝对,但差不离。有一次,北大一个学生问我德国破产法的情况,我说不知道;问我欧洲银行法,我也不知道。他真的说了句很不客气的话,意思大概是"那你这8年都干什么了?"非常惭愧,我真的不知道,如果我有本事胡乱和你说点什么,那就更惭愧了,那就是起码的问题意识都没有。如果一定要问我学到什么,除了我专门研究过的,其余可能就是学到了一点点方法。就是如果有一个问题,只要给我时间和必要的资料,我基本可以很好地、相对也比较快地做出法律分析和法律判断,不会像无头苍蝇那样乱投乱撞,乱说一气。工作是有方向有效率的。还有就是,可能学到了某种基本判断能力:如果有人告诉我德国法是这样或者那样,那么即使没有学过或者钻研过,我也会有个基本判断,觉得是否真是这样或那样的,大多时候我可以对一些胡说八道做明确的否定性的判断,这算一个成绩吧。然后,如果我看到某篇文献对德国法介绍比较乱套,尤其他还是德国留学背景,那我对他关于另外国家的法律制度的介绍,就更不信任了。

这种经验是从哪里来的呢?当然不是光靠读法条,文献也有限,更多是从他们的判例、判决书中学习来的。现在有很多德国教材被翻译成中文,大家可以学习到很多,很多人引用,并对一些理论加以评析和发挥。说实在的,这是挺可疑的。如果谁说《德国民法典》如何如何精湛,如何如何一个字都不能改,好像一手在册问题就解决了,这基本上是误解。说实在的,《德国民法典》是一本天书,得配其他辅助材料才能读懂,准确说读个半懂。德国法律教材50%也是天书,如果不配合它们的案例,你是很难切入的。教材把相关概念和迄今为止的理论学说都罗列在那里,但概念和理论的出现有先后步骤。比如一个法律问题,如果一个理论能够解决,就不会有第二个理论,第二个理论是出现新的、第一个理论不能解决的问题后才出现的,但是教材不一定记载这些发展过程(或者记载太简单,一下子看不出来),而是一并罗列在那里,好像同一个问题同时有许多供选择的方案。实际情况是,一个旧理论解决不了新问题,新理论也不能完全取代旧理论,这里关系很复杂,需要经过学习才能掌握,需要专业指导。总之,光看教材是不够的。我是通过学习德国判例才进入它们的法律世界的,而且知道它们的判例(制度)很发达。而这正是我们严重缺乏的。更加成问题的是,我们在观念上有认为大陆法系国家不需要判例的误解。

我就是基于这个认识,提倡关注和建设中国的判例制度,并付诸行动。中文中"大陆法系判例制度"这个概念是我提的,比起"法律适用主义",使用"大陆法系判例制度"这个概念,是经过深思熟虑的,很刻意。读过中文版的德国教材的同学会知道,对应德国判例法的词是"法官法"、"法官续造"等。如果学界没有普遍存在"只有判例法系才有判例(制度)"这一误会,我是不会一定要用"大陆法系判例制度"这么个词的,用最高院使用的"司法案例指导制度"也没什么问题。但我现在愿意把"判例制度"当作上位概念,下分大陆法系判例制度和英美法系判例制度,我们的"案例指导制度"则是"大陆法系判例制度"的一种变例,和德国、法国、意大利、日本等国家的判例制度同位阶。这是一个系统的工程,这里我就不展开了,如果大家有兴趣,在Google上可以找到我们以连续性"判例沙龙"形式开展的判例运动的资料。

阻碍我们走向法律适用时代的第二个原因是,我们有些学者,甚至部分我非常尊敬的优秀学者,对"概念法学"存有偏见。他们认为我们大陆法系依据如此抽象的法条进行裁判,其中的概念古怪难懂,也不精确,不同地方不同人的理解都可能不一样,所以这种方式本身就是不可取的。这种观念的问题是,第一,他们认为大陆法系可以靠"一手法条、一手新华字典"进行裁判。关于这点其实我前面也说到了,并非如此,这些法条背后有丰富的法学理论以及需要通过判例加以充实,原本抽象的条文逐渐地就不再抽象了。第二个,对概念法学气愤不过的学者,主要是质疑过度信赖对概念的逻辑推演,以及迷信法律体系的封闭性。这确实是概念法学的毛病。但是,概念法学早就完蛋了,耶林时代就被反掉了,现在没有人认为法律秩序光靠概念的逻辑推演就能建立。有个很有趣的现象,就是我们的不少学者评判概念法学,批判这种追求法律封闭性的法律观念,但是没有哪个学者声称自己是追求概念法学的。在我看在,我们的问题怪不得概念法学。我们确实引进了许多概念,也追求这些概念准确、严谨,而不是停留在望文生义、似是而非、相互矛盾的阶段,但这就是概念法学了吗?重视概念和概念法学是两回事。重视概念可不是法学特有的现象,任何人文和社会科学,全都是建立在概念基础上的游戏。大陆法系中,我们要是离开概念就寸步难行;即便不是大陆法系,在英美法系,离开概念也是寸步难行。英美法系和我们的路径不一样,但最后它们也还是要总结出一些规则,才好把这个法律体系统一化,不靠概念靠什么?

我和葛老师一起听了王泽鉴老师在北大的比较民法课,其中有一次王老师讲侵权法,讲英美法的侵权类型,我没有全部记下,听的时候觉得是有点懂的,听后觉得糊里糊涂的。但是我记得当时我跟葛老师嘀咕,说英美法系怎么比我们大陆法系还要教条,而且种类繁多,特别难处理。葛老师的回答大致是"成熟的法律制度都是教条的"。我想也是。这么看来,我们对大陆法系的概念体系的理解,可能不准确,同时对英美法系的概念的认识,也是不准确的。这是需要我们研究者特别关注的问题。

但不管怎么说,我承认成文法国家的法律,比如我们国家现在的民法,主要移植了以德国为主的大陆法系的传统,是从德国、日本等渠道一起引过来,是很抽象的,而别人是慢慢发展过来的,我们是一下子搬过来的,就更抽象了。但它的优点也是明显的,涵盖面大啊,而且别人已经花几百年工夫给你整理清楚了,省了多少麻烦啊。当然,欲速则不达,以及食洋不化,这些副作用都是要消化的。现在我们要做的,就是还原抽象于具体,而不能脱离基本事实,仅在观念上抽象地讨论我们是在追求严谨还是固守逻辑的局限,是在通过继受发展传统还是在简单地崇洋媚外。如果我们不后悔走上大陆法系这条道——条条道路通罗马——那么就得面对抽象成文法的先天缺点,一方面随着法律适用案件的增加,抽象自然会慢慢具体化,另一方面确实要花很多时间去理解这些抽象背后的道理。

我们可以举北大学生比较熟悉的"泸州情人案"。该案法官判决丈夫将财产留给情人的遗嘱行为因为违反公序良俗条款而无效,但不少学者认为根本不能用《民法通则》中的公序良俗条款,理由很多,其中有"特殊法优先于一般法",这是一条挺重要的法律适用规则,但不能如此简单地套用。我对这则判决的看法是,法官用《民法通则》的公序良俗条款(公共道德条款)是没有错的,但本案中的遗嘱行为是否真的违反公序良俗,是可以再讨论的。这里涉及法律行为理论,涉及公序良俗条款在民法中的地位和结构性作用,这是相对成熟的,也是非常基础的民法制度。遗憾的是,好像没有真正被一些学者掌握,甚至没有意识到自己可能缺乏必要的民法的技术理性,所以纠缠一些似是而非的规则。总之,需要一些基础知识才能进一步讨论,才能对法条进行评判,不能一遇到法律适用上的困难,就一步退到概念法学、退到法系支流上去。

第三个阻碍我们从立法主义走向法律适用时代的原因是,我们目前还缺乏积攒法律适用经验的渠道。走向法律适用时代,需要一些必备的配套机制:法学教育,法学研究,裁判文书的制作和公布制度,适用不能及时修法,等等,它们是法律建设、法制/治建设的重要环节,或者说90%的环节都在这里面,但是每个环节都可能有问题。我在这里不重复文章中的内容,那里我提出了问题,现在我只讲几个结论,或者说在这里做一个预言家(有人说女人有这个毛病,总是爱称自己直觉,喜欢凭直觉预言)。其实我在《读书》的文章就是从预言起头的,说曾经认为5年之后我们的法律教研情况会改变,后来又说可能不需要5年。现在几个月过去了,我没有收回预言的打算,相反越来越肯定了。

第一个预言关于法学教育,我认为法学教育会全面改革,不是指学制长短、入学条件等,这也可能改变,但我主要是讲教学模式会改变,如果不是全部推翻,那么肯定要分流,也就是相当部分的法学教育会是法律职业教育,即便将来做学术研究的也要过职业训练这一关。什么叫职业教育,简单说就是要会解案子,不能光学了一大堆概念和学说,碰到具体案件就不知所措,到了法院、检察院、律所还要从头学起。大家可以把这个当作笑话听,当作故事听,但是也不妨当真,当作一个有效的信息去处理。如果是的话,大家可是正处在变革的当口。这会表现在两点:第一,熟悉自己的法律,熟悉中国的法律;不能只熟悉美国、德国、日本法律,讲起来头头是道,但对中国法律就不一样。如果我现在是在德国法学院,随便去哪个教室,我敢肯定,每一个学生书包里都带着法条。但是在这里就不一定。我不知道在这里有没有50%的同学正好带着某一部法条,也许刚上完课的会带着,但是大多数不一定带的,带着也不会看,就是这样,不熟悉中国的法律。——哦,还真有几位同学带着,真好……这是我们北航的学生(笑声),而且是我的学生(笑声)。那可是我教的,我在上课前面5分钟会说,不带法条就出去,回去看闲书或者睡觉,我都无所谓,但是不带法条就没有办法上课。

刚才说大家都懂外国法律,说实在的是真的懂吗?我在德国留学,不够聪明、不够用功、不够专注,但是我在那儿耗的时间很长,学出来的结果是什么呢?就是刚才说的,你问我什么,大多数情况下我准确地知道"我不知道"。所以我也很怀疑,从二手、三手资料得来的外国资料和知识有什么用,尤其一些纯粹概念化、理论化的东西。所谓"懂",就是能解决具体的法律问题。要真的懂,而不是告诉我"可能"是这样或那样,或者更过分地抛出一大堆看似关联的理论和名人名言,其实没有用。你告诉我这些干嘛呢?你不需要,我也不需要,将来的司法裁判也不需要,因为你只会几个名词、几句名人名言、几个案件的名称,这些远远不够,我们需要的是很系统的知识,不是断章取义,不是结论,而是结论的依据。掌握这些是非常费劲的。

现在英文文献很容易得到。但面对这么多文献,你如何筛选呢?告诉大家一个诀窍,就是用中国问题理出一条线索,打开一个缺口。你一旦关注中国法律,中国问题,比如如果你脑子里有一个中国"泸州情人案",那么在看外国相关材料时,就会有的放矢。我为什么上次要讲"泸州情人案"呢,因为我找到了好些德国"泸州情人案",很有心得。几乎可以确定地说,德国的情况跟我们几乎一模一样,只是发生在上世纪七八十年代,那时他们的问题就是我们现在面临的问题。他们那时也在讨论三角关系,情人遗嘱是否违反公序良俗,和我们现在的讨论差不多,德国人那会儿关于婚姻忠诚和意志自由的认识程度,和我们现在也相仿。如果你脑子里有中国"泸州情人案"的底子垫着,知道我们争论什么,哪些问题大家相互对立,这时候去看德国案件,非常舒服。如果你没有自家案件垫着,你看他们的资料会被许多不相干的枝节问题带走。因为他们的问题,不像我们的这个问题,就是三角恋到底道德不道德、公序良俗到底能不能用这么"纯粹",他们还有其他的问题纠缠在一起,你一看就看死了。中国问题和中国视角,可以帮助你筛选很多外国资料,不会漫无目的地被带着走。就拿我看"德国泸州案"的判决来说,一个判决中有非常多的法律点,每个法律点都够你写一篇博士论文。但是因为我已经有具体的中国问题了,所以不会看花眼,是什么看什么。即便你错误地理解了外国法律,也没有关系,就当作这是你的思想好了。因为你不是要解决一个德国的或者美国的法律问题,你理解错了不要紧,你可以歪歪得正,只要解决中国问题,你照样还是很了不起。妥当解决了中国问题,你的偏听偏信就不造成误会。否则,你误会一点点,别人会误会更多一点点,没完没了,在一堆误会、一堆错误当中周旋,那我们的法制建设好像就成全了我们的一张文凭、几篇核心期刊以及副教授、教授这些职称。如果在法律领域工作一辈子,就为这么点事,对我来说,好像有点遗憾。

说法学教育要熟悉中国的法律,熟悉中国司法,大家马上会抗议,说我们现在司法判决是不公开的,看不到案件。错了,现在绝对错了。我觉得中国的案件非常多,你只要认真找,有很多数据库网,当然公布得不全,但已经够你研究的了。毕竟你不是律师,要争个输赢,如果那个关联案子没有公布,有可能少了必要的信息,但我们重点在于法律适用,在于论证,别老盯着没有,去处理找得到的案件啊。人总是这样,别人给你一些,你不处理但是你想要更多的,吃着碗里的看着锅里的,总有这种心理。其实没有必要。有人不理解我为什么还要谈泸州案,"不是早就过了吗"。怎么会"过了"呢?我觉得远没有完,法学研究的"完"是要这个案件基本上形成了共识,司法裁判可以放心地跟着走,这样才可以告一段落。很多媒体案件永远可以处理,你不用老是求新材料,如果你会处理——而不只是知道一个答案——"泸州情人案"及相关的案子,真正成了这方面的专家,那么民法很多案子都触类旁通。

第二个预言关于法学研究,这也会全面改革,表现在全面转向关心中国问题,具体的法律问题,司法中反映出来的问题,研究方法也会随之改变,会从司法裁判入手。我们老师不知道中国法律,我们的学生怎么会了解中国法律?我们不关心中国司法,学生怎么会关心中国司法,对不对?这都是配套的。现在看到的文献,至少50%看起来真是非常费劲,从概念到概念，空谈理论，讨论个司法实践中的问题，基本上起个脚注作用，为理论服务的。但是这个局面会改变，学者会开始关注中国案件，会出现大量的"案件评注"，核心期刊会接纳这样的论文。所有国家最杰出、最了不得的法学家都要做个案评析的，这也是法学家的义务，如果有个大案件，大家都等着看结果，然后写文章批评。法官有时候没办法，他是定时定量工作，还有政治压力，到时间没想好也得判。法学家相对超脱，他可以说这个不对那个不对。这种学者和司法者的互动是很重要的，一个个案，终审了就到头了，很难再翻案了，冤枉的也就冤枉了，不公正的也就不公正了。也许承办法官有种种不得已，但学界不能姑且他，得及时指出裁判的问题，形成某种压力，那么下一个案件就不会这么错了。我们的学者一定会开始关注司法裁判，学术期刊的风格也会改变，我真的预言，不久后核心期刊会辟出专栏刊登学者的判决评注。案件评注是检验法学家水平的立竿见影的手段，你的所有了不起的概念和理论，以及名人名言，都可以放在这儿，看看对具体的法律判断到底有没有帮助。有的话，OK，没有的话，那么很遗憾，很可能你还没学到家，有囫囵吞枣、食洋/古不化的嫌疑。也可能属于另外一个系统的工作，可能很重要，但不是我们法学的主流。

第三个预言，其实说到期刊就已经涉及了，就是法律教材也会全面改变。这需要一个时间。我集中看过一些经济法、金融法的教材，觉得很费劲。不少教材只是把相关的法律法规以及内部规章，编排一下罗列出来，然后不痛不痒地加一些论述，把找得到的外国资料放进去。这样的教材同学也可以写，所以很多教材也是同学在写，无非就是阅读一些法条，然后把一些理论堆积起来。这有什么用呢？

我举个简单的例子。比如说我有一个学生跟在我这儿学劳动法，我让她先从《劳动合同法》开始，对照着《合同法》逐章逐条写看到的法律问题。一个星期她就给了我一个长报告，就是把网上的文章堆积在一起。我说我不要看这些东西，我让她把《劳动合同法》打开，关于劳动合同的订立，其中有一条大概讲一定要订立书面合同才能建立劳动关系，强调用人单位和劳动人员订立劳动合同的义务，我让她谈一下看到了什么法律问题。她讲了很多订立书面合同的必要性，用人单位规避的现象，什么社会责任啊，等等。我说还不够，我现在要知道的是，不签合同会怎么样？

一定无效吗？合同无效后还会有哪些债权债务关系,该怎么处理？等等。再举个例子,有些银行法教材讲很多开户需要什么手续,就是把银行的一些开户规章的内容罗列上去,这也是不够的。法律问题是,没有符合开户条件但仍然开了银行账户,它有效吗？出了问题以后会不会因为当初它没有履行那些手续就必然无效？开户要哪些材料对我们是不重要的,重要的是从中整理出法律权利义务关系,这也不是为了整理而整理,而是一旦出现纠纷,法律后果就是从这些权利义务关系中出来的。这是我们该关心的问题。而关注这个问题,银行法就不够了,就要看民法,要去看法律行为等等,要去请教葛老师。就是这样串起来,否则没有用。我们的法学教材就是要指导大家去关心这些问题,指出解决问题的法律途径,而不是把法条打散了重新整理一遍。我不评价过去,只面向未来,总之,会出现新一代的教材,不是教概念和理论,而是指导你认识法律问题、解决法律问题。

第四个预言就是工具书中会出现德国似的(其他国家我不知道)"法条评注",各种类型的法条评注。我可以介绍一下德国的做法,目前我国台湾还没有做到,大概因为工程过于浩大的缘故。但我们人多,从不怕工程大,何况这还非常有用。德国的法律评注和美国的评注不一样,美国的评注关于立法背景,德国的评注内容非常广泛,一般从解释法条中的概念开始,可能是什么叫做承诺,什么叫做要约等,有些历史背景也要加进去。理论发展,是要把重要的关联案件都放进去,当然不是判决书,而是指判决出处以及一些重要的法律续造,类型化组合等等。比如《民法典》第138条的公序良俗条款,在适用类型化部分,你会看到很多适用情形,其中包括德国情人遗嘱案。评注有大有小,小规模的评注可能只有案件出处和重要的结论,大的可能会有一些案情情节。但评注主要还是给你一个概括,犹如百科全书,你可以顺着它给出的文献和案件索引,找到重要原文或原判决,看完基本上就是这方面的专家了。

有些同学和我交流,觉得这么关心司法实践的话,法学研究和律师实务还有什么区别呢。也许大家有一个学者的模式,我是要做一个学者,将来要走学术道路,就是谈论高深的理论,但如此纠缠在司法裁判中,像一个律师,好像不够高级。这个看法有些问题,我从两个方面讲,这是不一样的。第一,律师关注的是这个案子的赢和输,从这个出发点,他一方面会关注相关的法理，因为他要判断哪些对他有利，哪些对他不利，最后他的目标是如何使用各种巧妙的方式来突出对他有利的因素，掩盖对他不利的因素。但是学者"心怀法治"，关注的是裁判的论证过程，法律适用、法律解释是否恰当。这是不一样的。第二，许多求知欲很强、爱学习爱思考的同学更愿意看一些政治哲学、经济学、社会学、文学方面的书。我觉得这也是有原因的，就是我们的法学不够精彩。法学应该是精彩的，但是我们做得不够精彩，让同学听上去非常枯燥，所以他们游走了。这一点怪不得学生，只能怪包括我在内的职业法律研究者没本事，把本该主流的法学弄成"末流"甚至"不入流"的模样。所以我说，这个局面肯定会改变的，否则我们太没有尊严了。

第五个预言关于判定文书和公布制度。因为傅郁林老师在这里，她今天在法官学院讲了一天这方面的课，我们待会儿可以听她讲得更多一点。前面讲过，我们不要因为暂时没有一个完善的判决公布制度就认为没有案例可以研究，但确实得承认，从整个法治建设来讲，目前的文书公布制度是不够的。如果可以预言的话，我预言这方面也会全面改善的，但要分步骤，目前不是知识产权方面的裁判有系统公布吗？……到最后，那些最要命的案件，就最需要公布。法律文书也会改变现在这种极少主义风格，就是什么都不说，楞一下就一个结论的那种判决。

预言讲完了，最后讲第四个阻碍我们走向法律适用时代的原因，我认为是法律方法。这里又可以分为两个问题。第一个问题就是到底有没有专门的法律方法。有学者认为没有，什么方法都可以通用。我认为是有的，因为这要看你认为法律是干什么用的。法律有特别功效，即要求同案同判，如果要求同案同判，那么法律方法必不可少。法律是需要解释才能适用，每个人都会解释，为什么你的解释就比我的高明？当你植入同案同判这个视角，你就要知道裁判的具体途径是什么，法律方法是帮助你认识从问题到答案的这条途径的，是一条可以重复的途径。做一个偶尔的法律判断时，有时候自己不清楚判断是从哪里来的，犹如你不清楚自己的心是如何跳的。法学教育其实最主要的就是要教会你方法，让你清楚地意识到你的心跳是怎么一起一伏的，要让你清晰地意识到你所做的判断是怎么一步一步论证来的，而不是从笼统的"法感"那里，一锅粥地摆弄一下，然后跳出一个答案来。这个方法，或者这种裁判途径，大家都好用，也都必须用,这样你才好检验别人的判断,别人好检验你的。如果大家都只是根据自己的感觉做法律判断,那么这是人治,不会是法治。

　　法治提供确定性和稳定性,但是同时有些古板,甚至古板得让人厌恶,推崇法律、推崇方法以及推崇人们要坚守法律、坚守法条的人都是清楚这个问题的。我们知道,法律一立出来,它就是过时的,如果不是过时的,我们就眼巴巴地看着它过时。所以我们的工作就是,一方面熟悉那些确定下来的规则,另一方面关注规则过时时的对策。我跟我的学生说有一些法律秘笈,其实一个秘笈就是法律表面上追捧规则,其实中心在于例外。为什么这么说呢?因为规则是总结好了,我们学习继受就行了。但随着时间推移甚至在立法当时,会出现规则不能容纳的情况,我们需要非常警觉。例外会涉及正义问题,如果该例外的没有例外,那我们就要面对非正义的责难,但一定要知道,例外多了,法也就不法了,这个尺度需要把握好。所以,能纳入既有规范的,就不要作脱法处理,只有万不得已,才作例外处理。不能拿例外去攻击规则,这没有意思,因为你例外说多了最后还是要形成规则。有学者面对任何规则都不爽,给你一个例外让你的理论站不住脚,这种思维方法非常不法律,法律思维不是非此即彼的,很多东西是并存、互生的。然后,还有一些问题是法律永远不能解决的,这也是我们必须承担的。《圣经》还没有解决所有的问题呢,对不对?何况法律是人造的。

　　关于法律方法,我还要补充一点。目前关于法律方法研究虽然成果累累,但还需要深入。不少学者贡献关于法律方法的心得时,有一个谦虚的说法,就是说自己是抛砖引玉。我一听这话就有点着急,心想如果你真的确定你手里的是砖,那就别抛了,我们已经有一大堆砖了,但是玉没有引出来,更糟糕的是,即便引出玉来,它会掉在砖缝里,你捡都捡不到,我们就必须搬开砖再找玉,这是很艰难的工作。所以,砖就别抛了,除非你真的认为你是玉,那就别客气,你说"我这就是玉,大家来讨论吧,也许我这个玉不够纯,但是比一下哪个更纯",这样慢慢精进,我们的法律方法论就进步了。这可能是我们法律研究者自身要检讨的一个很重要的工作方法。此外,就是我们很注意法律本体论,就是去看法律方法,不讲案件,不讲这个方法怎么用,用上去灵不灵光,而去讲伽达摩尔、哈贝马斯……这跟我们有什么关系啊?可能是有关系的,那告诉我,有什么关系?讲了他们,就解决了我们最重要的问题了吗?很简单,就是丈夫能不能遗赠给情人,说半天哈贝马斯,但总是要回到法律问题上吧。我们法学是很具体的,法学是个实践的科学,从实践来到实践去,再高明的理论都要化作对具体案件的看法。

最后,我讲一下总结和展望吧。我那篇半年前的文章提出了问题,即"法律适用时代是不是会到来";今天这篇报告的问题是,"法律适用时代到来了没有"。现在我愿意下个结论,说"法律适用时代已经到来了",就看你知道不知道。我请在座的同学——你们是未来的法律精英——和我一起思考和判断,也愿意继续跟大家交流这方面的感想和经验。谢谢大家!(掌声)

现场评议

傅郁林:
谦让半天,其实我迫不及待地要来给黄卉做评议了,哈哈!黄卉是我们的才女。今天她讲的这个话题其实我们私下里也经常讨论。但是今天我坐在台下听的时候,怎么感觉黄卉在一巴掌一巴掌地扇我的耳光呢!是啊,反思一下,她讲的这个问题为什么会出现这样一种现状?其实我自己也有份儿,我们在关注国外制度的时候,我们自己是不是真弄清楚了。唔,好在她打完以后还再给你摸一下——只要你关注的是中国的问题,那么即便你是以歪就歪,对国外的东西是按照你自己的需求去理解的,就算理解错了,其实问题也不大。这让我心里多少有点安慰,因为我始终是在关注着中国的问题。好,刚才她已经"点将"了,要我从裁判文书这个角度评议,我勉力而为吧。刚才黄卉所说的这些现状问题确实很多,那么,为什么我们大家都迷信立法,我觉得还有好几个角度。

第一,我们每个人在对法条主义追逐的过程中,每一个群体可能都是有自身利益的。刚才她说了,我们可能都有意无意地受到学术评价的压力。比如说,每年你都得发表多少文章,这是给你的硬性任务,你老写那个法条,可能没人发你的文章。如果你若干年研究一个主题,或者如果你总是在修修补补地诠释法条,结果你会发现评教授的时候"核心期刊"上的论文不够。所以你要显示你的"新"——新的立意,新的结构,新的概念……那么不断求新的最简单的一种方法,就是革命,革新。把现有方案批判掉,然后提出自己的新方案。一个没有经过验证的方案,是最简单的一篇文章。我为什么说这个,自我检讨一下,我自己是有份的。在中国做研究的人,自觉或不自觉地都有份,绝大部分人都逃不出这个学术评价机制的影响,同时又参与强化了这种体制。

第二,与我们的教育和科研功能混同有关。老师的角色是双重的,但很少有人意识到应当将两种角色区分开来。作为老师,你应当告诉学生正在发生的情况是什么,你要告诉他怎么样去适用法律;而作为学者,你可能更多地要去建构。学者之所以要建构,不仅仅是在追逐利益,而是当代中国社会的需要。

第三,非常重要的一点,中国本身就是在不断革命。新中国推翻了过去的旧制度,是一次革命。旧中国的法律传承本身就很有限;新中国推翻了过去这样一个基础,建构了一个新的法律体系。当我们用市场经济体制去改变计划经济体制时,也可以说是一场新的革命,又需要一个新的法律体系来适应。判例主义是建立在循序渐进地发展法律的前提之下的。而我们现在来不及循序渐进,我们现在迫不及待地手上要拿到东西,要有现成的法律文本,而只有立法才能快速地批量地生产法律。但是现在,到目前为止,我赞成黄卉说的基本判断:立法已经立得基本差不多了,那么剩下的任务是修补——就是一件衣服大体做得差不多了,那么剩下的边边角角的问题,该裁哪个地方就得裁哪个地方。我觉得现在才可以说,判例的时代真的是应该到来了。那么,现在如果有更多的人去关注这个问题,如果对判例重要性的认识成为一种共识,,包括学术界在内,大家都觉得判例研究是很建设性的,比琢磨修改法条更有价值,那么发表文章的问题也会解决。这个东西是互动的。我一开始就自我调侃说,是群体利益在妨碍判例制度建立方面起了不良作用,自己也有份,是觉得我敢于把这点讲出来,因为我不太在意。但我觉得这个因素是有的,我们不必要避讳,但真正的、最需要的利益驱动是社会需求。

还有一个很重要的因素——司法的技术、判例。我们看到英美法官,还有德国法官,一份判决书出来就成为一个判例。我是做民事诉讼法研究的,我曾经做了十一年的法官,现在反过来教民事诉讼法,我发现过去做法官的时候其实一直在做案例整理工作,但那不能叫判例研究,而只能叫案例整理工作。我做案例整理工作的时候，是不能照着原来的判决书去写的；我们现在能够看到的案例，比如《最高人民法院公报》和各种案例选编中的案例，基本上也是要经过其他人去进行整理的。我写每一个判例的时候，都要翻整个的案卷，实际上我需要重新去评价这个案件，对原来的判决书进行修补，加上法理分析。90年代中期之前的判决书本身是没有法理分析的，这是判决书格式化的结果。我刚刚发表的一篇文章从两个技术性的问题追问：从司法判决到司法判例，这个中间的距离究竟有多远。从乐观的角度看，现在我们的法官素质是越来越高了，可以直接从判决书里面去寻找判例可能性、概率也是越来越高了。这是非常可喜的，也就是说这个时代已经有了到来的基础了。但是还差一个东西，我们以前讨论时也说过，判例是需要识别的。所谓同案同判，那你怎么去判断这个案件与那个案件是"同"的？在哪个环节上去寻找共同点和差异点？如何去识别案件？我们目前的判决书是没有这一块的。我们现在有事实认定，有法律适用，但是，至今也很少有判决书阐释，判决是如何由具体事实引致适用或解释具体法条的，我们的判决书样本是不包括这部分的，而这一部分恰恰是生成判例的核心部分——为什么这些事实可以导致适用这个法律而不是另外一个法律，为什么这个法律的适用可以基于这些事实产生，而如果换一个事实的细节就不可以适用这个法律？现在我们的判决书对此是很少有交代的；即使偶尔包含了这种信息，可能也是法官无意识地在做这些事情。这就给判例研究提出难题，我们仍然需要从判决书中去寻找，去发现，慢慢地去帮他归纳。就像当初我们写案例一样，判决书中有精华的东西，有玉在里面，那么我们要先把砖头扒开，仔细地去寻找那块玉石，所以这个工作可能需要大家一起来做。不是光去批评——当然批评也是建设的，但是只有批评性的推进是没有意义的；我们需要身体力行地去往前推进。

其他的原因可能也还有很多，比如说立法过程本身存在问题。立法为什么没有权威性，法律文本一出台，学者不是去诠释它，在适用的过程中用判例去修补它，而是马上批评和抨击，因为它的产生过程没让大家说话。像我们2007年民事诉讼法修正案，整个起草过程悄无声息，像私生子一样就出来了。（笑声）最高人民法院起草的时候有意瞒着学者，瞒着检察院，更没有经过律师协会或其他相关者讨论，怕被批评，这个东西出不来。在人大一读没通过,才勉强折回来征求意见,时间限制得短短的,不让你有充分机会展开讨论。可是,怕批评还是躲不了批评!那你这样前脚出台,后脚人家就开始写文章批你。说你有一堆问题,我就不去解释你。如果整个过程大家都参与了,那么至少我们尊重你,不会在事后批评你,因为我的意见已经提前发表过了。

再一个是司法独立的问题。黄卉刚才说了,在德国,大家都等着看这个法官的笑话。你的批评,即使对他的司法结果是有攻击性的,也不会影响个案的结果。在我国,只要有剧烈批评,马上就会反馈到法院,反馈到人大、政法委,那个案件马上就改了结果。但法理根本就没改,产生的根本就不是判例效应!所以,学者要批评个案判决的时候,就要负责任地考虑一个问题——这个案子会不会因为我们的批评推翻了重来,那不是舆论和学术操纵司法吗!那么,我觉得我是在添乱,在给司法添乱。

其实还有好多好多障碍。但是,我们回到最后,还是要说,我们每个人都有份儿,对于问题的形成有份,对未来的建设也有份。每一个人在这个建设的过程中,都是可以做点事的。作为学者,写文章的时候对这个问题的关注,从什么地方去切入,从什么地方去关注;作为学生,当然更重要的是我们老师——把学生往哪条路上引,往哪个方向引,都非常重要。这就算是我的一个评论吧。感谢黄卉给我们这样的一种刺激。好,谢谢大家!(掌声)

葛云松:

黄卉这篇文章,我很早就拜读过,确实非常有启发。她主要谈的是"法律适用主义"。胡适说过,少谈点主义,多研究些问题。胡适的意思是,你不要脱离问题来谈主义。我们在理解她说的"主义"的时候,首先来看看她是要解决什么问题,这样才能理解她的主义是什么意思。我觉得,大家需要避免误解的一点是,黄卉虽然主要说的是法学研究和教育中,应该采用一个所谓的"法律适用主义",似乎给人的感觉是她在谈一种学术研究的风格,但是这样可能会误解她的观点的意义。尤其是,我们的同学也许会说:反正我们也不做法学研究,我们就是学习法律,将来做实务工作,黄卉说的问题跟我有什么关系啊。我觉得需要避免这样一个误解。其实,她所谈到的问题虽然是从学者或者教师的角度出发的,但是也和我们同学的法律学习有密切关系。

她首先是从学者做研究的角度谈法律适用主义,我个人完全赞同这样的思想。政府用纳税人的钱设立了大学,养了一批法律教授,到底养他们干啥?他们发挥什么样的社会功能,为什么人服务?这是首先要想清楚的问题。当然,法学教授所服务的对象可以非常广泛,他们当然要为立法者服务,也要为广义的法律适用者服务:法官、律师都包括在内。对于法学研究来说,我们到底应当采用哪一种主要的风格,有什么样的出发点,其实要看你的"雇主"是谁,他们需要什么样的产品。

在一般意义上,其实我并不赞同法律适用主义一定会比立法主义更优秀。我并不认为法律适用主义必然是更"正确"的研究方法。其实并不一定。关键要看在不同的国家、不同的时代,法学研究要的服务对象是谁。中国改革开放一直到现在,至少在很长时间之内——现在有没有结束我不敢说——法学研究的主要服务对象确实是立法者。中国法制要完成从无到有的基本建设,在30年前,当时基本无法可用。但那个时候也有司法。那个时候,法学研究当然也可以为法官服务,但是对当时的国家法制来说,更重要的是为立法者服务,让他们获得学术上的支持,能制定一部更好的法律。一个好的立法出来以后,对于整个法制状况的改善,当然会起到事半功倍的作用。那时为法官服务固然也很重要,但是对社会的贡献相对来说要差一些。所以,在法制草创阶段,立法者对于学术支持的需求是最强烈的,因此在很长一段时间之内,法学研究为立法者服务是非常正当、非常有理由的。

但是,随着立法工作的大体完成,法学者主要的服务对象就不再是立法者了。为什么呢?比如说民法,民法目前在立法中的问题还有很多,比如《侵权责任法》正在制定当中,所以大家都关注它,包括我在内赞成黄卉观点的很多学者,我们现在也会从立法论的角度说"你这个草案这里规定得不好,那里规定得不好,你是不是应该改一下"。张谷教授刚刚写了一篇文章来谈这些问题。这都是服务于立法的研究,难道我们不该这样做吗?好像也不能这样说。这个时候,立法工作有更加殷切的学术需求,所以我们要为它服务。但是当《侵权责任法》明年制定完成,不管它制定得好不好,法学者的主要工作就不再是为立法者服务了。法律不可能过于频繁地修改,尤其是民法。所以,一旦立法基本完成,立法者对于学术的需求就减弱了,而常规的法律适用者对于学术支持的需求就更凸显了。我们看一看那些法制比较发达的国家,看看它们的法律学者的工作,主要是为谁服务？主要是为法律的适用者服务。因为他们的基本立法早已经完成。所以,从一个长时段来看,法学研究主要是为法律适用者服务,为法官、律师服务,这是法律学者的一个常规工作、常态工作。而为立法者服务,只是一个较短时间之内的一个"变态"性的工作。不能把变态当成常态。因此,法学者要把握不同的历史时期的不同社会需要。中国学者可能存在的问题是,他已经为立法者服务惯了,他特别感兴趣的是当某某法之父,他为此感到特别荣耀。（笑）至于某个学术观点被法院采纳与否,相对而言,似乎变成了根本就不值得一提的小事情。这样,很多学者会形成一种不好的学术风格,这是完全是有可能的。

但是关于研究风格转型的问题,我觉得倒也不用太担心。有一句话叫做"形势比人强"。一旦"侵权责任法"完成了,或者是几年之后的民法典也完成了,那个时候有学者再做立法论的研究的话,说实在的,恐怕就没有什么人读了。那个时候,大家讨论、关注的,一定是实践的问题,法律适用的问题。所以,这种转变将不会是黄卉博士这样的学者呼吁的结果（当然这种深刻的观察有其必要）,而应该是法制发展到一定阶段之后自然而然的结果。目前,其实黄卉所说的"法律适用主义"的时代可能已经到来了。我们看法学文献就会发现,已经很多人在关注案例,关注法律的适用。且不论所体现出的学术水平有多高,但是我们会发现这种关注已经变得比十几年前强烈得多。这个其实主要不是呼吁的结果。这可能也是学术市场的原因。所以,我还是比较乐观的,原因不在于认为黄卉的呼吁会立竿见影地产生结果,而是觉得中国法制的发展会自然而然带来这样的变化。

但是,在这个转型过程当中,我觉得比较可怜的是我们的同学。为什么这样说呢？因为法律学者固然可以说我要为立法者服务,但是我们的同学有几个会成为立法者呢？0.1%都不到。同学毕业后去做法官,做律师,做公务员,几乎没有什么人去立法机关工作。所以,即便是三十年前我们的基本立法刚开始的时候,法律学生所需要的也从来都不是立法论的东西,从来就是法律解释论的训练,从来都是法律适用方法上的训练。可是,如果你的老师们的学术研究的关注点都在立法论上,他们上课时就会不断地批评,说我们中国无法可依,什么都没有,所以我来给你们介绍介绍德国法吧,我给你们介绍介绍美国法吧,你看,他们的法律是多么美妙啊;或者就说我们中国的确有什么什么法,A条B条C条,可是这是多烂的法律呀,我们一定要改,要改成同德国、美国一样的样子。老师说的也许没错,但这并不是我们同学所需要的。我们的学生可以领会这些高妙的思想,但是对不起,这对他们没有什么实际用处,因为他们毕业后都会成为法律实践者。所以在这个转型过程当中,我们同学一定要善于跟老师保持距离,不要被老师牵着鼻子走。他们如果很关注立法论的话,你一定要想"那个东西跟我关系不大",你一定要善于自己从法律解释论、从适用论的角度来学习。这是我对同学们的一个提醒。

那么,为什么说规范法学,或者说以法律适用为指向的研究,本应是法律研究的重心、主流呢?而以立法论为指向的研究,以及以理解法律为指向的法哲学或者法社会学等等,本不应当成为主流?我们学习法律知识是为了应用于实践。法律实践活动以法院的审判活动为核心。即便律师的非诉业务,比如草拟合同,律师也都是想像万一这个合同发生纠纷、进了法院,法院会怎么解释它,会怎么样来判决,进而试图将合同草拟得对自己更加有利。法学研究主要就是为法官和律师服务。他们为什么需要这种服务?因为法律本身需要解释,不解释是不能应用的,而这个解释工作需要由学者完成。法官们、律师们的工作繁忙,需要另有一批学者专门从事法律解释工作,他们的研究主要是提供法律解释的方案,供法官参考,为法官做参谋。间接地,也为律师们做参谋。在有的国家,比如英国,学者的这个参谋作用不太明显,但是在欧洲大陆国家,学者的参谋作用至关重要。在我国,由于法律不精致、法官训练不足,对这种参谋的需求其实更加强烈。

从法科学生的学习和论文写作来说,你们在学校期间的学习、写文章主要是为了练习自己将来作为一个法律从业人员所应具备的能力:我将来如果是律师,如果是法官,我会怎么样来解释这些法律,我会怎么样来适用这些法条,我会如何基于法律的规定很好地草拟一个合同条款。

而我们的很多同学都受到学者的误导。比如写论文时,尤其是写民法论文时,最典型的论文风格是:提出某个问题后,就说美国法是什么,德国法是什么,英国法是什么,这要占三分之二以上的篇幅,接着才是中国法律状况如何,只占了大概五分之一或者更短的篇幅,一般都写得漫不经心,最后必然落到立法建议。而立法建议肯定是说中国法律很烂,我们一定要按照德国或者美国的方式制定一个新法条。这个模式极端令人生厌,无助于同学将来的职业生涯。所以,我在指导学生写论文的时候,曾经规定不允许写立法论的东西,坚决禁止写立法建议。你非要写立法建议的话,对不起,你请别的老师去指导好了,我不懂。为什么?我就是希望同学们知道,你的真本事在于:拿一个法条给你,你知道怎么样去解释它。法律实践者基本上不关心立法建议,比如一个法官,判决案件的时候能说现在打官司不好,所以我不判了,只提些立法建议吗?你要解决一个当下的案件,而不是关注将来立法者会如何采纳你的新见解,那是遥不可及的事情。所以说,实践者只关心现行法之下,一个法条应当如何被解释、如何被适用。所以这应该是我们关心的一个主要视角。

当然,我们也不要把立法论和解释论完全对立起来,这二者从某种意义上是贯通的。立法论很少能服务于解释论,但解释论常常能服务于立法论。为什么呢?因为一个法条出来之后,我们要研究这个法条该如何解释。比如它在解释上 A、B、C 三种可能性,经过研究认为,A、B 解释方案不合理,因为甲乙丙丁的原因,C 方案合理,应当依此方案来解释。我们说这是一个解释论的研究。但是,这个法条为什么会产生 ABC 三种可能的解释?可能因为它的表述不太妥当,所以,修改法律的时候最好将其修改为更加清晰、不易引人误解的表述。这就变成了一个立法论的研究了。又比如,法律解释论上的一个大问题是"法律漏洞补充"。补充法律漏洞的工作本身是一个司法上的"造法"工作,它本身是法律适用的一个方面,但是,补充法律漏洞的结论直接就可以变成立法论上的结论,因为既然你识别出了法律漏洞的存在,认为这个漏洞要填补,进而根据研究发展出一个规则,那么这个规则一方面可以立刻应用于司法,另一方面,也可以作为将来立法时的参考。有时,我们甚至可能无法清楚地区分立法论和解释论。比如德国法上的缔约过失责任理论,耶林在谈缔约过失责任的时候,他说有 ABCD 这样一些案型,应当确认一方的损害赔偿责任,于是发展出一个缔约过失责任理论。这是立法论还是解释论上的东西啊?二者兼而有之。德国民法典上规定的债务不履行的形态只有履行不能和履行迟延两种,可是后来学者发现还有好多别的形态,比如拒绝履行、加害给付等,于是总结出一类案型,叫做"积极侵害债权",从而发展出具有囊括性的第三类债务不履行的形态,并且发展出它相应的法律效果。这本身是一个法律漏洞补充的工作。但是,当德国修订债法的时候,就可以把这个理论直接采纳进去,形成新的法条。所以,立法论和解释论不完全对立,可以贯通。而这个贯通的基础在哪里呢?主要在解释论,以解释论为基础,并兼及立法论的目标,这其实常常是我们研究时的一个非常好的方法。一方面通过解释论解决当下的法律适用问题,又可以兼顾到将来立法上的修改。我想这也是对黄卉的文章从另一个角度做一些补充吧。

好吧,我就说这些,谢谢大家!

许章润:

我嗓门大,话筒就不需要了。我这个人呢,是一个外行,所以非常认真地听,做了笔记。现在呢,我就按照笔记来讲。黄卉通知我,说她有个讲座,希望我来一下,我就来了。其实我6点钟就来了,来了以后看到时间还早,我就在北大里面散步了很长时间。

以前和黄卉有多次机会在一起开会,面对面坐着,但是坐在台下听你的讲座,这还是第一回。我发现:你的口齿是清晰的(笑声),思路是顺畅的(笑声),神态是优雅的(笑声),手势是有分寸的(笑声)。然而,在优雅的深处隐藏机锋,在平静的背后,咆哮(笑声)!所以,好一个"一切意外都源于各就各位",说这话的是美女黄卉(观众鼓掌)。生命之树常青,法意阑珊,这人间恩怨纷繁,活着真累!多少风月付沧桑,心事浩茫随流水,何处放置我们的安慰?哎呀,不听讲还乱,时间宝贵,我就不多讲。所以,我以下就只讲十点(笑声)。怎么?(观众鼓掌)太多?呵呵,这都是根据黄老师的讲座,葛老师、傅老师刚才的评议,作的记录和感想。

第一,我想谈一下,刚才三位都提到的,我们到底应该采用立法主义还是适用主义的问题。今日中国和十七八世纪以及19世纪初的欧洲,颇有一些相似之处,历史的相似性。我们在20世纪到21世纪初这一百年所解决的问题,包括当下所解决的问题,其实是西方——我主要指的是地中海文明和大西洋文明——在十八九世纪所要解决的问题。所以,在这样一个时间差的历史背景下,在中国,和在17、18、19世纪的欧洲相比,我们所面临的共同任务,那就是:随着中世纪作为伦理共同体的国家消退,一个新的把我们全体居民联系起来的政治生活方式——民族国家,应运而生。民族国家是一个最宏大的人间秩序,我们每个人作为国民,同时又作为公民,生活在这个秩序里。我们的生老病死、爱恨情仇、打打杀杀、你追我赶,同学们,包括一切的神圣与凡俗、一切的崇高与卑贱,都构成了我们生活的现象,这种生活的现象呢,与隐藏在其中的政治关系、经济关系、文化传统,甚至人们内心的感受与情感,就构成了我们所说的法律要规制的那个对象,即事实。将这些事实——不同于中世纪的事实,对中国来说也不同于我们的帝国朝代时期的事实——描述出来,归纳起来,反映为法条,表现为规范,然后以条文形式将它们连缀在一起,成为一个高于独立生活的世界,这种规范形式,我们把它叫做法律,叫做法典。制作法律或法典,就是立法。立法中心在中国的出现是必然的,但是,就好比刚才各位所讲的,等到这样一个历史阶段完成之后,它将退于次位,转为以司法为中心,以法律适用为中心。然而,诸位,我个人以为,法律对于事实的描述和归纳所引导出来的立法中心与规范主义中心,与根据法律来处置生活、进行裁判、引导行为、安置生活的这样一种适用主义中心与行为中心,在此刻的中国和未来的中国,将会是此消彼长,而不可能——据我个人分析——以某一方的绝对取胜来分出胜负。为什么?21世纪是个动荡变迁的世界,在这种情况下,立法任务层出不穷,随着生活的变革,对立法本身的这种修订与改变,依然和必将是重要的事情。当然,从某个角度看,它的分量不会比如今更重。这是第一个问题。

第二个问题,刚才黄教授讲了,各位也都讲到,所谓的立法惯性、立法迷信,我看是立法拜物教。我觉得这一点讲得非常好。20多年来,其实是80多年来,在中国出现的立法拜物教,以及作为立法拜物教的产品,并且潜藏于立法拜物教背后推导着立法拜物教的东西,我姑且把它归纳为反生活本质倾向。不过,我不知道我这么说有没有盗用黄卉的思想体会。立法拜物教作为反生活本质倾向,源于中国在面对西方尤其是强势的欧陆国家和英美的一种法制状态,油然滋生了一种天真的法制理想,即希望通过立法,在瞬息之间将这个社会予以重组,然后缔造出一个理想社会来。所以清末立法如此,民国末立法如此,今天立法还是如此,这是后发国家、第三世界国家——中国一百年来想通过法律救中国、通过立法救中国这样一个总体思路的不得不然。诸位,其苦衷在此,其缺陷在此。怎么讲呢？传统的规制，既有的生活方式，特别是依然取得利益的阶级及其阶级集团，他们对于既有格局的把持，使得你通过政治革命的方式来进行变革难乎其难。大家知道，一百多年来，中国只有两次革命，一次是1911年，一次是1949年，中国不能容忍不断革命长久出现，在这种情况下，对旧秩序的改变，对传统观念的破除，人们必须退而求其次。那么通过什么呢？一端通过腐败，即通过对旧有体制的腐蚀来改变这个体制；另外一端就是通过立法，希望通过法律建立新的秩序，藉由立法来改变事实，重组历史。这么说来，三十年来的中国，好像我们法律学家才是社会进步的引擎啊（笑声）。法律家阶层通过立法和司法，法学家通过法律理想和法律效应引导出的中国社会的进步才是第一位的。从这个意义上来讲，什么光华管理学院呀、清华经管学院呀，和我们两所法学院相比，都差得远（笑声）。对不对？

顺着这个思路，我想讲的第三点是，黄卉教授刚才以及在她的文章中讲到，我们需要建立大陆法系判例制度，用以补充我们大陆法系成文法过于抽象的先天不足，并且通过建立关于法律适用之经验的积累机制，来推进和完善我国的法制/治建设，我觉得是有见地呀！只是，听的时候觉得这真是深刻的见地，但到底如何深刻，如何有见地，现在我却说不出来了（笑声，掌声）。

第四点，黄卉讲到我们对于概念法学存在着误解，我深以为然。所有的法学，首先是概念的法学，所有的法律理论，首先是法律的解释理论。没有这种规范主义的训练，没有对于逻辑体系、实践体系、历史体系和所谓的自然法体系的熏陶，一切的法律人都是不合格的。既然所有的法学都是法律解释学，在这个意义上来讲，黄卉刚才提到的法律评注，这样一种记载重要法学成果、展现解释记忆、积累解释经验、开拓解释境界的工作，是十分重要的。我看也就是有待于黄卉教授这样的法律家来做了。黄卉讲到的法律方法的问题，我也是深以为然。其实法律方法这门课我一直想开但还没开设，现在觉得确实有必要开设方法论的课。当然，刚才黄卉也讲了，玄学似的、形而上的、泥古而不化的、超乎事实的玄而又玄的法律方法是没有用的。那种天天在那里讲"语言是存在的家园，方法是触发境界的天梯"，但没有实际内容的方法研究——唉，没有意思（笑声）！

第五点，刚才黄卉讲了一条——黄卉啊，我觉得这一点真是非常精彩，我以前没听你讲过,虽然我们的关系是不错的,但是好像你还没有私下里给我传达过这个精神,今天我终于沾北大同学的光听到了。讲了一个什么问题呀?同学们,我不知道你们听到这一条时,有没有像我一样一下子觉得豁然开朗。古人讲,什么叫诗歌啊?深更半夜,心中豁然一声,对不对?什么叫受启发?夜半一声,心中突然一惊,嘎!这叫启发(笑声)。我刚才就经历了这样一个受启发的动人的心路历程。黄卉教授说,当她在看某个德国判例(好像"泸州情人案"?)的时候,虽然没有全面掌握这个案件涉及的法律知识点,仅仅凭判决的事实描述对案情背景的了解也不全面,但是因为她受过中国法的训练,并且分析过发生在中国的诸如此类的案件,知道中国法官在法律适用以及面对价值冲突作法律判断时所面临的难题,所以在这样一种情况下,黄教授仍可以迅速找到她需要的问题节点,并且仍然能够对这个德国案例发表一孔之见,甚至可能说得大致不差。同学们,这反映了一个什么问题?我觉得这反映了这么一个重要问题:虽然具体案例、案情以及这个案例发生的社会背景和法律条件不同,但是由于法律是一种人类借助规范来打理日常生活的手段与工具,而人类的日常生活,同学们,不分种族,不分中西,一定有它相同相似之处。所有的日子都是从朝到夜,所有的人类都是在爱恨情仇中打滚,一切的历史不过是时间晃过了人世,太阳明天照样升起(笑声,掌声)。说的是什么意思呢?人世生活有它的常态、常规、常理,人类的感情和内心深处有它的常识、常理、常情。所以法学家、法律人,除了法条以外,对于人情世故、天理人情,就是怎么过日子,首先要掌握。在这个意义上说,我认为——这个看法可能和主讲人不一样,或许是一样的,是我没有听明白——通情达理、了解习俗文化的法律人对于一些案件的处理,不会比法学院毕业的法学生差多少。这为什么?过日子,同学们,法律是用来过日子的。对不对?我记得我过去作见习书记员的时候遭遇过这样的事情,就是当事人闹离婚,感情不和,夫妻生活不和是其中一个重要原因。可我们当时哪懂啊?我们宿舍里面有个老大哥,每个星期六就回家了,过家庭小日子去了,说是过夫妻生活去了,星期天就回来上课了。当时我们都大一、大二,都很小,也都不知道什么叫夫妻生活,所以老大哥星期一来了我们还问他"夫妻生活咋个过嘛?"得到的回答总是:"去去去,一边闹去。"如果这个时候我们遇到这个闹离婚的案子,说闹离婚为什么呀?说了夫妻生活过不好,说了也没用,因为你不懂。夫妻生活是一种人世生活嘛,是人的生活嘛,不懂这个,怎么判离婚案啊?总之,人性是相通的,人的基本情感是一样的,法律如果背离了人情,背离了基本的、关乎人类尊严——作为人的这样一种基本价值需求——的人类感情,这样的法律,不可能,对不对?这是第五点。

哎呀,太多了吧?就不说了。那好,那我就不说了(笑声和呼唤声)。呵呵……还是要讲啊……黄卉,我这有点相当于对你的文本做法律评注啊!

第六点,刚才黄卉教授讲的一条我觉得很好,她说"要研究中国问题,有中国视角"。我的总结是,这牵扯到当下中国传统法律、大学、法律人和法学家所应当具备的中国问题意识。诸位,由于我们的法律是一百年来经过不断移植而来的西方规则,所以直到今天,作为这套规则孕育、产生的那个基本土壤,在中国并不完全具备。云松教授研究民法,我们都知道,民法、民商法,作为与公法相对的私法,是市民生活的百科全书。它以一种充分发育了的平等主体的市民生活为基本条件。而在中国,这样一个充分发育的市民基本生活并不完全存在,所以才会出现规则与事实不相符合的现象。在这种情况下,不管是哪一种法律,我强烈地感到,需要再经过一代人以上的本土化过程,规则与生活中的人性相配合的调剂过程。换言之,如果不经过中国问题意识审视与洗礼下的法律中国化过程,同学们,所有的研究——我们今天所做的——都不过是过眼烟云。因此,刚才三位教授所讲的,法学家具有一种关于问题意识和制度甄别能力的不可推卸的批判责任。

第七点,刚才黄卉教授说了,"我准确地知道我不知道",让我想起过去美国国防部长拉姆斯菲尔德的一段话。拉姆斯菲尔德说:"我确实不知道我知道什么,但是我确实知道我不知道什么。因为我确实不知道我知道什么,所以我不知道我确实知道什么。知道什么就是不知道什么,不知道什么就是知道什么,所以这个结果就是我确实不知道什么。"(笑声)讲得好啊!这段话讲的是什么意思呢?同学们,这段话和黄教授的意见一样,就是:我确切地知道我不知道什么。这是一种学人风范。同学们,就是不忽悠,对不对?什么是忽悠?到日本去待了一年回来开口就是:"日本的那个法律——精彩呦!"(笑声)到香港呆了三个月回来就说:"香港那是个法治社会呀。"同学们,说自己不知道,这背后隐藏的是一种鉴赏力、一种判断力。而鉴赏力和判断力是一种高水准、高专业的眼界、眼光与心界,对不对?这个我不展开了。

那么第八点呢,刚才黄卉教授说了,她要做预言,我就引申出这点评论。伊萨亚·柏林说过,存在两种学者,一种叫刺猬,还有一种叫狐狸,狐狸型的学者与刺猬型的学者。我通过黄卉这个讲座发现,像黄卉教授这类做预言的学者,基本上属于女巫型的(笑声),因为女巫是要预测的。我明天结婚,是否会下雨?我今天在北大做讲座,你明天会不会在帖子上骂我?需要进行预测,这是女巫型的学者。他们要展示人类未来,探讨制度的可能性,对不对?同学们,这是一类学者。还有一类学者是,通过眼光往回往下,以事实的描述、传统的传承、历史的回顾,来为当下生活作出解释与回归。这类学者,我把他叫做祭祀型的学者(笑声),一类是祭祀型的,一类是女巫型的。从今以后我见到黄卉就要叫她"女巫"(笑声)!

第九还是第十点了?并作一点讲吧。很简单,关于法律,我想给大家讲一个重要命题,就是"法律是一个自由的存在,也是一个自律的存在"。同学们,法律在人世是一种自由的存在,而这种自由是以自律为前提所归顺的。

我受三位教授启发,就讲这么多,谢谢!(掌声,热烈的掌声)

现场互动

主持人:好,由于时间关系,现在就进入交流互动环节,大家有问题可以提问。

学生:大家好,黄老师前面提到了法律解释方法,我想问一下黄老师,或者是之前在德国学习的老师,他们常用的法律解释方法大概有哪些?可不可以给我们也举一个例子。请老师解释一下,谢谢。

黄卉:我简单说一下法律解释方法,这方面也不是我的专长。我现在正拜在 Leenen 教授门下学习法律方法论。大家应该都比较熟悉拉伦茨教授,他的《法学方法论》这里几乎人手一册了。拉伦茨教授有几个比较得意的门生,其中一个非常有成就,在德国被认为是方法论天才,提出了类型化理论。他就是 Leenen 教授。但我还刚开始系统地学,所以讲不出理论,只是一些学习部门法过程中得出的经验。

关于法律解释的种类,我看过一些国内学者的论述,虽然我自己还没有做好研究,但是觉得至少有一个问题值得注意,就是我们现在对同一个解释方法存在不同的语汇,然后造成了一些困惑。比如,文义解释,语义解释,字面解释,等等,都是同一个词汇,上下文解释、系统解释、互文解释,也是同一回事。但翻译不同,几个周折下来,变成不同方法了。

我试着解释种类。最基础的总是语义解释,看词汇的本意,你可以拿新华字典来解释,看上去是什么就是什么。比如"要约"、"承诺",法律术语,但没有学习过法律的人,虽然觉得这两个词怪怪的,但大致可以知道是什么。这当然不够,但这是开始。然后是系统解释,就是如果一个法律文本中有冲突,那么就要从上下文关系判断哪种意思更确切。

比如关于宪法是否具有法律效力这个问题,我们来看宪法规定。首先会在宪法的序言看到关于类似"人人都要遵守法律"、"宪法是一个最高的法律"这样的规定。运用文义解释,就是宪法是有法律效力的。然后,有人提出来,序言根本就不是法律,序言就是宣告,没有法律效力。虽然这个意见我不赞成,但是,它反正是学界的一个意见嘛。那我们看看,在正文当中,有没有相反的意见。这就是体系解释方法。结果发现宪法正文第五条也有类似规定。问题就解决了。

有时体系解释还不够,还要用其他方法,比如说历史解释。大家一般都认为,历史解释就是看当时立法者的意思。其实不然。历史解释,我认为主要看相关立法的历史演变,从中知道现在的规定到底是什么意思。比如我们宪法中的经济制度条款,好几次修正案都涉及,从计划经济到现在的"社会主义市场经济",我们从这个变化过程可以推出一个大概的意思。

还有其他解释方法。另外就是还有不同层面上的分类,比如扩充解释,缩限解释。

关于这些解释有没有适用顺序,这在德国也是有争议的。我还说不好,等我学得差不多的时候再向大家汇报。

我大致就说这些,大家要是对这个问题感兴趣,可以多花点时间。

主持人:感谢黄老师,感谢各位老师!好,今天的讲座结束,谢谢各位同学光临!

(2008年4月5日)

人权的若干理论问题

■ 李步云

[演讲者小传]

李步云,男,生于1933年。1949年参加中国人民解放军,1950年赴朝参战。1962年毕业于北京大学法律系本科,1965年该系研究生毕业。1967年后一直在中国社会科学院法学研究所工作。现为中国社科院荣誉学部委员,博士生导师;东南大学宪政与人权法研究所所长,广州大学人权研究中心主任,湖南大学法学院名誉院长。最高人民检察院专家咨询委员会委员;中国法学会法理学研究会、比较法研究会、中国行为法学会顾问。享受国务院特殊津贴专家。研究方向为法理学、宪法学、人权理论。已出版独著、合著30余部,发表论文200余篇。代表作为《走向法治》(湖南人民出版社1998年版)、《法理探索》(湖南人民出版社2003年版)、《法理学》(经济科学出版社2001年版)、《人权法学》(高等教育出版社2005年版)、《宪政与中国》(英文版,法律出版社2005年版)。

大家好,很高兴能跟大家见面。

我16岁参军,17岁参加朝鲜战争,18岁负伤,21岁转业到地方工作,1957年我24岁到北京大学读书。当时全国只有北大是5年制。毕业后继续读了3年研究生,又留校工作2年,我在北大学习工作整10年。我到社科院法学研究所工作,至今已有40年,加上在北大的10年,正好50年。从1991年起在特殊历史背景下,我开始着重关注人权问题,同社科院法学所的同事一起组建了全国第一个人权研究中心。我在那里工作了10年。因为想在全国撒播人权思想的种子,于是我回湖南老家,在湖南大学创办法治与人权研究中心,担任主任。接着我又在广州大学建立了人权研究中心,现在该中心是广东的省级重点研究基地,而目前国内也只有一个这样研究方向的省级重点研究基地。

前不久,我又到东南大学担任宪政与人权研究所所长。如果年龄允许的话,我还想到西北创办一个研究所,这样就正好在东南西北中各有一个人权研究中心。本来,我在读研究生时所学的专业是法理学,指导老师是张友渔。张友渔老师曾担任北京市委书记和全国人大的最高法律顾问,后又担任社科院副院长。也许由于自己的性格和生活经历的关系,我对法理学中的人权问题比较关注,因此我从事人权研究也有些偶然因素。今天给大家介绍一些中国人权问题的相关故事,如果有多余时间可以谈谈一个理论问题,即何谓"人权"。

第一本教育部统编教材《人权法学》是我主编的。我认为人权法学有三个组成部分:一是人权理论,二是各种具体人权,三是人权的保障机制。

从1978年到现在,法学界有两大很值得大家骄傲的事件:一是"依法治国,建设社会主义法治国家"被写入宪法。二是2004年第四次修改宪法时又把"国家尊重和保障人权"写入了宪法。

学术界经常会提到法治,人权,民主。其实民主、法治、人权六个字可以归结为两个字:宪政。"宪政"属政治文明的范畴。民主是相对于专制来说的,专制是不文明的。法治是针对人治来说的,人治是不文明的。人权是相对于公民没有权利来说的,公民没有权利当然是不文明的。今天提及到的人权问题,是整个宪政系统中非常重要的问题。我曾经给宪政下过一个定义:根据一部良好的宪法,以现代民主作为基础,以法治作为基本保障,以实现人权为根本目的的一种现代最文明的政治形态。

今天我介绍自己的一点经历和情况是想借此先给大家介绍一下人权发展的过程。1978年12月6日,我在《人民日报》发表的题为《坚持公民在法律上一律平等》是我国法学界"文革"后突破思想理论禁区的第一篇文章,其中就涉及了人权问题。

平等权是人权问题之一,平等也是法治问题。我在写文章时十一届三中全会并没有召开,而我当时主要考虑法治和人权比较容易突破的是法律平等。1957年很多教授都因为讲平等而被打成右派,"平等"是所谓的理论禁区。所以当时我发表的文章在国内有很大影响,它被认为是中国进入新时代的信号,是中央政府在政治上发生很大变化的信号,国外也有很多评论。

　　法治和人权是密切相连的。相对于人权,法治是种手段,法治与人权是无法分开的。有两件事,其中有一件和我有关,一件和在座的同学有关。

　　和我有关的事是:十一届三中全会以后思想解放,法学界召开了第一次讨论会。这次讨论会是在北京市高级人民法院大厅举行,共有500多人参加。当时的社科院副院长邓力群在座谈会上讲了一件事。我们在小汤山那个地方有个关押"高级人物"的地方,叫秦城监狱。当时负责这个建筑工程的是公安部的一个副部长,而第一个被关进去的就是这个副部长。"文革"时,邓力群也曾被关进去。和他关在一起的还有王任重和刘建章。在1979年1月份召开的这次会上,邓力群讲了一个故事,说他亲眼看到监狱管理人员为了惩罚被关押的人,故意把饭倒在地上让犯人舔,而且很多所谓的罪犯其实尚未定罪,还必须经过审理。这事对我刺激很大。于是,我写了一篇《论我国罪犯的法律地位》在1979年10月30日的《人民日报》发表。文章发表以后,很多监狱都有反映,很多服刑人员找监狱当局说,罪犯也是有权利的,为什么不给予他们保护。这件事闹得非常大。全国人大、公安部劳改局、《人民日报》和我都收到很多信件。这些信件中有反对保护罪犯的,也有赞成保护罪犯的。后来,我的文章受到了批评。某最高司法机关的文件曾批评两篇文章,其中就有我的这篇。后来法学所向社科院上报材料,说受到精神污染的有两篇文章,我的这篇就在其中,作为典型批评。好在当时我找劳改局谈话,办公室主任说他们监狱也收到几百封信。他说我的文章对他们有很大的启发,他们以前没考虑过这种问题。后来我的导师张友渔也保护了我,这并不是因为我是他的学生,主要是因为我的观点没错,他在他所主持的政法片(即现在的"社会政法学部")会议上说,李步云的观点没有错,如果非说有什么不足那也只是写的太早了点,现在我们干部的权利都无法得到保障,何况是罪犯呢?于是,这事也就不了了之了。

　　这篇文章有两个问题需要关注:第一,罪犯也是公民。这是一个新观念,过去理论界和政法部门很多人都不清楚。比如说被剥夺政治权利的人经常给全国人大写信问自己是不是公民,全国人大无法回答。我的这篇文章开头就说罪犯也是公民。1982年修改《宪法》时,叶剑英元帅是

《宪法》修改委员会主任委员,负责这项工作。当时我也在中央机关工作,负责法律方面的事务。在《宪法》修改过程中,我除了给叶剑英元帅起草过第一次修宪会议讲话稿,还在《人民日报》连续发表了10篇关于修宪建议的文章,其中就有一篇《什么是公民》。

这篇文章,只有1000多字,逻辑也很简单。我说罪犯被剥夺政治权利不算公民算什么?有人可能会说是"人"。那他们的法律地位是什么?因为我们《宪法》规定的是公民的基本权利和义务,制定法律的目的就是为了保障公民的权利。如果这些人不是公民,就没有法律地位,也就没有权利,那么也就可以不尽法律义务。如果所有宪法和法律都不适合他们,那么就另外为这些人制定一部宪法和各种法律。当然这是不可能的。他们如果是公民,这些人在法律上应当有什么权利,尽什么义务,各种法律都可以不一样。但是,必须承认他们是中国公民。我在《宪法》修改的三个被采纳的建议中,其中就有这个。1982年《宪法》第一次规定:"凡是具有中华人民共和国国籍的人都是中华人民共和国公民",就是采纳了这一建议。同时,这篇文章还具体列举了罪犯应该享有一定权利,包括财产权、人身安全权、人格尊严权等,这些权利应该受到保护。后来,我们搞了一个《监狱法》,罪犯应该有什么权利,《监狱法》都作了明确规定。后来,我又写了一篇《再论我国罪犯的法律地位》,主要是解释政治权利的问题。我说被剥夺政治权利的人并不是所有政治权利都被剥夺了,我们所一位副所长和我争论,说我的观点不对,我给他举了一个例子:一个罪犯被判死刑要被枪毙了,在枪毙之前他还有政治权利不能被剥夺,如申诉权、检举控告权。我的第二篇文章《再论》就是写的这个问题。

我们当时提人权,其实和大学生也很有关系。1982年《宪法》修改后把"文化大革命"里的包括大鸣、大放、大字报、大辩论的"四大"取消了,但允许各机关和地方在一定区域张贴大字报和小字报。那时有个西单墙,是允许贴大字报的地方。我记得其中有一张大字报的内容是:我们应该请美国总统卡特来中国关注人权问题。这个提法当然不妥当,因为中国的问题不该让美国人来干涉。于是引发了邓小平的那句批评:是多数人的人权还是少数人的人权,我们是主张多数人的人权。在这样的情况下,中央有关部门决定找人批评这种思潮。正好找的是我们研究所的两位同志,但他们对人权并没有研究,搞了一个多月,写了一篇叫《人权是资产阶级的口号》发表在《北京日报》。文章发表后在西方政府和学术界并没有引起大的反响。但是几个月以后某大学三个教授在党中央机关刊物《红旗》上也发表了文章,题目虽不是"人权是资产阶级的口号",但其结论是相同的。这引起了西方的注意,说中国共产党、中国政府不讲人权。这种状况理论界当时也有研究,但在报纸杂志发表出来的文章几乎都是一个调子:"人权是资产阶级的口号",而且当时进行研究是本着对青年、对学生、对广大干部进行人权教育以消除西方的影响,而不是树立社会主义的人权意识,改善自己国家的人权状况。

还有一件事,我曾和老所长王叔文同志到中南海开会,因为那时我负责我们所的科研工作。那次会议的目的是动员各方面清理精神污染,法学方面出了两个题目:一个是人权,一个是无罪推定。直到现在我们法律上也没有"无罪推定"这四个字,但1996年《刑诉法》修改总则第12条表达了这个意思:法院公开定罪之前,不能像对待罪犯一样对待犯罪嫌疑人。我们所里一个吴先生,很有学问的。他是第一个写关于要借鉴西方无罪推定的文章。而这次批"无罪推定"的任务却交给了他。那篇有关人权的文章所领导找我和我的学生来写。当时我提出来说,某某同志你让我写文章可以,前提是我们要有自己的观点,社会主义应当讲人权。我说你同不同意,他说好,他同意。我也就答应参加写。但是后来这两篇文章都没有发表,是我们故意推掉的。

事情发生变化是在1990年。1989年政治风波,1990年东欧剧变,这些事件的发生引起了中央领导的特别关注。中央要求全国学术界研究:苏共为什么垮台?西方民主主义思潮对工人运动有什么影响?怎样看待民主自由人权?等等。我们社科院承担了一部分任务。1992年成立中国社科院人权研究中心,我在那工作了十年。那时政府领导人也开始讲人权不是西方的专利品。中国人民大学、中央党校、武汉大学等高校也相继成立人权中心。从此,我国政府开始了从拒绝谈人权问题到主动谈人权问题的转变,1991年社科院法学研究所也紧接着召开了第一个全国的研讨会,外交部有人参加,中纪委等其他中央有关部门也有人来。会上有很多争论。我和我的同事提出社会主义应高举人权旗帜,但是社科院一个哲学教授反对,说我们应该举社会主义旗帜,为什么要举人权旗帜呢?我说既要社会主义旗帜,也要人权旗帜,要不就在社会主义旗帜上写上"人权"两个大字,因为社会主义国家不讲人权就不是社会主义国家了!从那时开始,我们法学研究所就不断到国外去做调查,给中央前后写了60多份研究报告,其中包括我们要高举人权旗帜,还给人权下了一个定义。

中央有位领导曾要求我们社科院写一本关于中国特色社会主义的书。这本书最后出版了,共有22章,政治上有7章,其中有一章内容是人权:社会主义人权的理论与实践。我很荣幸接受这份工作。我写了八条理论,将社会主义人权观概括为八条,有一个副院长给我写信提了五条修改意见,其中有一条我采纳了,有一条没有采纳。他说八条应该再加一条,生存权是首要人权。我采纳了他的意见。我说人权的普遍性和特殊性是辩证统一的,他让我少谈普遍性,我没有采纳。长期以来在我们国家人权普遍性没有得到承认。当我在美国访问的半年里,书出版了。没有经过我的同意就把书里的那条人权普遍性和特殊性的辩证统一删掉了。在1993年6月,60多个国家在维也纳召开第二次世界人权大会。第一次是1948年,通过了《世界人权宣言》。1993年6月我们派刘华秋副部长带队,在这次会上,中国政府承认了人权的普遍性,第二天人民日报社报道了我国政府主张人权的普遍性。那本书里我负责撰写的那章八条里有一条是人权和社会主义是什么关系。当时里面有两句话很尖锐,我自己都没有把握它会不会被删掉,但很高兴它一直保留了下来。这两句话是:社会主义者应当是最进步的人道主义者,社会主义者也应当是最彻底的人权主义者。最进步的人道主义有很多争论,我们以前是批判人道主义的,后来才放弃批判。但是讲马克思主义者和社会主义者是最彻底的人权主义者还没有人讲过,直到现在大概也只有我讲。《人民日报》也很大胆,去年有一长篇报道说我这个人怎么样,就引用了我的这两句话。我说道理很简单,不管人们对社会主义是什么样的看法,但有三个东西是大家都会同意的:我们那个理想社会应当是一个人人自由、人人平等、人人富裕的社会,而自由、平等、富裕正是现代人权最基本的内容。

我们一直提倡平等,但也曾经搞过绝对平均。有一次,西方一位报纸的编辑,曾问恩格斯能不能让用一句话说清楚什么是社会主义。恩格斯说可以,他愿意用《共产党宣言》里的一句话来概括:我们所盼望的社会,是一个个人自由是社会上一切人自由的条件的共同体。马克思主义经典作家一直是把自由作为我们共产主义社会的一个最根本的特征。但是后来我们的经济制度和政治体制,权力太集中了,束缚了人们的生产积极性,搞社会主义大平均,于是大家都没有了积极性。政治上的自由就更少了。那时我被下放到河南的一个生产大队,经常和老乡下地劳动。那时在大队里十个工分只有八毛钱,农民都拿着锄头站在地里不干活。现在市场经济好了很多,让一部分人先富起来,增加国家收入,再去搞社会保障。什么叫人权?不用搞得那么神秘,它有五个最根本的内容:人人平等、人人自由、人人富裕,还有人道主义即对弱势群体的保护,另外就是安全,包括人的生命、健康和财产安全。人权包括这五个部分,现代人权比较侧重前面三个。我们国家后来出现一些问题主要是我们的体制引起的,和武装斗争的历史也有关系,但主要是因为我们的权力太集中。

我国社会主义人权保障制度发生新的转变是2004年《宪法》的修改。党的十五大和十六大报告都说我们应该保障人权,但没有具体展开,应该提高到什么高度。这已经是很大的进步。这次《宪法》修改我们就想把它写进去。我记得1999年李鹏委员长和中央几个领导成立修宪小组负责《宪法》的修改,在人民大会堂开了两个座谈会,一个是经济学家的座谈会,一个是法学家座谈会。我参加了法学家的座谈会,我们当时提了一些意见和建议,包括要将依法治国和建设社会主义法治国家写进去,当时会上没有人反对,就通过了。加上私有财产的保护等,一共修改六条。

到2003年时,吴邦国委员长在全国各地开了6个座谈会,其中在人民大会堂召开的宪法学家座谈会,有5位学者参加,包括我、许崇德、韩大元、张庆福,还有徐显明。他们叫我第一个发言,我事先也没什么准备,讲了四条,最终没有被采纳的有两条,其一是建立违宪审查制度,其二是修改《宪法》的第126条。《宪法》第126条说人民法院独立行使审判权,不受行政机关、社会团体和个人的干涉,我主张不受任何机关的干涉,不仅仅是行政机关。对法院和检察院,党要领导,人大要监督,但也不能干涉,而这种不合法的干涉是存在的。当时建议最好回到1954年《宪法》的一句话,人民法院独立审判,只服从法律。这是一个很复杂的过程,就不多说了。我和徐显明教授建议将人权保障写进《宪法》,会上有争论。中央电视台曾为总结2004年修宪做了一个专题节目,其中我讲了两个问题。一是我说这次修改《宪法》比1999年的修改更民主。1999年的座谈会法学界都是各讲各的,大家既不反对,也不争论。2003年6月这次却很活跃,吴邦国委员长也参加讨论,很多人提出不同意见相互争论。二是,我讲了为什么要将"国家尊重和保障人权"写入《宪法》。当时,人权入宪的反对意见有两条,其中一条是世界那么多提倡保障人权的国家,这些国家的《宪法》也不是都把人权保障写进去了。这话虽然是对的,但是世界上也存在许多国家的《宪法》把人权保障写了进去。最典型的是法国宪法,它把《人权宣言》作为法国宪法的一部分。其他国家如美国宪法修正案的权利保障10条等。我说不是所有国家都写进宪法了我们国家才能写呀。我国宪法虽然已经规定了公民的基本权利和义务,这些权利义务的规定和西方的差别也不是很大,但问题是宪法规定的权利不一定就是人权。事实上,人权比宪法规定的权利内涵要广得多。概念上把人权和法律规定的权利等同起来是不科学的,在逻辑上是不严谨的。我还讲了其他几条理由:从1991年到2003年这12年,人权理论虽然已经有了很大进步,但是很多干部的思想束缚还是很大,对人权很敏感,不敢碰人权这个问题。把人权写进《宪法》,有利于促进人们人权观念的转变,有利于在实践中加强对人权的保护,有利于提高我国在国际上的威望。2004年我们第四次修宪时把人权写进《宪法》,标志着我国的人权保障事业已推进到一个新的阶段。

　　十七大很多新的观念、新的思想、新的政策、新的措施都和人权有关。但是什么叫人权可能很多人并不太懂。我们国务院有个人权局,任务之一是负责撰写各个方面的人权发展状况的白皮书,因此常要求各个部门提供资料。但是不少部门说:我们没有做什么呀! 其实这是他们不懂他们干的都是人权的事。我举一下例子,劳动和社会保障部干的就是保护人民的劳动就业权和社会保障权;工会是保护工会会员的权利;妇联是保障妇女的权利。这些都是保障人权。十七大报告提出,"三农"问题是我们未来工作的"重中之重"。其实"三农"问题的核心就是一个人权问题,是八亿农民对各项事业的平等参与权和平等享有发展成果权。所谓"民生"工程,也就是一个人权工程。十七大报告还提出了一些新的权利概念,如表达权。这一权利涉及言论自由、游行自由、出版自由和新闻自由等。十七大报告关于依法治国有两句话:第一句是全面落实依法治国的基本方略,第二句是加快建设社会主义法治国家。完全可以肯定,我国未来人权事业会有很大的发展。我们社科院人权中心也欢迎你们来参观访问,在这里可以看到许多国外有关人权的文件。

下面讲什么是人权。为了研究人权概念,我们社科院人权中心曾经讨论3天,后来给中央写了一份报告。其实人权就一句话:人权是人依照他的社会本质和自然属性所应当享有的权利。不过上报时加了一句话,说这种权利受经济文化条件的制约。我来解释一下这个人权定义。

第一,什么样的人应当享有这种权利,即人权的主体。只要你是人就应当享有权利。这句话存在很多需要研究的问题,涉及人权主体的历史发展过程等等。主体的普遍性是当代人权的一种理念,但过去并非如此,如奴隶就没有人权可言,今后这个概念还有一定的发展。比如克隆人有没有人权,这个问题现在无法回答,如今还没有任何一个国家承认可以克隆人,也只有等到以后才能具体问题具体分析。

第二,权利是指什么?权利也有一个历史问题和文化问题。从古至今,会有很多新的权利产生。有的权利过去没有,现在才有。古代没有选举权,历史发展到一定阶段才产生选举权。有些国家如荷兰,允许同性恋者结婚组织家庭,但很多国家还没有。记得我到新加坡考察,参观过监狱,监狱有鞭刑,在执行鞭刑的时候,受刑人趴在凳子上先把衣服脱光,然后一根很粗的鞭子打下去,如果罪犯休克了就送医院。我们不赞成这样的肉刑,但新加坡人就很遵守。这也是个人权文化问题。人权太复杂,没有谁能列全人权清单。原因之一是,人权是个多层次的概念,比如劳动权就包括劳动就业权、自由择业权、男女平等劳动权、劳动报酬权、劳动条件权等很多子权利。

第三,人的应有权利是什么?当时反对人权观点的人说法律已经规定了各方面的权利,《宪法》也有"公民的基本权利和义务"这一章,就不必再提人权这个词。他们并不知道人权本来的含义是人应当享有的权利。法律是人规定的,人们可以做规定,也可以不做规定。法律没有规定也不一定就没有。当时我曾发表过一篇文章,题目是《论人权的三种存在形态》,即应有权利、法律权利、实有权利。这篇文章后来被翻译成日文和英文,得到了西方国家和学术界的认可。这个应当享有的权利对每个人来说都是应当的,也不是任何人的恩赐。

第四,为什么人应当享有人权,它的合理性和必要性在哪里?这个问题一直有很大争论,在人权领域也是非常重要的。现在很多国际人权文书说的是人权源自哪里。我把它表述为人权的本原问题。国际人权文书有这样两种说法：一是基于人的人格尊严和价值，是任何人都应当享有的权利，这是受西方天赋人权理论的影响。二是基于人的本性，当时提得比较少的原因是本性这个概念争论很大，不好把握，没有人格尊严和价值具体确切。目前西方有三种理论：天赋人权论、法赋人权论、社会权利论。法律权利论是说，人权是法律赋予的。社会权利论是说权利是社会关系带来的。以前西方的自然权利说，到近代发展为天赋人权论，主要说人作为人，依据其自身的人格尊严与价值应当享有人权。但是这三者都有一定的片面性。首先，天赋人权论否定人权和社会关系之间的内在联系。因为，没有社会关系就没有人权，社会发展水平的高低对人权具有很大的影响。法赋人权论，社会权利论并没有说到点子上。人的本性是什么？"人的本质是社会关系的总和"，过去我们哲学界都是抓住这句话来界定人的本性，这个观点是片面的。人的本性分为自然本性和社会本性。自然本性包括天性、德性、理性。这是我的最新观点。人的天性是指福利、自由、安全，即任何人天生就需要有吃有穿，需要思想不受禁锢、行动要有自由，生命、人身安全要有保障。德性是指人是有道德的动物，包括人人都会有正义感、平等观、博爱心。理性也包括三点：一是人能认识世界并改造世界，动物没有理性。二是理念，从原始社会到今天，人类对自然界、对社会、对人生都会有总的看法。三是理智，即克制自己不去做坏事。天性、德性、理性这三性构成了人的本性，这就是人权之所以需要的根本理由，其合理性、目的性和动力也都在此。所以，人权是人的各种需要。人是通过几百万年进化而来，人性是生下来就有的。单用社会关系去解释人为什么需要人权，这是无法说清楚的。这样，人权本原的科学理论就形成了。总之，不是人为制度而存在，而是制度为人而存在。社会主义也是如此，要做到"以人为本"，要做到"为人民服务"，就必须做到"国家尊重和保障人权"。所以单独讲社会性，单纯以此去解释人为什么需要人权，是不正确的，人的根本价值、根本利益在于人的自然属性。

今天的演讲就到此为止。今后有时间再和你们讨论，希望大家都来为我国的人权事业努力奋斗。

（2008年5月21日）

文学何为?

■ 曹文轩

[演讲者小传]

曹文轩,1954年1月生于江苏盐城农村。1974年入北京大学中文系读书,后留校任教。现为中国作家协会全国委员会委员,北京市作家协会理事,北京大学教授、现当代文学博士生导师,中国作家协会鲁迅文学院客座教授,中国少年写作的积极倡导者、推动者,北京大学中文系中国当代文学教研室主任。主要文学作品集:《忧郁的田园》、《暮色笼罩下的祠堂》、《红葫芦》、《蔷薇谷》、《少年》、《大水》、《追随永恒》、《三角地》等。长篇小说:《山羊不吃天堂草》、《草房子》、《红瓦》、《根鸟》等。主要学术性著作:《中国八十年代文学现象研究》、《面对微妙》、《曹文轩文学论集》、《思维论——对文学的哲学解释》等。发表文章约150篇,有作品翻译为英、法、日、韩等文字。《草房子》获第四届国家图书奖(1999)、中宣部"五个一工程"奖(1999)。电影《草房子》获第十九届金鸡奖最佳编剧奖、1998年度中国电影华表奖、第四届童牛奖以及影评人奖、第十四届德黑兰国际电影节评审团特别大奖"金蝴蝶"奖。《红瓦》获第四届国家图书奖、北京市图书特等奖(1999)。并获2000年北京市政府颁发的文学艺术奖。

其实这几年我都不太喜欢做讲座,什么原因呢?因为我不知道讲什么。难道还有什么思想我们不知道吗?今天这个时代是一个思想平庸化的时代,一个人几乎已经不可能再拥有属于他的一些独特的思想。几乎任何一种思想,都可以在网上搜到,甚至有一些思想,已经被我们像嚼口香糖一样反复咀嚼过了。资源共享的现代机制其结果就是,我们中间,不太可能再有一个真正的思想家,更不可能有一个大智慧的先知,我们不分男女老少,差不多都在同一时间同时接受了观念的洗礼。一个惊世骇俗的思想,一夜之间就可能衰落为常识,十几年前我们还有幸感受到一些观念诞生的时候,就像看到初生婴儿一样新鲜的兴奋,而如今,任何一个观念被谈到的时候,我们眼前都仿佛走过一个老态龙钟的人,使人感到陈旧、平庸和心烦,大概就再也没什么了。我记得,十几二十多年前在北大讲堂里听一个叫温元凯的先生做报告,那时候我也像你们一样坐在下面,我一直用仰视的目光看他,我觉得坐在台上的那个不是人,他是个神,我没想到那样一个头颅能产生那么辉煌的思想,那么了不得的想法。可是在今天,这种场面再也不可能有了。所以说,我能讲什么?无非就是重复,重复我自己已有的重复,也重复你们的重复。那么今天,我所讲的,我更愿意将它看做是我本人的自白和思索,另外,像沈老师刚刚介绍的,我也是大学里头少数几个具有双重身份的人,既是做学问的,同时又是搞创作的,而今天,我更愿意充当作家这个角色,因为作家有一个权利,这个权利就是"胡说八道",所以我今天要充分使用这个权利。

何为文学?文学何为?这是一个太大太大的问题,但又是一个大家似乎都已经明白的问题,是一个无需废话的问题。这个问题似乎已经解决了,它已经成为常识。但是我们现在所处的这个时代,是一个连常识性问题都要遭到质疑和颠覆的时代,也可以说,这是一个连常识都不要了的时代。那么它到底是一个怎样的时代呢?美国学者哈罗德·布鲁姆(Harold Bloom)在他那本著名的论著《西方正典》(The Western Canon)里头直截了当地称这个时代是一个"混乱的时代"。在布鲁姆看来,这个时代也许根本不是什么民主的时代,民主的时代早已经过去,人类社会在经过了神权时代、贵族时代、民主时代之后,现在到达了一个混乱的时代。他说,他作为文学批评界的一员,遭遇到了这个世界上最糟糕的时代。我是在阅读《西方正典》这本书的时候,真正认识这位著名的西方学者的。这是一位孤独却拥有巨大创造力和敏锐辨析力的学者,他的性格里有不流俗的品质。这本书是我的一个博士生推荐我看的,我跟我学生的交流方式就是隔一段时间互通电话,我会问:"你最近读了什么书?"这个方式一方面是我让他读书,另一方面我也是了解一下有些什么书我需要看。他就向我推荐了布鲁姆的这部《西方正典》,然后我问他:"你为什么要让我看这本书?"他告诉我说,"这本书里的基本观点与老师你的观点如出一辙。"我说这不可能,他说:"那我就把这本书的一些段子念给你听一听。"他念了其中两段,听后我感到非常诧异,布鲁姆的一连串的表述,和我在许多不同场合的表述,完全是不谋而合,其中有许多言辞几乎是一模一样的,我们两个人对我们所处的时代的感受,对这个社会的质疑、疑问之后的言语呈现,实在不分彼此。我们在不同的空间里思考,思考着同样的处境与问题,这在我一生当中大概永远也不会磨灭,使我感到无比的振奋与喜悦。我一直对自己的想法有所怀疑——你与这个时代,与那么多的人持不同的"学见"(不是政见),不同的"艺见"(我说的"艺"是"艺术"的"艺"),是不是由于你的错觉、无知、浅薄与平庸所导致的?所以这些年我一直处于一种惶惶不安的状态之中,我甚至为我持如此学见、艺见有了变态的敏感,当我面对那么多人声嘶力竭地宣扬我那一套的时候,听者是不是在嘲笑我?大家可以想到,在如此的心态之下,我在相遇《西方正典》的时候,心情会怎样。这是2005年夏天,这个夏天我遇到布鲁姆,当时间运行到2006年秋天的时候,我又与两个人相遇,一个叫布鲁克斯(克林斯·布鲁克斯,Cleanth Brooks),一个叫沃伦(罗伯特·潘·沃伦,Robert Penn Warren),他们有一本书《小说鉴赏》,这本书是美国大学的教材,由世界图书出版公司出版,他们让我为这本书写一个序。布鲁姆、布鲁克斯和沃伦让我知道在同一个天空下,并不只有我一个人是那样看待文学的、解读文学的,环顾四周,我觉得天地之间,虽然苍茫似戈,但天边却有熟悉而温和的人生,我不必再去怀疑自己,接着走下去就是了,我相信这远方的声音是实在的,是永恒的。

《小说鉴赏》将小说放置在人学,而不是社会学的范畴内加以分析,这一分析实在已经久违了。它感兴趣的是人物、叙述、结构、场景、情节、细节,在这个地方,小说被当作是艺术品来加以鉴赏而不是被当成社会学的一本材料加以利用,小说被看做是一种天然的、自足的形式,这是小说特有的性质,是不可替代的。优秀的小说家必须注重形式,处心积虑地在形式上显示自己的智慧,对形式作别出心裁的处理。通过对作品的细致入微的分析,该书将若干很容易被我们忽略,而又恰恰是使小说成功的十分重要的元素展示给我们。它思考的问题看上去微不足道,比如它问:"这篇小说为什么会设计一个旁观者?如果将这篇小说拓展成篇幅较长的小说,那么在现在这个作品中被省略掉的那个中间的审美过程可能是什么?"一个五千字的小说,如果我们把它拓展成两万五千字的小说,那么被省略掉的两万字可能是什么？大家都知道，契诃夫有一个名篇叫《万卡》，写一个叫万卡的小孩在一家店里当学徒，给爷爷写了一封信，这篇小说选入了小学语文课本。当我去一个小学做讲座的时候，我问孩子们有没有看过这个作品，他们说在他们的语文课本上看过，我问这部作品写的什么，孩子们不假思索地回答，"写了沙皇俄国的残酷统治！"（笑）我说，"是，没错。但是你没有完全把它当成一部艺术品来看。"那么布鲁克斯和沃伦是怎么分析的呢？他问了几个问题。他问：万卡，他的处境，他的心情，他的状态，他的痛苦，为什么不是通过作者直接叙述，而是通过万卡给爷爷写信叙述的？如果不是这样，还会不会有经典短篇小说《万卡》？大家还记得有一个细节，万卡把信放到了信箱里头，但是这封信是永远也不可能到达爷爷手里的，因为上面没有地址，万卡只写了"爷爷收"。他又问：如果这部小说里没有这个细节，那么会不会有经典短篇小说《万卡》？他研究的是这些问题，而这些问题是我们这些年来已经不再研究的了。我下面会讲到。

契诃夫是一个伟大的短篇小说家，我在许多地方讲过。如果说巴尔扎克代表了现代小说的高峰，那么契诃夫代表古典短篇小说的高峰。那一年我给中国一个非常重要的杂志《十月》做了一年的专栏，每一期我大概有两万字的一篇文章，只写一个作家，每一期写一个作家。有一期写的是契诃夫，我依然记得那篇文章的最后是这么写的：契诃夫死了，来到了天堂，上帝正在午休，听到了契诃夫的脚步声就问了一句，"你来了？"契诃夫说："我来了。"上帝说："你来了，短篇小说怎么办？"就是这么一个作家，然而当我们今天看他的作品的时候，我们看到的却并不是艺术，我后面要讲。如此敬畏地解读小说，这在近二十年时间的中国文学批评里几乎已经绝迹，中国文学批评进入了有史以来最好大喜功的时期，批评家不安于批评家的角色而一个个争当起思想家来，没有人再有耐心去关注布鲁克斯和沃伦的问题。话题是一天天地大了起来，直到与天地相当，甚至与宇宙相当。深刻这个词，犹如悬在头上的剑，催促着他们一路向前去寻找硕大的话题，说是批评小说，而实际上扯不上几句就早已避开作品去谈另外的问题了，评论小说只是一个幌子。心机，全在比试所谓的文化大题上，这里没有文学，没有形式，没有艺术，而只有与文学无关的社会的、政治的、伦理的、哲学的、神话学的豪华理论。谁也不回答这样的问题，我们为什么会只认他的一篇小说,为什么确认他的一篇好小说?结果是什么?结果就是托尔斯泰、鲁迅,就只剩下了一个思想家的身影在高空漂浮,文学家的身影则荡然无存。殊不知这些人被认定为思想家,是在他作为一个文学家的前提下被认定的,这一点我们必须清楚。这样的思想家与一般意义上的思想家有天壤之别,他们的思想是依附于文学而存在的。

在近20年的时间里,中国文学批评染上了一个一时很难扳过来的毛病,叫"恋思癖"。一部作品来到这个世界上,批评家们蜂拥而上,但角度只有一个,就是解读它的思想,或者是用思想加以解读。何以评论?唯有思想。难道思想这样一个维度就能判断作品高下吗?艺术呢?形式呢?姑且抛开形式不论,一部好的作品,其维度也不应当是一项,还有审美之维、情感之维,等等,我们后面会讲到。难道这些维度的价值一定比思想的低下吗?就布鲁姆来看,那些具有文学史意义的大师们之所以是大师,就在于他们将各种维度均衡地合在了一起。大家如果有兴趣,可以重新看托尔斯泰的作品,看鲁迅的作品,他们是将各个维度均衡地结合在一起的,而不只有思想这一个维度。然而今天,当我们谈论作品的时候,我们唯一的维度就是思想,这个话题我后面会详细地讲到。就我一个人的创作经验以及我从同行们、朋友们那里感受到的是,一个小说家一旦确定基本的写作意图后,纠缠于心的,就是如何干好这件活。他们思量的、盘算的、运筹的,恰恰是布鲁克斯和沃伦所关心的元素,他们会为一个人物何时出场再三琢磨,会为一个词出人意料的安排而兴奋不已,会为一个绝妙的细节的产生而快意非常,会为一种心情即刻的互蹉而欣喜若狂。在写作的那些日子里,案前、路上、榻上,甚至是厕所,心里盘旋的就是这些问题,哪里有什么现代性的问题,哪里有什么全球化的问题!这一切,是不必费心去思考的,他身处那个时代、那个语境,这一切也就自然而然地沉淀到文字中去了。这时候他们想得更多的,是自己在写一部小说,在做一件艺术品。这情形就像木匠干活,他心里总是想怎么样将这些活做得好看,形状、尺寸,而一旦进入工作状态,就只想着一件事情,就是手艺,怎么样来施展我的手艺。那么对于这样的写作事实,布鲁克斯和沃伦看到了,他们现在要做的,就是带我们这些阅读小说的人进入小说家们的写作情景,去看小说家们的写作心机,去看他们在怎样制作一篇小说,但是今天的研究和我所说的研究完全是两回事。我们今天再也不研究这些问题,所以今天中国的作家不可能再从中国的批评家那里得到什么。而当19世纪俄国黄金时代的时候,我们看到的是批评家和作家的互动,而这种互动不仅仅是在精神方面引领那个作家,更可以直接谈到技术层面上来,说那个句子是不必要存在的,说那个人物出场太早了,说那个人物为什么后来没有再出场。只有到这种层面上的研究,才可能对这些作家的文学创作起到真正的作用。而我们现在所谈的现代性的问题,全球化的问题,几乎是作家们不考虑的问题,因为他写生活的经验,当他把这段经验写出来的时候,我们所说的这些问题自然就已经包含在其中了。鉴赏,这个姿态我们已经没有了。我曾经对许多同学讲过,我说你一辈子很亏的,亏在哪里?一部好的小说拿在你手上,你不是作为一个读者,一个阅读者,而只是作为一个解读者,你在阅读的过程中的快意你都没有。首先,你要作为一个阅读者,其次,再做一个解读者。《小说鉴赏》是美国大学的教材,中国的大学也应该有这样的教材,当下的中国大学课堂,夸夸其谈,已经没有正确的阅读姿态,更需要这样的教材。而对于普通读者来讲,这样的书,可能更有助于他们知道最理想也是最有效的阅读方式,从而使他们更确切地理解小说,直至抵达小说峰顶的优美腹地。

布鲁姆将那些背离美学原理的形形色色的文化批评,比如女性批评、新历史主义等等,笼而统之地称为憎恨学派,因为在他看来,所有这些打着不同旗号的学派,他们的目的,都在于摧毁从前、摧毁历史、摧毁经典,他们要做的只有一条,就是让欧洲死去的白人男性立即退场。因为大家知道,所谓的西方文学史就是欧洲文学史,所谓的欧洲文学史就是白人文学史,所谓的白人文学史就是男性白人的文学史。所以,所谓的这些憎恨学派,在布鲁姆看来,就是要让那些已经死去的欧洲白人男性立即退场。因为这些男性代表的历史,是西方文学的道统,他们包括莎士比亚、但丁、歌德、托尔斯泰等等,组成泱泱一部西方文学史的一长串的名单。憎恨学派,我以为这是一个非常鄙视的但确实击中要害的称谓。20世纪的各路思想神仙,几乎无一不摆出一副血战天下、将他搞得人仰马翻的斗士姿态,对存在、对人性、对世界的怀疑情绪流露在每一寸空气之中。我们的思维走向,再也不像从前那样自然而然地肯定一些、接受一些,而是不免生硬地、做作地去否定一切、毁灭一切。我以为世界走到了今天这个恐怖无处不在的时代,总与世界范围内憎恨空气的流动有关。这些学派不管如何深刻,如何与文明相关,它的效果是一致的,就是打破了从前那个也许隐含着专制主义、隐含着独断的和谐,众声喧哗的那一边,出现了价值体系的崩溃,意识与行为的失范。

　　憎恨学派的主旨在于揭示存在着恶,倡导压抑的释放与声音、腔调的杂多,对流行采取绝对的放任自流的态度。我以为它是一种迎合一切个人因为道路不畅而对世界充满仇恨,为他们找到仇恨理由的一种思想潮流。那么我们所看到的这个世界,究竟是民主、自由还是混乱?憎恨学派蔓延在文学批评领域,使本来没有多少疑问的文学发生了疑问。在上百年、上千年的时间里,文学流派众多,但从没有人怀疑过文学本身,文学是什么从来也不是一个问题。而现在,有无文学性就成了一个问题。而这个学派也不关心文学问题,他们关心的是社会问题、哲学问题以及若干形而上的问题。所以,布鲁姆讥讽他们是业余的社会政治家、半吊子社会学家、不胜任的人类学家、平庸的哲学家以及武断的文化学家。我曾经在许多场合表达过,我说我们有许多从事当代文学批评的人,都偏离了文学批评。

　　文学性不谈文学,这已经是司空见惯的事情,每年一度的文学研究生学位论文答辩以及一年不知道要开多少次的国内国际的学术会议,都是以文学的名义进行的,但是如果你身处现场,你绝对不会想到这是一个将要获取文学硕士或博士学位的文学论文答辩,你会误以为一脚闯进了政坛,或某个社会问题的论坛。这个场合上几乎所有人,都在侃侃而谈政治、革命、现代性、经济全球化、反腐、三农、格瓦拉、卡斯特罗和普京。有一个老先生一次参加我们当代文学的一个博士生论文答辩,我们大家,包括我,都在谈这些问题,谈和文学无关的问题,其实这些问题离文学已经很远很远了。老先生去了一趟厕所,很长时间后回来问:"你们回到文学了没有?"所以谈来谈去,最后只有憎恨,对制度的憎恨,对人性的憎恨,对人类的憎恨,对历史和经典的憎恨。憎恨学派这一称谓,使我想到了另一个称谓,这个称谓是由我近来确立的,叫"怨毒文学",我以为这一称谓最适合中国当下的文学——当然我说的不是全部。世界文学似乎并没有因为憎恨学派的流播而让怨毒充斥其中,相反,我们看到许多许多的小说走的是另外一个路线,包括我们这两年非常喜欢看的那个阿富汗人写的《追风筝的人》,《灿烂千阳》,还有德国人写的《朗读者》这样的作品。所有的作品里都可以看到,在西方文学的那一边还有另外的东西。可是在中国,当你打开一本杂志,从第一篇到最后一篇,看到的往往都是"怨毒"。怨毒是一种极端而变态的仇恨。文学离不开仇恨。莎翁名剧《哈姆雷特》的主题就是仇恨。仇恨是一种日常的、正当的情感。它可以公开。哈姆雷特在向母亲倾诉他内心的仇恨时,滔滔不绝,犹如江河奔流。仇恨甚至是一种高尚的情感。人因仇恨而成长,而健壮,而成为人们仰慕的英雄。复仇主题是文学的永恒主题。然而怨毒又算什么样的情感呢?我总觉得这种情感中混杂着卑贱和邪恶,并且永远不可能光明正大。它有猥琐、阴鸷、残忍、肮脏、落井下石等下流品质。这种情感产生于一个不健康、不健全、虚弱而变态的灵魂。它是这些灵魂受到冷落、打击、迫害而感到压抑时所呈现出来的一种状态。我们这十多年,甚至是二十多年的文学,就浸泡在这一片怨毒之中,这就是我们对中国文学普遍感到格调不高的原因之所在。

中国当下文学在善与恶、美与丑、爱与恨之间严重失衡,只剩下了恶、丑与恨。诅咒人性、夸大人性之恶,世界别无其他,唯有怨毒。使坏、算计别人、偷窥、淫乱、暴露癖、贼眉鼠眼、蝇营狗苟、蒜臭味与吐向红地毯的浓痰,这一切,使我们离鲁迅的"深仇大恨"越来越远。说到底,怨毒是一种小人的仇恨。文学可以有大恨,但不可以有这样一种绵延不断的、四处游荡却又不能堂而皇之的小恨。而且文学必须有爱——大爱。文学从它被人们喜爱的那一天开始,就把"爱"赫然醒目地书写在自己的大旗上。

那么到底何为文学?或者说文学是什么?这个倒霉的时代回答得非常干脆:文学什么也不是!文学是没有本质的,文学也不存在什么基本面,根本不存在什么恒定不变的元素,这是这些年一个主潮的对文学的认识。在这个混乱的时代,中国的表现又有它很特别的地方,其中之一就是,它在近三十年的演变中逐渐成为世界上一个超级的相对主义大国,当然,它是以历史主义的面孔出现的。

历史主义在走过20世纪的最后阶段时,却在虚无主义的烟幕中逐渐蜕变为相对主义。在中国,这种蜕变几乎使历史主义完全变成了相对主义——它就是相对主义。今天,我们所谈到的、我们所挂在嘴边的、我们用来进行思维的所谓的历史主义,其实并不是真正的历史主义,而是相对主义。

历史主义的基本品质是：承认世界是变化的、流动的、没有一成不变的事物，我们对历史的叙述，应与历史的变迁相呼应。它的辩证性使我们接近了事物的本质，并使我们的叙述获得了优美的弹性。但传统的历史主义批评并没有放弃对恒定性的认可，更没有放弃对一种方向的确立：历史固然变动不居，但它还是有方向的——并且这个方向是一定的。据此，历史主义始终没有放弃对价值体系的建立，始终没有怀疑历史基本面的存在。它一直坚信不疑地向我们诉说着：文学是什么，文学一定是什么。

而现在的所谓历史主义则无限夸张了相对性，辩证性成了"世上从没有什么一成不变的东西，一切皆流，一切皆不能界定"的借口。因此，就有了一种貌似历史主义的结论：文学性是一种历史叙述。也就是说，从来就没有什么固定的文学性——所谓文学性永远是一个历史性的概念，也只能是一个历史性的概念。这样，变与不变的辩证，就悄悄地、使人不知不觉地转变为"变就是一切"的相对主义。中国成了泛相对主义的超级大国。中国思想界的精英们在今天普遍使用的研究方法与叙述方法，其实就是冠以历史主义的相对主义。如此历史主义，使那些使用者们享受了思想深刻而带来的巨大优越感。在这个时代，我想诸位也已经感受到了，肯定什么是浅薄的标志，如果你想要让人觉得你是一个思想深刻的人，你必须用一种否定的姿态，永远不要肯定什么。

相对主义，其实就是怀疑主义。当今的知识分子所扮演的形象是满腹狐疑的形象。最优雅的姿态，不是认同，而是质疑——质疑一切现行的价值模式、道德模式、审美模式。

我的同学们可能都知道，这些年，我更喜欢做的一件事情就是从"宝塔"的最上端跑到它的最低端去。从前年开始，在中国的江苏、浙江、安徽、四川、福建、深圳等地，我走了300多所中小学。也许大家会奇怪，一个大学老师跑到下面去做什么。我觉得这很重要，我下面会讲到我"下去"的理由是什么。我正在鼓动我的同事们也来从事这个行当，因为我觉得中国最高端的知识分子，对这个国家、这个民族的精神所发挥的作用是极其有限的，他们在那样一个空间里面把他们非常宝贵的声音消耗掉了，他们彼此把声音传来传去，而这其实是他们彼此之间互相不需要的，可是这些声音对这个社会的中部或者说底部来讲，也许是非常宝贵的，我还有其他的理由。今天，假如有一个国学的学术会议，同时浙江一个偏远的山村有一个中学要请我去做讲座,那我坦率地讲,我选择后者。为什么?因为我知道今天中国各种形式的、大大小小的、以各种名义召开的学术性会议、讨论会的结果,就是最终跳出一个相对主义者来,将你三天或五天的会议成果,统统解构掉。这几乎是所有学术会议都逃脱不了的厄运。

相对主义使用的惯常语式是疑问句而不是陈述句。假如你用一个陈述句说:文学是有基本面的,它就会用一个疑问句反问你:文学有基本面吗?文学真的有什么基本面吗?这个所谓的基本面在哪儿?然后,它在你还没有来得及反应过来时,十分干脆利落地使用一个独断性的陈述句:文学从来就没有什么固定不变的基本面,所谓的文学性纯属虚构,文学性从来就是一个相对性的概念。我曾经几次参加大学生的论文面试里的辩论,他们让我指导他们,我就会告诉他们,"你要置对方于死地,就必须大量地采用反问句。"一个陈述句,是花了我们上百年甚至是上千年才建立起来的,可是一个反问句在瞬间就可以把你的陈述句摧毁掉,甚至那是一个常识。不信你试试看,你说人是要吃饭的,他反问你,"人为什么要吃饭?"你试试看,你能不能把这个问题回答出来。很困难!当你吭哧吭哧地好不容易把这个问题回答出来,他继续又反问你。所以我跟那些辩论的同学讲,你就不停地反问,把他抵到墙角,必死无疑!相对主义的基本句式就是反问句。到了今天,相对主义在中国已成了一件无往而不胜的秘密武器。许多思想者,对这一武器的性能心领神会。他们正是凭借这种武器而雄踞思想界的巅峰的,将一切都通过如此的历史主义(相对主义)解构掉。

我记得曾经在课堂上好几次讲过我的一次遭遇,这是在一个讨论20世纪80年代写作者的一个学术性的会议上。大家可能都知道,本人和青春文学有千丝万缕的关系。我给一个叫韩寒的同学的《三重门》写过序,也给一个叫郭敬明的同学的《幻城》写过序,而且从表面上看来,就是因为我写了序,他们从此大红大紫。其实,我在许多地方讲过,他们的走红和我没有关系,我只是给他们写了一个序,这个序对他们的走红也许有一点作用,但是这作用可能是非常微弱的。总而言之,我和这一拨人有着非常密切的联系。可是我始终对这一代人的作品有一个不满的地方,就是他们的作品"秋意太重"。我一直有这样一个想法,人的一生和一年四季是一样的,分春夏秋冬,春天就要当春天来过,可是现在的孩子不把春天当春天过,而当秋天过,甚至当冬天过。所以在那次学术研讨会上,我就提了一个口号,这个口号后来被广泛地引用,叫"阳光写作"。我就想说,能不能有一些孩子,能写出一些很阳光的文字来。我以为这个世界还不至于混蛋到那个程度,让你感到那样的绝望。我话刚刚说完,就有一位相对主义者霍然站起,说:"请问,什么叫阳光写作?"本来什么是阳光写作这个事情我心里是很清楚的,可是我说不出来。不信你们试试看,平时在说一个个陈述句的时候,我一个个地反问你,你肯定说不出来,虽然你心里很清楚。等我好不容易一条一条罗列出来的时候,他马上说了一个陈述句,他说:"阳光也是有毒的,阳光可以(导)致皮肤癌。"但我也是有准备的,我也把这位相对主义大师调侃了一番。我说,中国的相对主义总有一天会达到这样一个境界:有一天,你回到家中,在你的母亲为你打开门的那一刻,你疑惑地发问:你是谁?你就是我的母亲吗?母亲是什么?怎么能证明你就是我母亲呢?难道你站在门里就能证明你就是我的母亲了吗?然后大家哄堂大笑,这个事情也就过去了。当下的中国文学界,从批评到创作,都沉浸在相对主义的氛围中。我不知道,这是深刻还是不幸。

  相对主义还表现出宽容、大度的姿态,这种姿态导致了我们对文学史的无原则的原谅。由于从心中去除了一个恒定的文学标准,当我们在回顾从前的文学史时,我们似乎很成熟地说:我们不能以今天的标准来要求从前的作品。你看看,多么历史主义!多么大度!多么宽容!可是我要问,文学的标准真的是每个时代都有的吗?文学真的没有什么恒定的标准吗?文学的标准有今天与昨天的区分吗?文学也在进化论的范畴之中吗?徐志摩的诗一定至少应该比李白的诗好吗?鲁迅的小说若不超过《红楼梦》,就一定说不过去吗?当我们说到"文革"十年的时候,当我们说到"文革"前十年中国文学作品的时候,我们往往都会采用这种所谓的历史主义的姿态说:"我们不能用今天的标准来要求昨天的作品。"我以为这就是一个相对主义。"文革"的作品不行就是不行,"文革"前十年大部分作品不行就是不行,这没有什么好说的。历史是可以原谅的,但文学史却是不可以原谅的。文学史可以原谅吗?我能因为你在那样一个时代,我就可以原谅你吗?你的作品不是艺术品就不是艺术品,这没什么好说的。大家可以看看文学史,许多的时代,许多历史时期的作品的价值不够就是价值不够,这是没办法的事情。它不存在进化的问题,不能说今天的作品肯定比昨天的好,所以我不能用今天的标准来要求昨天。

相对主义的策略,就是将简单问题复杂化,将无须去说的话语,变成饶舌的语言循环。

世界上有两种东西,是不能言说也是无法言说的,一个是没有最终解释的复杂问题,一个是常识,因为常识已经是最后的话语——它无法再被言说了。"重新定义'文学'是徒劳的,因为你无法获得充足的认知力量涵盖莎士比亚和但丁,而他们就是文学。"(《西方正典》)文学是什么?是诗经、楚辞、李白、杜甫、李商隐、《红楼梦》、《孔乙己》、《边城》、《围城》。这一切,构成了一种经验,而这种抽象的经验,又可以落实到每一部具体的作品上来。当然,也有看走眼的时候,但此类情况毕竟不多,通过一段时间,我们可以纠正自己——而纠正的过程,又是强化经验的过程。经过若干年的接触、辨认,加上专家学者们的反复言说,我们心中其实已经有了"文学"。当一篇由文字组成的东西摆在我们面前时,我们便会脱口而出:这是文学。若你再仔细阅读,会说这是好的文学。看法千差万别,甚至对立,但这一切并没有妨碍我们在一定概率上对这些文字加以认定。

如果没有一些恒定不变的东西,我们就不会一代人一代人地传诵《红楼梦》——我们今天依然将它看做是经典,并且是可以阅读的经典,就说明了文学的基本面没有改变。我们的审美经验有改变,文学就是文学,它的性质,即文学之性,文学性一贯如此。什么东西都有它的本性,桌子有桌子的本性,椅子有椅子的本性,我们为什么会只认那个东西叫椅子,而不叫桌子,肯定是因为它的本性,这个本性告诉我们它是桌子,它是椅子。人没有人性,我怎么判断你是人?我是根据你的人性判断的,这是常识。同样,文学是有文学性的,这也是一个常识。如果没有这个一贯的文学性,可能有文学史的吗?如果文学性是历史的,一段历史有一段历史的文学性,我要问:这一段历史中的人可能欣赏上一段历史中的作品吗?这大概是根本不可能的。如果没有这一贯的文学性,你又怎么去认定当下作品的水平——是以流行、商业成功来论还是以其他什么标准来论?如果有什么其他的标准,那么这个与以前的标准不一样的标准又究竟是什么样的标准?这一标准又是凭什么来确立的呢?

所以讲何为文学,其实是无需界定的,它存在于我们的生命之中,存在于我们的情感之中,存在于一代一代人的阅读而形成的共同经验之中。

那么,文学对于我们人类来说究竟有什么样的意义?这些年来,我一直喜欢这样定义文学:文学的根本意义在于为人类提供良好的人性基础。这就是我对文学的定义。如果这个定义是可以被接受的,那么我们就可以再次追问:这个所谓的良好的人性基础又究竟包含了什么样的内容?也就是说,它大致上有一些什么样的维度?我以为至少有以下这样一些维度。

一、道义

人类社会的正常运转必有道义的原则,必有道义的支持。而文学却具有培养人之道义的独特的功能。我以为文学作为一种精神形式,之所以被我们人类所选择,就是因为人们发现它有利于人性的改造和进化。文学从开始到现在,对人性的改造和进化起到了无法估量的作用,而现今人类的精神世界里,有许多美丽光彩的东西来自于文学。在今天人的美妙的品性之中,我们稍加分辨就可以看出文学留下的深刻的痕迹。今天的人之所以是这个样子,今天的人类社会之所以是这个样子,我以为是和文学有关的。

文学为什么会在若干意识形态里,是一种最迷人的、吸引最多人的东西,当然是有原因的。其中一个很重要的部分就是我们现在所讲到的。如果没有文学,我以为人类将一直活在昏茫与黑暗之中,还在愚昧的纷扰之中,没有文学就没有今日之世界,也就没有今日之人类。

世风日下,文学的力量也许不如从前了,但它的意义却是愈发重大了,我这里所说的是从前的文学,是那些已经被时间所洗礼的,而最终被认为是经典的和具有经典性的文学。而现在的文学早已经分离,一部分还在坚守它的古典精神,一部分却已经成了道义的背弃者,甚至掘墓者。其实,我们今天可能比以往任何时候都更需要文学,那些以道义为宗旨的文学。文学能够与其他精神形式一起拯救我们,至少,文学能够让我们保持一份对道义的神圣的回忆。关于这个看法,最近在读《追风筝的人》和《灿烂千阳》的时候,我有强烈的感受。我建议同学们,如果有兴趣、有时间的话,把这两部长篇小说看一下,它会告诉你什么是道义,文学和道义是什么样的关系。

二、审美

今天的批评界是不谈审美的。一个完人的精神世界,是由许多维度构成的。我为什么要到中小学去?我现在讲第二个原因。因为今天中国的中小学教育,只有一个维度,知识。然后外化了一个维度,是思想。可是我在下面对校长们讲,对老师们讲,一个人、一个完人、一个完善的人、一个完美的人,难道只有知识这一个维度吗?肯定不是。一个完善的人、一个完美的人是由许多维度共同构成的,这其中,审美,怎么说都是一个非常重要的维度,而文学对这一维度的生成几乎是最有效的。文学的根本性的功能,我以为就是审美。如此审美,使人类渐渐变成了具有情调的人类。情调这个词,在中国当代文学批评里,在中国的教育里,都是一个没有地位的词。可是我们有没有想过,情调,作为一个完善的人,作为一个完美的人,是不是非常重要的呢?今天我们在评价一个人的时候,我们往往只有一个维度,这就是思想,这个人有没有质量,关键看他有没有思想,而其他的维度都没有。此时曹老师站在这里讲课,同学们在下面听,你们肯定一边听一边在评判我,说"这个人讲得有一点意思",或者说"哎,讲得也很平庸",可是,你们有没有从另外一个角度去评判我,说"欸,台上这个人很有情调"。我倒愿意你们从后一个角度去评判我,因为在我看来,情调这个词和思想这个词,是同等重要的。

我曾经到浙江一所学校去做讲座,听讲座的人是高中三年级的学生,也就是说他们马上就要考大学了,他们本来是让我给他们鼓鼓劲,当然我是给他们鼓劲了,然后我就谈到这个问题,我就跟他们开玩笑,让他们明白这个道理。我采取了一个比较粗俗的方式,一个开玩笑的方式。我对那些男生讲,我说你们听着,你们现在马上要谈恋爱了,甚至已经谈恋爱了,可是你们不要着急,现在你们的当务之急是聚精会神地考上大学、考上好的大学。把恋爱留到大学去谈,大学才是谈恋爱的地方,把恋爱留到大学去轰轰烈烈地谈一场,而现在就是温习功课考大学。我说,你不就是找老婆吗?此事包在我身上,我手头上有两个姑娘,但是你只能选一个。一个姑娘是这样的,她很有思想,深刻的思想,深刻到什么程度呢?深刻到锐利的程度。锐利到什么程度呢？像一把锥子一样。可是我也告诉你，这个女子不怎么有情调。有思想的人不等于就一定有情调，世界上只要有一个单词存在，我以为这个单词所代表的意义都有它的相对独立性，不可能被另外一个单词所取代。思想，不能取代情调这个词，因为我看到生活中有太多太多有思想却没有情调的人。我们见得还少吗？康德就是一个。他是伟大的哲学家，可是在我看来，他是一个没有情调的男人。我说我手头上还有一个女孩，她是这样的：思想，只是大众水平，普通的思想，可是这个小女子是一个很有情调的人。我就问那些男生选哪一个做老婆，所有的男生异口同声地回答我：第二个！我说是，选第二个，选第一个你就是天字第一号大傻瓜。你怎么跟这个女人过日子？我只是通过这么一个极端的方式告诉他们，在这个世界上除了知识、思想，还有其他非常重要的东西，而这些东西在今天都被忽略掉了，它已经不再成为我们去评价一个人的指标。

  今天的人类与昨天的人类相比，一大区别就在于今天的人类有了一种叫做情调的元素。而在情调的养成中间，文学是有头等重要地位的。人类的情调使人类超越了一般动物而成为高贵的物种。文学，是比其他任何精神形式都更能有力地帮助人类养成情调的。"寒波淡淡起，百鸟悠悠下"、"自在飞花轻似梦，无边丝雨细如绸"，文学能用最简练的文字在一刹那间把情调的因素收入人的血液与灵魂，我们在读唐诗的时候，都有这个体会。就是那么两句，就在那一刹那间，我们领略了一种叫做情调的东西，而且这种东西已经进入我们的血液和灵魂。但丁、莎士比亚、泰戈尔、海明威、屠格涅夫、鲁迅、沈从文、川端康成，一代又一代的优秀的文学家用他们格调高贵的文字，将我们的人生变成了情调人生，从那些苍白的生活、平庸的物象，逾越成可供我们审美的东西。那么，情调属于哪个范畴？情调属于审美范畴，属于美学范畴，但是关于美的意义、美的价值，并非是谁都能认识到的。人们在意的可能是知识，可能是思想。我去过那么多学校，很多学校的教室里面都有个大横幅，横幅上有一行字，就是培根的那句名言：知识就是力量。我就跟孩子们讲，除了知识之外，还有其他的东西也是有力量的，除了思想还有其他东西是有力量的，比如说美，可是我们很少有人把力量这个词和美联系起来考虑。我们说这个人有力量，就是他有知识、有思想，知识就是力量，一个人有力量就因为这个人有思想。在这十年间,我无论走到哪里,都会不厌其烦地宣扬一个观点,这个观点对于许多朋友来说,都已经听到耳朵长茧了,但是我还是要说,就是美的力量绝不亚于思想的力量,这也是我跟我们当代文学的研究生们反复讲的一个观点,是我四处宣扬的观点,美的力量绝不亚于思想的力量。大家把一部中国成语词典打开,里面有许多词条说的就是美的力量,而且还告诉我们,美在这个世界上是最具杀伤力的。倾国倾城、沉鱼落雁,说的就是美的力量。男孩比女孩更喜欢历史,而且更喜欢军事史,我对男孩们说,你们要知道,人类的军事史上有好几次著名的战争是因为什么而爆发的,是因为一个美人而爆发的,你能说美不具有力量吗?所以我经常打一个极端的比方,我说一个人活得不耐烦了,有了自杀的念头。按照我们中国人的传统思维方式,我要给你做思想工作,首先是团支部做,团支部做不通团委做,然后是党支部做,党支部做不通党委做,整个社会合力来给他做思想工作,告诉他自杀是不道德的,自杀是自私和懦夫的行为,然后再对他进行另外的教育,讲生活是多么多么的美好,活着又是多么多么的有意义,尤其是在这样一个制度下。也许所有这一切神圣而伟大的思想都是无济于事的,这个家伙还是想自杀,他决定还是要用一根绳子来了结自己。但是我们可以做一个设想,有一天,他把自己家的门打开了,站在门口,天气是阳关灿烂、万里无云,一个绝好的天气,他的心微微地动了一下,有没有这个可能?我想是一定有这个可能的。如果这一点力量不够,我们再给他一点力量,他对面有一座山,是春天的山,草色青青。他的心可能又微微地动了一下。如果这个力量还不够,我们再给他加一点力量。这个时候从山头上走下一个小女孩来,小女孩两眼的目光清纯又天真无邪。这个时候在他眼前出现的是一幅画:灿烂的阳光下,春天的山上,走下了一个天真无邪的女孩。这是什么?这是一幅画,我们能不能设想,他的心头不是微微地动了一下,而是受到了一种震撼,他就觉得,我为什么要离开这个世界!有没有这个可能?如果说这个例子不恰当的话,那么我们再举一个例子,那就是托尔斯泰的《战争与和平》。托尔斯泰的《战争与和平》里面有个最经典的场面,就是主人公安德烈公爵受伤躺在战场上,当时他万念俱灰,为什么?因为他的俄国已经被拿破仑的法国占领了,他的家族、他的爱情、他的事业,所有的一切都破碎了。他这时候只有一个念头,就是死。可是在这个情况之下,是什么力量,让他又获得了重新活下去的勇气？不是国家的概念,不是民族的概念,更不是什么政治制度的概念,那是沙皇俄国,更不是什么制度的概念。是什么？是俄罗斯的天空、森林、草原和河流,这就是我们庄子所讲的天地之大美。是美的力量,让安德烈获得了重新活下去的勇气。记得那一天在北京师范大学讲演,当讲到美和美感问题的时候,我复述了日本作家川端康成的一段回忆。1969年5月的一个早晨,川端康成悠闲地坐在夏威夷海滨的希尔顿饭店的阳台餐厅里头,这个时候,明媚的阳光穿过透明的玻璃窗,沉寂地照射在长条座上整齐排列着的玻璃杯上,他那双看似无神但其实非常敏锐的眼睛是否突然发现了什么？心中不免一份激动。被晨光照射着的玻璃杯,晶莹而光芒,正宛如钻石般发出夺人的亮光,美极了。早晨的大海,显得安详而温和,似有似无的细浪声衬托着一番无边的寂静,川端的手指夹着一支烟,淡然的烟圈在他的眼前梦幻一般地渺渺飘动。他被这突如其来的发现震动了,柔和的目光,再也不肯离开那宛如一队整装待发的正立的玻璃杯,而且两三百只的玻璃杯,虽然不是在所有的杯子的边缘的同一地方,但却是在相当多玻璃杯边缘的同一地方,闪烁着星星点点的亮光,一排排玻璃杯亮晶晶的,造成一排排美丽的点点星光。他的感觉里,就只剩下了晶莹和美丽,他在享受了早晨阳光下的这些美的馈赠之后,十分知足地闭上了双目。然而,当他再度睁开双眼的时候,他几乎惊诧了,那些玻璃杯不知在什么时候,已经注上了水与冰,此刻,在那来自海空的朝阳之下,幻化着微妙的光,简直迷人至极。事后,他在夏威夷那场著名的公开演讲中回忆了那个永不能忘怀的早晨,他对他的听众说,这,是我与美的邂逅。像这样的邂逅难道不正是文学吗？那个著名的演讲,题目叫《美的存在与发现》。川端深知造物主造化的用心,恪守则止,一辈子都在用天慧、知识、经验积蓄而成的心力与眼力,或东张西望,或凝眸一处地寻觅那些不能享用与销魂的美,而他自己本人,也在寻找与发现这块地方,仙仙飘然于世俗之上。川端一生,知己不多,东山魁夷是一个。东山在经历了获悉川端自杀的大悲哀之后,对川端的一生有个简明扼要的评价。他说,谈论川端先生的人,一定要接触到美的问题,谁都说他是一个美的不断探索者,美的立足者。应该说,实际上能够经得起他那锐利目光凝视的美,是难以存在的,但是,先生不仅凝视美,而且还爱美,可以说,美也是先生的气息,是喜悦,是回顾,是生命的体验。但是,令人感到不合时宜的是,在当下中国,美已经成为一个被放纵的对象。我想大家也知道,在中国语境里头,美居然成为一种矫情的字眼,刚才我一边读的时候一边觉得我很矫情,这些非常奇怪的一些语境,可在这些语境里又没有办法,而作为一个作家,谈论美是一件天经地义的事情。你不谈论美,你还能谈论什么? 可是在中国,就是这样,幸亏坐在下面的是北京大学的学生,假如你们是作家,曹文轩绝对不会愚蠢到和你们谈论美的问题,因为假如是他们,他们一定会在下面说,台上这个家伙他实在是太矫情了。这就是我们今天所生存的语境,这是个非常奇怪的语境,你们都感觉到:你不能谈崇高,你谈崇高你就是虚伪;你不能谈美,谈美你就是矫情;你不能谈悲悯,谈悲悯你就是滥情;你不能谈风雅,谈风雅你就是附庸风雅。这是一个多么奇怪的语境啊! 太奇怪了! 好几年前,我在一个特别大的教室里讲课,好几年前,在讲到风雅问题的时候,因为我那个时候也有些激动,我就跟同学们讲,我说,我们现在要做一件事情,这就是我们要把这句话喊出来,我说你不要辩解说我不是,你说你就是,这样你才会有力量。我说人家王朔很聪明,当有人指责他的时候他就干脆说,我是流氓我怕谁,我说我们学他,这是个最有效的办法。我说当有人说你附庸风雅的时候,你千万不要说你不是附庸风雅,你是真正的风雅,那是毫无力量的。当有人说你附庸风雅的时候你就说,我就附庸风雅你怎么地! 我说这样才有力量。当时同学们不肯喊,我记得有很多同学,也是一个大教室,然后我就跟他们开了个玩笑说你们不喊,我说不喊大家这学期都不可能有高分,而且那中间还有许多马上就要推荐保送研究生的,我说我一门课就给你把成绩拉下来。我说大家一起喊,先是男生喊,然后女生不好意思,我说女生没有喊,然后我说我们大家一起喊,"我就附庸风雅你怎么地!"后来大家喊了,喊得很带劲。我说你喊了这句话,就再走上前一步对他们讲,你以为你不附庸吗? 我附庸风雅,你附庸恶俗啊! 你不就是为了恶俗而恶俗的吗? 我是一个俗人,你不是附庸吗? 我说讲了这个道理,你再走上前一步指着他的鼻子告诉他一个道理,真正的风雅,历来都是从附庸开始的,难道不是吗? 就是啊。当你第一次穿西装的时候,你是什么行为你知道吗? 附庸行为! 那西装是你穿的吗? 可是话说回来,日后你要把这个西装穿得有模有样,你是不是要走那一步? 附庸之心就是向善向美之心啊,我愿意往那里走啊,虽然是看上去很浅薄,但是我愿意往那个地方去走啊,难道不对吗?我在跟日本学者谈论日本明治维新的时候,我就跟他们开玩笑,当然我是很极端地说,日本的明治维新运动实际上就是一场附庸风雅的运动。当时是什么样的情形?澡堂子要改成西洋的,药丸子要改成西洋的,日本女人要通过和西洋人通婚来改变人种的问题,非常非常极端,但是正是这场运动,成就了日本,使它接受了西方文明。在那段时间,在非常短暂的时间内,日本无论是在军事、科学还是其他方面都很快超过了中国。可是今天就是这样奇怪,美成了一个非常矫情的字眼,中国当下的文学,竟成了拒绝美、打压美最坚强也是最无极的力量。文学讲究审美,文学在人的生活中担当美的传播者本来是天经地义的。然而事情就是这样的奇怪,在中国文坛谁讲美,谁就是浅薄之人,成为可笑之人。我在许多地方都表达过这样一个观点,这就是,中国的许多作家、中国的许多知识分子,把丑和脏混为一谈。丑和脏,它不是同一个概念,西方的文学和艺术一直在写丑,丑是西方文学理论里头很重要的意味,但它不写脏,丑和脏是不同的概念。我们说一个人很丑,不等于说这个人很脏,这个很丑的人也许是个很干净的人,是一个非常讲卫生的人,他的身上散发出来的是非常清洁的气味。另外,中国的许多作家、中国的许多知识分子,又将另外两个概念混淆了,这就是虚伪和假。这是两个不同的范畴,虚伪是道德品质低下的一个表现,而假却是一个人类社会所必要的东西。就像我们平时说的那些客气话,这些客气话是不是假?可是这个假是我们需要的,它也表示了一种温暖。你吃过饭了么?这是假吧,我没有吃过饭,你有吗?但是我们依然在这样一种问话里感觉到一种亲切,一种温暖。它不是虚伪,可是我们把虚伪和假混为一谈,可是这个概念在康德那个地方已经说得清清楚楚,当人类第一次把第一片树叶遮在他的羞处的时候,假已经开始了。那么热的天,你把一片树叶遮在那里做什么?你为什么不拿掉?可是文明却从这个地方开始了,难道不是么?文明就是从这个假开始的,这是文明迈出的可贵的第一步,文明开始的那一天就是与假结伴而行的。康德把假和虚伪这两个概念区别得非常清楚,但是我们不知道是有意还是无意,却硬是将这两个概念混为一谈,当代作家写的不是丑,是脏,这是我们要弄清楚的。说来非常有意思,新时期的小说写厕所的,我一口气能说出十几篇来,我曾经建议我的一个硕士生,我说你写一篇硕士论文,题目就是《新时期小说中的厕所意象》。一个人与一个人是在哪里认识的？是蹲坑认识的。一个了不起的创意是在哪里诞生的？是在便桶上诞生的。我曾经看过一个电影,这个导演还是一个很有思想的新生代的导演,其中有一个镜头,一个人追着一个人办事,那个人说他要上厕所,于是就进了厕所,于是我们就听到了一个水流声,充分运用了电影的手法。然后等在外面的这个人,等得不耐烦了,因为进去的这位主,小便老是解不完,所以他也进去了,于是我们听到了更大的水流声。大家还看到过一个舞蹈,我前一段时间又再一次看到了这个舞蹈,这个舞蹈的名字就叫《厕所》。电视播放的时候,我就在看,看那些人,从这个便桶挪到那个便桶,从坑上挪到桶上,从桶上再挪到现在的坐便器上,忙得不亦乐乎。据说这是艺术。我常常在问,中国、中国的文学、中国的艺术,究竟是什么？文学呈现如此景观,可能与那个"深刻之狗"有关。今天的文学,几乎就只剩下了一个标准——就是思想,深刻的思想。那么这个标准到底是由谁来确立的呢？我曾经在中韩两国作家的论坛上,在中日两国的论坛上发问过。我说,今日的文学标准,是由谁来确立的？是中国人吗？是韩国人吗？是日本人吗？不是,是西方人。中国的传统标准里面其实并没有思想深刻这一个维度,不信大家可以看中国古代几部经典的文论里头,你看看有没有思想深刻这一个维度。我们也考证过深刻这一个词究竟是什么时候出现的,一定是很晚的时候才出现的。在《文心雕龙》里头,在《沧浪诗话》里头,在《诗评》里头,你去看,没有这个范畴。中国人在评谈一首诗、一部作品的时候,是另外一个范畴,比如说,情趣、趣、趣味、味道、格调、雅趣、意境,还有智慧。智慧这个范畴太棒了,这是西方的文学艺术里头没有的,这个范畴多棒！那么谁向我们证明过这些范畴的意义与价值都不如思想这一个范畴呢？没有人向我们证明过。我们自己也没证明过。所以,我们今天在谈论一部作品的时候,其实只有一个维度——思想,深刻的思想,而其他的维度都是不在的。这些维度都不再用来衡量一部作品,可是中国古人在谈论一首诗、一部作品的时候用的是另外的范畴。就是我刚才讲的那个范畴,我还没讲全,那个范畴很多的。那么依我看,这些范畴的意义与价值绝不亚于思想这个范畴。

那么,深刻又是如何实现的呢？我们都在追求这个,它在撵着我们,你一步都不敢停下。可是这个深刻又是通过什么逐渐实现的呢？一个未待证明但感觉上仿佛是真理的观念就是,深刻不存在于美的物象之中,深刻是隐藏于丑陋与肮脏的物象之中的。这一个观念来自于现代派的实践与理论,它几乎形成了一个公式,就是丑、脏等于深刻。如果你要写一部作品,要想让批评界指认你的作品是深刻的,我告诉你,你就是要往脏、往丑的那个地方去。因为这个地方有个逻辑关系,这个逻辑关系是怎么建立起来的,我们已经无从考证,我们现在也没考证过它,也没认证过它,这个关系到底是否成立?从文学事实看来好像是不成立的。鲁迅不深刻吗?托尔斯泰不深刻吗?可是鲁迅、托尔斯泰把美的范畴排除在外了吗?没有啊。大家看看托尔斯泰的《战争与和平》里面对娜塔莎的描写,再看看鲁迅在《故乡》里面对闰土的描写,我们都可以感受到,在他们的作品里边,有着许多维度,不仅仅只有思想这一个维度,它们依然是深刻的。我不是说文学不能写厕所,文学不能写小便,没有这个意思。因为人的一生其中一件事也就是在厕所度过,这也是我们人的生活状态之一,我们可以去写,没有什么问题。《百年孤独》的作者加西亚·马尔克斯在他另外一部长篇小说《霍乱时期的爱情》里边,大家注意一下,他也写过厕所和小便,而且有段文字写得非常非常棒,简直看到一个大师。什么叫大师?看看这个大师怎么写小便的。写得非常棒。男主人公,当然这个男主人公现在已经是个老头了。有一点医学常识你就知道,男人到了50岁,50岁再往上,他的身体要出毛病。哪一部分?前列腺。前列腺出毛病直接导致他的小便解不好,这个老头解小便的时候,总是解不好,经常会把马桶弄脏。弄脏了马桶由谁收拾呢,只有老伴来收拾。所以老伴很生气,说,我刚刚把马桶收拾干净,你又把它弄脏了,所以他再上厕所的时候就非常紧张,越紧张这小便就越解不出来。我是江苏盐城人,我们老家有一句俗话,叫"小伙子撒尿是一条线,老头子撒尿是一大片"。他就已经到了一大片的年龄,所以他每次上厕所就想到老伴的责备,一想到就要紧张。但是这一天,他又站到了抽水马桶前,他把眼睛闭上,有一束明亮的阳光从窗子外面照到他的脸上,非常温暖。这个时候,时间倒流,让他回想起了他的年轻时代和壮年时代的小便,那里头有一段文字是非常棒的,那个小便,两个字——漂亮!一个字——爽!那个时候,他往那个抽水马桶里面注射的时候,有一个描写,是又稳又准又狠!他也是写上厕所的,也是写小便的,我当时看了就笑,但是笑过之后,我再仔细地把这段文字品味了一下,我有特别深刻的忧伤。这个老人,他已陷入了生命流逝、青春不再的伤感之中。他其实就写了八个字:青春已逝,一去不返。这是生命的大悲哀的过程。可是,中国作家在写厕所的时候,有这些东西吗?有这个深刻吗?不是要深刻吗,可是有这个深刻吗?没有!他就是写上厕所,如此而已。为什么要上厕所,我后面会讲到。为什么那么多作家喜欢写上厕所的场景,是有原因的,这个我在最后要讲到。

我实在无法想得出,在当下中国,美为什么就是一个矫情的字眼?对美居然回避、诋毁,究竟出于何种心态?难道文学在体现一个民族的趣味、格调方面真的是无能为力的吗?真是无所作为的吗?真是没有一点义务与责任的吗?为了这种深刻,我们甚至连最起码的体面都不要了,大家注意这个词,最起码的体面都不要了。斯洛文尼亚有一个批评家叫齐泽克,他在谈到前南斯拉夫萨拉热窝被围困的情景的时候说,当时涌进来的西方记者,争先恐后寻找的是什么?是残缺不全的凹凸的尸体、被强奸的妇女、饥饿不堪的战俘。齐泽克讲,这些都是可以满足饥饿的西方眼睛的绝好的粮食。他问,那些媒体,为什么就不能报道那些萨拉热窝居民是如何为维持表面正常的生活而做出拼命努力的呢?他说,萨拉热窝的悲剧体现在一个老职员上班的路上,到了十字路口他必须加快步伐,因为有一个塞尔维亚的狙击手就埋伏在附近的山脚;悲剧体现在一个仍然在正常营业的迪斯科舞厅上,大家还在唱歌跳舞,可是他们可以听到背景后面的爆炸声;悲剧还体现在一位青年妇女在废墟中艰难地朝法院走去,为的是办理离婚手续,为的是让她和心上人开始新的生活。齐泽克说的是,哪怕是在最糟糕的情况下,人们都在尽一切可能体面地生活着。而西方记者们关心的不是那些。他说,你们为什么不关心萨拉热窝的那些人,在那样艰难的情况之下还是体面地生活着。一个国家的文学和艺术,哪怕是在极端强调什么现实主义的时候,是不是还要保留着一份体面呢?如果连这一点体面都不要了,尽量地呈现卑微、肮脏、下流、猥琐,难道就不值得我们去反省一下、警觉一下吗?中国当下的文学艺术,我说的不是全部,因为我们讲话的过程里面我不可能老强调我说的不是全部这个词。就是那中间连最起码的体面都不要了的文学艺术,它以所谓的现实主义自居,不遗余力地展示这个国家、这个民族,我们同胞们的愚蠢、丑陋和下流,我们生存环境的恶劣。如果一个国家、一个民族的文学艺术,丝毫也不在乎这个国家、这个民族最起码的体面,我以为,是需要知识分子站出来说话的。我们的一些电影,就这样完全丢掉了体面的形象,展现给世界。世界给了它一块金牌,一个奖杯,一纸获奖证书,可是我们有没有想过,它是用什么代价来换取的?生活在我们这块土地上的人也许没有这个感受,凡是到国外去过的,很多都有这个感觉。你可以想象那些华侨们为什么会对有些电影非常愤怒,因为西方就是通过那些电影来了解中国的。中国是什么?中国就是那些电影里所展现出来的那个样子。中国漂亮的男子有的是,中国漂亮的女子也有的是,中国干净的地方也有的是。可是不!我一定要在大街上找到一个最猥琐的男子,一个很瘦小、很不好看的一个人来作为一个角色,然后表现这个肮脏的环境。日本没有这个环境么?韩国没有这个环境么?可是我们在日本和韩国的电影和电视剧里看到了这些了吗?没有!这叫什么?叫体面。我们不要这个体面了。而我们认为这是现实主义。现实主义那你也是不完整的啊。用我的话讲,社会中有两种东西:一种是花瓶,一个是屎盆子。花瓶也是生活的存在,屎盆子也是生活的存在,都是存在。你有权利写屎盆子,但你别忘了还有花瓶存在着。但是我们现在的情况是什么?绝大部分作家就是端起屎盆子,仔细地端详。这是个很奇怪的事情。如果艺术是与民族、国家的利益相冲突的,我们到底如何评价如此艺术,我真的非常困惑。我没有在说不是,但是我非常困惑。我只是把我的这个困惑表达出来。我一直在思考这个问题,但是我知道,如果你思考这个问题,很容易被人指认为是左派。美,审美,这就是我到中小学去的第三个理由。中国的中小学缺少一个非常重要的教育维度,就是审美教育。当年蔡元培先生主持中国教育工作的时候,他提出的教育是五大教育,除了德、智、体这三大教育之外还有两大教育,一个叫审美教育,一个叫世界观教育,后来后面这两个教育都没有坚持下来。审美教育勉强坚持下来了,但是演变成中小学的美术课和音乐课。什么叫审美教育呢?就是美术课和音乐课。而蔡先生当年所讲的审美教育,是指整个教育都要贯穿这个理念。教物理的、教数学的、教所有其他学科的老师们,都要贯彻美这个观念。共和国50多年的教育,如果需要反思的话,那么一大反思之处,就是审美教育这个维度的缺陷。这个维度的缺失,在今天看来,已经造成了非常非常严重的后果,这个后果直接反映在方方面面。比如说中国的建筑,尤其是中国农村的建筑。我走了太多的江浙农村,当我第一次在出版社的陪同下,行驶在浙江大地的时候,我对道路两旁的农民的住宅,感到非常奇怪。我说,这个地方是伊斯兰地区吗?他说你怎么觉得是伊斯兰地区呢?我说你看看它的房子上面,都有两个大的圆葫芦。那些房子位置不对,形状不对,颜色不对,看哪儿都不对。里面的空间风格也是违背美学原则的,房子里最大的空间是干什么的?不是厅,是卧室。他带着一个想法,我这一辈子不容易,我必须睡在最大的房间里头。可是他根本没想到,房间是不能大的。房间是什么地方?房间是让人产生温馨感的地方。而温馨感是不可能产生在宽阔的空间里头的,对不对?我曾经在一个2000多人的礼堂里作报告。我跟那些老师们开玩笑,我说假设把这个2000多人的礼堂里头所有的东西全撤了,中间就放一张床,晚上就请你在这张床上睡觉,请问你是什么感觉?我曾经走过浙江的一个小镇,这个小镇中间有一条路,路的两旁是房子。我走在这条路上最直接的感受就是,中国人审美能力的急剧衰退。路的这一边是我们的先人们留下来的房子,另一边是那些暴发起来的现在的人盖起来的房子。这边的房子你怎么看怎么顺眼,它既符合中国天人合一的思想,又符合中国的各种美学的趣味,什么都有。你再看这些房子,那么张扬,那么不可一世,颜色那么不协调,那么让人恼火。江浙大地上,那些富裕发达起来的地区,到处都是这样的房子。多少年以后再写中国的建筑史,我可以肯定地讲,这是中国历史上、中国建筑史上最悲哀的一段历史。这是我要讲的第二点。下面讲第三点。

三、情感

我在许多学校,留下了相同的题词。到了一个学校,他们说曹老师留一个墨宝,我说墨宝谈不上,我可以给你留下一段话。这些话都是重复的,就是:思想教育,审美教育,情感教育,都是教育。从某种意义上讲,文学就是情感的产物。人们对文学的阅读更多是为了寻找心灵的慰藉。原来传统的文学一直在做一个文章。做的什么文章?做的是感动的文章,但是这个文章现在也不做了。我刚才讲了,为什么中国人的作品里头写了那么多的厕所。问题在哪里?我们现在最根本的问题,是我们的真实观出了问题,这是最要命的。为什么会提厕所呢?就是因为他要在作品里边去追求所谓的真实感。我的一个学生给我打电话,我说你小说写得怎么样了？他说我写不下去了。我说为什么写不下去了？他说我感到心里发虚。我跟他开玩笑,我说让你的人物上一趟厕所,立即就把这个真实感找回来了。今天凡是写审美的写感动的,都会被扣上矫情的帽子。所以我在许多地方讲过,如果沈从文活到今天,写出一部《边城》来,不被人说成是矫情,我把脑袋倒挂起来。你去看看他的《边城》。所以最近我想起一篇短文,这个短文的题目叫做《狗日的真实》。

　　具有讽刺意味的是什么呢？当这些作家一边处在龙潭一边浪漫地要追求真实的时候,这个国家在到处制造虚假。今天这样一种格局,我们的作家乃至我们的知识分子难道就一点责任也没有吗？近20年间,我们知识分子的坚守精神高度在引导国民的向上向善方面表现如何？难道不需要自问吗？我还想问的是,中国作家,中国的知识分子们,你们面对这个世界果真讲真话了吗？大家都知道,有一个小说叫《铁皮鼓》,《铁皮鼓》的作者是君特·格拉斯。这个现在80多岁的老人,一生都在努力地抨击纳粹,抨击德国。他认为这场战争所有的德国人都是参与者,他不停地参加集会,听众成千上万。但是他突然在他的自传《剥洋葱》(大家记住这本书,可以找来看一看)里说出了一个天大的秘密,那就是——他当年参加过德国党卫军。整个德国,在得到这个消息之后一片惊愕。没有人相信,但当人们查阅联军留给德国的档案时,人们果真查到了君特·格拉斯被捕时候的登记卡,那上面清楚地写着:君特·格拉斯,坦克填弹手。他虽然隐瞒了他的历史,但却在他到达人生顶峰、光芒四射的时候,说出了他真正的历史。这是迟到的坦白,但这一坦白需要多大的勇气！我们有这么大的勇气吗？我们有勇气说出这样的真相吗？德国重新接受了君特·格拉斯。2006年我去德国柏林参加第六届国际文学节,再次看见他出现在群众数以万计的集会上。他的几乎每一句话,都获得了经久不息的掌声。

(2008年12月10日)

中印经济比较

■ 程瑞声

[演讲者小传]

程瑞声,男。曾任外交部亚洲司副司长(1973—1979),驻印度使馆参赞(1979—1983),中国人民外交学会副会长(1984—1987),驻缅甸大使(1987—1991),驻印度大使(1991—1994),中国国际问题研究中心副总干事(1994—1998),中国国际问题研究所高级顾问(1998—2002)。

主持人:

各位学者,各位同学,大家好!今天晚上的讲座马上就要开始。我非常荣幸地向各位学者介绍我们今天的主讲人:程瑞声教授。大家欢迎。程教授原来是中国驻缅甸和印度的大使,并曾出任中国人民外交学会的副会长、中国国际问题研究中心的副总干事等职位,现任中国南亚学会顾问、理事及中国和印度名人论坛的顾问。2008年3月到5月期间,他还曾担任四川大学的客座教授。众所周知,中国和印度的双双崛起被认为是继英国、美国崛起之后的一个重大历史事件,世界各国都非常关注此问题。今天,程先生将就中印两国崛起的影响、中国与印度各自经济的特点和弱点,以及两国所面临的一些问题做一个演讲。我相信这次演讲一定会给我们带来很多新的信息,并启发我们很多思考,同时也将在推动我们亚太研究以及中印两国对比的政治、经济研究方面有非常大的作用。那么现在,请大家以热烈的掌声有请程先生。(掌声)

程瑞声:

非常高兴能到北大演讲。我到过你们学校三次,第一次是我卸任大使职位之后,当时的国政系请我来讲讲西藏问题。前年你们东语系请我来谈"克什米尔"问题。今天是第三次,我自己定了个题目,叫做"中印经济的对比问题"。我先自我简单介绍一下,我1952年到外交部,2002年退休,刚好50年。我一辈子干了几件事情,第一件事情是我跟你们的李谋先生都是"缅甸帮",我们大概是新中国第一批高级翻译,我曾为毛泽东、周恩来、刘少奇、陈毅等领导人当过缅甸语翻译。这是我感到非常幸运的事情。我印象比较深的是在"文革"期间,当时我还是一个副处长,周恩来老远看到我,他点名点到我,他说我的老朋友来了,当时我大吃一惊,因为我只是个副处长,而且我的年龄比他小好多,他比我爸爸年纪还要大,但他叫我"老朋友",这是我一生中最激动的事情,所以我在中缅关系方面做了一些工作。这是一件事情。第二件事情是当时我参与了与东盟建交的工作,曾经实现了中国和马来西亚、菲律宾和泰国的三国建交,并曾见到周总理在《中泰建交公报》上签字,那是1975年7月1日,我最后一次见到周总理,当时他签字的手都已发抖,那几个字大概签了几分钟才签下来。其实当时他已病重,但是在签署公报后还向我招了招手说:"程瑞声,你倒是办成了几件事情。"这也是我觉得非常骄傲的一件事情,我完成了同三国建交的任务,并且是在尼克松访华之后完成的。第三个事情就是我到印度当参赞,并在后来当了大使。可以说,我是一个幸运的大使,去了印度之后,马上就接到了接待李鹏总理的任务。其实,从周恩来总理1960年访问印度之后,之后的30年中国都没有领导人去过印度,所以说这在当时也算是一件大事情,也证明当时中印友好关系发展得很快。所以到现在,我还在继续从事一些关于南亚和中印关系的学术交流工作。但我自认为我对国家外交事业最大的贡献在于:我在1979年受中央十一届三中全会和理论务虚会的鼓舞,对当时联美反苏的"三个世界"理论提出了不同的看法。当时大多数人把苏联当成社会帝国主义国家,我的看法是:虽然当时中苏关系非常紧张,但苏联不是社会帝国主义国家,而是一个犯了错误的社会主义国家。因为我始终认为,只有这样定义中苏关系,那么它才有了改善的余地。后来经过很长一段时间,直到戈尔巴乔夫访华,中苏关系才恢复正常。后来辽宁党史《纵横》杂志发表了一篇文章,说我是外交部呐喊第一人。你们在网上程瑞声的思考园地可看到我的有关文章。

我今年到四川大学南亚研究中心当了两个月的客座教授，使我对中国现在的教育现状有了许多感触，这个问题我会在最后谈一谈。

那么现在，我想在世界上发生金融风暴的时候来谈一谈中印两国的经济情况及其国际影响，谈它们两者的对比我觉得还是非常有意义的。我刚才看了电视，今天的亚欧首脑会议已经开幕了，而且西方国家也准备11月15日召开"20国集团"会议。这个"20国集团"是发生在亚洲金融危机之后，1999年西方国家觉得光靠他们调控全球经济不行，也需要靠发展中国家的力量，所以搞了一个"20国集团"，包括中国、印度、俄罗斯、巴西、墨西哥等国家。那么这一次亚欧首脑会议主要就是谈经济问题。那么讲这个问题需要讲一下中印两国的地位问题。现在的世界格局是新兴国家一大堆，这个从1997年还没有金融危机的时候就有这样的大趋势，存在很多新兴国家，那么这里面的两个大头就是中国跟印度。用2007年的数据来看，全世界的GDP总量有54万亿美元。美国当然还是名列前茅，是14万亿美元，占了25%，还是一个超级大国，没有问题。中国也到了3.2万亿美元，大概占6%，印度的GDP还是比较小，但是已经超过了1万亿美，一般来说超过了一万亿美元就是比较重要的大国了，是在去年超过的，当然也主要是因为卢比升值。我们中国现在还没有超过德国，好像还排在第四。从这个趋势来看，中印两国的发展速度都是比较快的，中国在最近几年GDP的年增长率都是10%以上。印度在过去是比较低的，但是最近这三年也到了每年9%的速度。当然今年由于金融风暴，中国的发展速度可能要下来了，预计在10%以内，印度也可能要从9%降到7%。但是不管怎样，从整体趋势来看，速度还是比较快的。为什么说中印崛起是21世纪的重大事件呢？就是按目前的趋势看，在本世纪30—40年代，中国的GDP总量就会超过美国，印度到时候就会超过日本，到时候中国第一，美国第二，印度第三，那么中印两国在世界上的地位就更加重要了。所以中印两国崛起受到世界的关注，我选这个题目也不是我心血来潮。尤其是现在金融危机，世界都非常关注这两个国家的经济发展的去向。事实上，如果按照PPP（购买力平价）来算的话，中国老早就是第二了。按照PPP计算，美国2005年的GDP总量大概是10万亿美元，中国到了6万亿美元，日本是3万多亿美元，印度也是3万多亿美元，可以看出按照PPP计算，印度超过了德国，因为德国只有两万多亿美元。所以说中国已经是第二,印度已经是第四了。但是 PPP 只能作为一种参考。我个人认为 GDP 按汇率计算跟按 PPP 计算的差距比较大,真理可能在两者之间,但 PPP 作为一种参考还是非常重要的,虽然一般还是按照汇率计算。所以从这个角度来看,当时最先把中印关系突出出来不是中印两国自己,而是布什,他在 2006 年 1 月份的国情咨文中说:在充满活力的世界经济中,我们面临着像中印这样的新的竞争者。他当时没有说别的,就说这两个国家。到后来的"达沃斯"论坛及日本的八国首脑会议,他们都非常重视这两个国家的发展。所以我觉得从本世纪角度来看,中印崛起的影响可能相当于甚至超过英国的工业革命和美国的崛起。大家知道,工业革命就是蒸汽机的运用,到了 19 世纪末,电气化之后美国便崛起了。而我们现在是处在新科技革命之中,虽然中印两国目前落后于美国,但是两国始终奋起直追,而且中印不论是在地域面积还是人口总量方面都称得上是"庞然大物",在地缘政治方面具有巨大的潜在优势。所以中印崛起还是非常重大的事情,虽然刚刚开始,但是前途还是很光明的。

我还想讲一个问题:中印两国能够取得这么大的进展,究竟原因何在? 我很早就提过这样一个观点:没有国家的独立和主权,中印两国是不可能有今天这样的成就的。当然,取得了主权和独立之后,还需要有正确的发展战略和政策的调整等等,这些都是很重要的,但是归根结底,我觉得还是独立和主权。这个观点也得到了英国学者的承认。我们大家回忆一下,100 年之前,中国和印度是什么情况。1900 年八国联军在中国横行霸道,印度则在英国的殖民统治之下,中印两国的经济发展始终是被边缘化的。但是从历史上来看,中印两个国家的历史还是很辉煌的。历史学家说,18 世纪初,按照购买力平价算,中印的 GDP 占全球的 45.7%,两者大体是相等的,都是 23% 左右。但是整个欧洲的 GDP 也就是 23%,就相当于两者之一。到了 1820 年,中印两国 GDP 占了世界的 48.1%,中国占了 32.4%,而欧洲是 26.6%,印度当时因为被英国占领了,是 15.7%,已经衰落。那么在这之后,随着中国的鸦片战争爆发,一直到日本侵华战争,中国经济就一落千丈了。所以说一直到现在为止,中国经济在改革开放三十年后能达到现在的程度,是非常不容易的。印度在前天也把"月球一号"送到了月球轨道,当然在航天航空技术方面,它比我国还是要落后一点的。

下面我讲一下中印两国经济对比的问题。这也是非常有意思的。北大有很多经济学家,肯定有人讲过这个问题,但我不是经济学家,外交家还勉强可以算,但是我为什么研究这个问题呢?就是2003年,西方经济学家间有这样一个议论:认为虽然当时中国经济发展很快,但是印度可能在一段时间之内会超过中国。当时我参加了不止一次这样的研讨会。当时根据我自己的研究,根据我过去在印度的体验,我跟他们的看法不一样,我说印度要赶上中国,无论从哪个方面,我都认为很难,而且恐怕会有不断拉大距离的问题。这个问题我当时不大好公开讲,好像对印度不是太友好。后来他们让我写文章,我想让我写印度赶不上中国总不太好,后来改了一下,写成"龙象共舞,走向长期繁荣",这篇文章在《深圳大学学报》上刊登,并受到一些业内人士的重视,《新华文摘》还转载了。当时我主要是从相互学习的角度来谈,态度都是比较友好的。但我今天就是来解决这个问题:印度会不会赶上中国? 当然两个国家都在崛起,到底谁厉害。前几年,西方国家说印度可能超过中国,当然印度有一些它的优势,比如说印度软件就比中国先进。然而印度有印度的优势,中国有中国的优势。现在看来,最近这一两年西方的言论已改变了,印度要赶上中国,其实有非常大的难度。我在网上查了一下,今年4月23日,"中国经济网"报道了印度财政部长奇丹巴拉姆在接受采访时说:印度需要在经济上追赶中国,但是现在印度与中国在经济上的差距正在越来越大。他认为中国在很多重大问题上的决策效率非常高,这是印度无法与之相比的。这话邓小平也讲过,他说共产党容易办大事情,比如像奥运会,这些都属于大事情。一声令下全国马上行动,他也是这个观点。奇丹巴拉姆说,在印度,每一项政策都需要冗长的辩论和审查程序,印度的官僚制度在一定程度上阻碍了经济的发展。而且,他还认为中国在处理改革开放的问题上往往能够达到惊人的效率,因此印度的经济增长率始终没法赶上中国是一个值得关注的问题。这话是印度财政部长讲的,算是印度经济首要决策者之一了,是具有一定权威性的。

那么从中印宏观经济来看,GDP方面我觉得印度已经很高了,到了9%,但是无论怎么来看,我们中国始终比它高。现在大家都在讲:我们降到9%,他们降到7%。究竟原因何在?我们要把中印的指标对比一下,我们中国的优势是中国是"世界工厂",印度就是世界办公室。这个说法大家听说过,当然太概括了。总的来讲,中国有几个优势是大大超过印度的:首先是国家工业产业的发展对发展中国家还是非常重要的。而从关键性指标来看:2007年中国粗钢的产量达到了4.8万吨,增长了14%,而印度的钢产量增长虽然也是很快,但是与中国差距还是很大,它2007年的产量是5000万吨,中国差不多都到5亿吨了。这是比较关键的优势之一。从煤炭看,我们去年的产量是25.23亿吨,印度是4.3亿吨,我们是它的六倍多一点。而2006年石油的产量中国是1.85亿万吨,印度只有3.4千万吨,差距还是很大。再看水泥,水泥也是非常重要的原料。中国2007年产了13.5亿吨水泥,印度2007年只有1.56亿吨,差了十多倍。这些都是关键性的优势,否则公路桥梁都没法修了。再看发电量,2007年中国的发电量达到了32259亿度,比美国差一些,美国是4万亿度,中国是世界第二;而印度2007年的发电量只有7774亿度,就是7千多亿度,还不到一万亿,而我们是3万亿。举个例子,我们从中国带过去参加展览会的电子手表,到那里的第一天就全部被抢购完毕。他们说我们中国的电器比印度的便宜,质量也好。事实也是这样,这从一定程度上说明我们中国的改革开放是非常有成效的。因此在产业方面,中印两国的差距比较大。在《龙象共舞 走向长期繁荣》这篇文章里面我提到,中国的经验是可以供印度参考的。印度这两年确实花了很大的力气发展工业产业,尽管没法跟中国比,但是比它原来的发展速度还是快多了,钢产量增长每年也都在10%左右。所以工业产业的快速发展是我们中国的一个强项。

  中国的第二个强项就是基础设施的建设。这是外国人包括我们中国学者最有感触的地方。到印度后从下飞机开始,人们就开始叫苦,环境十分的脏、乱、差。印度饭店也是这样,又贵又少,你要想住好一点的,就得住五星级酒店。所以我认为基础设施是最重要的差距。外国人到了印度说印度赶不上中国的原因主要也就是印度的基础设施赶不上中国。那么我们把基础设施分开来看,铁路方面,中国到2006年底达到了7.66万公里,在亚洲已经是第一位,在世界是第三位,仅次于美国和俄罗斯。而印度到现在,铁路总长估计不超过7万公里。从过去十年这方面的投资上看,从1993年到本世纪初,中国在铁路方面的投资是850亿美元,而印度只投资了173亿美元,这个差距就很明显。当然问题最大的还是在公路方面。中国现在的高速公路是总共5.4万公里,名列世界第二。印度的情况就实在讲不出来,大概有3000公里的高速公路,但是据人家说其实等于基本上没有,虽然现在计划修,但速度非常慢。电力也是非常重要的一方面。在印度的新德里,还经常有断电的现象发生,所以每个使馆都要备一个发电机,只要一断电,发电机就自动开始进行发电。

第三点就是外资的情况。从利用方面来看,在中国改革开放之前印度早就有外资,但是它对外资控制得非常严格。在我们改革开放之后,我们已经利用的外资达到了8000亿美元,而印度到现在共利用的外资估计差不多1000亿左右。我们是8000多亿,是它的8倍。当然对外资的作用要具体分析,因为外资太多是会有副作用的。那么,印度为什么外资不进去,除了它基础设施不好之外,还有就是它的工作效率不高,当然还跟印度本身的文化有很大的关系。这个我可以这样讲,我们是社会主义国家,民族意识算很强的了,但是从改革开放之后,我们在这方面有很大的进步,开始以融合与共同发展的观点对待民族意识,但是印度的民族意识比中国要强得多。它本来是关贸总协定的成员,自动转成了WTO的成员,那一年我记得非常清楚,印度自动成为WTO成员之后,印度左派大游行,反对加入WTO,第二天是右派大游行,反对参加WTO。我们中国就不存在这样的问题。印度很多人都反对加入WTO,因为他们要保护本国的民族工业。比如说现在的印度已有很多的肯德基和麦当劳,但很多人都不去,印度人都不吃。有些就撤出印度了。但是在中国,你到上海往往能看见在麦当劳前排着长队,这种情况在印度根本就不会出现。究其原因是:印度从它的文化来看,本身受宗教影响比较深,中国本身宗教影响不深。所以它在外资的利用方面整个比中国要少。在外贸方面,我们去年达到了2.1万亿美元的交易额,而印度到去年也才3600亿美元,是我们中国的六分之一。在外汇储备方面,中国简直是庞然大物,达到了2万亿美元,这也是为何西方国家都看重中国,它就想我们的两万亿美元是不是可以拿出来救救西方的金融危机。印度到今年5月份外汇储备才到了3000多亿美元,中国快要是它的7倍了。这就说明我们对外开放的程度比印度要高得多。

第四点我们的优势是储蓄率高。中国储蓄率高于印度,中国大概是

44%，印度大概只有 24%。我们每年投资率大概是 41%，而印度只是 23%。

第五点是社会主义的优越性。中国是社会主义国家，坚持民主集中制，印度是议会民主制国家。两种政体各有千秋。中国在共产党的领导下任何事情决策效率特别高，速度确实惊人。但是印度效率非常低下，印度人到中国来都非常感慨，像奥运会这种项目印度很难考虑。印度在世界体育领域也算是大国，但成绩为什么老上不来，主要就是他们没有充分使用国家力量，教育、体育都归各邦管，中央政府仅仅只是个架子，政策指导而已，没有像中国的体育总局这类的运作机构等等。我认为，一个国家的教育、体育要发展，根据中国经验首先要动用国家力量，其次要投入资金，第三才是国际交流。从这些方面可以看出来这两个国家的差别了。

现在来讲一下印度方面的优势。印度在很多方面跟中国存在差距，但是有很多地方也值得我们学习。总的来看，印度对投资的利用比我们中国要好，这点很值得我们注意。外国经济学家有这样一个研究结果：中国每年投资 40 美元能赚 7 美元，印度每年投资 24 美元就可以赚 6 美元，这里面的数字还是很关键的，说明它的投资效果比我们好，我们的投资效率还是值得改进的。从煤矿事件就知道，我们的煤矿老是出问题。另外，我们有每年 10% 的增长速度，比印度要高，但是我们在环境污染等方面比印度花的代价要多。

第二点，我认为印度的制度创新能力比中国要强。我在香港有个教授朋友，他教一个班的学生，有中国学生也有印度学生，中国学生在知识方面比印度学生领先很多，但是探讨型的问题中国学生就不举手发言，倒是印度学生比较积极，大学教育、我们的创新教育还是存在一定问题的。北大作为中国最高学府，这方面当然是要好一些的。最近我在四川还给学生讲这个事情，我们现在汽车有很多，都是外国的品牌到中国来组装，我们自己出劳动力，但是我们国家自己的品牌不多，只是红旗有名，而在国际上就没有。而印度就自己研发了一种品牌，很便宜实用，所以印度在自主创新方面有一定优势。

第三点，印度的新兴产业，就是软件行业竞争力强。它是软件产业的超级大国，仅次于美国，我们中国现在赶上去了一些，但是中国要赶上它还是有相当大的难度。印度搞软件有两大优势，第一点就是英语。我不

135

知道北大学生的英语水平怎么样,比如现在如果我用英语给你们讲课,你们应该都听得懂,但是到别的大学学生就不太行,但是在印度,印地语并没有在全国普及,很多地方都是用英语交流的。它的英语水平比中国不仅仅高了一个档次,而是高了很多档次了。第二个是数学,印度的数学有它的优势。我们讲的阿拉伯字母,从 0—9 这个其实不是阿拉伯人发明的,应该是印度人发明的,传到阿拉伯之后才传开到世界的。所以他们在数学方面比较好,这使得印度在软件方面很厉害。它能够适应西方的需要,所以他们在软件方面一年出口有几百亿。我们在中关村这个中国的"硅谷",也能发现来了很多印度人。

第四点,印度的股票市场跟银行管理比中国强。因为它这方面的历史比较悠久。它银行管理比我们有经验,而且股票市场也比我们历史悠久。最近金融风暴全球股票都跌了,它的股票也跌得很厉害,但它的管理还是比我们好很多。

第五点,印度私人资本运作比我们强。印度塔塔集团从殖民后期就开始成立了,历史非常悠久。我们现在企业的寿命却都很短,私人资本运作还不成熟。而印度的塔塔集团到现在已有 100 多年的历史。这些还是有值得我们学习的经验。

第六点,讲讲人口问题。中国是 13 亿人口,我们现在每年的增长率是在 1% 以下,计划生育取得了很好的成绩。假如没有计划生育,我们现在的人均 GDP 就要少很多。而印度现在的人口增长率还是每年 2%,所以估计再过 10 来年,印度的人口总数可能在 15—16 亿左右,居世界首位,印度的人口压力比较大。但是中国的人口问题也有值得担忧的地方,中国现在的老龄化问题严重。你们能看到将来的中国会出现每三个人就有一个老人的情况。印度不搞计划生育,人口增长在 2% 左右,那么就会维持一个较合理的人口比例,它的青壮年比例会高很多。西方国家为什么说印度将来要超过中国,它们把人口作为一个重要因素来看。

总的来看,印度跟中国有一些差距,而且越来越大,但是印度也有它的潜力,今后很长一段时间内中国的优势会非常明显,但是再往长时间来看就不知道了。

再讲一下共同的问题。中印两个大国都是不值得骄傲和自满的,毕竟两国跟发达国家的差距还是很大的。首先体现在人均 GDP 上。中国总量排名靠前,但是人均 GDP 则较少。例如 2006 年,美国人均 GDP 为 40000 美元,而中国是 2000 美元,去年到了 2400 美元,但是不到它的十分之一。印度就更不行了。这里有一个可以用的指标——人类发展指数。这方面我们中国还是比较好的,从原来的第 105 位,到去年已经上升到了 81 位,上升很多的。但印度不仅没有上升,反而下降两位,从 2006 年的第 126 位到 2007 年的 128 位。所以从两者的人类发展指数来看,经济总量尽管有一天将达到了第一和第二,综合国力较强,但人均 GDP 较低。我在中国没有看到很穷的地方,但是到了印度看,就是穷。我在缅甸当大使,看到的也是穷。要想让中国的人均 GDP 赶上美国,那绝不是到了 2040 年就可以的,那需要相当长的时间,我的看法不太乐观。从一般的观点来看,我们人口有 13 亿多,而美国才 3 亿,它的面积跟我们差不多,生产力很发达,所以要赶上美国,难度很大。中印两国要真的赶上发达国家,是很难的,印度说到 2020 年要成为发达国家,我感到不太可能。

第二个问题就是能源的问题。油价去年涨到一百美元多,随着油价的增长,我们两国的经济也要受影响。印度石油 70% 要靠进口,我们 50% 要靠进口,所以我们如此快的发展西方世界其实怨声载道,因为世界的石油资源还是有限的。在新能源方面,印度比我们有优势,它太阳能利用得还是不错的。总之能源是一个大问题,这个很难解决,也是一个危机。

第三个问题就是经济过热的问题。经济发展的速度太快了,就会出现问题。例如物价涨得非常快,印度去年是 12%,对民众生活造成很大的压力。

最后一个问题就是贫富悬殊的问题。总的来看,中国在这方面要好一些。贫困人口的比例中国要低一些。从贫穷人口来看,按照世界银行的计算,中国有 2 亿,印度有 4 亿 5 千万,贫穷人口印度比中国多,印度的贫困是一个非常严重的问题,它的政府从过去到现在都是要解决这个贫困问题。另外,印度的种姓跟阶级是联在一起的,四大种姓。我原来有一个好朋友,当了印度总统,是贱民当了总统。但是在印度农村,贱民的影子都不能踩的,农村的种姓制度非常严重。我去印度当参赞的时候,我们使馆有 200 亩地,我当时就用扫把扫地,当时一个印度马里(园丁)一把抢过扫把,他说我不能扫地。我当时在当参赞,在他看来算是一个高官,属于婆罗门。而他们都是属于不可接触者,我去做他们的工作属于大逆不道。因此,我对这个还是有一些感性的认识。他们的这个包袱我们难以想象的。

但是,中国贫富差距的程度比印度高。这个问题很值得推敲。就是印度那么穷,但是为什么它的基尼系数去年才 0.33,而我们去年已经到了 0.48 了,比美国还要高了。中国 2007 年是 0.48,而美国才是 0.469,2003 年日本才是 0.249,韩国是 0.316,印度是 0.325,都没有中国高。这是个非常值得重视的问题。什么叫基尼系数呢?基尼系数就是国际上用来综合考察居民内部收入的分配差异状况的一个重要的分析指数,是由意大利经济学家在 1922 年提出的。它的经济含义是在全部居民收入中用于不平均分配的那部分收入占总收入的百分比。那么从 1 到 0,1 是绝对不平均,这是不可能的。比如我们全部的收入都归一个人了,这个不可能。解放初期,工人农民也是有区别的。但是,这个系数以 0.4 为临界点,小于这个 0.4 就是比较好,0.2 以下,分配高度平均,"文革"以前估计我们是 0.2 以下,0.2—0.3 是相对平均,0.3 到 0.4 是比较合理,0.4 是警戒线,0.4 到 0.6 就差距过大,就危险了。我们中国现在就是有点危险了。那么,大家可能会问为什么印度贫困的多,但是它的基尼系数反而小呢?这就很值得我们思考。因为我们中国人均 GDP 已经到了 2400 美元,而印度才是 1000 美元,这是个很关键的问题。就是我们中国穷的到印度农村去可能还不是很穷。但是,从总的来看,我们的收入不公是很大的问题。而现在我们已经认识到在经济发展的同时必须解决社会问题。这是非常重大的决策。

另外,印度的内需比中国还是要强一些,中国只有 40%,印度有 60%。但都是因为贫困问题,内需都不行。你想,农民工他们工资就那么多,而且还有一些开不出工资,你叫他们怎么拉动内需。现在报纸上广告宣传的都是高层的消费品,我当大使的时候看了也觉得买不起这些东西。所以,为什么我们中国的基尼系数比较高,不用想就知道。

最后,我做一下总结,中印两国的崛起是一个重大的历史事件,当然问题也还是很多,路程是漫长而曲折的。我希望中国能够以改革开放 30 年为契机,总结自己的过去 30 年的历程,并对现实的问题进行仔细研究,我们的国家才能在党和政府的领导下,以金融危机为转折,进行必要的调整,坚持独立自主,制定合理的政策而继续前进。

今天我的话就讲到这里,谢谢大家!

现场互动

问:我对印度的种姓制度非常好奇,好像人不平等,您觉得印度的种姓制度有可能消除吗?

答:我认为很难,我有一篇文章就是讲这个问题。这个问题在印度大城市里面已经淡化。比如公共汽车,不可能按种姓进行分座。又比如火车、飞机等等,都不可能分座。但是在婚姻上仍然存在种姓互不通婚问题。到了农村问题就非常大了。有时低种姓就专门划一个地区,高种姓一个地区,互不来往,婆罗门就是僧侣,最高种姓,接着就是武士、将军、商人、农民等等,最严重的就是四大种姓之外的不可接触者,这是最贫穷的人。刚才我忘说了,印度的文盲接近40%,现在中国的文盲率已经低于10%,所以这跟穷人有关,因此印度的种姓问题是很难解决的。这主要还是由宗教决定的,印度的印度教徒占了人口的80%以上,为什么巴基斯坦、孟加拉国都反对印度,除了印度推行大国政治之外,还有就是宗教因素。印度教曾经大一统,伊斯兰教进来之后,伊斯兰教有很强的渗透力,但是也只有四分之一的人信奉伊斯兰教。印度教的凝聚力很强,但是低种姓受压迫太深了,他们受到鼓动接受伊斯兰教,所以低种姓的人就接受了伊斯兰教,而印度教的人本身就比较富,伊斯兰教的就比较穷了。这就是为什么低种姓转过去了,因为穷啊,所以他们在印度争取民族独立的斗争中就要求分治,以便独立后有平等的权利,所以造成1947年印巴分治,是个大的悲剧,一个大的国家在这时候就分裂了,克什米尔问题就是这样来的。克什米尔地区大部分居民是穆斯林,但是他们的土王却是印度教的教徒,土王说归哪里就归哪里,所以这个问题到现在都没有解决。所以种姓制度在印度是根深蒂固的,我们中国没有这个问题。

问:我们中国在高速发展中存在哪些问题呢?

答:我们中国在高速发展中浪费是非常大的,比如说4亿8千万吨钢,我觉得是惊人的,前年到了3亿吨的时候就有说两亿吨是合格的,但是1亿吨是不合格的。很多都是小厂一拥而上,准备把这些小厂淘汰掉,把这1亿吨不要了,只要这两亿吨钢,但是到了今年不知道怎么又到了4亿8千万了,不知道怎么弄的。这里面有多少不符合标准的就不知道了。污染方面,新德里的污染跟北京平起平坐了,我们最近好一些,但是现在看来又不行了。这两天又好一些。但是我们最近发生的事件比印度要多。比如太湖等,水都没法喝了,在印度没有这种事情发生。还有就是旅游问题。我们的旅游收入肯定比它多多了,但是我们现在有点过了。过度消耗旅游资源,后人可能会骂我们。印度好的旅游地方保护起来,不让人们去,在一些岛屿,它的海水都可以看见底了。我们的保护意识不够,开发的太多,出现了一些问题,这些方面印度较好。印度人到了北京说你们发展的确很快,但是我们新德里人享受的空间、绿草地比你们要多。我们修的高楼大厦太多了。我们的污染从钢铁和煤炭都可以看出来,煤的生产量那么大,损失也是那么多。你像这次的三鹿奶粉国家可能需要花费一大笔钱。这么多小孩都需要看病,你如果搞好了就不会有这么多事情了,比印度还是要严重的。

问: 印度宗教的影响非常深,但是中国的宗教的影响不是很深。那么,随着中国经济的发展和儒家的发展,您预测一下二者各自对本国会有什么样的影响。

答: 印度的宗教信仰的确很深,印度有很多教派,教派冲突给它造成了很多损失。关于种姓问题,我在印度工作的时候不敢问人家,因为这是一个敏感的问题,我就问左派,他们说印度如果没有种姓,印度的革命也该跟中国一样,当然不一定是同时了,早就胜利了。由于宗教影响深远,使得印度的马克思主义政党只能在个别邦执政,而在尼泊尔毛派反而得胜了。这个很值得研究。中国的儒家的发展对经济的发展有什么影响我解答不出来,我觉得到目前为止,主要是道德方面的影响,对经济没什么太大的影响。现在有人认为对新加坡的影响比较大。新加坡我去过几次,新加坡国家比较小,比较好办,它也实行议会民主,但是老实说它是变相的一党执政。应该说新加坡的模式我们是不能学的,他们没有贪污。为什么没有,他们工资高得不得了。他们在印度当大使的工资可能比美国总统的工资还要高,到这个程度。所以我们送给他的礼品越便宜的越好,我们反而是越贵越好,他们如果便宜的话还可以保存,但是太贵了按规矩就得上交,否则就不行了。曾经有人说中国应该高薪养廉,但是中国的公务员太多了,养不起。所以这个不能照抄。儒家思想,我还没有研究太多,需要你们自己研究。

感谢大家,讲座到此结束。

(2008年10月24日)

金融危机的起源与演变

■ 王湘穗

[演讲者小传]

王湘穗,1954年生,研究生学历。退役空军大校,主要从事战略问题研究。现为北京航空航天大学教授,学术委员会委员,战略问题研究中心主任;国家航空科学与技术实验室(筹)航空科技发展战略首席科学家。兼任中国政策科学研究会国家安全政策委员会副秘书长兼学术研究部主任;中国改革开放论坛理事。主要著作有《超限战》(合著)、《新战国时代》(合著)等。

主持人: 由美国次贷危机引发的全球金融危机,对全球的经济形势、政治格局都产生了非常深远的影响。今天,我们有幸请到了北京航空航天大学战略研究中心的主任王湘穗教授为大家讲解金融危机的发展及国际形势变化。大家欢迎。(掌声)

王湘穗:

谢谢在座的各位同学。今天讲的是金融危机的走势和国际格局的变化,我讲一下我自己的一些看法吧。

我觉得世界和人生一样,也有大年和小年之分。有些年就像今年春节晚会上小沈阳说的一样,一睁眼、一闭眼就过去了;而有些年却不容易过去,比如说2008年。若干年以后,大家再回忆这一年,会发现这应该是中国或者世界的一个大年。说它是大年绝不是因为中国开了奥运会,而是因为全球爆发了很严重的金融危机。那么到了2009年,世界经济政治局势又会是什么样的呢?前不久,春节的时候,我曾经应一本杂志的邀请,对2009年的形势做了一下估计。他们为什么邀请我呢,因为我在2007年的时候说过2008年要出问题。到了2008年,我又说要是给2009年命名的话,应该称之为"动荡之年"。最近几天,美国的有些经济数字都表现出了不错的走势,舆论的方向又发生了变化,很多人都比较乐观,说好像危机要过去了。我却不这么看,在我看来,这次危机才刚刚开始。我不知道在座的同学们都是什么专业的,我想学经济的可能比较多,我不是学经济的,我是研究战略的,如果我在经济的专业问题上有什么不当的地方,你们也多包涵。

首先,我想谈谈经济危机的走势。现在一般都叫"金融危机",而最初的时候,一直都用"次贷危机"这个说法。事实上就是把危机局限在具体的领域,仅仅是"次贷"的危机。在2007年的时候,危机刚刚出现,很多人都认为危机很快就会过去,而且把损失算得很清楚,大概是2000多亿、3000多亿、8000多亿美元,最不乐观的也说最多就是损失10000多亿美元。但实际上,我看现在的一些数字,说现在的财富损失已经达到50万亿美元了。具体的数字究竟怎么算,是一个计算口径的问题。但有一点是可以确定的,这绝对不仅仅是一次"次贷危机"。就现在的状况来看,这也不完全是一场金融危机。大家可以看到,这波经济的动荡已经不仅仅局限在金融行业里了,它已经对世界经济产生了重大的影响。其实也可以说,这也不完全是一场经济危机,它肯定会影响国际政治,也会影响到国内政治。

这次的金融危机,我认为是美元本位制,就是货币制的危机,也是信用货币制度的危机。它暴露了当代资本主义诸多矛盾。什么叫美元本位制呢?以前的货币体系是金本位的,中国的是银本位。市场上发行了多少货币,在央行或是国库里面一定有相同价值的金子或银子作为抵押的资产。1944年,美国和44个国家签订了一个统一的协议,其中最重要的一点就是将美元和黄金挂钩,而其他货币则和美元挂钩,上下浮动大概是1.25左右。这种货币体制叫做金汇币制。美元虽然是纸币,但是它有黄金作为保障,兑换率是相对固定的。到了1971年8月的时候,尼克松总统就决定不再用美元兑换黄金了,这时候美元就和黄金脱钩了。那么国际货币体系就变得和黄金没有关系了。1973年的时候,就干脆认为黄金不再是货币了。现在在国际上流通的都是纸币,大概比例是这样的:如果全球流通货币有 100 元钱,其中美元就是 60 多,欧元就是 20 多,然后依次是英镑、日元,最后是人民币。换言之,现在流通的都是信用货币,信用货币是什么呢?是指政府以国家信用让币值保持稳定。而现在的国际货币体系基本上是建立在美国国家信用体系之上的。这次危机为什么这么厉害呢?就是因为美元本位制有其本身的问题。由于美元现在是一种信用货币,它不是金子或银子,那么这个信用货币体系也必然会出现问题。而从整个世界的角度来说,在几千年的人类文明史中,大部分时间都是以实物货币为交换媒介的。这就是我的第一个看法:这次的金融危机是一个体制和制度的问题。

我把这次危机的特征概括为四点:第一,从 1815 年建立了大规模的工业制度之后,资本主义危机的发生周期大概是 10 年。其中发生在资本主义中心的不是特别多,和以往的经济危机相比较,这次的经济危机就发生在资本主义的中心地带——美国,而且是华尔街。大家知道,发生在中心地带的经济危机,和发生在边缘地区的危机是不一样的。这次是在资本主义的中心地带出现了问题。

第二,这次危机是一次综合性的危机,它是由非常复杂的原因引起的,也将引起实体经济和社会领域的危机。

第三,它带来的冲突具有集团性。去年石油价格是 147 美元的时候,俄罗斯、委内瑞拉、伊朗这些国家都特别高兴。而到了 30 美元、40 美元一桶的时候,这些资源类国家都感到非常的困难。如果我们对世界进行一种非常粗略的分析,纵向来分割的话,可以把世界分成三层。第一层就是玩金融、玩钱的,靠金融来赚钱的人。像美国、欧洲以及和它们相近的国家,大体上都属于第一层。第二层是搞制造业的,中国、印度、巴西这些国家,主要是以制造业来支撑国民经济体系的。第三,就是资源类国家。你会发现,在对任意商品的价格进行调整的时候,这些资源类国家、制造业国家和金融业国家之间的利益调整是非常大的。因此,可以认为它们是利益集团。20 世纪 80 年代的时候,邓小平同志曾经做过一个判断,他认为当时世界大战在 20 年之内都不会再发生。为什么呢?他认为苏联和美国已经形成了一种平衡。而除了它们两国以外,其他的国家没有实力引发世界大战。因此,他建议我们要尽可能地收缩军备,要集中精力发展经济,要利用 20 年和平时期这一机遇来集中精力发展生产。现在,如果这次危机引发了集团化的冲突,那么就必然会改变整个国际环境和格局。这是非常值得警惕的。

第四,就是这次的危机呈现出一种长期化的征兆。在危机刚出现的时候,有些人就很乐观地认为最多一到两年就能走出来,然后是三到五年,五到七年,七到十年。现在估计危机持续时间最长的,是一个德国的学者,他说这次危机和1929年的那次差不多,要经历15年的时间,中间还会发生一次世界大战。从1929年到1944年,15年的经济萧条外加一次世界大战,这样的历史有可能会在这次的经济危机中重现。格林斯潘早些时候就说过一句话,这次危机是百年不遇的危机。作为美联储主席的时候,格林斯潘的许多言论还是有很大保留的。为什么呢?他的一言一行,对美元的汇率、股市都有着极其重要的影响,一些言辞甚至会引起全世界的动荡。而如今,他已经脱离了那种特殊的身份,言论也比较自由了。而且他毕竟是世界顶尖的、一流的经济学家,他做出这样的判断绝不是毫无概括的。后面还有罗杰斯,罗杰斯曾经开玩笑地说过:"这次危机太长了,可能我有生之年看不到它的结束。"

这场金融体系的危机可能会导致全球经济体系的衰退和萧条,进而引发全球政治秩序的瓦解和动荡。怎么样来证明这种衰退的存在呢?举一个实例,今年年初美国公布数据,从2007年12月美国经济就进入了衰退期。我认为,面对世界的变化,我们当然要用一种尺度去量度,但是有的时候你的尺子是一双鞋,当脚在不断长大的时候,你的尺度就度量不了它。这些变量我们一定要注意。我去美国访问的时候,美国五角大楼专门请我去做了一次对话。结束之后,有一个国际法的专家就问我,王先生,我想请教一下,你觉得战争手段的多元化用不用受国际法的限制呢?那我就问他,美国用贫铀弹、集束弹违反不违反战争法呢?他说不违反,因为国际上没有签相关的协议。我说我查过达姆弹的破坏程度,达姆弹里面含铅,打到人的身体上会爆炸,造成一种不必要的创伤。因此国际禁用,有些国家已经签署了这项协议。集束弹要比这厉害许多。包括很多武器,比如说地雷,很多国家都签署了禁用协议,但是一些大国都不签署,不愿意受制约。我对那个国际法的专家说,战争的脚掌还在不断地长,国际法的鞋子还是太小,而美国人不会削足适履的。再回到以前的话题,我认为这次金融危机可能会比较大,确实可能像1929年一样出现比较持久和深刻的影响。实际上在2003年伊拉克战争的时候，我们有几个朋友就写过一本书叫做《新战国时代》，里面就讨论过这个问题。

说完走势，我来说一下原因。关于原因有几种说法，我把它罗列一下。有的说美国金融监管不受监督，我们要对其进行监管。有的说是金融家腐败导致的问题，包括诈骗。还有就是将之归因于过度消费的模式。另外就是中国、日本、德国的过度储蓄。我简单地说一下，经济危机绝不会与美国不受监管的金融体系完全无关。而现在要对其进行重新监管也不容易。比如说，上次在德国召开的西方八国会议，默克尔说，我们要对金融体系进行重新监管，但是支持的呼声也不高。美国的制度设计是很复杂的，问题的原因也很深远。

金融家腐败的问题，我也不多说了。因为资本家的目的本来就是要挣钱的，既然搞了那么大的股产，那理所当然就要补足资金。只不过有些走到了法律的边界，更高明的是，他们改变了法律。对美国而言，美元本位的意义何在呢？就是美国政府以前如果要发行美元，以35美元兑换一盎司黄金的比例，必须保证国库里有相同价值的黄金。自从进入美元本位制之后，就不需要再受黄金的制约了。而这样的美元本位对欧洲经济的影响让欧洲人刻骨铭心。为什么他们一定要发行欧元呢？他们要摆脱美元对他们的控制。实际上，在美元本位的经济体系下，欧洲也吃过很大的亏。从"越战"之后，美元就增加很快。到2006年美联储进行统计的时候，大概是增加了20倍左右。后来，美联储也不再公布数据了，很多金融产品通过央行才能成为有货币性的资产，统计没有意义。但是，最近这几十年美元数量增加了几十倍，这个毋庸置疑。为什么要增加货币量呢？就是为了让美国人进行消费。有一次，一个学者和我讨论，"我发现了一个问题，美国的钱到哪儿去了？世界上的钱都到哪儿去了？财富怎么会消失了？"我就说："两三亿美国人住五星级宾馆，集体住三十年五星级宾馆，把钱都住没了。"这是什么意思呢？美国每家的别墅堪比五星级宾馆，这样的提前消费是十分厉害的。还不仅仅是关于房屋的问题。有人还说过，实际上美国消费最高的是医疗。美国的医疗、养老占美国的开支比例超过军备的比重。由于有这样的一种货币制度不断地印钱，使大家都能够尽情地享受类似一种共产主义的生活，到了危机出现的时候，就被迫要开始进入残酷的资本主义了。英国《金融时报》的一位首席评论家曾经说,世界经济问题的根源就是两个过度,美国人过度花钱,中国人过度储蓄。总的来说,我把这次金融危机的原因概括为三个,一个是美元本位制,导致长期的扩大政策。这点我刚才已经讲过了,不多说了。

第二个原因是金融化成为资本主义核心国家的基本消费模式和生存方式。在资本主义国家,资本主义分为几个阶段,列宁认为帝国主义已经是最高阶段。我们国家有一个学者叫王建,他认为现代资本主义还有更高的阶段,他说当代资本主义是一个虚拟资本主义阶段。它以金融财富为基础,在国际上一般把它叫做金融化过程,涉及一个国家或地区的叫做去产业化过程。

今天,金融化已经成为世界主要国家主流的、主导的生产方式和生存方式。美国的制造业占 GDP 的比重从百分之四十几、百分之三十几、百分之二十几到百分之十几,现在好像是不到 13%,之中大概还有 6% 的军工,就是美国的民用制造业大概只占了它 GDP 总额的 7%。换句话说,它很大的一部分都投入到金融服务业里面去了,这样金融化就成为它主要的生产模式和生存模式。这也是导致金融危机另外一个方面的原因。

第三个原因就是新自由主义思想的泛滥导致股价丧失对金融市场的监管。在这次金融危机中,新自由主义思想起到了一个很大的作用,它的主要观点就是国家不用干预,政府不用管,把一切交给市场就行了。而实际上从现在的经验看,如果真的放手交给市场,市场就会出大乱子。我认为在这一点上当今的所有国家都要向中国学习。

接下来,我谈一下对于当前形势的判断。首先,危机还没到边,就是说从水平方向上来看,它没到边;从垂直方向上来看,它没见底;从广度和深度来看,就是矛盾还没有充分展开。这次危机最终对世界经济造成重大冲击,使全球经济衰退,进入萧条也是可能的。国际货币基金组织已经慢慢把这次危机长期化,它最近出了一个报告,认为危机大概会持续到 2011 年。英国《卫报》对金融危机的走势有几种描述,一种就是 V 型的,V 型的就是一到两年就翻转。我们现在很多学者还相信这种说法,以前曾经说过世界经济会出现 V 型,现在基本上已经认为没有这种可能性了。第二种说法就是 U 型,U 型是指会在底部延续,时间大概是 3 年到 5 年。很多学者都持这种看法,我还是认为这种看法算是比较乐观的。第三种是 L 型,L 型就是高台跳水,然后就要经历一个漫长下行线的过程,而什么时候能够走出来就不太清楚了。

2003年伊拉克战争的时候,也是北京出现SARS的时候,我们几个人加一个速记员和一个出版社的老板,曾经谈过一些问题,比如说打完伊拉克战争以后世界会怎么样?世界形势会怎么样?还出了一本书叫《新战国时代》,也有人说叫新战国派。当时,我们认为美国经济可能会高台跳水,基本上会出问题。你们有兴趣可以到图书馆去借来看看。在2006年的5月份,我去了一趟意大利。那时候他们关注的核心问题是如果美元大幅度贬值40%,我们能不能受得了,中国能不能受得了。40%不是一种常态,而是一种危机态。我认为还有一种走势的模型是X型,就是冲突、冲撞,这也是象形文字的实际运用。

第二个对于走势的判断就是现在的围绕危机成因的话语权的争夺已经成为一种全球冲突的前哨战。这个问题以前我就提到过,不要认为背黑锅是不需要付出代价的。我们来看一看二战之前的欧洲史,那时候德国为什么会走上法西斯道路?在很大程度上是由于第一次世界大战战败之后,德国面临高额度的战争赔款。德国没有能力支付,就只能向美国贷款。美国借钱给德国,德国把钱赔给法国和英国,法国和英国再向美国还债,因为英法在战争期间也欠了美国的钱,这样就形成了一个债务链。当时整个德国通货膨胀,就业率下降,经济状况一片萧条。希特勒上台以后,不进行货币交换,因为几亿马克才能兑换一美元或一英镑。而如果德国进行实物性的结算,这一下就触动了英美金融集团的核心利益。在很短的时间里,德国经济很快有了巨大的变化,从一片萧条到30年代"打遍欧洲无敌手"。为什么呢?德国完全斩断了整个债务链,借助这种方式,它开始不断地被希特勒妖魔化。我们大家想想,2008年我们开奥运会之前,西方一些人对我们国家横加指责,一会儿说西藏问题,一会儿又指责我们的人权、经济,把中国妖魔化。当时我们觉得很难应对,但是危机的发生给我们制造了机遇,发生危机之后他们就顾不上我们了。总说中国模式,那么到底有没有中国模式呢?我认为,中国模式目前还没有定型,在某种程度上是美国模式的镜像、倒影,被美国进口带着走,并没有一个独立的经济政策,现在的这种经济模式具有很大程度上的依附性,现在要趁着危机赶快斩断。

第三,就是各国国内政府情况、环境的恶化。我们可以将目光放在欧洲,尤其是东欧的一些国家,包括冰岛、英国都出现了国内骚乱。为什么呢?这是由整体的经济问题所引发的。我注意到一个问题,就是美国军队一般情况下是从来不在国内驻军的,它在国内驻扎的一般都是国家警卫队。这次美国从伊拉克调回来一个旅,专门执行维护国内政治稳定的任务。当发生大规模的经济问题的时候,国内政治环境恶化,进而会逼迫政府改变一些国内政策。大家如果对国际形势有比较细致的观察的话,可以看到经济危机以后,萨科齐马上就提出改革金融体制,并且随之和美国进行沟通。现在,各国、各板块之间都在进行类似的沟通,这就说明竞争环境在变。同前几年的环境相比,逆全球化正在成为一种潮流,包括只买美国货、只买日本货等贸易保护。而原来这些国家都是把贸易自由作为旗帜来宣扬的,这就是国际政治上发生的重大变化。

接下来,我谈一下大国关系。大国关系不外乎两方面,合作与对抗。分析国际格局当然要从大国关系入手,大国关系决定了全球规则。中国为什么要当大国呢?大国是立规矩、负责任的。中国作为这样一个国家,你要不让它立规矩,不让它负责任,那恐怕还不行。在全球危机面前,我认为大国通常都有两手准备:一手是共同合作,共同应对经济危机;一手是嫁祸别人。目前的情况是强调以合作为主,但是如果危机深化,合作效果不好,策略就可能发生改变。回头看历史,大危机出现的时候,大国大都彼此嫁祸,很少合作。从宏观的角度来看,在处理一些经济政策的应对时,不仅仅要从中国的角度出发,还得考虑到韩国,考虑到日本,考虑到整个国际经济圈的情况。其他国家的经济出了问题,也可能会导致中国经济政策或者金融政策的滞后,这就是一种因果链。

那么除了制造业,还有哪些行业需要寻找资源呢?从俄罗斯的经验我们可以看到,资源价值的变化会导致国内政局的变化,影响国际政治关系。1929年到底发生了什么?当然1929年危机产生的原因和这次危机的成因并不一样。比如伯南克有一本书就是关于大萧条的,其中第一句话就是"1929年的大萧条是每一个经济学家心目中的圣杯",就是说这是神的荣誉。后来我在它旁边写了一句话,我说"由于他过于虔诚,上帝把圣杯给了他"。为什么这么说呢?由于他特别想得到圣杯,于是上帝就把一个新的圣杯给了他——给了他一个新的大萧条。这样伯南克就不"吭声"了,我想他觉得圣杯还是很不好拿的。大国之所以不合作,有很多原因，比如说缺少对共享价值观的认同。对抗可以是出于本能，而合作却是要源于认同。目前情况下，我觉得基督教文明过于强势，资本主义的生存方式、意识形态都占据了主要的地位。从价值认同的角度讲，这样的偏向比较强烈。现在，这种方式栽了，但却没有认栽。而其他人是否能够挑起世界这个大梁，实际上还是一个未知数。这种差距即使是在欧美之间也是存在的，欧洲人自认为是后现代的，而美英资本主义是比较残酷的、传统的。在一个国际经济社会中，如果缺少一个公认的标准，就不能进行让渡。比如说中国和日本，日本占中国便宜的时候，它当然不会吭声。而中国有的时候从日本那里得了一点好处，当然也是不愿意说的。各国之间缺乏一种对于利益进行让渡的机制，因此全球的合作机制难以形成。总之，中国应当有与他国合作的心，但是也要有防人之心。我觉得我们的官员还是过于善良了，对他们的单纯我感到很担心。

那么，这次金融危机的前景究竟如何呢？我觉得前景并不是静态的，它取决于各种力量的角逐。欧洲希望要改变世界金融领域的游戏规则，要重新分配世界金融利益，它是主张要改变规则的，这样说来它是扮演了一个造反派的角色。还有就是作为保皇派的日本，日本人的态度从麻生的身上就可以看出来了。麻生到中国来开亚欧峰会的时候，就希望中国继续支持美国。后来我发现日本是口惠而实不至，它一方面说美国很好，另一方面它也在不断地减持美国的国债。在去年年初的时候，它还是世界第一大国债持有国，等到危机爆发之后，它渐渐减持，把这个老大的位置就让给了中国，中国就开始承担日本的这种地位。而欧洲也有一个方案，就是准备让国际货币基金组织当以后的世界银行。第四派就是像中国这样的新兴国家，现在我们的目标很有限，只是希望获得更大的发言权，能够维护我们的利益。

第三，我就谈谈金融危机的前景。危机最后要怎么结束呢？我觉得最终可能会出现多元货币体系基础上的多元政治格局，因为现在的国际格局应该是建立在货币体系基础之上的。我有一个概念叫做"币缘"，跟地缘关系相类似。以前的生产方式都是基于土地、基于空间的，现在有很多东西的生产还是要基于土地，但是出现了一种完全是基于货币的生产方式。现在大致上有三种货币体系，一种是美国的，美国只是希望对美元本位制进行细微修改，比如说增加一点监管，或者是增加中国的投票权等等。它不想放弃它的根本利益,这是美国的想法。但是能不能够坚持下去呢?实际上我觉得比较悬。为什么呢?这次欧洲好像是打定主意不想再让它继续下去。在美国的20国集团会上,中国提出了一个多元货币体系。这些现在都进行得很快。在1997年的时候,日本要成立亚洲基金,美国不赞成。但这次危机一发生,中日韩马上就成立了亚洲基金,总金额大概是1997年日本预想的5倍以上。但这次美国没有表示出反对。为什么呢?因为它已经自顾不暇了。以前美国反对的资本是什么呢?是国际货币基金组织。现在美国也遇到危机了,那么亚洲再成立一个货币基金组织,美国也不能说什么了。接下来就是要进行货币互换,中国和韩国进行货币互换,中国和马来西亚等七八个国家进行货币互换,这样人民币就成为一种区域性的贸易结算货币,实际上现在在东南亚地区已经有很多人民币了。但是人民币还没有开放,实际上温总理也说了,我们要把香港作为一个人民币结算中心。这样,人民币就可能成为亚洲地区一种比较重要的区域货币。但是能不能这么做不完全是金融方面的问题,它还涉及政治、军事等一系列与国际相结合的问题,但是这作为一个目标而言是必要的。

除此之外,还有一个世界元方案,我觉得其实就是欧洲方案。这是欧元之父蒙代尔提出的。蒙代尔方案大概是什么样的呢?它准备以美元、欧元、日元、英镑、人民币五种货币做成一个货币篮子,这个货币篮子和黄金挂钩,然后将其他的货币和世界元进行挂钩,这个就是布雷顿森林体系Ⅱ。但是这五个国家之间又如何进行分配呢?这点蒙代尔也没有明确提出。我个人做了一下分析:它不是提倡五国货币和黄金储备挂钩吗?如果五个国家,或者是世界整体央行的黄金储备大概是28000吨,美国大概是8000吨,欧洲是接近16000吨,中国大概是600吨,日本可能是500吨,那么就意味着在央行中作为货币储备的黄金以如下比例分配,欧洲占了三分之二,美国三分之一,然后就是中国和日本各占百分之几。如果是这种情况,那么我就可以称之为欧洲和平演变成功,或者是夺权成功。但是这是不容易做到的。为什么呢?不是说方案不够好、不精致、不理想,比如说蒙代尔讲了,欧洲现在准备拿出1000亿美元的黄金卖给中国,并且价格很低。怎样的低价呢?央行里的黄金现在大概还是49美元左右,或者按照现在的市价900美元左右卖给中国。而如果在市场上出售,黄金的价格会涨得非常厉害。那么为什么要平价卖给中国呢？其实欧洲是让给中国个百分之几点以换取中国的认同。但是他们忘了,美元之所以能够成为世界货币,布雷顿森林体系是谁建立的呢？有两个主要的谈判对手,一个是美国财政部副部长怀特,一个是英国代表凯恩斯。凯恩斯是最著名的世界经济学家。当时拟出了一个方案以后,罗斯福否定了世界元的想法,认为有美元就足够了。这就是政治家决定一切,总统决定一切,而并不是凯恩斯本身的能力不够。在这种利益上,美国人不让步。为什么不让步？因为美国人能有如此庞大的经济实力、军事实力、科技实力,就是依靠货币这个杠杆在底下支撑着。现在,虽然美国的这根杠杆受到了很大的影响,但是它仍然在发挥重要的作用。而欧洲因为没有足够的军事力量——它被称为经济的巨人、政治的矮子、军事的侏儒,一旦出了点问题的时候,它没有武力干涉的能力。开个玩笑,如果这个货币基金组织出了问题,比如说有人抢银行了,怎么办呢？就必须要有一套严格实行的制度。世界元的这种货币体系、国际格局设计都很精美,但是没有足够的能力去执行。

最后,我谈几点基本结论:此次危机可能导致美元本位模式的终结,国际货币体系和贸易体系,以及现在的经济和政治秩序,都可能发生改变。危机的走势取决于多种力量的博弈,世界将会围绕若干个货币圈形成一个圆,然后国际关系将会进入"新战国时代",也就是多极时代。我的基本结论大概就是这样。下面大家可以提一些问题,我就说这么多,谢谢大家。

现场答问：

学生 1:王老师,我想问一下,在金融危机的前后,中国采取了一些措施。比如说中国的铝业龙头公司收购了澳大利亚的一家公司很大一部分的股份,中国和俄罗斯等一些国家签订了一些协议,而且在外国公司陷入困境的情况下,他们都寄希望于中国强大的外汇储备,这可不可以看成是中国发展的一种机遇呢？

王老师答:我觉得"由于他们都陷入困境,所以为我们提供了机遇"的说法好像有点乘人之危。我们不能这么说,但是我觉得我们确实需要好好地规划一下外汇的支出。

2003年12月的时候,我们开过一个会议叫国家安全论坛。我在会上发言,题目叫做《金融危机:风起青萍之末》,这是借用了一句比较文学的句子,就是风正在青萍之末生成,但还没有起来。其中有五条建议,第一条建议是让中国不要对美国的经济有那么高的依存度。第二条就是要把中国的外汇储备实物化,或者资源化,这样才能进行保值。为什么?因为中国如果要将自己定位为一个制造业大国,就一定要不停地使用原料。而如果原料商品涨价,中国就会蒙受损失。所以说从中国的角色定位来看,中国就应该更多地占有实物资源。拿石油来做比方,我们没有很多的储备,但是通过减产并且更多地依靠进口来消耗,这不也是一种储存吗?这不是我个人想出来的方法。美国的阿拉斯加油田、近海油田都钻好了,但并没有投入使用。我觉得我们可以向美国学习,采取多种方式储备石油。你刚刚说到中国买力拓的股份,这个消息我也关注到了,但是到底批准了没有好像还没有定论。如果不干了,我觉得挺可惜的。但是能不能干成,我就不知道了。谢谢。

主持人:到现在为止,我们的这场讲座就结束了,感谢王教授精彩的演讲,也非常感谢大家能够参与到我们讲座中来。谢谢大家。

未来之路与成功人生

■ 李廷海

[演讲者小传]

李廷海,男,生于1976年4月。1994年9月—1997年7月华侨大学企业管理本科求学,提前一年毕业获经济学学士学位;毕业后就职于跨国公司广懋国际,三年中从普通业务员做到北方区总经理;之后考入北京邮电大学攻读工商管理硕士研究生,于2002年就职于世界500强企业LG电子(中国)总部,任IT产品行业总监职务。2004年起担任环球标讯(GLOBON)董事长,并担任20多家国内外著名企业高级管理顾问,受邀担任中国移动、中国航天、三星、LG等国内外近百家著名企业中高级管理人员及员工特聘培训讲师。2005年2月创办爱未来(北京)有限公司和前程之友(Careerfriend)职业规划教育中心,受邀在北京大学、中国人民大学、北京师范大学、上海交通大学、上海大学、西安交通大学、西北大学等全国一百多所高校开办"未来之路与成功人生"职业规划讲座。他的"选对未来之路"大学生职业规划讲座的相关思想、观念和方法通过各种方式传播到中国的近2000所大学校园,已经在各所高校的大学生中引起了强烈的反响。著有职业生涯指南畅销书《影响一生的职业规划指南:我的梦想我的路》。

我先来给大家说一下企业的招聘流程或者叫招聘门道。大家知道,世界上有一个很著名的大公司叫微软。如果同学们感兴趣的话,上完我的课之后,你们去查查微软中国区的招聘主页,上面有一句话是这样写的:如果你认识微软公司内部的人,或者你曾经在微软公司实习过,或者做过短期的实习,你完全可以通过微软公司内部的人,或者你实习当时带你的那个Manager,帮你进行推荐,这样可以让你大大地获得面试的机会,并且提高最终通过面试的几率。这是微软公司中国招聘区主页上的一句话,大家回去可以尝试一下。企业如果通过这种方式没有招到合适的人,就想到了找猎头公司或者职业介绍所;最后会选择去参加招聘会,或者做网络招聘。大家知道,中国有三大招聘门户网站,中华英才网、无忧工作网、智联招聘。你们登录看的时候,有没有发现,头版上面是很多的企业的招聘logo。很多企业往往常年都在上面有招聘logo,一年四季都有招聘logo,365天都有招聘logo挂在上面。它们的目的是花钱去做广告,提高公司知名度,并非是真正的要通过这种方式来招人。他们真正招人的方式还是主要靠下面三种:内部招聘、内部推荐、猎头或者是职业介绍所推荐。通过对企业招聘门道的了解,我们要做一些什么准备?大学期间是我们的探索阶段,我们就要了解我们将来需要做什么?了解之后在暑假期间,我们就要想方设法地争取到所意向的职业方向或相关的公司去实习。

　　基于对企业招聘流程的深刻了解,四年前,我创建了爱未来公司。爱未来公司有一个未来之星扬帆计划,专门针对在校大学生。这个计划将会与全国三万多家企业合作,都是一些著名的企业。根据企业要求,每个学校选50个人,进入未来之星的扬帆计划,专门培养企业的准职业人。在暑假期间,就让他们到这些相应的企业去,经过层层的筛选和面试,经过一些培训,差不多很多的同学大三下学期到大四临近毕业都不用找工作了,直接被企业内定了。这就是内部推荐的方式。所以,各位同学,你们一定要记住,在大学期间,一定要认真的,尤其是在职业的探索阶段,考虑好这件事,积极做好相应的准备。这样的话,你们到大四毕业的时候,就不用去排队找工作了。你等到大四毕业了再去找工作其实已经晚了。那个时候是千军万马过独木桥,非常困难。尤其是遇到这个金融危机的时候,那是相当的艰难。

　　我们在23岁左右大学毕业了,进入职业生涯的建立阶段,45岁之后进入维持阶段。大家知道,在45岁左右这个年纪,是不能轻易去更换自己的职业的。我曾经在西安做演讲,当时有一个同学告诉我,在西安有一个纺织城,这里大致有30万的员工。这个纺织城发生了倒闭事件,有好几万人去围攻政府。我想各位同学,你们在毕业之后,20多岁这个年纪,如果你们工作的企业倒闭之后,我想你们不会去围攻政府,对不对?为什么?因为你们是20多岁的年纪,处于一个职业的探索阶段和建立阶段,有很多的人生机会。但是在45岁以后就不一样。你知道纺织城倒闭,好多人是45岁左右这个年纪,他们20多年时间都在这个岗位上干,一直干下来。突然之间让他们没有了工作,没有了职业,那么他们也不知道他们将来要去哪里。这时他们转变任何职业都非常困难,在这个阶段是不能轻易去转换自己的职业的。

大致65岁以后就进入了职业生涯的衰退阶段,所以人的一生大致是沿着这个曲线来的。大家大体上了解一下,我们在什么阶段应该要做什么样的事情。

我们做职业规划还要了解什么呢?得了解自己的职业兴趣。我下面想先找两个同学来和我一起做一个互动,好不好?使大家对职业定位有更清楚的了解。我们先来一个女同学,好吗?哪个女同学先上来一下?我们随便点一下,好吗?那个女同学你可以吗?啊对对对,就是你。你上来,OK。我们请一个美女上来,再来一个帅哥好吗?再来一名男同学,哪位男同学比较方便。我想请那个,你前面那个。哦,你上来是吧?太好了。我们热烈的掌声给他们。麻烦你们准备一张纸和一支笔,大家都准备一下,我们一起来做,做完之后大家可能对这个印象深一点。我给大家布置一个题目:请大家用你们的左手,以最快的速度写下一句话,李老师让你们写什么话就写什么话,不要去写答案,写这个问题就行了。这句话就是,我的人生梦想是什么?这个是需要15秒钟时间来写完的,现在开始。15秒钟过去了……25秒,30秒,已经超过了,该结束了。

问:我想请这位女同学来和大家分享一下,就是你写这个的一点感受,随便说一两点。

答:我觉得写这个的时候,手不太听使唤。

问:这位男同学你来分享一下。

答:觉得写出来的字都是歪歪扭扭的。

非常感谢,再给他们热烈的掌声,好吗?谢谢。刚才他们两个分享了他们的感受,我想各位的感受大致也差不多。其实我们的一生,我们在做职业定位的时候,或者说,我们在选择职业的时候,或者我们在实现我们人生梦想的过程当中,在做选择的时候,一定要选择什么?自己最适合的。如果你选择了自己不适合的,就像用左手写字一样,非常的困难。你要去实现你的梦想,非常的艰难。所以说,我们不要干这样的事情,好不好，把它撕掉。你一定要选择自己感兴趣的东西。这是我跟大家讲的。那么下面我要跟大家分享一下的就是，职业兴趣和职业定位。

　　了解自我。首先，要了解自己的职业兴趣。举一个例子，大家会比较理解。我是1994年考上大学的。当时高中有文理分科，从高二开始。其实我当时比较想去读文科，而当时不仅我们学校，全国很多的重点中学都有这样的现象，就是文理分科，一般是班上成绩比较好的同学，排名前250位的直接到理科去。因为理科的就业率比较高，理科的招生比较多。读文科的话，除非是成绩特别好的直接去上了文科。那么，有的成绩不是很好的，直接就是读文科班。当时就是这种情况。后来在高考的时候，我发现，我喜爱的这个专业方向，在理科都没有这个专业。所以没办法，最后就是随便去报了一个专业。结果呢，我拿到录取通知书的时候，被录取的专业叫机械制造与工艺设备。你们学校有这个专业吗？现在叫机电一体化，北大有吗？大致就是这样子。我在拿到录取通知书的时候，我高三的一名要好的老师跑来祝贺我。他说，李廷海我祝贺你。我说祝贺我什么？他说我祝贺你考上了机械制造与工艺设备。我听的时候心里面拔凉拔凉的。我说你为什么祝贺我考上这个专业，我别扭得要死。他说，你读的专业和我们国家主席江泽民读的是同一个专业。

　　当年9月份就进大学了。踏进大学校门之后，刚开始不觉得，刚从高三离开自己的父母，远隔好几千里去上大学。上大学的时候发现在大学校园里面非常开心。因为大一大多是公共课，尤其是大一上学期都是公共课。到了大一下学期的时候，开始上专业课了。当时有一门专业基础课，我估计很多理工科的同学都会学的，叫机械制图。有同学学过吗？学过的举手我看看，啊，我找到同伴了。我发现你们的头发比我多，说明你们还是比较喜欢这门课。大一下学期，一上机械制图，我就想上厕所，当初就是这样。你说我的头发能不掉吗？后来，你们知道吗，那时候上这门课画一个装配图，别人一个小时就能画好，我画八个小时都画不好。期末考试，我考了45分。我的老师告诉我说，廷海，你学习确实是很认真，如果你要考55分，老师直接给你加5分，就直接让你pass掉，直接让你过了。而我就直接被挂科了，当时心里面非常累，非常痛苦，自尊心受到了极大的伤害。

　　后来我就想，其实我在大一下学期，刚上这门课两个礼拜的时候，我参加了学校的选修课。当时我就认真地想,尽管读了我不感兴趣的专业,但我还是有人生梦想的。我那个时候就记得,高二的时候就有这样的人生梦想,就是想将来去当一名职业经理人,或者做企业家。这个是我当时的想法。那么,有这样的想法的话,去读经济管理这个专业,相对来讲比较容易些。我在大一下学期选了两门课,一门叫做财务管理,还有一门叫管理心理学。结果到期末考试的时候,这两门课全都考了优秀。我当时心里面非常开心,找到了我真正喜欢的东西。后来我就想去转专业。因为在1994年,转专业基本上是不太可能的事情,可能现在来讲相对容易些。后来我就去找我的任课老师。如果你不知道你要去哪里,可能没有人能够帮助你,而我知道我想要什么东西。这个时候我的贵人也来了,是谁呢?他就是我上财务管理的一个老师。他是经济管理类一名德高望重的教授。我当时就去找他。我说教授你看,按我的成绩,考的还算不错。我就喜欢这个专业,我就想转到这个企业管理或者经济管理类的专业上来上课,能不能帮帮我。他说我帮你试一试。结果呢,你想,有把握吗?他说企业管理类的专业的管教学的主任,就是他的学生,他当时就这样讲的。机会来了。我就想要去见这个教授,后来他就给我引荐。我大概第二天晚上就去见了这个管教学的主任。大家想,我要去请求这个主任让我转专业的话,我总得准备点礼品吧。我是贵州来的,我不知道有没有来自贵州的同学。我老家是贵州的,贵州遵义的。你们有吗?哎呀,还真有!大家想一想,我去的话该带什么礼物比较合适啊?茅台,有人就讲茅台。后来我就去了,背着一个大包,跨进去。大家不要学坏的,学点好的。我敲老师家的门,结果那老师一开门一看我背一个大包,就不让我进门了。这个老师很讲原则的,他说你给我带什么,我都不要。然后一下子就把我赶出来了。结果在推拉的过程中,遇到我那个帆布包的质量也不好,那个包的挎带断掉了,摔碎的不是茅台酒啊,包里面有二十多本的记事本。我从高中以来对这个专业感兴趣的东西就全部甩出来了。那个老师一看,帮我捡起来,请我到他们家的客厅去坐下。坐下之后,这个老师边看笔记边问,说是你做的吗?我说是。他就边看边点头,然后开始和我交流。结果呢,交谈到二十多分钟的时候,这个系主任讲了一句话,他说我觉得你的水平已经达到我们学校研究生的水平了。这是他说的话,我不是吹牛,实事求是。我当时就问了他一句话,我说主任,请问一下,你这么欣赏我，我是不是就可以转到这个专业来上课了？他说还不行。我一下子心里又拔凉拔凉的了，觉得没有机会。我说有没有别的什么办法？他说我不是系里面最高的领导，我会向他推荐你。我们这个系里最高的新领导刚从英国留学回来。到了第二天的上午我就接到通知去拜访他。我当时心里边特别开心。这时候我心里就想，要准备得更充分一些。你知道我不可能用我拜访前一个领导所用的方法。我用了一个什么方法呢？你们记住一下，这是一个窍门。我后来就想，因为他是从英国留学回来的，这个老师肯定是一个学者。学者总有他的一些著作。我发现这个老师新出了两本著作，我就从他的两本专著上下手。我把这两本专著买回来之后，就开始研读。那天晚上，我们学校的外语学院是通宵的，因为考虑跟外国沟通的关系，有时差的问题。我一个通宵泡在外语系的自修室里面，就看那两本专著。结果从里面挑出来了五个毛病。我就将这五个毛病拿来下手，然后去找他跟他谈。这个很危险的，面对中国式的领导是很危险的。我想这里我要说明两点，大家就理解了。我也写了一本书叫《影响一生的职业规划指南：我的梦想我的路》。我在很多大学做过演讲，一百多场吧，对所有的学生讲过。我说你们只要在《我的梦想我的路》里面发现五个错误，我可以把这本书送给你们。结果我走了一百多所大学，没有一个学生发现里面有五个错误。这里我想说明两点。第一点是什么呢？我写书的时候非常认真，这里边不可能有五个错误，你们根本就不可能在这里边挑出五个错误。第二点是什么呢？你们不可能像我这么认真地去挑里面的错误。即便里边有五个以上的错误，你们也不可能那么认真去发现它。第二天晚上我就去了，去跟那个系的最高领导谈，结果一谈到他的错误，他非常开心。他说再版的时候就考虑，把我这个意见写进去。当时我就问他，我说主任，请问一下我能转到这个专业了吗？他说 Sure。当然可以。No problem。我一听心里面非常的开心。结果你知道这个主任一说这句话的时候，他开心得不得了，他一时就忘记了学校的一个规定。忘记了什么规定？因为当时已经是大二的上学期了，快要期末考试了。在我们学校有个规定，就是大二上学期，尤其是大二转专业的时候，是要留级的。结果呢，他也没给我讲我要到哪个班，我就平转过去了，我就跑到大二去上课。结果学校已经停课了，就是还有两个礼拜就考试了，我就去参加考试。十门考试，七门优秀，两门良好，一门中，大致就是这样。考完了,成绩就是这样,也没有上过课。其实有的时候并不一定上课,对你感兴趣的东西,你肯定是有研究的,你可以自学的。很多空间可以打造。老师只不过是师傅领进门,但修行还得看个人。后来我就开始了一个疯狂的计划,什么计划呢?提前修学分。我跨年级,跨了大三大四,到处修学分。最后,我刚才告诉大家了,我1994年上的大学,1997年大学毕业,而且中间还跨专业,转了一个专业。我1997年大学毕业,我在大学毕业的时候拿到了经济学的学士学位和企业管理的本科的毕业生学历。大致就是这样。我只读了3年,提前一年毕业。我要说明的一点是什么呢?你们一定要找到自己感兴趣的东西。如果你找到你感兴趣的东西,就像我们在中学的时候学过的那样。如果你把一个物体,把它放在一条没有摩擦的路上,只要给它一个加速度,它就会朝着前方一直运转下去。如果我们找到自己感兴趣的东西,真的就把握了我们人生追求的方向,你的人生就不会在挫折当中、困难当中,天天干着自己不感兴趣的东西,天天非常烦躁,天天非常厌烦,非常爱发牢骚、发脾气。所以职业兴趣是比较重要的,大家一定要想好,自己感兴趣的东西是什么?如果实在是找不到的话,可以去参加一些职业兴趣的测评。当然,我也要告诉各位同学,你们去参加职业兴趣测评的时候,要选择一些正规的机构。其实网上的一些测评很多都是不可靠的,因此你把你的人生交给一个不可靠的职业测评,也会害了你自己,所以要选一些正规的机构。为此,我创建了前程之友(Career friend),里边有一个专门的职业测评系统,我也参与了开发。大家如果实在是找不到自己兴趣的方向的话,在网上也找不到其他方法,那么,你们可以给我发E-mail,或者直接找到我们"前程之友"这个专门职业测评的机构寻求帮助。

还有一个是性向定位。我们在选择自己的职业方向、做职业定位的时候,性格是很重要的。我们每个人都有不同的性格。甚至你的同胞姐妹,或者弟弟妹妹,或者哥哥姐姐都有不同的性格。跟自己的父母也是这样,性格都是不一样的。关于性格有很多的理论,其实最早是从瑞士的荣格开始,学心理学的同学知道,荣格最早提出了性格理论。后来有一个美国MBTI的测验。我就拿这个来举例,当然还有九种类型人格,还有更多的性格理论。我就讲一点,MBTI中的一个性向。外向和内向其实大家都比较明白,我就不讲了。我们在座的很多同学还是能区分自己是外向型还是内向型。我就想讲其中的一个,情感型和思维型。情感型用英文叫 feeling,思维型叫 thinking。我跟大家举个例子大家就明白了。五年前,我在一家世界五百强企业里,我是行业总监。有一天,我要去一个中央国家机关里面去投标。去投标那天,时间赶得比较紧,我们单位的一个女同事开车送我去。这个女同志长得很漂亮的,男同学不要乱想。由于赶时间很急,她就走到左拐弯的路上去,打算超车。结果车没超,前面就是红绿灯,并过来就是实线了,算违章。警察发现之后就让她下去接受处罚。我就在想,这样的事情肯定是要被处罚的。结果我这位女同事下去的时候非常胸有成竹,她跟我说,没事,我下去,一会儿就回来了。我当时还在纳闷,她怎么会下去后一会儿就回来呢。结果她下去之后,不到十秒钟就上来了,非常开心。我说没事吧,她说没事。我就很感兴趣,我问她是怎么解决的。因为像我开车的话,往往被警察抓到就是罚款,讲什么都没有用。因为我头发也比较少,吸引力不够,抓到就会罚款的。后来,我就问她,我说你是怎么搞定的呢?她说我告诉你,抛个媚眼就搞定了。你想,这个警察是典型的什么性格?情感型是不是?这个警察是典型的情感型。事情很凑巧,又过了一个月,我还要和这个女同事一起去。那天还是去投标,好像是中国银行的投标。结果那天也是路上赶时间。当然,那天不是到左拐弯的道上,那天是闯红灯。北京的交通比较堵,结果我们的车落尾。当车到马路中间,红灯就亮了,另一边的车就过来了,她就过不去,卡在中间。一会警察过来了,让她靠边。我一想上次有成功的解决经验,我就敢打包票,没问题。那天我们后座上坐着一个老外,我们外方的 Senior Manager,相当于中国区的副总裁,这还得了啊。我当时就跟他打包票说没问题,一会就好了。大家想一想,抛个媚眼怎么用英语来翻译,我想了半天。跟他翻译的时候,那个老外听得非常开心。结果我这个同事两分钟了还没上来。那个老外就说我欺骗了他,还一顿牢骚。大概过了三分钟,我这个女同事上来了,面红耳赤的。上来之后,我就问她,是不是被罚款了?她说被罚款了。我就感到奇怪,我说怎么被罚款了?没抛媚眼吗?她说抛了。我说是不是抛的次数不够?她说我抛了五次。我说五次怎么还搞不定啊?她说你知道么,我一去的时候,那该死的警察就在那里写罚单,我连跟他抛了四个媚眼,他都没有看见。后来我想机会总要来的,他要递罚单给我吧。最后我一看,机会来了,他递罚单的时候,我抓紧时间赶紧向他抛一个媚眼。结果你猜这个警察怎么来着,眼睛盯着她,他说小姐你想要干什么?赶紧到银行缴纳罚款吧。所以你想这样的情况,这个警察是典型的什么类型?思维型。

这跟我们选择职业的方向有什么关系呢?太有关系了。你想一想,我不知有没有读法学的同学,如果有读法学的同学的话,你将来是要去当律师,要去做法官。那么,这样的职业要什么类型的人?thinking。典型的思维型的人。假如说,你是一个原告的律师,你那天代你原告去打官司。打官司的结果呢,发现被告是一个女孩子,长的又漂亮。然后在这个地方跟你说了半天,哭哭啼啼的。结果呢,你就忘记了你原告律师的身份,你一看就特别同情她。你是一个情感型的人,结果就发现打官司打输了。后来一看,怎么回事啊,我打官司本来要赢的,怎么输了。因为你是典型的情感型。所以有的职业是有性格选择的。那么,还有一个,是不是说思维型就一定好?不是。有些职业需要典型的情感型。我给大家举个例子,帮助大家理解。你们可能都用中国移动的手机对不对?你们可能都打过中国移动的客服电话10086,是不是?你们有没有发现打进去的时候,里面的女孩在接电话的时候是非常的温柔,是不是?尤其是我们听电话,听这个声音就想见这个人,是不是?你有没有发现,最近两年开始,你会发现里面有男孩子在接电话,他们跟女孩子一样的温柔。做客服工作,就得要典型的情感型。所以我再给大家举个例子,假设说你在奥运会开幕式8月8日那天,买了一台电视机回家。你去新买台电视回家是想看奥运会的直播。结果你买回家之后,左弄弄右弄弄,那个电视机就出不来图像。你当时心里面非常的恼火。结果弄到晚上12点,那个开幕式都结束了,还是不能看。你一晚上没睡着觉,心里面一直在骂。今天怎么回事,怎么这么倒霉,买了台电视什么也没看着。你们一家人也没睡好觉。第二天早上起来,你抱起这台电视机就往国美电器跑,打算去退货。走到二楼后,发现没一个人理你。最后一个楼层经理走过来,问你在干什么。哦,这个电视出了问题。电视出了问题,你想干什么?他说。我想退货。你跟他讲,很不开心的样子。他马上问你,你预约过吗?你很生气,怎么预约?你打过400-800-****这个电话吗?你一听很生气,说我不知道,反正我就是要来退货。你嚷了一通之后,围了一大堆人。一大堆人跑过来一看,什么问题啊?产品质量问题。结果那些本来要买电视第二天去看奥运会其他项目的,一看原来这里卖的电视有质量问题,都不买了。你看,给企业造成了多大的损失。这是一个典型的思维型的人,把他放在前线处理客服的问题,给企业带来了很大的伤害。想一想,如果当时这个电器公司,这个家用电器城,在处理的时候,安排一个情感型的人来,情况会怎么样?如果是一个情感型的人,等你爬上楼的时候,他从监控器一看,这个人是要来退货的。当时就会说,哦,没事,你把这个东西摆在这儿,产品出现质量问题吗?你说对对对。没关系,我们这边新开了一个Starbucks,我带你去,我们喝杯咖啡慢慢聊。把你叫过去,一坐下之后,就很温柔地问你,先生,请问你是要卡布基诺还是摩卡的咖啡?你跟他讲,来杯卡布基诺。唉,这个还可以续杯呢,你慢慢说。说到二十分钟的时候,没事,再来续一杯。完了之后,发现你说完也没什么好说的了。结果发现也没多大事。不就是一场直播没看到嘛,今天晚上回去可以看转播。后来你一想,还对这个客服经理说了一句,你这个人真好。其实,我老实告诉你,昨天晚上是我家小孩子不注意没看说明书乱按的,把这个按钮给按坏了。所以说,处理这种工作,像客服的这种工作,就要典型的情感型。所以,我们在选择自己职业方向的时候,大家心里边要有一个大致的判断。选择适合自己的,这样会比较好一点。其实,现在有很多企业非常重视性格测评。企业认为,能力我是能够培训的,可以培养和提升的。然而,性格却是很难去改变的,江山易改,本性难移。如果你们及早地了解自己的性格,在你们将来选择职业的时候,就可以少走弯路。

　　下面大家看一下职场环境分析。我们在做职业定位的时候,还要考虑一下职场环境分析。比如说当前的职场环境,现在是金融危机,对你们的职业有什么影响。如果你读的是金融专业,对你的职业方向有什么影响?还有岗位职责分析,大致从网上筛选一下,看看有哪些职位。你要选择专业和岗位有关联性的。还有一个,行业与专业方向分析,如何结合我的自身优势。这个大家大致了解一下就行。还有就是选择一个合适的公司和一个合适的老板,这个也是比较重要的。

　　大家看这样一个公式"B－A＝C",这个公式在职业规划指南《我的梦想我的路》里面第一次引用。其实很简单,我给大家讲,大家就明白了。B－A＝C,B就等于C加A。B是什么呢,就是我们的职业方向。A是什么呢,我们的现状。就是刚才我讲的了解我自己。了解自己的性格,了解自己的兴趣,大致就是自己的现状。那么在职业方向 B 点跟你的现状 A 点之间的一个差距,就是 C 点。C 就是我们要补的东西。就是我想跟大家讲的。所以我们简单说一下,定位 B 点到底怎么来。想要的,想做的,想成为的。大家头脑之中大致有这样一个想法。还有一个是什么呢,我的人生梦想。我想做什么,我能做什么。这个我想跟大家讲就明白了。其实我当时在上大学的时候,由于读了不感兴趣的专业,我非常的痛苦。我想转专业尤其是学校又不可以转专业,我那个时候晚上十一二点钟,跑到学校的草坪上去,躺在上面看着天空的星星,去数星星。我说天空的星星,我的星星是哪一颗?我的梦想是哪一个啊?我当时真的这样子去想。然后慢慢地想一下自己的将来,对曾经想过的东西,慢慢做一个回归,做一个自我探索,逐渐地找到自己的人生梦想。然后做自己想做的东西,然后结合一下能做什么东西,那样定位自己的点,大致就是这样。找到方向之后,就好办了。找到自己的方向,定位好之后,你就可以去找有什么样的人能帮助你去实现梦想。我想关键是第一步,第二步就不难了。就像我跟大家讲的一样,我找到自己的方向之后,我要去实现这个方向,有哪些人可以帮助我。所以说我在我的人脉中,就去找这样的关系网,最终去帮助自己实现。当然是欣赏你的人。其实职场当中有很多欣赏你的人,关键是第一步你要找到你的人生梦想。

我们找到自己的人生梦想,找到自己的职业定位 B 点之后,下一步 C 点职业素养的积累。其实,影响一个人成功有四大关键要素,大家可以记一下,第一是知识,第二是技能,第三个是经验或者叫行业经验,第四个是职业素养。我想,前面几个都不是很困难。对于北大的学生来讲,不是很困难。我甚至在其他 211 工程的重点大学也跟他们讲,你们只要能够进到重点大学,前面三个都不是困难。为什么呢,我们讲第一个知识。其实,我们从小学一年级开始就在学知识,一直学到了大学。我们学的知识还不够吗?我在这边跟大家简单说一下,比如说你们将来大学毕业之后,要去联想电脑工作。比如说你们去联想电脑做销售,专门去卖电脑。我想请问各位,如果要去掌握卖联想电脑的知识,你们需要多长时间?(有人答两个小时)这个同学很厉害,两个小时。他说的这个一点都没有错。因为我们在大学整天都接触电脑,自己都会。这个硬件软件都会,你跟人家演示一下,有些什么样的系统,你都会嘛。你们北大离中关村很近,我以前经常在村里面跑啊。我以前负责IT产品的。结果我发现中关村里边卖电脑的很多人,他们中多数人高中都没毕业,都是从农村来的孩子,高中没毕业就到那里卖电脑,介绍得非常专业。他的行业知识非常的丰富。这些人都没上过大学,但他们卖电脑都卖得很好。其实这个电脑知识,我们上大学时,很多东西我们都学过了。其实这些东西很容易的。所以知识对于我们大学生来讲不是最重要的。当然,对没上过大学的人,我还是要讲,知识是非常重要的。所以你们最终能否成功,尤其是北大的同学,不是在这上面。第二,技能。如果你要去卖电脑的话,你多久能掌握电脑销售技能?也很快。大致就是两三个月、三四个月。你至少要跟别人说话,跟别人介绍产品。这个都会。大致也就半年左右的时间。第三个是什么,经验。你在一个行业之中,只要待上两到三年,你就可以成为行业里面比较资深的人了。就像你去卖电脑,你天天接触的就是电脑知识,你在联想里面接触的就是联想的竞争对手。IT领域有哪些公司?哦,原来是IBM的服务器,还有DELL的电脑,还有HP的东西。你天天接触这些东西,各家的市场份额是多少?你不知不觉地、潜移默化地就在接触这种行业的经验。这个也不是最难的。最后一个职业素养,最终是职业素养决定了一个人的成功。我在这里举一个例子,大家就明白了。我在四年前去参加信息产业部的一个会议,当时这个会议是要讨论3G的产品。那天就来了很多的领导,信息产业部来了三四个领导,一个部长,三个副部长,还有其他部的部长,大致有十来个部长副部长。他们坐在VIP席上。我在出席这个会议的时候,就在观察。发现里面有一个年轻人,大致27岁左右,刚从大学毕业不久。我看他的穿着也很正规,穿着西装、打领带。他站在门口,那是一个五星级的酒店。服务员拎着开水过来了,这个小伙子就走上去跟服务员说:小姐,你把开水壶给我,你就站在这个地方,我叫你再过来,你给我就行了。结果他拿着开水壶去前边VIP的坐席,给每个人倒了一杯开水。结果他倒了二十多个人下来,十多分钟的时间,没有一滴水洒在桌子上。这个事情就过去了,可能我们看完也就过去了。但是结果过了半个小时,他要代表他的企业上去演讲,代表他的企业去讲他对3G的一些看法。结果他上去20分钟的演讲非常精彩。演讲结束之后,雷鸣般的掌声之后,马上就是三个副部长走过去,主动和他交换名片。后来过了两年,他直接提到副总经理。大致就是这样,二十七八岁的年纪。我对这个人很感兴趣,我专门研究他。我去跟他做过接触,原来他的父亲是一个省的地级市委书记。大家可能觉得是他父亲的原因他才上去的。其实不是。我发现,他的父亲和这些根本没有关系,和信息产业部根本就没有瓜葛,完全是靠他自己上去的。那么,他是怎么上去的?原来在他小时候,他的父亲就经常把他引荐给一些德高望重的教授、一些德高望重的企业家、职业经理人,让他跟他们去接触,他在潜移默化当中就积累了这些职业素养。所以说,他在大学毕业之后,也就三四年的时间爬到一家上市公司的副总经理的职位。我想职业素养这个东西,对于有些人来讲,有些同学来讲,要一辈子才能够建立。对一些人来讲,他的背景比较深,他可能很短,两三年、三五年就会了。其实,有的时候我们就发现,来自农村的同学和城里边的孩子,有一些家庭背景比较好的,是有一定差距的。这个时候看你的职业素养,你要怎么去积累?这是大家比较关心的一个话题。我想,职业素养最终是影响我们的最重要的因素。我把这个 C 元素叫做积累的东西,就把它大致分为三类知识五个能力。知识的东西我就不想讲太多,我就简单讲一下英语。我曾经有一个同学,他说他的英语需要提高。那么我就想,该是怎么提高的问题。因为英语和计算机都是比较重要的东西。英语这个东西,不是说你过了六级,考托福考 GRE,考的多高,你英语就很好了。英语是一个实践性应用性比较强的学科。我在今年的 5 月份就面试了一个学生,重点大学毕业的,英语过了六级。他的简历是这样写的,英语听说读写能力良好。然后我就想看看他怎么良好的。我说 introduce yourself in English please。我说:请用英语简单地介绍一下你自己。结果那个同学坐在那里半分钟一句话都说不出来。我看他嘴巴想动的样子,结果半天没讲一句话。后来他冒出了一句话,他说:Mr. Lee, my spoken English is poor。他说他的口语很差。我说怎么回事?他说李老师你知道,我们在大学里边,在中国大学里边学的英语都是哑巴英语。我就想,这个很难么,介绍自己。我说这样吧,introduce your family please。我说,简单介绍一下你的家庭,可以吗?我们在初中一年级的时候,学第一册英语的时候,里边就有一个介绍你的家庭的。我告诉他 in three minutes,我说你一定要用三分钟的时间来介绍你自己,你不要说两句就完了。他说行。他大致准备了一分钟的时间开始介绍,你猜他怎么介绍?他说,my father is a worker, my mother is a worker, my brother is a student, my sister is a student. 非常简单的话他就说了半天。我就感到很奇怪,因为他的简历里边他的家庭成员三个人。他的父亲,他的母亲,还有一个就是他自己。我就觉得不可思议了。我一看他的母亲是家庭主妇,housewife,我就感到奇怪,他的妈妈怎么就是一个worker了?而且他也是农村来的,我就问他,我说你们家是农村来的,你父亲怎么是worker?他说我的父亲以前是农民,后来他进城当了农民工,所以说叫worker也可以。我说行,那你妈妈呢?Mr. Lee,他说,坦白告诉你吧,我母亲是农民,但那个农民的英语单词我不知道要怎么拼,我就只记得worker。所以说我就把我妈妈也当成worker了。OK,我说那你们家几个人?他说我们家三个人。我说你们家就你一个孩子?他说对。我说那你的sister,你的brother怎么来的?他说我的brother是我姑姑家的,我的sister是我伯父家的。我说那你怎么讲那么多?他说李老师你不是让我用三分钟吗?我讲不出来,就这样凑出来的。所以说,我们在这种实践性的学科方面要特别注意,你到企业去面试的时候,这些都是应用性非常强的,不是说你要掌握很多的单词,不是这样的。你进入一个专业的公司,比如说进入一家IT,IT里边的单词也没有那么多,你了解你的领域就行了。简单地说,简单地演练,这是要会的。其实说到一个应用,你背很多单词,背几万个单词,你不会说出来,不会用出来,还是不行。这是我跟你们讲的。其他的知识分类我就不用过多地讲了,因为时间关系。

  下面我要讲五个能力。五个能力我首推沟通能力。为什么?你们将来出去找工作的时候,都得要求沟通能力。你在介绍你自己的时候,你能不能获得这个面试主考官的欣赏?还有一个你去企业里边实习要转正的时候,也是取决于你的沟通能力。包括你要跟你的manager,你的上司,你的boss谈这个薪水待遇的时候,也取决于你的沟通能力。我跟大家举一个例子,大家就比较容易理解了。有一位大学教授,他是专门研究金丝猴的,专门研究金丝猴的成长规律的。大家知道,金丝猴长得比较矮小,这位教授是专门学遗传与变异的。他想通过这个遗传与变异的规律,让金丝猴长得更高。有一天,这个学校新上任了一个校长,这个新校长在大学校园里边碰到了这位教授。校长主动地和教授打招呼,因为他是德高望重的教授,想了解一下他的项目进展得怎么样,看看他的资金够不够用。校长问道,教授你好,请问一下你的那个金丝猴的项目进展得怎么样?这个教授就非常激动地说,校长,承蒙你的关爱,我的那个金丝猴长得非常好,长得和你差不多高了。结果这个校长一听,哭笑不得,灰溜溜地马上转身就走了。这个教授发现他说话说错了,回家之后就开始反思,然后就茶不思饭不想,一个星期没有吃饭。周末的时候,他上小学的孙子回家了,一看见这个情况,他说爷爷你千万别这样。他说,校长会大人不计小人过,您找个机会和他解释一下就行了。这个教授想来也是有道理,接下来他就想找个机会和校长解释。大概过了三个礼拜,在校园里这个教授就真的碰到了校长。校长转身要走,这个教授就把他拦住了。他说,校长对不起对不起,上次真的是对不起,我说错话了。那个校长马上转过身来说,没事,没事。然后这个教授就问他,真的没事吗?校长说真的没事。那个教授最后说了一句话,他说我就知道没事,我孙子也这么说。这就是沟通,知道吧。就是说跟上司之间的沟通,两个人之间的沟通,有没有这样的问题。我们在职场当中,这样的问题是经常发生的。所以说,在大学期间,你认真地去沟通,认真地提高自己的沟通能力,是非常有必要的。

还有一个,就是社会适应能力。其实就今天的社会来讲,尤其金融危机给我们带来的影响是非常大的。大家在就业的时候,怎么去找一种心态的平衡,心态的调节。有位同学提到了这个问题,我想也跟大家简单来说一下。我给大家看一张图片,我想请这位男同学起来讲一下,你从这张图片能看到什么?

答:两个草莓和一只蚂蚱,然后蚂蚱好像要吃这两个草莓。

我去一百多所大学演讲,大致都是这样的结果。好,我们看看最后的意思是怎么样的。还有,有同学说蚂蚱原来是不吃草莓的,适应一段时间之后,它也是吃草莓的。同学们对这两种解释都同意。其实,今天我用这个图来说明现在的一个社会热点问题。两个月以前,我参加了北京的一个HR俱乐部,在与很多人力资源总监做沟通的时候,其中有两个企业的HR总监说到一个问题。他说现在的同学,大学毕业之后找工作,他们到企业之后,试用期一般是两个月。试用期企业刚让他熟悉环境,到了快要转正的时候,他的boss,他的manager就给他安排重要的工作。就说你这个项目必须在这个星期五之前给我完成,不完成,你周末就不要休息也不要回家。结果呢,有一个男同学,他到了周五的时候,一看到了下班时间,项目还没有完成,他加班也完不成,于是就回家了,也没有和领导说一声。

到了第二个星期的周一上班了,领导就问他,小王你过来一下,你那个项目怎么没发给我呢?做完了吗?小王就讲,经理,那个项目我不会做,没做完。那个经理就非常生气,他说我不是告诉你吗,你没做完就别回家,星期五加班都给我做完,做不完周六周日接着做。你怎么就回家了呢?根本没当回事嘛。这个小王就非常生气,然后就回来收拾收拾房子,他说,这么凶,以前也没看他这么凶,我在这里还有什么意义呢?赶紧收拾,办辞职手续就走了。很多同学是这样的情况,企业一加压力的时候,他就受不了了。我们现在很多人,跳槽比较频繁,我们年轻的一代,很多人是独生子女,他们的状况相当于什么呢,就相当于这个草莓,一给压力一捏就碎了。也有点像这个蚂蚱,一打就跑了,于是不断地跳槽。你们想,我们的压力真的很大吗?确实,现在的金融危机是带来一些压力。我在这边再给大家看一张图片,是在煤厂上班的挖煤工人。有没有看出什么?谁的压力有他大,他的压力是最大的。基本上在这个井里边挖完煤上来,想到下去之后可能就活不成了。煤矿一出现瓦斯爆炸的情况,基本上就不能活。

下面还有创新能力,决策能力,整合资源能力。这都是比较重要的,跟大家分享一下,因时间因素,就不一一讲了。

下边我想讲一下,职业素养里边有一个三角形。最右边的是 IQ,就是智商。我想大家能够考到北大来上学,智商都不会有问题。你们只要大学毕业时能拿到毕业证,就 OK 了。我想重点讲的是 EQ,情商。刚才有同学提到,怎么去提高自己的情商。我想,情商有两点,一个是你的人际交往能力,一个是你的情绪控制能力。我给大家举个例子。有一个华人,他创造了全球猎头历史上最高的一笔酬金,也就是说这家猎头公司把他从一家公司挖到另外一家公司的时候,这家猎头公司获得了两亿元的酬金。这个人是谁呢?这个人是现在 Google 中国区的总裁叫李开复,以前是微软的全球高级副总裁。他被挖的时候,这家猎头公司就获得了两亿元酬金。我想介绍一下这个人,他在大学毕业之后去了微软公司。这个人情商比较高,也比较注重自己的情商。他曾经说,他以前沟通能力也不行。但他知道情商对于一个人的成功很重要,他就不断地提高自己的沟通能力,提高自己的人际交往能力。他进微软的时候就给自己设定了目标,要在三个月内认识 60 个不同的中高管。然后他就开始实施他的计划,每天请不同的微软中高管来共进午餐。结果不到三个月,他真的认识了60个不同的中高管。后来机会来了,他想申请到中国大陆来实施他的抱负。比尔·盖茨在开董事会讨论的时候,60位中高管,一看这个人要求去中国,一致同意把他派到中国。后来他就来中国了。比尔·盖茨当时感到很奇怪,他说一个中国人怎么获得这么高的呼声。他到中国不到两三年的时间,微软要建一个亚洲研究院。比尔·盖茨本来的意思是要建在印度,因为印度是以英语为母语的国家,我们中国是方块字,他认为中国的软件设计肯定不行,因为英语背景不行。结果呢,比尔·盖茨又拿出来讨论,60位中高管又一致同意设在中国。后来微软的亚洲研究院设在了北京的中关村。大致如此,这个人的情商非常高。后来又发生了一件事情,就是前两年他要跳槽到 Google 去,比尔·盖茨很生气。他说我给了这个人很多机会他还要跳槽,非常奇怪。他说我真的很恼火,然后比尔·盖茨当时就打算把他告到美国的联邦法院。而60位中高管又一致通过,别告他了,放他走吧。所以他的情商很高,对他后来的成功很有帮助。你们将来要拿更高的薪水,要受到重用的时候,去提高你们的情商,人际交往能力,还有自己的情绪控制能力。最后我讲一下 AQ,就是逆商。其实一个人的综合素养,就是看他在逆境当中,遇到挫折困难的时候,他是怎么样去解决自己遇到的困难和挫折。我举一个大学的例子。因为今天在座的很多同学都是大学在校生。我在上到大二时,我有一个大三的同学,因为我跳级,跟这个大三的同学成了朋友,也是我的一个同学,他当时立下了自己的人生方向,做国家领导人。肯定北大有很多同学也是想当国家领导人的,(笑)大家不要笑,这个目标很伟大,而且很现实。他在大三的时候要去参加校学生会主席的竞选。参加竞选的时候,他以三票之差负于了他的竞争对手。他来找我说,廷海,我非常生气。我说怎么了?他说他的竞争对手采取了不正当的竞争方式。其实情况不是这样。那个校学生会主席其实非常大度,当时邀请他去做校学生会的常务副主席。他当时愤怒地拒绝了这个机会,回到宿舍里边,专心地搞他的学习,也不管这些事情了。后来我大学毕业要走了,他来找我给他留言。我知道他当时的状况,就好像宋朝的陆游写的那首诗中"无意苦争春,一任群芳妒"。好像有点那种意思,有点消沉。后来我就送了他一首诗。因为我知道他想要当国家领导人,我就送他一首诗。还是《卜算子·咏梅》,只不过换了一个诗人。这首诗是什么呢,"俏也不争春,只把春来报。待到山花烂漫时,她在丛中笑。"这是毛泽东写的一首《卜算子·咏梅》。既然你的职业目标是想当国家领导人,那么你不要为了区区小事,为了自己的失利去在意那么多事情,我大致就想说明这个意思。我毕业之后就走了,在一个跨国公司做到北方地区总经理。后来我有一个想法,就是去考研究生。我就到北京来,考硕士研究生的时候就住在清华园里边。硕士研究生考完之后,过了两年之后还住在里边,我在清华大学大致住了三年的时间。这个同学后来上了博士,在他博士毕业三个月之前,给我打了一个电话。他说,廷海,我有一个困惑。我就想,我们班上职业目标最明确的人怎么会有困惑呢?我让他说来听听。他说我有三个选择。第一个我想到美国去读博士,经济学的博士。我当时就跟他讲,我说我不太赞同,理由我说给你听。我说你想,到美国去读经济学的博士,一般情况下,美国的博士是不太承认中国的经济学博士的。你到美国去读经济学博士大概要五年的时间。你要申请去读博士,你还要考一个好的托福,一个好的GRE。那么你还要准备一年的时间,那么这样就是六年,还有一个,你要申请到一个好的学校,你要申请奖学金,那么你还要准备一年。这样的话,两年加上五年就是七年,还想回到中国来吗?他说想回来。我说OK,你回到中国之后还要准备一年的时间来就业,这样就是八年。我说请问你现在多大年纪。当时我们27岁了。我说8加27是多少,35岁。我说当你35岁回来的时候,我的孩子都可以打酱油了。人的一生职业生涯,我告诉大家,就是这样。我问他还有什么选择,说说第二个选择。他说第二个选择,我到一家上市公司的二级公司去当副总经理。我说这个我也不赞同。我说你的家庭背景非常好,你不是缺钱的问题。如果你走一条从商的路,最终也有通过从商发展到从政成功的,但是还是比较难,困难比较多。我说还有什么选择,第三个选择。他说考公务员。我说考哪里的公务员。他说考两个,一个是考上海的公务员,还有一个是考中央国家机关的。我说OK,好主意。我说你考中央国家机关的公务员,刚好,我说我在世界五百强企业里边担任的是全国的行业总监。我说我专门做大客户,专门往中央机关跑,那么我可以帮帮你。其实我帮不了他,我就鼓励他而已。后来他真的听了我的话,去考中央国家机关的公务员。结果他就考上了,他非常开心。他离开上海的时候,给我打了一个电话。

他说,廷海,我明天就要离校,到北京的中央国家机关去上班了,我到北京之后第一个礼拜就请你吃饭,因为你对我的帮助很多。结果这小子就到了北京上班,一直没跟我联系,消失得无影无踪。我想是不是说,进了中央就把我们这些老百姓忘掉了。其实不是这样。后来,三个月以后的一个星期五,我接到了他的电话。一个声音非常低沉的电话。他说,廷海,我有一个困惑。我一听在中央机关工作的人,怎么会有困惑呢。我说你这样,明天就是星期六了,我也不上课了,我明天直接到你们单位去找你。他说你别来,你千万别来。我一听有事,我要再不去,他肯定要跳楼了。他当时压力非常大。我说那这样,你来看我好了。后来到了第二天,这个星期六上午的时候,我一看,真的是坐不住,我就想去看看他。后来我没经过他的同意,我就跑到中南海那边他们单位附近去,到他门口给他打手机,我说我到了,你要不要接见我,他出来了。那天他们单位没有上班,他就带我往他住的地方跑。他带我往地下室去,他住在地下室里面。他们中央国家机关安排的住房就是地下室。我就大致知道原因了。他说中国好几百万公务员啊,什么时候轮到我出头?当时心里非常悲哀,情绪非常低落。我就问他,去刺激他。我说你每月工资多少钱?他说不到1200块钱。几年前的时候,真是这样。我大致就知道他什么原因了,原来是AQ不高,逆商问题。我说你这样吧,你以最快的时间到清华来看我。他第二个星期就到清华来看我。我就跟他说了一个故事。这个故事内容是什么呢,其实我当时已经做了北方区的总经理了,在一个跨国公司里边,下边五百多个人。我决定要考研究生其实是自己心里的一个梦想。当时我有很好的条件,自己又有车,又有房子之类的。跑到清华里面去租了一个房子,清华的一个退休的老教授,用碎砖头砌起来的一个房子,小型房子,绝对是违章建筑。我晚上睡觉的时候都担心哪个小孩子发坏,把那个墙推倒了,把我弄在一堆垃圾里边。那个墙一推就会倒,手一撑就是房顶,房顶总共两米高,上面是油毡布加上土再加上草盖上的。他过来了,我就跟他讲起这个故事。我当年考硕士研究生的时候,第一志愿是考清华大学的经济管理学院。那年一月份考硕士研究生,全国统考。刚好在考试之前发生一件事,北京12月份的时候本来是很少打雷下雨的,结果有天晚上,既打雷又下雨。那个晚上,一个响雷一打,把我门口的那棵树的树枝给打断了,然后一下子就落到我的房顶上。那个房顶就被砸了一个大窟窿,幸好没砸到我,我头发比较少,往旁边一躲,闪开了。于是,瓢泼大雨就往那个房间里边灌。当时房里书比较多,我就开始挪那些书。五分钟后,地上都积了一滩水了,又过了五分钟停电了,灯灭掉了。到了凌晨三点钟的时候,暖气也没有了,冻得我要死。我当时就想到了杜甫的一首诗叫《茅屋为秋风所破歌》。当时那个状况我就安慰自己,我说天将降大任于斯人也,必先苦其心志,劳其筋骨。我当时想,天将降任不要降给我,降给我哥哥姐姐好了。其实这里边非常的悲哀,当时那种状况,叫天天不灵,叫地地不应。到了第二天早上,突然想什么事都做不了了。我当时感冒了,得了重感冒。过了两个星期就去考硕士研究生。结果那年考的不是很理想,超过国家线大概20多分。但是那年清华经管学院就照顾年龄比较大的,就是工作八年以上的人。他们的分数比我们要低20分。我估计是没戏了,就赶紧转学校,我就想转到北京邮电大学,所以我的硕士研究生是北京邮电大学的。我不也这样走过来了吗,我不也在世界五百强做到中高管的职位了吗? 当时我就跟他讲,我说你现在的情况没有什么。我还告诉他,我现在是清华大学经济管理学院高级工商管理硕士的招生项目顾问呢,我与清华大学经济管理学院合作了四年。我虽然没有从那里毕业,我现在还在带清华大学经济管理学院的项目。我现在赚他们的钱,我就觉得很爽。其实,人一生的梦想,虽然有的时候没有实现,但是你有很多的收获。包括我们在与清华谈项目的时候,清华大学在招标的时候,也不是哪个单位都能进的。我掌握的一些东西,是我在准备研究生的时候就开始了解清华的,因为我对这个项目如此的了解,又有可行可靠的执行方案,清华的负责人对我们公司的业务能力深信不疑。他那天听我讲完之后,他说廷海,你也别请我吃饭了,我要走了。我感到很奇怪,他非常高兴的样子,一下子就走了。我还以为他要干什么,结果他到西单去,做了一个决定。把他前三个月赚的工资,拿来买了两套西装,又买了三根领带。买了回去之后,从星期一开始重振旗鼓,一个崭新的自己出现了。结果他们领导就非常喜欢他。后来,他们领导到哪去都带着他去,他也比较有才,而且又善于去表达自己。然后整个状况不一样了。两年以后,机会来了。让他到地方去干了。从县长、常委干起,下一步该做一个市的市长了。他可和我一样大,就是30多岁这个年纪,要当一个市的市长了。我想,如果没有什么闪失的话,他在40岁以前,还有的是机会。我想说的

173

是什么呢,人的一生你会遇到很多的逆境,你会遇到很多的挫折和困扰,在这个过程当中你是怎么过来的,你怎么去应对。还有你的终生方向,不要去改变它。在这一过程中,你需要去找一些导师,找一些朋友,然后去帮助你。我想这个是比较重要的。

  大家还愿意听吗?(愿意)真愿意还是假愿意?待一会儿有没有事情?没有事情,是吧,我想再跟大家研讨二十分钟,好不好?讲到八点五十的时候,让同学提问。OK,跟你们讲什么呢,你们想听什么呢?什么都行,是吧,只要我讲话就可以,是吧。那我还是讲点有用的东西。那这样子好了,我下面有一个培训,其实我也经常去给企业做培训,其中用到的一些教程,给大家培训一下。大致就下边十多分钟的时间,这个培训,企业中高管要交两三万块钱呢。今天免费给你们好不好。那你们要来一点掌声。我告诉你们,我们中国的同学不懂得欣赏,这个是不好的。为什么中国没有诺贝尔奖呢?当然说我们创新能力不行,我们一天只知道学习,往脑袋里边灌东西。我们没有真正考虑,为什么教这些东西。还有我告诉大家,在美国,他们的老师,讲得比较好的老师,在课堂上讲完课之后,结果你发现这老师走到操场已经好远了,已经走了两三分钟了,里边的掌声一直在响,一直拍到这个老师听不见为止。我们中国学生怎么样,讲得好的老师,管你是谁,讲完就完了,起来比老师跑得还快呢,不懂得欣赏。尤其在北大这种环境,肯定有很多德高望重的教授,他们的课堂都是讲得好的。(掌声)再来一次掌声。

  培训,大家看到图像的这个 B 点,跟大家分享一下。刚才跟大家讲的,一个是 Who am I,了解我自己。还有一个就是怎么定位自己的 B 点,怎么样去积累自己的 C 点。从这当中要考虑自己职业修养比较重要的地方。那么最后涉及一个什么呢,有一些什么样的门道,就是怎么去实现自己的职业梦想。这个实现,有很多种。我不可能在简短的一个多小时,把实现的方法都告诉大家。大家如果感兴趣可以去关注一下爱未来的网站:www.lovefuture.com。上边有未来之星扬帆计划,整个计划可以了解一下,爱未来的网站上介绍得比较详细。不过,今天我想讲的,我们去实现我们人生梦想的时候,有一个态度的问题。这个我想对我们每一个同学都是非常重要的。不管我们是上了研究生,是老师,还是刚参加工作,还是刚上大一,这都是非常重要的。其实我们说话,就代表我们现在的现状。如果你说话就会得罪人,很冲,别人都不愿意和你合作。你到一个企业里边去工作,你有没有发现,为什么有的人他说话就特别招领导喜欢。原来你认为他会拍马屁,其实不是这么一回事。真的去实现,大家真的去体会这句话,微笑的脸。不要搞得你自己好像别人欠了你三万块钱还了你一分钱一样,非常地恼火。你高兴一点,你的领导也高兴,你的团队也高兴。真的是这样。所以,事业成功的基本信念是什么呢?必须成功。语言改变思想、心态,语言也影响身体。语言改变自我形象。人们用语言进行思考。我引用一句话:人类常常是认为生活在客观的世界里,事实上,是依靠语言这个媒体来生存。语言构筑了我们思考的方向,语言形成信念并影响行动。没有声音?唉,我先讲点别的啊,这是需要声音来配合的。

　　大家看一下,这是习惯性地使用一些表达否定情绪的语言。比如"真是的,这工作没法找了,算了吧。"这样的状态、心情是不行的。我知道肯定有来自东北的同学,前天见到几个东北的同学。他们在北京找工作,结果你知道他们获得什么经历吗?回到东北老家一看冬天比较冷,在炕上睡了三个月的时间。大概是冬眠结束之后,然后又跑到北京来找工作。这样来找工作,不行的。还是要积极的情绪比较好。这样的东西就是不行的,其实我们生活当中有很多这样的人,千万不要这样。所以大家要记住,我们的语言能使自己的人生变得不幸或者变得幸福。所以说,Yes, I can.成功者不说否定的话,所以我们没有这样的话,OK?然后,让心态变得积极,有积极的语言。大家跟我一起来看,让心态变得积极。这边有一句话,大家真正理解一下。关于人生,不是现实本身,根据自己如何解释、赋予何种意义而不同。大家理解一下这句话,并且领会一下。你赋予它什么样的意义,不是你遇到一个挫折,你的人生就是悲哀的。不是这样的,大家认真理解。还有这样一句话,用爱点亮未来,用行动铸就成功。爱是什么呢,是我们内心的一种喜欢,是我们内心的一种挚爱。你真正在意一项事业,去挚爱一样东西的时候,那么这个东西就会点亮你的未来之路,然后用行动铸就成功。我用这句话和大家一起来分享。大家积极一点,我来领读,大家一起来读好不好。大家能站起来吗,用你们饱满的声音来读出这句话,把你们的喜欢和爱,还有对未来的梦想,通过这句话体现。我们来读,大家如果能做一个手势,一个 power 的手势就最好了,大家记住千万不要打到前面的同学。要打的话,打轻一点,打重了就会难过。用爱点亮未来,用行动铸就成功。选择你所爱的,爱你所选择的。在积极的追求和行动中把握机会,在积极的行动和奋斗中铸就成功。谢谢大家,下边还有啊,大家先别坐。记住了?要开门进来的不给进来,我们下面的培训不给他们。

下边这句话,事业成功的信念。大家做这个手势就行了,手关节垂直90°。这个手势就是 power 的手势。将来你们要去做职业经理人,要去做 power 的时候,一定要 power。你没有 power,没有人会选你的,没有人看到你的。大家记住这句话吗?我们在人生当中会遇到很多挫折和困难,这个时候,"哈",然后这样子一下。比如说你们男同学追求女孩子追求失败的时候,"哈"!找工作失败的时候,"哈"!大家记住这样,这样就没有问题了。比如我现在被我老婆骂的时候,"哈"!什么事都没有了。我一被骂,心里边非常难过,头发都掉光了,后来懂得"哈",头发又长出来了。记住哈,什么问题都不要怕。每个人都来做好不好,这对你们的人生非常重要。

下面是我来领读,大家跟我一起读。别看就这样一句话,对你们的人生非常重要。有重要的影响。我能,I can do it. 我能做到,一定能做到。没有最简单的事,也没有不可能的事。没有 no 的挑战,不说不寻找对策。知难而进,挑战成功。好,谢谢,大家请坐。希望对你们比较有帮助。所以说,机会来了的时候,大家认真想一下,如果我们在应变一件事情的时候,如果处于消极的状态,很快就放弃了。结果我们什么都得不到。如果我们换句话来讲,用一种积极的心态,那么情况又怎么样呢。可能一件事情你去努力了,可能当时只有 10% 的成功的可能性。最后你发现你一直努力,最终就真的成功了。这是我想跟大家分享的。

有一首诗叫《天空的星星》,这是我在《我的梦想我的路》里边发表的。这样一首诗呢,我希望对大家有帮助。我读了自己不感兴趣的专业,我在实现我的梦想当中,每天晚上十一二点,跑到一个操场花园里边去看着天上的星星,哪一颗是我要的星星。当时就是这样去想。首先判定自己的梦想。希望接下来的这五六分钟的时间能对你们的人生产生重大的影响。好不好,需要灯光配合一下。那么这首诗,是一个广播站大学生配的。

《天空的星星，我要的星星》

还记得那是在小时候
站在屋顶
仰望天空
远方是七颗星辰，七个梦想
我梦想过 扬帆远航
可是 世事变幻纷繁
不知是何时
我失去了远航的方向

很久很久了
都没有仰望星空
今天仰望星空
远方的七个星辰依旧
可我的梦想也不知何去何从

天空的星星 我要的星星
我梦想过扬帆远航
天空的星星 我要的星星
从今开始 扬帆远航
我要实现 我的梦想

请大家站起来，仔细看这浩瀚的宇宙。我们只是这宇宙中很渺小的一个生命。请大家闭上你们的双眼，按照我所说的，在头脑中绘制一幅生动的图片。大学生活这几年，我得到了什么，我失去了什么。大学生活就要结束了，我将到一个新的地方，我将去实现我的梦想。在我的生命中，我渴望的梦想是什么？我要取得的卓越的成功是什么样子？我实现了吗？我满意吗？如果还没有实现的话，还要做什么？请大家在原位置上向前移动一小步。时间转到了五年后，五年后的某一天，在过去的五年里，我的生活有了很大的变化。由于五年前的那个决定，我的生活填充了新的内容。我的生活有了新的变化，我和什么样的人在一起，处于什么样的场景中?在这种场景之下,我最想做的事情是什么?有什么样的感受呢?事情都进展得顺利吗?再往前移动一小步,我站在了我所期望的那个时空里。我实现了我的梦想,我的生命中出现了很多激动人心的事。温暖的家,优质的生活,成功的事业,我的父母为我而骄傲,我心中的她为我而喝彩。我拥有了这一切快乐美好的时光,这就是我想要的,心中充满了成就感、幸福感、满足感、感激感。让这种感觉增大二倍,再感受一下我的生命中最辉煌的时候。取得了辉煌的成就,生命中要感谢的人很多。感谢父母的养育之恩,感谢母校的栽培,感谢爱未来李老师给我生命中最重要的一课。天空的星星,我要的星星。我要实现我的梦想,我要实现我的梦想,我要实现我的梦想。

谢谢大家。这首《天空的星星,我要的星星》希望对大家有所帮助。那么为了能实现我们的梦想,我们能做到吗?"能!"好,声音非常的洪亮。我希望大家能做到,为了能实现我们的梦想。我希望大家能跟我一起来宣誓,大家最后一次站起来。这样一句话,为了实现我们的梦想,大家跟我一起来。我能做到,一定能做到。好的,谢谢,大家请坐。我希望大家能够对我们所说的话负责任。因为"我能做到"这句话,成就了成功者。神帮助那些说我能做到的人。说我能做到的人,也能够做到。我给自己留下的最珍贵的礼物,就是我能做到这句话。只有说我能做到的人,才能享受幸福和成功。《天空的星星,我要的星星》,大家会后可否到前面来,这个书上有,大家看一下。下面我跟大家留一个 e-mail,litinghai@lovefuture.com。大家如果在职场之中有什么困惑,可以找我。非常感谢大家,感谢北大讲座给我这个机会与大家一起分享了一个快乐美好的夜晚!

(2008 年 11 月 27 日)

新农村建设的实践与思考

■ 牛有成

[演讲者小传]

牛有成,北京市副市长、市政府党组成员。曾任共青团顺义县委副书记,顺义县委宣传部副部长,顺义县平各庄乡党委书记,顺义县顺义镇农工商总公司总经理、党委副书记,北京市委农工委干部处副处级调研员、副处长、处长、副书记,北京市大兴县委书记、北京市大兴区委书记。2003年1月任现职。工作分工:负责农业、农村、水务、园林绿化、环保方面工作。

尊敬的杨书记、林教授,各位老师、同学:

大家下午好!

非常感谢北大给我这个机会和大家交流。北大是我国著名的高等学府,也是我向往的地方。今天,我是怀着崇敬、尊敬的心情来的。崇敬的是北大这个高等学府为我们国家所做出的突出贡献;而尊敬的,就像刚才杨书记介绍的那样,林教授[*]是一个著名的学者,在国内外学界都有影响。这就是我此时此刻的心情。

今天,我主要是介绍一下北京"三农"工作的情况。北京"三农"在全国而言,属非典型,我是就北京的实际谈自己的一些认识和我们的实践,难免会有偏颇之处。如果师生们有疑问可以当场提出来,我能回答的尽量回答,回答不了的我们共同探讨。

"三农"问题实际上是一个很厚重的话题。之所以说它厚重,一是从

---

[*] 林毅夫,北大中国经济研究中心主任,2008年5月以后任世界银行副行长兼首席经济学家。

历史角度上来说,中国五千年有记载的文明史,应该说绝大多数时间是以农耕文化为主的。大家都熟悉的二十四节气,就是农耕文化的突出代表,充分体现了我们先人的智慧。比如种小麦的最佳时期。二十四节气就说得非常准确。"白露早,寒露迟,秋分种麦最当时"。实践证明,只有在秋分前后播种是最佳时期,二十四节气非常科学,是人与自然和谐的典型总结。说它厚,就是厚在农耕文化几乎贯穿了我们中华民族五千年的文明史,并且为世界文明做出了贡献。说"三农"问题"重",从人口角度讲,2005年的统计数据显示,我国13亿人口中农民占了近9亿;从地域面积来说,农村远远大于城市。但从现实看,城乡差距还很大。为什么全党把重中之重确定为"三农",是有其必然性的。构建和谐社会,如果城乡不统筹,很难说和谐。而农村目前是我国建设发展中的短板,我们不把它接上,很难说统筹。所以,"三农"问题无论从历史的角度还是从现实的意义来说,都是一个极为厚重的话题,要把它说透很难。面对这个话题,今天我是抱着一种共同探讨的态度,来北大学习,汲取营养。

下面,我主要从三个方面谈一些个人的认识。一是"三农"所处的阶段;二是"三农"所面临的现状;三是北京新农村建设的实践。

一、"三农"所处的阶段

"三农"问题所处的阶段,从全国角度讲是人均GDP超过2000美元的阶段,从北京看是人均GDP超过7000美元的快速发展阶段。那么,在这个阶段,我们看"三农"有三个基本判断:农业是基础性的产业,农村是可持续发展的空间,农民是国民构成的主体。为什么说农业是基础性的产业?因为我们的生活离不开农业,我们每天都要吃饭,而且工业中也有相当一部分原料来自于农业,所以它是基础性的产业。农村地域广大,我们整个经济建设发展的未来空间主要是在农村,所以讲农村是可持续发展的空间。我刚才列举了2005年的人口统计数据,2007年的还没最后公布。但毫无疑问,农民仍是主体。这是我谈的第一个认识。

二、"三农"的现状

"三农"的现状我认为是机遇与挑战并存。就挑战而言可以用"三有三缺"来概括。即:农业有基础缺投入,农村有资源缺要素,农民有组织、缺服务。

所谓农业有基础缺投入,一方面来看农业作为一个基础性的产业有悠久的历史。近些年来,党中央把它作为重中之重,为此制定了一系列的政策,农业有了较快发展,所以农业有一定的基础。但从另一方面看,它和二、三产业相比,有机构成很低,差距还很大,所以还是缺投入。今年中央1号文件的主题就是"切实加强农业基础设施建设,进一步促进农业发展农民增收"。因此看来,不断加大对农业的投入是当前和今后一个阶段的主要任务。

所谓农村有资源缺要素,是说农村有发展空间,有土地资源,也有劳力资源,但是缺少资金、技术、人才这些要素。如果农村再有这些要素输入,我想农村的面貌包括北京农村一定会有更大的改观。

所谓农民有组织,缺服务,是说农村基层组织是健全的,我们有村党支部,有村委会,应当说农民是有组织的,但是缺服务。从城乡统筹、公共服务均等化的角度来看,欠缺还很多。基础设施投入、公益事业发展跟城市相比差距很大,所以我认为中央提出公共服务均等化针对性很强,也非常符合我们现阶段的实际。

形成"三有三缺"的原因主要有三点:体制性障碍、历史性缺陷、主体性落差。

首先是体制性障碍。体制性障碍是指我们长期以来的二元结构体制。为什么出现"有资源缺要素,有基础缺投入",这是体制问题。比如,北京2002年底固定资产投入中只有20%投向了农村,而80%投向了城区。北京市16400平方公里,城区规划面积1000平方公里,也就是说有15000平方公里是农村,但它投入只占20%,1000平方公里的城区占80%的投入。经过近五年的努力,这一比例已经由2002年的2:8变成了目前农村占投资比重的51%,城市占49%。这是中央制定的城乡统筹方略在北京实践的结果,是北京市委市政府高度重视"三农"问题、制定一系列惠农政策的结果。现在我们还在不断努力来突破体制的制约,进一步加大对"三农"的投入,促进城乡的和谐。党的十七大提出要加快推进城乡一体化,这是有战略意义和现实意义的。

第二个原因就是历史性缺陷,即先天不足。因为城市聚集要素的能力很强,把农村的要素吸走了,所以农村现在人、财两缺。首先是人,现在北京留在农村的劳动力,平均文化水平是初中,高中及以上文化水平的人大部分都离开了农村。而财,也就是资金,农村本来就缺,而农民的储蓄又被各种商业银行大量吸走,投入到了城市的建设发展中,这是历史性的缺陷。

第三个原因是主体性落差。农民平均受系统教育的时间比较短,就业技能比较差,所以在参与社会主义新农村建设过程中主体性作用发挥得不充分,与客观需要有较大反差。

以上简单介绍了"三农"工作面临的挑战,虽然问题和困难很多,但我们不能消极看待"三农"问题。只有脚踏实地认识、分析,积极地探索解决"三农"问题的途径和办法,才是正确的选择。因此我们应该把主要精力花在分析"三农"面临的机遇上,才能进一步坚定我们的信心。

站在新的历史起点,从发展的角度来分析"三农"可以得到这样三个判断:农业是融合性、创意性产业,农村是城市不可缺少的支撑,农民是不容忽视的主体。

第一,农业是基础型产业,同时也是融合性产业,还是创意性产业。为什么这么讲?不少人去过北京郊区,为什么去?是民俗游的吸引力。举个例子,延庆景庄镇柳沟村一民俗户,在2007年黄金周七天就有11万的收入。为什么一个农民7天能有11万的收入?什么原因?是农业这种融合性的产业带来的效用。因为市民看的是生态农业,吃的是绿色农产品。而且这些农产品通过加工,经过二次生产,最后以旅游的形态推出,一产向二、三产延伸的过程就是农产品增值的过程,农业有这种天然的融合性。当然,这种融合性与生产力水平密切相关。如果人均GDP 3000美元以下就很难出现这种现象,而北京去年人均GDP已超过7000美元,因此它又具有一定必然性。

再有,农业还是创意性产业,给它注入文化,可以更快地增加附加值。请大家看这幅画,它是麦秸画,用麦秸做的。麦秸本来是农业的下脚料,但一旦有创意、注入文化,可以变成工艺品,这一幅画应该不低于200元。出国时将它作为礼品,很受外宾的欢迎,因为它能够代表中国文化,我说的农业的创意性就在于此。我国农业发展到现阶段,有很大的发展空间,它不仅是基础性产业,而且是创意性产业。我希望北大的学子应该开发你们的智慧,多向农业里注入文化,农民作为生产者就会有更大的收获,城市消费者也会得到相当的满足,而且还是对中华民族文化的弘扬。从这个角度来说,农业作为基础性产业可以跨越三天:昨天离不开农业,今天离不开农业,明天同样离不开农业。可以说农业是一个永远的朝阳产业。

第二,站在新的历史起点看,农村是城市不可缺少的支撑。城市要发展,没有农村做背景就无从谈起。农业不仅仅能提供其一定的生产功能,它所提供的生态功能更不可替代。一亩玉米的生产价值300元左右,可它提供的生态服务价值是3000—5000元。我们生存就要呼吸,就需要不断提高空气质量,那么农业在这方面则功不可没。从这个角度说,市民要提高幸福指数就离不开农村,主要是离不开农业提供的生态价值。2003年以来北京私家车以20%的速度递增,买了私家车去哪里?最佳去处就是郊区,就是农村。因为农村提供的文化符号特别是田园风光具有强大的吸引力。所以我觉得农村是城市不可缺少的支撑,城市代表现代文明,农村代表自然文明,两种文明的融合才是完善的和谐。

第三,站在新的历史起点看,农民是不容忽视的社会主体。农民是创造物质财富和精神财富的重要人力资源。他们不仅在农村创造财富,同样也在城市创造财富。他们不仅从事一产,而且在二产、三产也大有作为。应该说,农村的人力资源在经济社会发展的方方面面都发挥着重要的作用,更是社会主义新农村建设的主力军。

因此,站在新的历史起点看,"三农"面临着非常好的机遇。

结合北京的实际来看,"三农"工作面临的机遇主要有三:一是物质基础的保障,二是新农村建设的实施,三是奥运会的促进。

首先是经济的快速发展为解决"三农"问题提供了基础和条件。北京去年人均GDP已经突破7000美元,市财政收入近1500亿元。在举办奥运会这个繁重任务的情况下,去年一年我们用在农村的资金就达130亿元,其中还不包括高速路的建设资金。物质基础为发挥农业的潜在功能提供了一个稳定平台,为实施城乡统筹、推进城乡一体化提供了必要的保障和条件。

第二是"社会主义新农村建设"的提出与实施为解决"三农"问题提供了战略性机遇。2005年中央提出了建设社会主义新农村的伟大战略,这是基于生产力发展的现阶段特点,从根本上解决"三农"问题的战略性部署。社会主义新农村是一个很好的平台,它既是城乡统筹方略的具体实施途径,也是"多予、少取、放活"方针的实施载体。同时,中央对社会主义新农村也提出了明确的要求,那就是"生产发展、生活宽裕、乡村文明、村容整洁、管理民主"。这五句话,20个字,我认为非常符合中国现阶段"三农"实际,也是我们社会主义新农村奋斗的目标。

第三是举办奥运会为北京"三农"提供了一个历史性机遇。奥运会在北京举办,对北京城市化推进是一个极大的动力,对北京城市建设和管理是一个提升的机会。奥运会筹办六年来,北京的发展变化是巨大的。正因为城市化进程加快,"以城带乡"力度也越来越强,所以对北京"三农"问题的解决无疑是一个难得的历史机遇。

三、北京新农村建设的实践

中央做出社会主义新农村建设战略部署以来,北京市委市政府高度重视,研究了针对北京农村实际的落实意见,提出了"抓住三点,突出四新"的具体思路。

所谓抓住三点就是抓住新农村建设的重点、难点和关键点。

新农村建设的重点就是发展产业。因为"生产发展"是"二十字方针"第一条,也是农民迫切需要解决的首要问题。难点是调动主体,是农民这个主体如何积极投入到新农村建设中来。新农村建设是自上而下的,是政府主导推进的,而受益的主体是农民。农村有一句话:鞋合不合适,脚知道。因此说,新农村建设首先要了解农民感受如何,农民需要什么,应该让农民找到感觉,要从他们的生产生活实际出发,研究我们建设的目标和措施政策。关键点就是创新机制。因为新农村建设是按照城乡统筹的方略进行的,在二元结构没有打破之前,要通过机制创新来弥补体制的不足,这就需要我们大胆地探索新的机制。

近几年来我们结合新农村建设"二十字方针",锁定重点、难点、关键点,研究推进北京新农村建设的步骤、模式以及相关政策,突出在"新"字上下功夫。即:树立新理念、培育新产业、探索新机制、培养新农民。

第一是树立新理念。就是以科学发展观为指导,在新农村建设中,端正我们的发展方式。具体讲,新农村建设要追求可持续发展的目标,牢固树立生态文明、循环经济的理念。

党的十七大提出了生态文明的概念,而生态文明在新农村建设当中也非常重要。生态,从专业角度来说有其明确的内涵,我从非专业角度解释:生态就是人们对待生命的态度、对待生活的态度、对待生存的态度。这三个态度一旦端正了,生态就文明了。因为如果连生命,包括动物的和植物的生命都不珍惜,谈何文明?端正对生活的态度,就是要追求幸福生活,提高幸福指数。钱多幸福指数就高吗?不完全。钱多是基础,更重要的是心态、情绪和感觉,而这个跟生态息息相关。端正对生存的态度,就是要为后代着想,为后人留下发展空间。我们要珍惜每一寸土地,按照科学发展观走内涵式发展道路,包括种地,都应该提高它的复种指数,提高效率。这些理念树立起来,对新农村建设是相当有益的。

循环经济是以资源高效利用和环境友好为特征的社会生产和再生产活动,是新的生产方式。它用发展的思路解决资源约束和环境污染的矛盾,是实现人类社会可持续发展的有效途径。近两年我们实施的"让农村亮起来,让农民暖起来,让农业资源循环起来"工程可以说就是循环经济的具体体现。让农村亮起来,主要是在农村由各级政府出资安装太阳能路灯。让农民暖起来,主要措施是实施吊炕工程。就是借助东北农村地区的做法,把原来的土炕悬起来,通过悬空的孔将热量散发到室内。实践证明,这种发热方式节省40%的燃料,室温可提高3到5度。不要小看这一技术革新,它确实让农民感觉到了温暖。让农业资源循环起来就是大力发展污水处理、沼气利用、生物质能源推广、集雨工程等等。我们要让农民通过具体实践明白循环经济的道理,存在决定意识,理念规范行为。

第二是培育新产业。因为农民的资本积累没有完成,所以一定要把培育新产业作为重点工作,把农民增收作为中心任务,贯穿新农村建设的始终。发展农村产业要反弹琵琶,要从加强农村基础设施抓起。农村有资源缺要素,要把要素聚集到农村来,最大的挑战就是农村落后的基础设施。这几年我们不断加大固定资产投入,兴修道路、水利,整治农村环境,就是要通过改善农村的整体环境,提高生产要素的吸附力。

培育新产业,就要加强对农民的技能培训。要针对农民受教育时间短、就业技术差的实际,加大这方面的投入,不然新产业出来还是就不了业。大家刚才看到的画,就是农民的手工作品。我们现在把北京玩具协会的老师请去参与新农村建设,请到农村辅导农民搞编织、学剪纸、扎灯笼,两周左右就可以简单地从事手工制作。农民可以就地取材,发展手工业。现在农村年纪在四五十岁的劳动力文化偏低,很难进入高新技术产业,所以要针对这部分人的特点发展产业。

培育新产业,就要开发农业的多种功能。刚才我讲了农业的三性:基础性、融合性和创意性。经济社会发展到现阶段,农业的多功能性也逐渐地显现出来。原来传统的农业只是具备满足人生理需求的生产功能,而现在还显现出了生活功能、生态功能。

生活功能就是说农业已经不仅仅是农民赖以生存的生产资料,而且是城市居民生活中不可缺少的一部分。双休日城里人去郊区的热情足以说明这一点。大家看这个工艺品,叫真空袖珍西瓜,可以保存5到10年。西瓜本身是一个自然产物,是农产品,通过加工变为了工艺品,它的价值也就从几元升为几百元。仔细观察,在日常消费中有这样一种现象,就是钱多的人注重商品的价值,钱少的人注重商品的价格。2004年昌平苹果节第一次拍卖苹果,果王拍到3.3万。买那个苹果的人第二天就拿着它到雍和宫去还愿。由此可以看出,此时这个苹果已不再满足人的生理需求了,而是满足人的一种精神上的需要。所以讲,生产力到了一定水平,我们就一定要注意发掘农业的多功能性。需要补充的是,都市型现代农业与传统农业的区别在于出发点的不同。传统农业是以农民增收为出发点和落脚点;都市型现代农业是以市场需求为出发点,以农民增收为落脚点。

都市型现代农业必须要借助科技,培育新产品,推广新技术。有了科技支撑,生产者可以更多的增收,消费者的个性化需求也可以得到更好的满足。去年房山区的一棵核桃树结的核桃卖了14万元。为什么?因为这种外观精美的山核桃既可以成为艺术品又有健身作用。人均GDP

5000—10000美元时,有这个消费群体,我们应该尽量地去满足这个消费群体的需求。而要满足这个需求,农业必须有科技支撑,必须注入文化。

　　培育新产业,还要不断发展壮大集体经济。这个集体经济不是传统意义上的说法,而是新型集体经济。现在北京搞集体经济产权制度改革,量化产权,农民变股东,这就是一种新型集体经济。要让农民找到主人的感觉,参与决策,这样既保障了农民的民主权利,又实现了物质利益,农民的财产性收入也在逐渐增加。以上这些都是我们在培育新产业中所进行的一些探索。

　　第三是探索新机制。新农村建设成果能否发展与巩固,与确立新机制有很大关系。近几年来,我们积极探索,初步形成了一些行之有效的长效机制。比如,为努力缩小城乡差别我们从城乡统筹的角度出发,建立了稳定的公共财政投入机制,形成了部门联动的工作机制。当前,北京城市管理建设任务非常繁重,奥运会筹备工作紧张进行。在这种情况下,市委市政府主要领导仍对"三农"问题非常重视,各部门对"三农"工作一刻也没有放松。2004年,我们建立了生态林补偿机制,政府花钱买岗位,920万亩的公益林由四万农民管护,建立水管员队伍、乡村公路养护员队伍又解决15000名农民就业,这些都是按照城乡统筹的理念,参照城市管理的做法进行的机制创新。

　　此外,我们正在逐步建立包括医疗、养老、低保等方面的社会保障机制。在社会保障的制度设计上,现在我们都在按城乡统筹的原则去做。目前水平虽然不是太高,但是已经迈出了可喜的一步。比如去年建立的60岁以上老人的福利性保障制度,农民和城市居民一样,每人每月200元。同时鼓励农民参加商业保险。原来农民的保险是自吃自,自己拿点钱上银行存,吃利息,每月养老保险就几十块钱。现在政府保的起步线是280元,这样,每个农民到了可以享受保险的年龄后每月可以拿到几百元。除此之外,新农村的医疗保障水平也在不断提高,最低生活保障体系已确立起来,这些应该说都是历史性的突破。

　　新农村建设不仅仅是农民的事,也不仅仅是政府的事。哪个短板不接上,我们的社会都不和谐。因此,近几年来我们积极探索社会参与机制。中央一些单位包括驻军以及北京市各单位,都积极参与到首都社会主义新农村建设中来,各级组织为这项工作都做出了很大的贡献。

这些都是我们在机制上的探索。这些新机制的建立为新农村建设和城乡统筹发展奠定了坚实基础。

　　第四是培养新农民。新农村建设水平高低,取决于主体素质高低。新农村建设的最终目的是要把新农民培养出来,否则不是真正的新农村。新农民的标志,简单说就是要具备新的生产方式、新的生活方式和新的思维方式。

　　新的生产方式就是要让更多的农民向非农产业转移。即便是从事一产,也应该积极投入到都市型现代农业中去。很多农民因为长期受二元结构的影响,形成了二元文化,认为"我就是农民,我不敢想城市居民想的事,我不敢想工人干的事,我也不敢想商人干的事。"其实农业的链条很长,一旦冲破观念封锁,改变传统的生产方式,他可以在农产品的加工环节、销售环节获得自己的利益。但如何让农民们冲破封锁?这就需要政府买单培训,典型引路,政策扶持,帮他们转变观念。

　　生产方式的转变必然会带来生活方式的转变。比如过大年,表面看挺喜庆,其实是农民传统生产方式所形成的不得已而为之的生活方式。因为农民只有秋收以后换了钱才能买新衣服,买年货过年。如果改变传统生产方式,增加他们的工资性收入,农民们就可以按季换衣服,每天吃饺子,也就可以改变传统生活方式。所以讲生活方式与生产方式是连在一起的。改变生产方式就是创造非农就业岗位,让农民有稳定的货币性收入。这样他才能成为新农民。

　　生产、生活方式一转变,思维方式必然转变。我们来看看农民观念的转变:50年代农民把钱存在家里。后来有了银行有了信用社,他把钱存到信用社。但刚开始的时候存信用社他不放心,老想着我的钱凭什么让你保管。后来胆大的、思想解放的存了,每月还有利息。农民看到利益了,把钱存银行也就成为理所当然的事了。到了80年代,农民把钱从银行里取出来盖大棚,知道可以把钱用来投资,这样的农民就有进步。现在农民已经用刷卡机了,城里的人来吃饭刷卡就行了。开始农民不接受,觉得"哦,你来把卡划上就白吃饭?"后来一看,银行里真有他的钱。这才使刷卡能够普遍推行。这些都是生产生活方式的转变带动的思维方式的转变。我觉得新农村建设最终是让农民改变生产方式、生活方式和思维方式。农民过去思维方式的主要标志就是封闭,不开放。而我们要搞市场经济就必须让他开放。比如交通条件的改变不仅仅方便了农民的出行，更重要的是改变了一代人或几代人的生存方式。举个例子：十几岁的农村孩子跟城里孩子，往那一站，你马上就能分辨出来。城里的孩子显得机灵。其实他们刚生下来没什么差别，但随着时间的推移差别就出来了。山里的孩子整天都在看山，山是不会动的，那久而久之，山里孩子的眼睛就会发直。城里的孩子，出门就看汽车，他眼珠跟着汽车转，时间长了就显得灵活。家里再有一台电脑，信息量就更大了。孩子的大脑五岁半就基本形成了。这个时候他所受的外部刺激、他接受的信息量决定了他当前的素质。农村的孩子没有这么大的信息量，到给他信息量的时候，又错过了最佳时期。所以我们一定要想办法缩小城乡之间的差距，特别是教育、卫生、文化等公共服务方面的差距。

培养新农民的途径，一是尊重农民，二是提高农民，三是组织农民。尊重农民就是让农民找到主人的感觉，让他们参与管理、参与建设。提高农民，就是针对农民的文化状况和专业技能加大培训，让他尽可能地在非农产业就业。组织农民就是要大力发展专业合作组织，把更多的农民组织起来进入市场，在市场经济中实现和发展利益。

北京新农村建设，围绕这四个"新"，这几年进行了一些实践，取得了一定的成效。到去年底北京农民年人均纯收入已经达到9559元。最后我再强调一下如何认识"三农"。大家都知道农业普查，我对"农业普查"是这么理解的：第一，农业不仅是为了农民。第二，普查不仅是为了农业。第三，农业普查不仅是为了农村。所以新农村建设不仅仅是为了农业，不仅仅是为了农村，也不仅仅是为了农民，实际上是为了整个社会。新农村建设是和谐社会不可缺少的一部分。"三农"工作是我们经济社会发展当中的一块短板，我们有责任把这块短板接上来，因为只有短板接上来才能发挥长板的优势。我们既然生活在一个共存的空间，就应担负起共同的责任。在此，我也真诚地希望在座的师生及全社会继续关心"三农"，支持"三农"，为社会主义新农村建设共同努力！

再次感谢北大，感谢杨书记、林教授给我提供一个交流学习的机会。谢谢大家！

现场交流互动

主持人林毅夫：刚才牛市长用一个多小时的时间，用非常生动风趣的语言，向我们介绍了北京市在社会主义新农村建设上的认识思路、实践，还有取得的成果。我想经过这堂课以后，我们在座的每一位，对在北京市委市政府的领导下，完成社会主义新农村建设的目标或达成构建和谐社会这样一个伟大的理想都有了更加深刻的认识。牛市长讲的四新这样一个思路，我相信也对我们全国各地推动社会主义新农村建设有非常大的借鉴意义。让我们以热烈的掌声感谢牛市长今天下午的讲演。

现在我们还有将近半个小时的时间，在场的各位如果还有问题的话，可以提出来，跟牛市长交流。

问：感谢牛市长精彩的讲演。我的问题是：请问您觉得在新农村建设这个过程中，法律制度能起到多大的作用，谢谢。

答：你提的这个问题很关键。法律在北京的新农村建设当中起的是制度性作用。农民要成为新农民，首先是法律观念要增强。法治观念增强有利于他民主观念的体现。我们在新农村建设当中，特别注意"二十字方针"中管理民主这一条。第一是法律意识的增强，第二是要教育农民知道他有什么权利，他的利益诉求怎么反映，如何维护自己的权利。北京现在每个乡都有法律顾问和咨询场所。而且乡里面的司法员都定期到村里宣讲或以案例解剖让农民来了解身边的事，了解如何用法律的手段去解决生产、生活当中的一些问题，维护自身权益。当然，还存在不少问题，但是方向是坚定不移的。因为新农民的培养与法治、法律意识的增强有很大关系，所以法制建设在新农村建设中是至关重要的。

问：牛市长好，我有两个问题。一个是关于村庄民主，您刚刚提到新农村建设直接关注最后民主建设这方面，那么我想问一下具体到村庄的层面，村庄民主在新农村建设里头到底起到多大的作用？第二个问题是关于新型农村合作医疗制度。据我所知，前几年，我们北京基本上还是以县区为单位统筹，现在是不是已经上升到市这个层面，今后有没有一个计划逐步提高,是不是有一个目标,即哪一年我们达到城乡真正的统筹。谢谢!

答:第一个问题是关于民主方面的问题,现在村民委员会在村民事务管理中发挥的作用越来越突出。大学生村官到农村以后,对村级民主起到了积极的作用。现在,村子里面的规划和经济上的决策,都是通过村民代表会,或经济联营合作社社员代表会来决策表决的。如果说你不同意,你有行使否决的权利。如果你觉得违反规定,你也可以依据正规的渠道去反映。当然民主是一个渐进过程,民主既是目的也是手段更是过程,尤其是在现在农民文化水平相对较低的情况下,要推进民主,还需要时间。应该有意识地从组织保障上让农民找到做主人的感觉,在这方面我们正在做而且也已经开始显现出一定的效果。比如说,村委会直选就是个进步。虽然还有差距,存在问题,这也属正常。因为农村是一种熟人文化、血缘文化,跟现代民主要求还有不小的反差。农民世世代代生活在这个村里,所以他在行使民主权利的时候也受传统文化的影响。这些我想都需要通过民主的实践逐步完善,把这些有效的形式尽可能转化成实实在在的效率。

第二个问题是关于新型农村合作医疗,您说的这个概念非常好,合作和保险一样,参加的人越多,越保得住,这符合大数原则。到目前为止,北京还是以区县为单位,但是市政府投入每年都在加大。现在需要调动农民自己。到目前为止全市参保率达88%左右,个别区已经超过95%。原来初步设计的新农村合作医疗是保农民大病,现在从大病统筹到门诊都在兼顾。如果我没记错的话,前年有一个农民因病报销六万元。您说的这是一个方向。根据大数原则,将来趋势是统筹的范围越大越好,统筹的面、报销的范围越广越好,这是我们努力的方向,希望您今后给我们多提一些具体的意见。谢谢您!

问:牛市长,您好,我想问一个关于增加农民收入的问题。您刚才提到给很多工艺品注入一些文化的因素制造出一种新的产业来提高农民的收入。我想问的是这样一种产业形式在提高农民收入中起的作用是多大,范围是多广?是仅仅局限在少部分有特色的地方还是说可以大范围的推广?假如说它的作用很有限的话,还有哪些途径可以很有效地提高农民的收入？谢谢。

答：你说的这个是农民普遍关心的问题，我刚才说的是带有方向性的，都市型现代农业必须瞄准高端市场去调整结构，北京现在有近300万亩耕地，在目前，300万亩是不完全具备这个条件的。因为我刚才说的这些产品出现首先要提高农业的有机构成，也就是说农业有基础缺投入，还需要我们加大投入，改善、提高农业的综合生产能力。这个还需要一个过程。我举的都是各区县带有典型意义和方向性的一些产品，它占的比例相对还比较低。但是北京的农民非常高兴，因为他们看到方向了。看到方向怎么办呢，我们政府就应该有政策去支持。凡是愿意发展现代都市农业的，我们在设施上会支持，因为要生产这样的产品，不具备一定的设施是很难完成的。例如，一个是按照中央的政策，每亩每人每年有农业补贴，另外一个是对农业的一些基本技术革新加大投入。像农村的田间路、水井、喷灌设施、农机具等，这些我们都有相应的政策。这是北京的一个方向，目前占的量不算大，但是我们要往这方面努力，它是梯次推进的，同时也需要结合山区和平原、近郊和远郊的不同情况来推进。现在我们倡导多元投入，企业想参与都市型农业，我们也欢迎。那么政府做什么工作？就是土地的流转工作，让土地从农民手里流转出来。当然，要依法、自愿、有偿，要在确保农民利益前提下，农业适度规模经营。总的说来，都市型现代农业发展有多种途径，应根据生产力不同水平及各区县资源状况来调整结构，制定相应的扶持政策。谢谢。

问：牛市长，刚才听了您的报告感觉很务实也很振奋。您谈到社会主义新农村建设中的垃圾处理问题，目前在农村普遍存在垃圾未经处理等环境污染的问题。您是否可以谈一下北京市在这方面做了哪些有益的工作和您的打算？谢谢。

答：这是新农村建设当中不可回避的一个问题。要改变农民传统的生活方式，垃圾是一个重要问题。这几年按照城乡统筹的原则，北京市农委和市政管委共同研究，现在已经探索了一种模式，就是村收集，镇运输，区处理。就是保洁员每天让农民把垃圾放到指定的地点，然后收集，镇里面统一运输，以区为单位设几个垃圾处理点，或填埋，或焚烧，或生物处理，多种方式。北京有行政村3950多个，现在有80%的村都能达到这个要求。另外我们下一步的计划是从源头解决垃圾问题。去年我们市农研中心在门头沟王平镇搞试验,教农民把垃圾分成5类:餐厨垃圾、建筑垃圾,还有电池、灰等,村里按类收起来,分完以后,真正要处理的垃圾只占原来的20%,大部分都可以利用,这样就从源头上使垃圾减量化。农民开始没有分类的习惯,村里要采取以物换物的办法。就是说凡是将垃圾分类了的农户都有补贴。一年大概270元左右,基本上酱油、醋钱出来了。有了利益引导,慢慢地农民就养成了垃圾分类的习惯。形成垃圾分类习惯以后村里的环境大大改善,结果这个村的民俗业发展起来了。你刚才提的是一个非常关键的问题,目前我们做了一些尝试,也希望你将来给我们检查。谢谢。

问:牛市长,您好,我想问一个问题就是在发展都市型现代化农业过程中,我们是以市场需求为出发点融入一些技术和文化的因素,为农民创造更多增收的机会。然而在这种采用新技术的过程中,农民有没有可能遇到一些风险,比如说采用那个技术生产的产品不成功或者说不被市场接受,政府有没有相应的保障措施,帮助农民应付这些风险呢?谢谢您!

答:好,又是一个关键问题。这个是农民关心,也是政府有责的一件事。在都市型现代农业发展过程中,要走高端市场,要有新品种新技术,这些新品种新技术的成本是政府承担的。现在,北京可试种的南瓜超过1000种,这些品种是由北京农科院试验的,成功了,经过政府部门鉴定,适合当地这种纬度、土壤,就向农民无偿推广。最近几年政府拿出一部分资金就用来买新品种、新技术。不只是北京农科院,中国农科院还有农业部,以及其他有这方面专业、能力的,都可以研究适合北京的新品种,经过专家鉴定、经过实践检验合格,政府就买过来,然后无偿地向农民推广。新产品的推广需要成本,农民一家一户支付不起,我们以市为单位,推广过程由农业局去进行,由农业科技人员去做。另外,我们去年又搞了政策性农业保险,政府出资保费的50%,鼓励农民入保。遇到风灾、雹灾,入了保险的农民不会因灾亏本。农业是双重风险,除了卖不出去这个市场风险,还有自然风险,所以政府应该想办法让农民规避这两种风险,把风险造成的损失降低到最低点。

193

主持人林毅夫：好，同学们还有很多问题要问，但是时间有限，今天的报告会只能到这儿结束。我相信，这一次的报告让我们同学收益非常多，牛市长也可以看到我们的老师、同学是非常优秀的，这种交流对我们大家有很大的帮助，也可以增强牛市长对北京建设的信心。牛市长说这是第一次到北京大学来，我希望将来有第二次、第三次。在结束之前，杨书记要代表北京大学给牛市长赠送一件小小的纪念品。同时，我也代表北大中国经济研究中心给牛市长赠送一件小小的礼物。

牛市长：谢谢大家。

林教授：今天讲座到此结束，谢谢各位！

（2008年3月21日）

智者·惑也

■ 谭 智

[演讲者小传]

　　谭智,1980年毕业于吉林大学,获得计算机工程学士学位;1987年,获得美国马萨诸塞州伍斯特理工学院计算机科学博士学位。2002—2004年期间,担任香港Tom集团高级顾问;1999—2002年期间,担任8848.net公司首席执行官,该公司是中国最大的在线电子商务运营商之一;加入8848.net前还曾担任微软(中国)公司副总经理;1995—1998年期间担任UT斯达康公司中国区高级副总裁。2007年1月,谭智担任分众传媒总裁,2005年10月—2008年1月,担任分众传媒高级副总裁兼框架传媒董事长;此前,谭智担任框架传媒董事长兼首席执行官,短短11个月,一手促成框架对电梯平面媒体市场的整合,带领框架一举占领电梯平面媒体90%以上的市场份额,框架传媒的营业额亦从3000万增长至近7亿人民币。2005年,框架传媒以1.83亿美元的价格成功并入分众传媒,成为资本运作领域的经典。自2008年3月起担任分众传媒首席执行官。

　　大家好!我感觉到屋子里的热情很高涨,我也是很久没来北大了,在前年的时候来过一次,曾经就这个话题跟一些同学分享过,那么今天我想就同一个话题从不同的角度跟大家分享一下我的经历。

　　我1980年毕业于吉林大学,毕业后被分配到北京工作,1981年有机会获得了联合国的奖学金,然后我就去美国念书。1987年我在美国获得了计算机博士学位,一直在美国工作了5年,大概工作到1993年的时候,所以我在美国一共呆了大概12年的时间。

　　1993年也就是很多大学毕业生想找机会到美国留学的时候,我回到了国内,从1993年到现在我一共做了15年的时间。在这15年的时间里我大大小小做了大概7个公司,或者说介入了7个公司。在7个公司里基本是做管理工作,也有打工的经历,也有一点点创业的经历,大部分都是失败的。2001年的时候我有幸被选为中国互联网发展历史中的十大出局人物之一,所以我第一次上榜是因为这个原因。那么我告诫我自己,不要忘记为什么回到中国来。我告诉自己,中国有很大的机会,不仅对我们这一代人,在中国过去发展的一千年和未来的一千年都不会找到像现阶段这样好的机会,这个机会是求之不得的。在这种情况下,任何人只要肯努力、不放弃、不抛弃,你就一定能取得你想要取得的成绩。我在屡次失败之后,又有幸参与了框架这个项目,下面我就想就框架这个项目和大家分享一下我参与的过程。

有多少人知道分众?有多少人知道框架?有一些,不多。那我给不了解不知道的朋友稍微介绍一下。分众和框架商业模式的共同点是商业广告。广告很简单,就是把客户的信息、厂家的信息通过不同的形式展现出来,让客户看到。所说的信息主要分两大类:一种叫做品牌信息,比如说做品牌性的广告,只需要你记住这个公司的名字或这个产品的名字就行;第二种信息是产品促销广告,我不但要你知道这个信息,还要让你知道什么时间什么价格什么性能。那么所不同的是,当时也就是2003年的时候,分众做的是液晶屏广告,是放在写字楼电梯门口的,电梯外面的,你们注意一下可以看到;而框架的广告是在公寓楼电梯里面的。这是第一个区别。第二个区别是分众的广告是电子形式的,像电视机一样,里面播放动画的;而框架广告是静态的,它是在一张纸上,放在一个镜框里——为什么叫框架呢,它就是一个镜框。广告形式有很多很多种,在中国广告界如果按广告形式来看有很多类,有电视广告、报纸广告,还有户外广告、互联网广告、手机广告等等,这些就属于不同的广告形式。而分众占据的我们把它叫做户外广告,它放在电梯的外面,而不是里面。框架的广告是在电梯里面。另外一点,由于框架广告是在公寓的电梯里面,所以它覆盖的人群主要是社区里面、住在这个楼里的一些人。为什么这个广告起作用呢?原因就是人们现在的生活发生了变化,这和30年前不一样了。

第一个不一样是,人们的收入发生了变化。30年前,每个人的收入都差不多,大学生毕业刚参加工作时基本工资都是在50元到60元左右。我毕业时当时的工资是40元5毛钱,一个月的工资可以买三只烤鸭。我的"老板"——局长当时的工资是 80 元左右一个月,所以他可以买 6 只烤鸭——就多一点。由于我们的工资水平、收入水平相近,所以我们当时购买的产品也是很相近的。我们都用同样品牌的香皂或者肥皂,都同样花两毛钱去理个发,去餐馆点餐都是点两菜一个汤,所以消费能力相近。这是第一个区别。那么 30 年之后,人们的收入发生了巨大的变化,情况都不一样了。有的人月工资是 1000 块钱,有的人月工资可能是 5 万,所以这些人的消费能力发生了巨大的变化。由于这个区别就造成了一些产品、一些厂家生产的产品定位不一样,可以是很贵的产品,比如奔驰汽车,也可以有 QQ 汽车,差距很大。洗发水可以是蜂花的很便宜的,也可以是沙宣的很贵的,或者更贵的。这是第二个区别。那么第三个区别是什么呢?是人们获取信息的渠道不一样了。30 年前北京的电视只有 3 个频道,报纸像《北京晚报》是大家都看的,一共有 8 个版面,大家获取信息的渠道都一样。电视台每天播放的节目到晚上 11 点就结束了,甚至有些地方的电视台到下午 5 点钟才开始播放。现在这些发生了变化,人们获取信息不再简单地靠电视靠报纸了。我不知道在座的有多少人能每天坚持看两个小时的电视,很少。有多少人能坚持看报纸,也很少。人们获取信息的渠道多样化了,这是第三个变化。那第四个变化就是由于这些变化,给人们灌输信息的方式也发生了巨大变化。更直观简单地讲,就是做广告的形式发生变化了。由于人们各有品位各有侧重点,所以选择的产品不一样了。那么,我们需要针对不同的受众(专业术语叫受众),有区别地把信息传递给他们。举个例子,过去人们做广告习惯叫广而告之,为什么叫广而告之呢?就是要让所有人都知道,因为所有人的消费水平是接近的。可现在不一样了,比方说某品牌汽车在中国的年销量大概 6 万辆左右,如果该品牌汽车在中央电视台做广告的时候是给所有人看的,也就是给 13 亿人看的。想想看,给 13 亿人做广告,只有 6 万人去买,这个广告的浪费程度有多大。我们只需要给想要买汽车的人做广告就行了,所以现在的广告发展形势已经跟过去的不一样了。

  框架传媒或者分众传媒,我们叫做传媒。我们负责什么呢?就是负责把信息——厂家的信息传播给用户,这是我们的工作,广告本身就是传播。我们强调一个到达率,就是有多少信息真正被别人获取。最终结果是不是一个人看了信息要买这个东西,这我们不负责。我们的责任就是要把信息传播出去,至于他买不买取决于产品质量,取决于售后服务,取决于产品的性能等等,而不取决于我是否报告了这个信息。

广告行业比其他行业有它得天独厚的地方。比如说,它很少需要研发,不用花时间去研发。比如说做框架广告要用镜框的时候,我并不一定要知道这个镜框还需要多强壮,还需要增加多少功能,我不需要这个。一般产品的研发费用要在 10% 到 15% 左右,而做广告行业就不需要花这些。所以产品研发的成本就省掉了。但是广告产品有时间限制,如同飞机票一样,如同酒店一样,所以时间上的东西过去了就不可以重复,就不可以库存起来。不像我生产个电脑、生产个手机,我生产出一批一万台,今天卖不出去明天可以接着卖。而广告行业不能有库存。我今天做一个广告,今天过去了,这个广告可能就没意义了,所以它时间性非常强。在 2003 年——请记住这个时间——我有幸碰到了这个机会。我了解了框架公司,看到了有这样一个机会。

2003 年看到这个公司的营业额有多大呢?这个公司大概有一百多个人,它的年营业额在 2003 年的时候是 1800 万人民币。1800 万,大家记住这个数字。我们经过大概一年时间的调研、了解,在 2004 年的 11 月 5 日,决定投资这个公司。我们认为,这个公司有一定的前景、有一定的市场空间。但是当时框架公司面临着巨大的问题,什么问题呢?我太太当时在那里工作,她就极力反对我去做这件事情,她说这个公司有股东之间的斗争,市场竞争激烈、资金紧张、员工的情绪不高。怎么样斗争呢?因为当时在这个行业里,全国,比如北京、上海、广州,已经有了几十家同类性质的企业,而这些公司互相竞争到白热化的阶段,到什么程度呢?举一个例子,当时在户外——我只讲整个户外的行业——2003 年的时候营业额大概在 160 亿左右,其中 80% 的营业额分布在六万家小公司。如果 160 亿乘上 80% 再除以六万家得出的数是什么呢?就是每个公司的营业额每年大约在 21 万 3 千元。想想如果一个公司一年的营业额是 21 万 3 千元,你能够赚什么钱,你能够支撑多久,所以当时的竞争非常非常激烈。但是作为框架传媒这方面,它的竞争相比其他还稍好些。原因是什么呢?因为这个市场份额毕竟比较小,当时框架在全国整个电梯里面的广告市场上不足一个亿,当时我估计大概在整个的市场一年营业额有 8000 万左右。但是这 8000 万的营业额分布在十多家公司,这十几家公司由于恶性竞争,销售价格竞争到了每块版面每个月差不多是180元钱左右,而它的成本已经接近每个月150元钱。大家简单计算,你卖180元钱,你成本150元钱,还有什么钱可赚。所以当时框架几乎变成了这个行业的红海,没有人认为它能做出来什么东西,没有人认为它有未来。在2003年的时候,这个公司没经过审计的账面净利润有300万左右。当时我认识这个公司的总经理,我就给他提建议,我说你应该去融一下资,找更多的资金,通过资本市场的杠杆来帮助你做起来。于是我帮他去融资,我帮他找了几个公司,非常遗憾的是很多公司都不看好这个公司,都不看好这个行业,也不看好这个商业模式。后来由于没有人融资,我一气之下找了我的朋友和我一起来投资。我找了三个朋友,一共投了大概1500万人民币,占了这个公司43%的股份。当时公司的整个估值是3200万——大家记住这个数字——这是当时整个公司的家产,签这个合同的时间是2004年的11月5日。我们是经过调查决定最后投到这个公司的。1500万人民币我们并没有真正进到公司,这1500万人民币我们拿出来买一些老公司的股份,把43%的股份买回来。

  2005年的2月份,我开始进入到这个公司,正式成为这个公司的董事长,牌子好像挺大的,但实际这个公司只有大概110人左右,公司的营业额大约只有3600万。这第一步做到了,我们接管了这个框架公司,进到这个公司,可是面临的问题非常大,市场竞争非常激烈。怎么去做?我提出一个方案,把当时所有的销售人员共8人集合到一个房间里。我说咱们面临一个什么样的问题,这8个人说我们有竞争对手。我说都有谁,这8个人把当时在市场上作为我们的竞争对手的8家公司在黑板上写下来:北京3家,上海3家,广州有2家。写出来后,我说你们就是面临这样一个问题,假如没有他们,你们认为你们的营业额、你们的销售能不能翻番。那8个人说可以,我们能做得到,但是他们怎么可能不竞争呢?我当时埋下了伏笔。当月,我就请董事开会说咱们做一次收购,把这8家公司都收购下来。有点异想天开,是吧,当时人们都说"你开玩笑吧"。第一,你这公司根本没有资金,公司账面上当时只有10万元人民币。第二,假如你有钱的话,你为什么不把自己发展得更大,却要花那么多钱去收购。曾经有董事问我:"你收购一个公司要花多少钱?全收购又要花多少钱?"我拿出一个数字,收购一个公司大概要花1200万人民币。他说你开玩笑,你有10万元钱,你要花1200万收购公司,不可能的事。我说我来想办法,但是我们必须要收。

当时我的合作伙伴王功权先生(鼎辉投资的合伙人),他跟我说我有两个问题要注意:一个是收购,在中国两个公司要合并会产生巨大的权利之争,变成两个头、两个团队、两个势力,所以现在没有看到哪个公司有合并成功的。一般的合并都是一个很大、一个很小,大的把小的消灭掉。所谓合并,就是把公司买过来,把人都开除掉,这就叫合并。第二个问题是你收购一个公司的话,在国内有很多的人在第二天会生产出很多的公司,你就需要接着收购,因为 copy 的模式在中国很流行。我当时就面临这样的问题,但我认为我们能做,我认为我们能在很短的时间收购下来。我当时唯一的想法是两个公司会打起来,那就想个别的办法把8个公司都收购过来就谁都不是老大了,我就变成老大了,就打不起来了。我当时很简单地想这个问题,但是一下子花了5个月的时间,从2月份做到7月份,我们制定的目标是7月1日做完,我们做到了。7月1日的时候我们把这8家公司的全部条件谈好了。当时有个小插曲就是4月份的时候,偶然的一次机会我跟分众的董事长江南春坐在一起吃饭聊天,他问我在做什么,我说我在收购这个行业,要做未来你的竞争对手。我又问他,他说他在做上市工作,正在准备上市公司,没有时间来做收购这个事情,我说你没有时间来做这个事情对我来说真是万幸。当时他还跟我说,"你不可能这么快收购完,而我是7月份上市,上市之后我就有足够的资金把这个事情很简单地抢过来"。但是7月1日的时候我正式对外宣布收购了8家公司,加上原先框架一家公司,一共9家公司。

当时收购是这样的条件,我不是没有钱么,咱就用点没钱的做法:收购总共花了6500万人民币,我跟这8家公司讲这6500万我可不可以先付10%,然后剩下的90%我6个月之后给它们。剩下的90%还有多少呢,就是5950万现金,还有30%的公司股份。我把公司30%的股份让出来给这8家公司,同时欠了一屁股账,差不多6000万左右。我自己从家里拿了300万,又从朋友那里借了300万,大概把这个预付款付了,欠了6000万。这是截至7月1日,我们做完了整个的第一步。听起来好像很简单,但是在当时我在5个月的时间飞到了很多地方,我后来总结了一下,平均每个公司谈了4次,每次谈半个小时。我本人,还有我另外请的一个律师起草策划案,我跟他们谈。非常有意思的事情是,我收购的这8家公司里最大的公司大概有40人左右,最小的只有20个人,在每个地方都是小山大王。传统式的家族式的企业,或者个体性的企业很多。那么说服他们当然需要花费一些口舌,需要花费一点工夫才能把这些公司整合到一起。所以整合是一个关键词。我记得我要求在公司里一律不允许用收购这个词,因为在中国,尤其是过去的中国收购这个词有很不好的隐含意义,被别人的公司收购了就意味着这个公司倒闭了。所以在我们公司里每一个人不允许用收购这个词,我们用一个自己的词"整合",我们花点时间把所有的公司整合在一起。当7月1日我们正式宣布整合成功就是整合到一起的时候,当时有9个公司在一起。我面临的是什么呢?是9个团队、9个文化、9种不同的价格体制、9种不同的合同,框架有15种不同之多。

那么,我告诉大家,我们现在最大的挑战就是我们一定要完整地把整合做到底、做到家、做到位,不能丢掉一个人,不能丢掉一个客户。为了做到这一点,我们曾经在公司召开现在记起来叫"公司一大会议"的会议。在6月28日那天,我们召集了公司的高层管理人员——所谓高层管理人员当时是11个人——到北京的一个郊区叫雾灵山,花了大概一天半的时间在那里开会。其中有一天的时间,我们大家坐在一起讨论我们这个公司未来要建成一个什么样的公司,这个公司应该具有什么样的文化,什么样的核心竞争力。现在听起来大家都觉得比较亲切,但当时因为这些收购来的公司都是小的个体性的公司,根本不理解为什么要做这些,为什么不赶快商量一下价格问题,为什么不商量一下客户的问题,而商量一些虚的东西。这个公司的未来我们希望是什么样呢?我们希望这个公司具有什么样的文化呢?最后我们用了8个字来总结:和谐高效、执著务实。把和谐放在第一位,让每个人铭刻在脑海里,我们要整合这9个公司在一起,没有和谐,没有一个团队精神你就做不成,这个整合就失败。今天的演讲主题叫做"智者·惑也"。这里插一句,7月1日那天是我50岁的生日。孔子说过五十而知天命、四十而不惑。当时我们在一起庆祝整合的时候,有一个朋友就说"你在知天命之年做了一件不知天命的事情,在不惑之年做了一件有惑的事情"。

整合成功之后,这9家公司凑到一起,当我们考虑下一步做什么时突然发现我们面前的市场变化巨大。因为我们整合完之后,整个公司占这个行业的市场份额从过去的20%多一下升到96%,变得几乎没有竞争对手。我们垄断了这个市场,我们的销售价格从原先的180块钱一下提升到600块钱,我们的成本价格从原先的150块钱降到57块钱。我们不需要大量的资金投入,原因是镜框并不需要花很多钱,我们也不需要资本市场介入,我们完全可以独立。那么我们的未来在哪儿?这是我们做的第二步。我们统一了市场,我们看到了我们的未来。

于是我们就想走向IPO,自己独立上市,我们可以做到这点。但是为了谨慎地处理这件事情,我请来了美林证券的总裁和JP摩根的人。我给他们打电话,我说我这里有项目,能不能帮我来看一看能不能上市,对方问什么项目,我说是电梯里面的框架的项目。他们说有分众了,分众已经上市了,聚众也马上要上市了,没听说过你们这个。我说你来看看,然后又花了两个星期时间说服他们来,最后他们终于来了。到公司后坐下来我给他们讲了大概十分钟的时间,明显地看到他们眼睛亮了。他们说我回去商量商量,我说我告诉你,我就这么简单地告诉你,你可以不看电视——在座的很多人不一定天天看电视——你可以不看报纸,你可以不上网,但是你每天至少进电梯两次,每次的平均时间是16秒钟,你一定能看到我的广告。而电视的到达率一般是单位数,2、3、4这样,而框架的到达率是在84%,这是极高的到达率。因为在电梯里面你是无聊的,你一定要看这是什么东西,你总不能老盯着人家女孩子看吧,你总要看一次广告,而框架广告正好利用这个时间。最后我说服了他,他感觉这个可以做,然后他就回去了,说会给我个信儿。过了大概三个星期时间,我以为他可能放弃了,甚至三个星期来我都把他遗忘了。但他突然给我打电话说星期四到你办公室来,有没有时间,我说我只有早晨有时间,早晨七点钟你来吧。他早晨七点来了,大概带了十几个人,其中有从加拿大飞来的、香港飞来的、伦敦飞来的、美国飞来的,全部来了。我说你怎么带这么多人来,他说我们很认真地来做这个事情,我们认为你这个商业模式很好,想帮助你在三月之内上市,但是我们需要你回答一个问题,在此之前回答一个问题。我说什么问题,他说你这个商业模式的风险在哪儿?一般投资行业考察项目的时候往往是考察四个条件,商业模式、市场空间、门槛和团队。他问我风险在哪儿,我就反问他什么叫风险。他说,比如说,你做一个手机的公司,做个设备公司有技术上的风险、政策上的风险、资金上的风险等等,人员也会有风险。我说我这个商业模式是个零风险,他说不可能,任何商业公司都会有风险的。我说我没有资金的问题,我是欠了人家6000万,但我相信我用不了半年保证就还上了,现在虽然还有很多客户没看到这个前景,但是我垄断了市场的96%。我又问他说,你是专家,你告诉我,我的风险在哪儿?——我将他一军。他说,我们花了三个星期找不到你有风险,所以才来问你的。他又说:"我们花了三个星期调查了你的客户,调查了大众,调查了很多人,调查了商业模式,认为这是一个相当完美的商业模式,几乎是零投入,市场巨大,商业模式简单,就是到物业公司租那个位置,到广告公司放广告这么简单,因为你垄断了96%,别人是进不去的;你的市场最大,我们给你上市。我说OK,但我想最好等等。他说等什么,马上就做啊。实际上我们谈这个事情已经是在8月份,接近9月初了。在7月14日那天晚上大概6点钟,江南春给我打了个电话——就在上市前一个小时——说老谭最近怎么样,我说比较忙但是还可以。他又问我收购的事情做到哪一步了,我说做完了,他说:"不会吧,真做完了?"又说做完了咱们再好好谈谈,我说:"好啊,等我9、10月份到上海咱们再谈一下。"他说他18日到北京,要一起谈谈。我听出他急迫的心理——我毕竟比他岁数大点——听出他想要干什么,同时我心里也有底——我的公司可以上市。这个时候不知道消息怎么传到另一个公司,就是聚众,当时是分众最大的竞争对手,它们两个的市场份额在三七左右,也来找到我,也希望与我合作。当时形成规模的三个公司:分众、聚众、框架,三个公司哪两个合到一起,对另外的第三个都不是一件好事。但是因为我可以独立上市,所以这时候我突然发现我占据了一个特别有利的地形,那咱就慢慢谈一谈这个条件。

所以下面就涉及我故事的第三部分,我的整合的第三阶段到底怎么做。我的股东们分成两部分人,一部分人属于个体户,还有一部分人是投资人,因为当时有IBD放这儿的现金,而IBD和行业里的风险基金是从资本市场来的,他们认为上市能把利益最大化。为什么这样讲呢?一个公司从零做到一亿美金的时候,可能要花十年的时间;可是把一亿美金的公司变成两亿美金的公司可能花一年的时间或者两年的时间。假如你把这一亿美金的公司卖掉,再去拿这一亿美元变成两亿美元的话,可能要再花十年的时间——他们的理论就是希望让公司上市,使利益最大化。当时我斗争得很激烈,今天是19日,应该是四天前,10月15日是我跟分众签合同的三周年。三年前的10月14日晚上我是没有睡着觉,因为那天晚上我们就要做决定,决定我们公司到底是卖给分众、是卖给聚众,还是自己独立上市。我召集了我的所有股东大概十几个人,开了一次股东大会、一次董事会。当时我说:"咱们这样问一下,如果大家同意,这个公司明天就是别人的,你们愿不愿意卖?"于是很多人问我多少钱。我就让他们猜一猜。因为我们收购的时候公司的市值是3600万,当时仅仅是11个月之后,所以有人说出来两个亿、3个亿、4个亿,最高的喊了8个亿。我告诉他们如果大家同意明天这个公司就是别人的了,是15个亿,所以还等什么呢,就签字吧。但是,我又说,也许我们做得比他们还要大一些,也许我们做得更好一些,所以最后很多人劝我独立上市。但是我自己为什么没选择独立上市,因为我觉得我在告诉别人"整合"是一个最好的出路,自己怎么能背道而驰做反整合的事情呢?我觉得整合起来能保护这个市场、能保护员工、能保护公司利益,是个利益最大化的事情,所以最后我做出决定把公司卖给了分众。当年10月15日我们签了一个协议,我的公司以1.8亿美元的价格卖给了分众。当时签协议的时候我们做了一下细化,我们拿到了3660万美元的现金,剩下的全拿了股票。我们还给分众开了个最终协议,我认为我们被收购之后2006年能给公司带来1600万美元的净利润。江南春不信,所有人都不信,因为2005年的时候这个公司的净利润是两千万人民币。但最后我们做到了,2006年这个公司的净利润是2400万美元,比原先预期的超出了50%。这是因为我们有完整的市场,我们有高效的团队,所以我们做到了。由于我们把当时公司的股票全留下来了,而要了极小部分现金,剩下的都是股票,当时股票的价格是12块钱,到去年的时候我们把公司的整个业绩做到2400万美元之后,我们把所有股票去年一次性套现卖掉,最后实现的价格是49.7亿人民币。这个公司是我们最开始做的3200万元人民币的公司,经过整合交易,我们最后把公司卖给分众挣了49.7亿人民币,比我们原先的价值增值差不多166倍,这一过程大概用了11个月左右的时间。那么我想在这里面,这一件事情就壮大了江南春的胆子,也就出现了所谓的"蝴蝶效应",带动了分众后来一系列的收购行为。在2005年10月15日分众收购了框架，2006年的1月6号分众收购了聚众，其后又收购了很多其他公司，就造就了分众的今天。现在分众的市值最高的时候70亿美金，最低的时候大概40多亿美金，但是分众的整个收购成本不到15亿美金。可想而知，没有收购没有整合，就没有分众的今天，形不成今天分众的独大。

后面还有一点时间，我想总结一下，我们为什么能赢得这个项目，为什么能在不到两年的时间里把价值3200万元的公司变成一个价值50亿元的公司。我觉得第一件事情我们做的是寻找一个好的商业模式，寻找一个好的产品，仔细分析我们这个商业模式是什么样，有没有竞争环境，怎么样通过不同的方式进行整合，把市场环境搞好。第二个是要确定一个发展模式，确定怎么样去发展。第三个是需要有强有力的支撑力。当然最后一个少不了要有运气，在这个项目的成功里有很大的运气成分，并不是所有人、任何时候都能遇到这样的机会。在整个事件中，从我个人角度讲我学到了什么东西呢？我自己觉得我学到了几点：第一点，我认为一个人必须改变自己的思维方式，你不能都用常理去思考一件事情，因为你都按常理去思考问题，你做的事情就跟所有人做的是一样的。成功不是所有人都能拿得到的，一定是要有超常规的思维、颠覆性思维。从不同的角度去看一件事情，你得到的意象是不一样的。如果你不能从另外的角度去观察去思考一件事情，你就不可能得到这件事情最佳的解决方式或者是超常规发挥的方式，这是第一点。我觉得一个人要有心胸，要创业成功，你就要有一个宽广的心胸，你能够容纳、接受、理解别人。昨天有人问我，什么叫团队精神？我说团队精神很简单，就是你要准备吃亏，别人占了你便宜之后，你要跟别人说这都是哥们，我相信他。所以你要吃亏，还要想到一辈子不要别人回报，才能做好。所以，第二点是必须要有个良好的心态、宽广的心胸来接纳环境、接纳社会、接纳每件事情。第三点，就是要有勇气。当我开始做这件事情时，我是在TOM工作，我的工作年薪是几百万，本来是很安逸很舒适的工作，到框架来后我一年只拿几万元的年薪，真是巨大的落差。我太太之前就问："你愿意去做吗，你真觉得你能做成这件事情吗，你真觉得你能放弃你原先那么高的工资、那么好的环境来玩命博这一下吗？"我的想法是并不是所有人都能遇到这样的机会，如果你遇到这种机会，你就不应该放弃。那么，第四点，我认为就是执行力。

像刚才我跟几个朋友说细节决定成败,你的执行力是什么样,你最后的结果就可能演化成什么样。还是一句话,最后一点还是要有运气。有人问我,为什么这件事做得这么成功?我告诉他,我摸了一副好牌。但是我在摸这副好牌之前,我已经摸了无数次牌,这次的好牌只不过是很多人没看出来是很好很好的牌,我按照自己的经验——我过去积累的经验,用最完美的方式把这副牌从第一张出到最后一张,获得了最完美的结果。所以这整个事件也告诉我自己,我们只要不断地努力,执著地努力,顽强地努力,早晚会获得一个好的结果。我的一个朋友帮我把我成功整合的这件事总结成一本书,就是这本《智弈》。你们如果想知道更详细的情况,这本书会告诉大家。由于时间关系,我在这里就不讲更多了。

最后,希望大家——在座的各位都比我年轻很多很多,你们的机会也比我多很多很多——千万别错过机会,有机会就去努力,就去尝试,就会有可能。你努力了不一定成功,因为99%的人努力了都会失败,但你不努力就一定不会成功,所以你必须去努力。虽然你可能是失败的99%的人中之一,没有关系,你下一次成功的机会就高一点,下次就又高了一点。你的概率会逐渐地升高,一直到你能够打一个翻身仗。好了,不占用更多的时间,希望大家满意,同时也谢谢大家给我的机会。谢谢!

现场互动与答问

唐国正副教授点评:

大家晚上好!说实在话,由我来点评我觉得我不具有这个资格,我很高兴听了谭先生几年前的商战故事。坐在底下听的时候我就在思考,怎么来总结这个故事,这个故事的精彩之处到底在哪儿,但是我始终没有得到答案。我觉得还是他最后的总结给了我们一个最精辟的启示,他摸到了一副好牌,当然他可能摸过很多牌,但这一次他确实摸到一副好牌,一副绝牌。而且他的这副牌在操作过程中的每一步出牌都是最优的,所以他能够取得这么大的成功。那为什么说这副牌是一副绝牌?我们知道,如果我们不去具体地了解这个框架传媒在2005年的一系列的收购活动的话,我们很可能理解为横向并购。事实上,这些公司大小差不多都是一些小公司,每个公司从事的业务都是相似的。比如钢铁行业我们国家有

5000家，有大的也有小的；铝业也有数百家——像这样的行业是极其分散的。但是框架传媒所处的行业有非常大的特殊性，那就是整合完成以后，这个行业的上游和下游都不分散了。你想想上游是什么呀，是千千万万的楼宇，非常分散，每一个房地产开发商、每一个物业公司在框架传媒面前都没有什么掌控能力。那么下游就是企业，企业要是做广告，而框架有这么好的商业模式，就是非常有针对性地给客户做广告。框架传媒就像一条巴拿马运河，你想从太平洋到大西洋或者从大西洋到太平洋，你几乎没有选择，非要从这里过，那框架传媒完全整合以后就是这个样子。所以我说这是一副绝牌。不过，不是每一个行业都是这样的，像我刚才说的钢铁行业有几千家企业，它横向兼并以后有效果吗？我说没有，因为上游没有这种垄断力，所以下游同样没有这种垄断能力。我们也看到了，钢铁行业此起彼落，首先整合意识都有了，但是进行整合，没有整合好。又如我刚才强调的铝业市场，中国铝业2005年之前所做的事情是异曲同工的，当时的效果也没有这么好，所以我说这是一副天牌。那换一句话说，这副天牌你就不能轻易推广，换一个行业你可能就不灵了，简单的推广是没有意义的。好，我就讲这么多，谢谢大家！

董志勇副教授点评：
　　感谢大家，感谢主持人，尤其感谢谭先生今天晚上给我们一个非常精彩的讲座。我刚才记了好多笔记，满满两张纸，有的数字我可能还要再核实一下。我刚才在听的时候一直在思考一个问题：为什么是谭智？刚好是谭智，也只能是谭智，做成了框架。我想经过刚才的思考，我心里有答案了。我觉得谭智先生有三个非常鲜明的特点：第一个特点是谭智先生是一个非常异想天开的人。异想天开我们可以拿一组数据来说明，从2005年2月到9月短短的8个月时间，他竟然可以一举整合了8家公司，这样的一个整合速度在中国的企业并购史上应该是一个奇迹。还有，就是在一个诸侯割据、狼烟四起的环境里面，他也能够以一个非常大的胸怀，把这个框架做得如此之成功。到最后的时候，他可以被别人去整合，又显示了一个非常宽厚的胸怀。当然我们在事后分析的时候，觉得整合是非常轻松和愉快的，但是刚才我离谭智先生最近，我看他的头发，大约有46.5%的白头发——开个玩笑。所谓成功的背后一定藏着很多辛苦，一定隐藏着很多曲折的道路，刚才因为时间的关系谭智先生没有充分地表达。所以我想，对他第一个来讲的话，对行业，对企业，对商业模式演变趋势的紧紧把握是创新的根本基础。对很多处于创业初期的领导人来说，这一点尤其重要。所以成功的创新是由计划和控制贯穿始终的一个理性分析的过程，这是我对谭先生的第一个评价。那么第二个评价，我觉得谭先生是一个非常善于在常理中创造奇迹的人。在电梯这样一个非常拘束的变体空间里，可能有几十秒钟吧，16秒钟，这个数据还真是非常准确。人与人之间有一些隐私的丧失，无事可做，大眼瞪小眼，所以在经济学上叫做无聊经济。但是就是这样一种无聊经济能够被谭智先生紧紧抓住而且能够发扬光大，我想他是一个非常善于在常理里边创造奇迹的人。那么我看到很多模式就是这样，在常理中创造奇迹的。当年耐克公司发现在亚洲的劳动力非常便宜，所以它把所有的这种所谓的外包制造都交给了亚洲的制造商，它只做品牌设计、品牌管理。那么我们可以看到在Google，它现在叫做竞价排名收入，竞价排名广告是它的主收入来源。但是在摸索这样一个商业模式之前，它走过很多弯路。DELL它的直销模式很简单，去掉中间环节。那么我们再想一想，像沃尔玛它的营销模式是什么，是一种以地区配送为中心的弧形模式。但是这些所谓的成功企业在回顾成功道路的时候，实际上都很简单。但是就在这个简单的过程里边可以创造一些商业奇迹，在简单里边能创造深刻。所以我觉得谭老师应该是比江湖更专业，比专业更江湖。第三句话，我感觉非常深刻的是什么呢？是气度决定格局，心胸成就企业。谭智先生是个好人。这个好人是一个心胸开阔的人，是一个在团队里有奉献精神的人，是一个在行业竞争里边可以做出牺牲的人，而且他还是一个耐得住寂寞的人。当然命运很重要，当然他讲的 luck 也非常重要。但我觉得，最主要的是人在如何把握命运的时候自己去创造机遇，如何让自己在发光以前首先成为一块金子。我想在这方面，谭智先生给我们做了一个非常好的表率。还有，我想就是他很会利用机遇。我们可以看到在很多时候，在企业遇到困难的时候，在企业可能遇到波折的时候，谭先生一如既往、非常执著，所以这些东西是他企业成功背后非常重要的性格因素。我们每个人不可以是自己人生命运的导演，但是谭先生告诉我们，我们可以是我们人生的编剧，这是谭先生给我的启发，在此来分享。谢谢大家！

主持人：这边有一个同学，他想问您：当时您选择与一家公司整合的时候，为什么选择了分众而不是聚众？是不是因为分众的发展模式优于聚众？

答：还不完全是。当初我选择的时候，用很多条件去评估。当时分众优于聚众的一点是它已经上市了，它的股票价值可以用市场常规的方式来估值，这是第一点。第二点，我也在选择一个合作伙伴，因为这个合作伙伴也必须跟我的性格、脾气、公司文化相近，这样整合才有可能成功，这是个关键。因为我面临的是一个两重式整合，它必须要成功，所以它的文化有决定作用。

主持人：还有第二个问题，就是您怎么看待这个行业未来发展的趋势？分众在其中将起到一个怎样的作用？

答：我在这儿想告诉大家，千万别因为我们今天这个讲座之后就去开一个公司，做各种各样的传媒，因为这个里边毕竟还是有它的学问。我去年就遇到过一次，讲完了之后很多人全部联起来做广告，去美容院做广告，给 ATM 联起来做广告，等等。这样的话，不一定是成功的，或者是不可能成功的。因为这里涉及很多的因素，涉及人的流量，涉及频次，涉及主动与被动的情况，涉及每一个屏幕覆盖的人数情况，所以有很多的参数。那么在这所有的、我叫"垂直媒体"的行业中，分众、聚众或者分众框架占据的恰恰是这种垂直行业最好的那块，最黄金的那块。其他的很多，都是附属的，都不一定存在很大的商业价值。那么我说这一点就是想告诉大家，新媒体未来的研发很多人在做，包括手机，包括互联网，包括很多东西，那么分众希望它在这方面、在新媒体的发展过程中贡献一份力量，希望在这个行业起一点带头作用。分众也花时间提出它的标准，提出它的方向性东西，由此来引导这个行业走向健康发展的道路。分众做这种整合、收购也是出于这种考虑。我们不希望靠简单的竞争来把这个行业、把这个市场搅得一塌糊涂，要靠整合大家一起都赚钱，来做这一件事情。那么这就是我们最开始讲的"和"的理念，希望大家和，希望大家把这个市场搞得更健康一些、更和谐一些，在和谐过程中分众真正的可能是起了一些带头作用，也希望其他行业，也希望其他的伙伴都按这条路去做。当时我们收购了 9 家，实际上之后一直到今天为止收购的一共大概有 30

家,而分众收购的公司大大小小加起来有二百多家,也都是这样整合起来才有了分众的今天,所以我们希望不仅仅开发一种新的商业模式,更主要的是用新的思维方式、用新的管理方式来整合市场,这个绝对不是简单的资金的问题,这与资金无关。主要是你要有这个心胸,有这个魄力,有不同的思维方式来做事。

主持人: 好。谭智先生,这边有两个问题其实是比较类似的,您可以一起都回答了。问题就是您在做框架传媒之前有几次失败的经历,每次失败您是怎么调整您的心态的,这些失败的经历对您以后做框架传媒有哪些帮助? 还有就是您国外的经历对您有多大的帮助?

答: 我确实失败过很多次。一个人人生中面临的失败要比成功多很多,每个人都是这样,因为事情总是朝着你不喜欢的那个方向发展。这个比喻的不只是我,而是你们每个人——你遇到的失败一定比成功多,否则就是怪人,不是吗? 所以当你失败后,你也不用念念不忘,痛不欲生。我记得很清楚,我太太对我说过,"你是个理想主义者,你每天老生活在幻想中"。我说为什么不呢,如果我生活在痛苦的回忆过程中,那么每天我会背着失败的折磨,既然它已经折磨过我一次,我为什么还要让它继续折磨我呢,我不要再去折磨我自己。我要告诉自己,不要让过去的错误再继续折磨我,要忘掉它。我还经常告诉我自己,要更"正向"。所以我们公司有所谓的"正向思维",就是怎样去正向思维,把一件事情从正面的角度去理解,大家才能往前走得更远、更高兴,所以这是我本人的一个思维方式,也许叫做乐观主义或者叫做傻乎乎的乐观。无论怎么样,我觉得高兴的心情永远给我带来阳光、带来希望、带来勇气。那么,我的成功与我在国外的经历有没有关系呢? 这个很难讲有没有关系,很难把它细化到哪一条有关系、哪一条没有关系,但是多做事情多失败绝对是有关系。你只有多失败,以后的成功才能更踏实、更牢靠、更大。我觉得失败可能对我更重要一点。

主持人: 这一点我比较同意谭总的看法,因为我曾经看过一本书,里面说领导者是什么样的,一定要是无可救药的乐观主义者,而且没有什么胜负观。然后在这里还有四个问题,两个是问您的过去,两个是问您的未来。那么关于过去的呢,有一个人这么说,他说谭总您好,谢谢您精彩的经验分享,从您的经历中可以知道您 1988 年毕业,1993 年回国一直到 2003 年,都一直在 IT 行业工作,是什么让您进入了新媒体行业并下了这么大的赌注?毕竟新媒体广告和 IT 的差别还是很大的,无论对竞争者还是对目标客户而言都是非常大的。

答:其实,我觉得我在 IT 做了多少年做得不很成功,但是我到传媒行业我的 IT 知识绝对是一流的。有一点开玩笑,但至少对我来讲,我现在管理公司花的很多工夫是把 IT 精髓的东西灌制到传媒行业。当然更重要的是,虽然传媒行业比较传统、比较旧,但是它有它的好处。我举几个简单的例子,比如说 IT 行业做手机也好做电脑也好,你必须每两个月、三个月生产出一个新的模型、新的产品、新的型号,这个新的型号必须更快、容量更大、功能更多,还有更便宜。传媒行业不用,同样的东西我卖十年也是它,但是每年都涨价,而且我还不用售后服务。我们的服务就是广告出去照张照片,告诉他这就是售后服务。另外和这个问题相关的是我为什么从美国回到了中国。1993 年我回来的时候,很多人不理解,所有人都有不同的看法,甚至有的朋友问我说"美国那么难找工作吗?"——几乎是认为我是在美国找不到工作才回来的。现在很多人不这样认为了。过去很多人质疑我为什么回来而现在很多人认为"你太英明了,你那时就回来了!"管我叫"老海归"。我在美国呆了 12 年,有了一定的根基,但 1993 年的中国可比现在要穷的多了,苦的多了,北京连二环都没有,那个时候我为什么回来?因为我觉得基础越差,环境越差,就越有机会,中国就是处在这种高速发展、资本原始积累的贫穷的时候,我认为这会给我带来更大的机会。同样,这好比拿传媒跟 IT 行业比,IT 行业都叫精英,所以清华北大毕业的都进 IT 行业,很少有进传媒行业的。所以,在传媒行业,我这个吉林大学毕业的就可以玩得很好。

主持人:还有一个问题:在整合之路中除了资金之外,您认为您最大的问题是在哪里?

答:资金当然是个问题,但是更大的问题是人,就是理解人。就像刚才董老师讲的,江湖与专业的辩证。实际上我们在管理公司,不需要抄袭别人的。我们相比 IBM、HP 这样的公司,是很江湖很江湖的。但是我们要在这两者之间建立我们自己的目标,我们要做到比专业公司江湖些,比江湖公司专业些。我们只有做到这一点了,才可以兵来将挡,水来土掩。遇到专业公司,我们就跟它玩江湖的;遇到江湖公司我们就跟它玩专业的。我们跟专业的、江湖的都能玩到一起去,而他们也相信我。我们公司能走到今天是过去想不到的。有这样一个例子,我记得我说我们公司整个营业额在2004年的时候是3600万元,2005年我们做到1亿元,2006年我们做到3亿元,2007年我们做到7.1亿元,今年我们的营业额大概在13亿元左右。从3600万元到13亿元——我说的这个数据是框架,这是我们每年的数据——这个数字我们江湖人是看不到的,因为做梦也想不到是这样一个数字。但我们发现我们可以做到,所以最难的不是资金,最难的是让他们理解你想带他们走的路跟他们想的是一致的,最难的是整合文化。我还举个例子,就是在收购谈判的过程中,我原来已经跟一个公司谈好了,公司的老总同意收购,可是第二次跟他谈的时候,他突然说我们不卖了。我很奇怪他为什么不卖了。后来才发现那天我带去了一个秘书,是女孩,他觉得在女孩面前说"我的公司卖掉"很没面子。于是,后来我又打电话说要和他再谈谈,他就要求我自己一个人去,那我就说"好,我自己来"。这样的细节、小事我一向很注意,我找他们的时候一定是亲自打电话,不经过任何秘书,包括我的朋友。约他们见面,也是要先问他们有没有时间。这就是说你要用他的游戏规则来整合他,他的游戏规则里他是老大。尽管我岁数比他大,可能资历也比他多,而且我是来收购他,但他就是认为他是老大。所以,整合文化是最最难的事情,你必须理解他才能跟他玩到一起。这样以后他会把你看成老大,看成他尊重的人,剩下的事情就简单了。

主持人:谭总,我觉得接下来这个问题很有意思,看到这个问题的时候我有种疑惑,觉得好像这位提问的先生是从您的战略部出来的,看到的问题很详细。他说分众传媒的战略布局有脉络可寻,艾瑞咨询、创世奇迹和无线业务等等,那对于互联网领域的未来也应看得很清楚——手机将是未来互联网的终端之一,游戏是当前互联网最成熟的模式,那么是什么原因使分众暂停深入互联网?如果可能,在3G时代,分众是否会整合资源,规划手机、游戏和网络。

答:我们没有暂停进入互联网,可能你写的是暂停进入无线吧。分众是有很大的互联网的版块的,我们有一个公司叫"好耶"。两个星期前我们还宣布好耶要上市,并没有暂停。我们认为互联网在资本市场获得的印象好一些,PE值高一些。我们把它分开,只是获取更高的估值。我们没有放弃,这是我们100%全自有的。因为它在中国广告代理行业占60%的市场份额,所以我们没有放弃。当然,这里面也包括艾瑞这几个公司,包括在一起的。大概有六七个公司我们这几年收购的都包括在一起,这是我们自己内部的事业部划分的。我们有楼宇事业部,有框架事业部,有互联网事业部,还有卖场事业部,大概划分了这么几个。我不知道这样说是不是回答了你的问题。

主持人:最后一个问题是这样的,一位叫乔伟的同学说,80后的我毕业后从长春的某高校来北京找工作,五年后的2008年,自己感觉没有达到自己的目标,现状停滞下来,感觉自己无从下手。不同的时代,不同的机会,想请教您我们应该怎样找到机会,抓住机会。

答:好的。我也是长春人,吉大毕业。我在1980年毕业,1981年去的美国,1984年回来探亲的时候,我的一些朋友告诉我,你要早回来两年,咱们可以在一起搞电脑,特别赚钱。1987年我又回来一趟,很多人跟我说,咱们一起要做传真机生意也会赚很多钱等等,这个故事咱们可以验证一下。甚至有人可能说,五年前咱们一起做网络游戏可以赚很多钱。任何一个人都可以说,三年前我怎么不干这个呢,你再不懂也会这样说下去,这机会永远在你面前。我给大家举这样一个例子,《智弈》这本书里写我当时收购的8个公司有7个公司都是拿的一半股票一半现金,唯独有一个公司的老总,他说"我不要股票,我不相信股票"。我说为什么啊,股票一上市你还赚钱了。但他坚持说:"关于股票的恐怖故事我听多了,我不信这个,我就要现金"。我说我要6个月之后还你。他又说:"没关系,我相信你老谭不会骗我,我就要现金"。那好吧,就现金。他当时拿了现金800万元。如果当时他要拿一半现金一半股票的话,这个数字是上亿啊。后来我问他心里后不后悔,他说他每天早晨起来第一件事是打自己两个嘴巴。所以机会对每个人是公平的,是早晚的事情,你要执著地去努力。

同学：我有一个问题，就是大家都知道现在网络游戏越来越多，很受青年人的欢迎，那我们可不可以在网络游戏里面发一些广告？

答：我听懂你的意思了，你是说游戏里面有一种内置广告。现在已经有这种商业模式，有的公司已经在运作。这个事情不好讲未来有多大。去年、前年曾经有一个商业模式叫第二人生，里面有很多模拟性的。现在包括QQ、传奇里面有些已经有了。好，再次谢谢各位！

（2008年10月19日）

理解文化

■ 李景强

[演讲者小传]

李景强,男,1983年毕业于北京大学中文系文学专业,现为首都经济贸易大学人文学院新闻传播系副教授、主要研究中西文化比较和跨文化传播理论。主要论文有《复原老子之"道"》、《老子物论和道论的"有"与"无"》、《文化界定的分歧与理论缺陷》、《论文化群体的边界》等多篇论文。

今天演讲的题目叫"理解文化"。为什么要讲这个问题呢？我想有两个原因:一是文化问题已经成为当今世界最重要的问题;二是到底什么是文化的问题一直也没有弄清楚。关于第一个原因,大家可以看两本书,一本是美国著名学者戴维·兰德斯的《国富国穷》,他认为国富国穷的原因主要是文化的原因,不是我们通常理解的资源的原因、生产技术的原因、政治体制的原因等等。他在第二章的开头有一句话说:"文化会使局面几乎完全不一样。"我认为这句话说得很精辟,把文化在当今世界的重要性一语概括了,这不是预言,而是经验,是总结过去的结论。另一本书是塞缪尔·亨廷顿和劳伦斯·哈里森共同主编的书,名叫《文化的重要作用》,副题是"价值观如何影响人类进步"。这是一本论文集,当代最著名的几位学者在一起讨论文化对世界的影响问题,他们有一个共同的认识,即在现代社会中,文化已经成为促进或阻碍人类社会进步的主要因素。大家看看这两本书,就可以弄清楚为什么当今世界最重要的问题是文化问题了。关于第二个原因,我在讲演中会专门探讨,在这里我想提出这两个原因结合在一起会导致的一种后果。在没有弄清楚到底什么是文化这个问题的时候,大家讨论文化,甚至用文化来解释经济发展问题、政治问题、宗教问题、国际冲突问题等等,就会发生很多误解和混乱。比如当今世界上的很多弱势文化群体,大多都在强调要保护和弘扬传统文化或本土文化,要抵制文化霸权,反对文化帝国主义,但是如何保护和弘扬传统文化或本土文化呢?把一些传统的或本土的工艺品、服装样式、表演形式等拿出来展示,或者做成一个文化产业,是不是就保护和弘扬了传统文化呢?我认为没有那么简单,这涉及对文化的理解问题,我们真正理解了文化,才能够真正解决文化保护和弘扬问题,才能理性地面对文化冲突问题。说得再大一点,要理解世界,理解自己所在的社会,理解经济、政治和宗教的某种趋势和未来,我们就必须理解文化。

理解文化可以有多种途径,比如从文化发展的历史途径去理解文化;或者从文化理论的途径去理解文化,比如讨论文化进化论问题、文化相对论问题或文化变迁问题等;也可以像人类学家那样深入到某一个文化群体中做田野调查。我选择的途径是讨论"什么是文化"这个问题,因为这个问题是我们理解文化的核心问题,是讨论一切文化问题的前提和基础。我们把这个问题弄清楚了,对文化问题的理解或处理实际的文化问题,乃至于发展文化产业,都可能会有一个新的视野、新的思路。

今天讲演的内容,分为两大部分:一是分析文化研究学者对什么是文化的理解;二是提出我对文化的理解。讲我的理解,不是因为我认为我的理解要比其他专家学者高明,而是因为它是我研究的结果。讲自己研究过的东西,用自己的话说自己的思想,会实在一些,仅此而已。现在我就和大家一起讨论什么是文化的问题。

一、文化是一个庞大的复合体

19世纪初,人类学家开始对文化进行专门的研究。那时的文化研究有两个背景:一是西方的工业文明已经初步形成,这使西方人有很强的文明优越感。他们把世界上的人分为两种:一种是文明人,一种是未开化的人,或者说野蛮人。二是进化论思想很盛行。人们由相信生物的进化,推演到确信社会也是进化的。在这两个背景中,人类学家对原始部落或民族文化的研究,就有了两个先天性的特征:一是在他们的观念中,文化和文明是一回事。二是他们关注的不是文化,而是一个群体的文化。这两个特征决定了当时以至于由当时延续到现在的人们对文化的理解,因此,我们有必要多花点儿时间来讨论。

在现代人的观念中,文化和文明虽然有很多难以说清楚的联系或差别,但是文化与文明终究应该是两个概念,它们指称的对象应该有所不同。但多数人类学家,尤其是早期的人类学家并不这么看,他们认为"文化"和"文明"是一回事,是同义词。英国人类学家爱德华·泰勒在给"文化"作界定时,就把文化和文明这两个概念放在一起来讨论①。美国文化人类学家罗伯特·罗维也认为"文化"和"文明"这两个概念是一样的,它们的区别不是含义上的差别,仅仅是不同学科上的术语差别②。文化和文明这两个概念的同一,在中文翻译中也表现得很明显,我们把 culture 和 civilization 都译为"文化"或"文明"。泰勒有一本讲人类学的书,书名是 Anthropology:An Introduction to the Study of Man and Civilization,中文就翻译为《人类学——人及其文化研究》。我们在这里不讨论文化和文明这两个概念的联系和区别,这是一个很复杂的理论问题,我们要讨论的是把文化和文明混同的结果。不论你如何理解文化,如何理解文明,文化和文明这两个概念的同一,就把文化和文明这两个概念都扩大了。从文化的角度讲,文化是文化,文明还是文化,文化由此就变成了一个内涵很庞大的概念。

我们再来看看第二个方面。人类学家对一个部落或民族的文化进行研究时,有一个非常强烈的目的,就是了解和认识某一部落或某一民族的文化特征,发现不同群体文化的差异,然后根据这个差异,分析文化的起源、文化的类型、文化的变迁、文化的进化等问题。因此,他们在思考文化的时候,思考的是群体文化,而不是文化本身。这两个问题,表面上看是一个大小问题,或者是部分与总体的问题,其实,它们是两个不同范畴的问题,不同性质的问题。这一点我们从泰勒对文化的界定中就可以看得

---

① 爱德华·泰勒:《原始文化——神话、哲学、宗教、语言、艺术和习俗发展之研究》,连树声译,广西师范大学出版社2005年版,第1页。
② 罗伯特·罗维:《初民社会》,吕叔湘译,商务印书馆1935年初版、1987年影印版。第一章"绪论"。

很清楚。泰勒说:"文化,或文明,就其广泛的民族学意义来说,乃是包括全部的知识、信仰、艺术、道德、法律、习俗以及作为社会成员的人所掌握和接受的任何其他的才能和习惯的复合体。"①这个界定的关键词是"复合体"。"复合体"的英文原文是 complex whole,complex 是各个独立的部分合成在一起的意思,complex whole 就是由各个部分构成的一个整体。根据泰勒的界定,文化就是由各个部分构成的一个整体。学过一点儿逻辑学的人都知道,这不是一个"文化"的定义,因为它既没有说出"文化"的内涵,也没有说出文化的外延。而且,我们可以把"文化"这个概念随便换成任何一个概念,这个界定都可以成立。比如说:人是由紧密相关的各个部分构成的整体,或者,法律是由紧密相关的各个部分构成的整体等等,这说明泰勒的这个界定没有揭示文化的本质特征。但是,如果我们把"文化"一词换成"群体文化",泰勒的这个界定就成立了,它可以这样来表述:群体文化"是包括全部的知识、信仰、艺术、道德、法律、习俗以及作为社会成员的人所掌握和接受的任何其他的才能和习惯的复合体。"由此,我们可以确定,泰勒把"文化"和"群体文化"这两个概念混淆了。

泰勒被称为"人类学之父",他的这个界定对人类学家影响很大。20世纪中期以前的很多人类学家大多都把"复合体"看做是文化的一大特征。分歧只在复合的形态、程度和结构上。比如英国文化人类学家马林诺夫斯基提出"有机整体"(integral whole)说;②美国人类学家克拉克·威斯勒提出"特质综合体"(trait-complex)说等等。③ 文化既然是一个"复合体",那么,这个"复合体"都是由哪些部分组成的就成为了一个非常重要的问题。因此,很多人类学家做了很多这方面的研究,有很多分类,如物质文化类、精神文化类、工具文化、制度文化、观念文化等等,最著名的是前面提到的克拉克·威斯勒提出的"文化纲要",这个纲要为组成"复

---

① 爱德华·泰勒:《原始文化——神话、哲学、宗教、语言、艺术和习俗发展之研究》,连树声译,广西师范大学出版社 2005 年版,第 1 页。
② 马林诺夫斯基:《科学的文化理论》,黄剑波等译,中央民族大学出版社 1999 年版,第 52—53 页。
③ 克拉克·威斯勒:《人与文化》,钱岗南、傅志强译,商务印书馆 2004 年版,第 49 页。

合体"的各个部分开列了一个清单,分为9大类,33项①,囊括了人类的所有存在,所有活动,也就是说人类的所有一切都是文化。美国著名的人类学家克莱德·克鲁克洪(Clyde Kluckhohn)说:"由于传统的作用,也由于人类关系的复杂性,即使是一些简单的事情,哪怕如同动物之所需者,也都得裹上一层文化模式的外衣。动物饿了,只要能吃它就吃,而人这种动物就非等到开饭时刻不可。一日三餐,恰似汽车一样,是人为的结果。打喷嚏乍看像是纯属生物学的现象,但其中却发展出一些小小的习俗,诸如说一句'对不起'或'多多保重'。不同文化的人们,或者同一社会不同阶层的人们,都不会以严格相同的方式打喷嚏。打喷嚏是在某种文化网络里结成的生物行为。要指出哪一件活动不是文化的产物是很困难的。"②

"文化"和"文明"这两个概念的合一,扩大了"文化"这个概念的内涵和外延;把"群体文化"当作是"文化"的同义语,又丧失了对"文化"本质的分析和研究,只是预先设定了人类的所有一切都是文化。人类学家的这种文化观念已经成为人们理解文化的主导观念。比如《不列颠百科全书》对文化的界定,就是这种观念的反映。这个界定说:文化是"人类知识、信仰和行为的整体。在这一定义上,文化包括语言、思想、信仰、风俗习惯、禁忌、法规、制度、工具、技术、艺术品、礼仪、仪式及其他有关成分。"再比如联合国教科文组织(UNESCO)把世界文化遗产分成"物质文化遗产"和"非物质文化遗产"两大类型,也是这种文化观念的反映。从我们前面的分析中,我们已经可以发现,这种主导性的文化观念,可能是有问题的。

首先,从常识上看,要知道一个事物是什么,得知道它不是什么。人们是在一事物与另一事物的区别中确认一个事物的。反过来说,如果一

---

① 克拉克·威斯勒的"文化纲要"是:1. 言语,包括语言、书写体系等等;2. 物质性特征,包括饮食习惯、栖息地、运输与交通、服装、用具、工具、武器、职业与产业;3. 艺术,包括雕塑、绘画、图画、音乐等等;4. 神话与科学知识;5. 宗教活动,包括礼仪形式、疾病治疗、丧葬;6. 家庭与社会制度,包括婚姻形式、识别亲属的方法、继承权、社会管理、体育与运动;7. 财产,包括不动产与动产、价值标准与交换、贸易;8. 政府,包括政治形式、司法与法律程序;9. 战争。参见克拉克·威斯勒:《人与文化》,钱岗南、傅志强译,商务印书馆2004年版,第70—71页。

② 克莱德·克鲁克洪:《文化的研究》,载见《文化与个人》,高佳等译,浙江人民出版社1986年版,第8页。

个事物什么都是,那它就什么都不是。在哲学上,把可以统摄一切存在的"一",叫做"无",就是这个道理。如果一切都是文化,也就没有了文化。可以说,把一切都看作是文化,是犯了一个简单的常识性错误。

其次,从文化理论上看,人类学家大多认为文化是进化的,文化从低级到高级,从落后到先进是文化发展、变迁的一个规律。但是,这个理论如果仅仅考虑物质文化层面,不会有多大问题,比如从石器到铜器,从马车到汽车等等,而一旦我们从非物质文化层面来考虑,文化进化就很难成立了。比如中国人可以把几个不同的神一起供奉着,而西方人只供奉一个神,如何确认哪一个文化是低级、高级,哪一个文化是先进、落后呢?按西方的标准叫"西方中心主义",按中国的标准叫"我族中心主义",都不能成立,不能被人接受。所以有些人类学家提出"文化相对论"的观点,也就是大家熟悉的"文化多样化"理论。但是,如果把文化看作是一个无所不包的存在,这个观点或理论也很难成立。比如中国古代的妇女裹脚,按照"文化多样化"理论,就有它自身的合理性,就不该废除。还有某些民族的"人妻殉死"或"女性割礼"的文化,也应该按照"多样化"的理论加以保留。这样的话,又显然让有些人难以接受。

第三,大家都知道,不同的文化是有冲突的。但是大家同样知道,中国的丝绸和瓷器传入到西方的时候,并没有和西方的文化发生冲突。同样,原来中国人点火用石镰,西方人点火用火柴,火柴比石镰方便,中国人就用火柴取代了石镰,这里也没有文化冲突。文化冲突往往发生在观念层面、精神意识领域。中国近代史上可以搞洋务运动,不能搞戊戌变法,一变法就冲突了。由此,我们是否可以得出这样一个结论呢,如果把物质性存在看作是文化,不同文化之间会发生冲突的结论也就不能成立了。

最后,从文化研究上看,把人类的一切存在都看作是文化,就使文化研究变成了政治研究、经济研究,甚至是科学技术的研究。比如北京大学的季羡林先生讲中外文化交流时,讲的是"白糖"和"钢铁"制造技术的输入和输出,[1]季羡林先生讲演的题目是"交光互影的中外文化交流",人们从这个题目中,很难想到他会讲白糖和钢铁制造技术的输出输入问题。

---

[1] 季羡林:《交光互影的中外文化交流》,参见《中外文化比较研究》,三联书店1988年版,第15页。

如果你认为一切都是文化,那么季羡林先生讲的没有任何问题;如果你认为不是一切存在都是文化,或者说白糖制造技术和钢铁制造技术的输入和输出是科学技术交流不是文化交流,那么季羡林先生讲的就有问题了。当然,我们在这里先不要作结论,问题可能比想象的要复杂,轻易作出的结论有时会显得很幼稚。

正是由于把文化理解为一个庞大的复合体,造成了文化概念的模糊和文化理论的困境,有些学者,特别是社会学家对什么是文化的问题,作出了另外一种理解。他们对文化的理解可以概括为这样一句话:文化是意义之网。

二、文化是意义之网

文化是意义之网的观念来自德国社会学家马克斯·韦伯,美国文化人类学家克利福德·格尔茨对此有一个很充分的表述,他说:"马克斯·韦伯提出,人是悬在由他自己所编织的意义之网中的动物,我本人也持相同的观点。于是,我以为所谓文化就是这样一些由人自己编织的意义之网,因此对文化的分析不是一种寻求规律的实验科学,而是一种探求意义的解释科学。"[1]什么是"意义之网"呢?格尔茨用英国哲学家吉尔伯特·赖尔"眨眼和挤眼"论来加以说明。一个人只是因为生理的原因随意地眨眼是没有意义的,而一个人故意地挤眼则是有意义的。但是,挤眼的意义只有被看到的人理解的时候,挤眼的意义才能生成,否则挤眼就跟眨眼一样没有意义了。因此,要理解挤眼的意义,必须在挤眼者和看到者之间有一个关于挤眼的共识,这个共识吉尔伯特·赖尔叫"通行密码",格尔茨叫"意指结构"[2],这就是"意义之网"。

如果文化是意义之网,那么文化就是一种精神,一种观念,一种心智,是纯粹精神性的存在。很多社会学家、哲学家都认同这种观点。德国社会学家齐奥尔格·西美尔有一个很精彩的表述,他说:文化是"一种对灵

---

[1] 克利福德·格尔茨:《文化的阐释》,韩莉译,译林出版社1999年版,第5页。
[2] 同上书,第6—12页。

魂的改进。"①这种理解与中国传统文化和西方近代以前的理解倒是很一致的。中国古代没有"文化"这个合成词,中国人现在说的"文化"是从西方引进的。但是中国古代有"文"和"化"这两个概念。"文"的本义就是"纹",也就是花纹、图案。中国古人根据直接观察到的存在现象,发现宇宙中的天地万物,都是按照一定的方式排列组合起来的。天有日月星辰,地有山川草木,人有男女长幼;天在上,地在下,人居其中。它们都有各自的形象和位置,交错排列,组成了一幅幅图案,这些图案就是"文"。所以《周易·系辞下》说:"物相杂,故曰文,"《说文》说"文"是"错画",意思都是一样的。问题在于,中国古人认为"错画"不仅仅是一幅好看的画,而且是一种能够表达特定意义的象征性图案,也可以说是象征符号。这样人通过学习"文"就可以"化"了。"化"是存在形状的改变,荀子说:"状变而实无别而为异者谓之化。"②春雨冬雪是"化",春华秋实是"化",青丝白发也是"化",最大的"化"就是人的生和死,古人称为"大化"。形可以"化",心也可以"化",学习"文",让人懂得某种意义,建立某种是非标准,就可以使人心变化,这就是教化。一个人被教化之后,就成为一个有文化的人;一个民族被教化之后,就成为一个有文化的民族。由此,我们可以知道中国古代的"文"和"化",都是指向人的精神存在的。西方近代以前的文化观念也是如此。根据英国文化研究学者雷蒙·威廉斯的研究,被称为"罗马文化之父"的西塞罗,一直是在"心灵"这个意义上使用"文化"一词的③。古希腊虽然没有"文化"这个概念,但是古希腊人一直把追求真理和完美看作是有文化的标志④。19 世纪中期,英国有一个著名记者,后人称为文化评论家,叫马修·阿诺德,他对资本主义初期的工业社会做了很尖锐的批判,认为这样的社会是由一群极端世俗的野蛮人、

---

① 齐奥尔格·西美尔:《时尚的哲学》,文化艺术出版社 2001 年版,第 171 页。
② 《荀子·正名》。
③ 参见雷蒙·威廉斯:《关键词——文化与社会的词汇》"文化"词条,刘建基译,三联书店 2005 年版。
④ 参见基托:《希腊人》,徐卫翔、黄韬译,上海人民出版社 1998 年版,第十章"希腊精神"。以及依迪斯·汉密尔顿:《希腊精神——西方文明的源泉》,葛海滨译,辽宁教育出版社 2003 年版。

非利士人(Philistine)和群氓构成的一个没有文化的社会①。马修·阿诺德的文化标准,就是西方近代以前对文化的理解。

由此看来,把文化看作是"意义之网",理解为一种纯粹精神性的存在,不仅有很多社会学家,也包括少数人类学家的支持,也有中西方传统文化观念的支持。就我的研究视野来看,20世纪中期以后,专家学者们越来越倾向于把文化看作是一种精神性的存在,而不是物质性的存在。在这方面,美国社会学家、政治学家塞缪尔·亨廷顿是一个很典型的例子。亨廷顿在1945年给文化的定义是:"我们所说的文化是指人类生产或创造的,而后传给其他人,特别是传给下一代人的每一件物品、习惯、观念、制度、思维模式和行为模式。"这个定义显然把文化看作是一个庞大的复合体,到了20世纪末,亨廷顿的看法发生了改变,他说:"我们关心的是文化如何影响社会发展:文化若是无所不包,就什么也说明不了。因此,我们是从纯主观的角度界定文化的含义,指一个社会中的价值观、态度、信念、取向以及人们普遍持有的见解。"②当然这仅仅是一种倾向,还不是共识。

把文化看作是"意义之网",理解为一种纯粹精神性的存在,确实能够避免把文化看作是既包括物质又包括非物质的庞大复合体所带来的很多弊端。但是它同样存在着理论缺陷。一种文化如果仅仅是一种精神、一种观念、一种心智,那么我们如何能够发现这种文化的存在呢?换句话说,如果没有挤眼,怎么可能有挤眼的意义之网呢?从文化研究和阐释的角度讲,如果没有纯粹精神的物质性载体,或者说媒介,我们如何能够解释那种纯粹的精神呢?比如,人们说的"建筑文化",如果仅包括建筑的价值观念,不包括建筑式样、居住方式等,如何能把建筑文化解释清楚呢?如果说建筑不是文化,那么,建筑的价值观也就不存在了。显然,把文化仅仅看作是意义之网也是难以成立的。

那么,什么是文化?是不是就说不清楚了呢?或者说这根本就不是

---

① 参见马修·阿诺德:《文化与无政府状态——政治与社会批评》,韩敏中译,三联书店2002年版。

② 塞缪尔·亨廷顿、劳伦斯·哈里森:《文化的重要作用——价值观如何影响人类进步》,程克雄译,新华出版社2002年版,第3页。

一个可以说清楚的问题呢？确实有很多学者对这个问题表现出无法克制的绝望。

三、面对"文化"的绝望

美国文化人类学家克鲁伯(A. L. Kroeber)和克拉克洪在20世纪50年代曾作过一次对文化界定的梳理。他们发现,自1871年泰勒对文化作出第一个完整的界定之后,到1950年,对文化的界定一共有162个。他们把这162个文化概念分为7个组群(group)①进行分析研究,试图找到一个相对合理的、能够被大多数学者认可的对文化的定义。但是结果让人很失望。我国台湾文化研究学者殷海光先生在《中国文化的展望》这本书中,对克鲁伯和克拉克洪的梳理作了一个总结,说:"任何一个定义只说到文化的一个或若干个层面和要点。这也就是说,在这些定义中,没有任何一个足以一举无疑地将文化的实有内容囊括而尽。"②说得直白一点,就是在那162个定义中,没有一个是让人满意的。

从20世纪50年代到现在,对文化问题的研究,已经逐渐成为当今世界最大的"显学",社会科学的各个领域,都向文化聚拢,人类学、社会学、历史学、哲学、文学、法学、政治学、民族学、地理学、考古学的理论研究,都可以在前面或后面加上"文化"一词。在社会生活中,"文化"一词也已经成为关注度最高、使用频率也最高的词语。但是,人们一讨论到什么是文化这个问题时,就有些茫然。陆阳、王毅先生在《文化研究导论》中把这种茫然表达得最为确切,他们说:"什么是文化的定义？这似乎是一个你不说我还明白,你一说我就开始糊涂的话题。"③美国威斯康星大学教授约翰·费斯克说:"文化一词属于多重话语,它能在若干不同的话语中游走。这意味着你不能将某个固定定义引入任何文本与所有文本,并指望

---

① 这7个组群分别是:Group A: Descriptive; Group B: Historical; Group C: Normative; Group D: Psychological; Group E: Structural; Group F: Genetic; Group G: Incomplete Definitions。A. Kroeber and C. Kluckhohn, *Culture*: *A Critical Review of Concepts and Definitions*, Cambridge, Mass.: The Museum, 1952.

② 殷海光:《中国文化的展望》,上海三联书店2002年版,第28—41页。

③ 陆阳、王毅著:《文化研究导论》,复旦大学出版社2006年版,第1页。

都讲得通。"①这就不仅是茫然,而是有点绝望了。当然最绝望的是英国著名的文化研究学者特瑞·伊格尔顿(Terry Eagleton)。他说:"'文化'这个词既过于宽泛又过于狭窄,因此没有多大用处,这是一个很难拒绝的结论。"②按照伊格尔顿的说法,我们就不要讨论"文化是什么"这个问题了,因为根本就不会有答案。

伊格尔顿的意思不是不要讨论文化问题了,而是不要讨论什么是文化的问题了。这很像鸵鸟把头埋在沙子里,眼不见心不烦。但问题是,如果你要真正理解一个事物,必须弄清楚从那个事物中抽象出来的概念,因为我们大多是从一个概念去理解一个事物的,中国古人总是强调"名实相符"就是这个道理。如果概念不清楚,我们用概念进行思维的那个过程就会发生混乱,就会得出很多似是而非经不起推敲的结论。因此,无论面对文化有怎样的困境,阐释"什么是文化"有多大的困难,我们都无法回避。那么如何理解文化呢?

我以为讨论或研究一个问题有两个基点:一是巨人的肩膀;二是实存的现象。做一项研究,不能做井底之蛙,要看看同一领域或同一行业的人,特别是那些专家学者是如何理解和阐释的。要研究他人的研究,分析他人研究的得失,特别是那些著名的思想和理论,这样你就站在了巨人的肩膀上,就比巨人的视野还要宏大。我们通过前面的讨论和分析已经站在了巨人的肩膀上了。现在我们需要做的就是回到现实中,在日常生活的实存现象中去理解文化。

四、从日常生活走近文化

俗话说:人都是一样的,人又都是不一样的。人的一样讲的是人作为一个生命的生物性存在;人的不一样讲的是人作为一个生命的社会性存在。生命的生物性存在要求生存、安全和繁衍,虽然有性别差异和体质差异,但基本欲望和需求从本质上讲是大致一样的。人与人的不一样表现

---

① 约翰·费斯克等:《关键概念——传播与文化研究词典》,李彬译,新华出版社2004年版,第63页。

② 特瑞·伊格尔顿:《文化的观念》,方杰译,南京大学出版社2003年版,第37页。

在存在形式和价值观的差异上。你认为哪些事该怎么做,不该怎么做;你赞成什么,反对什么;哪些事让你激动不已,哪些事让你无动于衷,人是在这些问题上发现"我"和"他"的差别,看到"我们"和"他们"的边界的。这些差别就是文化的差别,这些边界就是文化的边界。那么,我们是如何发现文化的差别和文化的边界呢?探讨这个问题可以让我们更深入地理解文化。

如果我们一直生活在自己的文化群体中,没有看见过一群与自己不一样的人,人们就不会意识到"文化"这种东西的存在,只有当发现一群与自己不一样的人的时候,人们才会突然发现"文化"的存在,"文化"是"他者"的发现。

我们进入一个群体中,看见了不一样的建筑、不一样的服装、不一样的饮食,听到了不一样的语言,我们会感到陌生和新奇,但我们不会产生排斥感,甚至是乐于学习穿他们的服装,品尝他们的饮食,欣赏他们的建筑,学习他们的语言。这说明我们并没有意识到他们和我们是不一样的人,并没有产生不同文化的排斥感。

如果我们在某一个群体中呆的时间长一些,比如像人类学家做田野调查那样,我们会逐渐发现,某个群体不仅有和我们不一样的服装、饮食、建筑和语言,而且有和我们不一样的仪式(如宗教仪式、节庆仪式、婚礼仪式、葬礼仪式等)、不一样的社会组织、不一样的权利关系、不一样的财产制度等等。这时候,我们除了新奇和陌生之外,会感到人与人之间的一种距离,会在一定程度上发现"我们"和"他们"不是同一类人。尤其是当我们发现这些仪式、社会组织形式、权利关系和财产分配制度背后的价值观的时候,我们通常会感到震惊。文化人类学家 C. W. 哈特在澳大利亚蒂维人部落做田野调查时的一个经历,就是一个很好的例证。哈特在蒂维人部落做田野调查时认了一个"妈妈",这是很多人类学家都做过的事,目的是建立一种身份,拉近与当地人的关系。有一天,蒂维人部落首领告诉他,要把他认的这个"妈妈"活埋了,原因是她太老了。哈特知道这是蒂维人的风俗,也知道活埋前必须征求包括他自己在内的亲属的同意(实际上是必须同意的),但他仍然无法理解为什么要这样,他只能是

"惊讶不已"。① 哈特知道在蒂维人部落中,一个人太老了就要被活埋(存在形式),也知道活埋老人的价值观根据,即在蒂维人看来,人太老了会给部落带来不幸。但他为什么还要"惊讶不已"呢?原因是当这种存在形式和价值观真正放置在一起的时候,或者说摆在他面前的时候,他无法在这种存在形式和价值观之间建立一种逻辑关系,也就是说你让他看见存在形式,并且告诉他这样做的根源,他仍然不明白这是为什么。这就是文化的差异,这就是哈特"惊讶不已"的根本原因。而这个根本原因正是文化的核心,人们在这里发现了文化的鸿沟,确认了"我们"和"他们"不是一类人,用中国古人的说法,就是"非我族类"。

我们认识了人与人之间的差异,再看看人与人之间的冲突,认识冲突的根源,可以让我们更充分地理解文化。我们可以在生活中发现,人与人之间的差异并不意味着一定会有冲突,不仅如此,有时候还可以接受差异,甚至欣赏差异。一般说来,人在两种条件下可以接受乃至欣赏彼此的差异:一是非所属群体的差异。比如你到另外一个群体去,或者是一个家庭,或者是一个民族,看见不同的存在形式和价值观,你可以接受这种差异,甚至会很好奇地去欣赏。这就是人们为什么会喜欢旅游的缘故,旅游就是去欣赏差异。二是所属群体的非价值观的差异。比如在一个家庭里,妻子一直都不认同或不喜欢丈夫的某些行为方式;但是如果这种行为方式与价值观没有直接的关联关系时,妻子可以接受这种行为方式的差异。这里有一个问题需要认识到,价值观和行为方式是相关的,但它们之间的关联不是对应性的、必然性的。某种价值观可能会导致某种行为方式,也可能不会导致某种行为方式,换一种说法,某种行为方式可能和价值观没有任何关系,仅仅是一种生物性的,或者习惯性的行为罢了。人与人之间必然会发生冲突的差异是同属一个群体的价值观的差异。比如,一个人穿着脏鞋进了公司办公室,经理说你怎么穿着脏鞋就进来了。如果你说:对不起,外边下雨把鞋弄脏了,经理会原谅你。如果你说:对不起,我认为穿着脏鞋上班挺帅,经理就不会原谅你了。因为后者触及了一个群体中的价值观的差异,它导致文化上的冲突。

---

① 见〔美〕尤金·N·科恩、爱德华·埃姆斯:《文化人类学基础》,李富强编译,中国民间文艺出版社1987年版,第7—8页。

根据上面的分析,我们可以发现,价值观是文化的核心,并且只有当一种存在形式及其价值观共同呈现在我们眼前的时候,我们才感受到了文化的差异,体会到了一种不同的生存方式、标准和理想。由此我们就可以给什么是文化的问题提供一个答案了。

五、文化是存在形式和价值观的互释系统

根据我对文化现象的研究,我认为可以给文化作这样一个界定:文化是在某一群体内逐渐形成的特定存在形式及其价值观。下面,我对这个界定做一些解释。

首先讲一下"特定"这个词语,这是我这个界定中最简单的一个词,大家在理解上不会有什么分歧。但是它强调了文化的一个重要特征,就是文化之所以是文化,就在于差异性,如果没有差异性,我们根本就不会谈论"文化"这个问题。由此大家就可以知道,文化多样化是文化的一个基本属性,如果有一天全人类都实现了文化同化,只有一种文化,不论是西方文化,还是中国文化,文化就不再存在了。所以,讲文化,一定要讲"特定"这个概念。

其次,我们讨论一下"存在形式及其价值观"这个表述的含义,这是我的界定中最关键的部分。我在前面讲过,讨论什么是文化的问题,最根本的是要在文化和其他存在现象之间划出一个界限来,这也是界定的意义所在。文化之所以是文化,不是政治、经济、宗教、哲学、艺术等等,就在于它有自己独特的存在形态,这种独特的存在形态就是存在形式和价值观构成的互释系统。

"存在形式"是个很大的概念,它可以包括物化形态的存在,比如建筑、服装、工具、器物以及文字等等,也可以包括人类的各种活动形态,比如仪式(如宗教仪式、节庆仪式、婚礼仪式、葬礼仪式等)、社会组织形式、权力构建方式、财产制度形式等等。总之,一个群体的全部生活现象和活动方式都可以称为"存在形式"。但是,存在形式本身并不是文化,只有当它和价值观构成一个互释系统的时候,存在形式才能成为一种文化。我说的互释系统,指的是某种存在形式和某种价值观构成相互对应的存在,构成彼此存在的根据,成为彼此存在合理性和正当性的阐释。比如中

国人开会,总要设立一个"主席台",不论讲话的还是不讲话的,都要按照官职大小、地位高低排列就坐在主席台上。西方开会没有"主席台",只有一个演讲台,讲话的人站在或坐在讲演台前,不讲话的人则一律坐在听众席上,这是任何一个人都可以直接观察到的开会的存在形式。但是,为什么中国人有如此的开会形式呢?这就涉及中国人的价值观念了。在中国人看来,人的身份地位具有重大意义,应当而且也需要在各种场合以各种形式加以体现。开会是一个郑重的仪式,也是体现官职大小、地位高低的重要场所,因此就有了中国人开会的形式。这样,开会的存在形式及其相关的价值观构成了一个互释系统,由此也就构成了中国人的开会文化。反之,如果一种存在形式没有与价值观构成一个互释系统,那么这种存在形式就不是一种文化现象或文化事件,仅仅是一种存在形式而已。比如北京的年轻人喜欢过情人节,每年的2月14日,情人之间送玫瑰花或巧克力,但是如果有人问他们,你们为什么要给女朋友送玫瑰而不送牡丹,给男朋友送巧克力不送大白兔奶糖呢?很多人是无法给出答案的。实际上,在西方文化中,"红玫瑰"是基督的血,象征爱的神圣性;"巧克力"是雌雄同体的可可树上的果实,象征爱情的神秘性。不仅如此,情人节还总是跟公元前3世纪的圣瓦伦丁主教联系在一起,那是一个为了一对年轻人的婚礼牺牲了自己生命的人。不知道这些价值根据的人过情人节,就仅仅具有情人节的存在形式,没有情人节的文化,就像有些人说的那样仅仅是为了好玩儿。因此,我在界定中,没有使用"存在形式和价值观"这个说法,而是使用了"存在形式及其价值观"的说法,我用"及其"这个词语,就是在强调存在形式与价值观的互释性。

存在形式与价值观的互释性构成了文化之所以为文化的本质,存在形式和价值观也因此成为了文化的两个要素,存在形式是外显的文化形式,价值观是内蕴的文化内容。一个文化现象就是某种存在形式和某种价值观构成的一个互释系统;一个群体的文化就是由无数个互释系统,即无数个文化现象构成的一个文化复合体。

我们的上述结论,可以让我们认清很多看似复杂纷纭的文化现象,也可以理清很多似是而非争论很多的文化理论,同时还能够给我们提供一些现实性的启示。比如存在形式与价值观的互释系统决定了文化作为一种存在,是有形存在和无形存在的统一体。把文化分为有形的物质文化和无形的非物质文化两种类型是对文化的误解。一件瓷器摆在不懂瓷器文化的人家中,仅仅是一件工艺品,与文化无关;同样,一个不懂昆曲文化的人唱昆曲,只是一种模仿秀,也与文化无关。"文化"一词作为任何一个名词的后缀,比如说建筑文化、汽车文化、政治文化、法律文化,都是存在形式及其价值观的统一体,拆解了这个统一体也就拆解了文化。再如,我们懂得了存在形式和价值观互释的道理,也就可以知道,保护或弘扬传统文化或本土文化,必须是对存在形式及其价值观互释系统的保护和弘扬,仅仅保护或弘扬文化的形式,即存在形式部分,只会导致传统或本土文化的丧失,导致文化的化石化。另外,我们所说的文化变迁是存在形式和价值观互释系统的变迁。就变迁过程而言,是存在形式及其互释系统的解体;就变迁的结果而言,是存在形式和价值观互释系统的重构。由于时间的关系,我无法在这里作详尽的阐释,只能是概略性的提示,供大家思考和讨论。

最后,就"某一群体内逐渐形成的"这个限定作一个简要的说明。我对文化所作的这个限定,表达的是这样一种含义,即文化作为一种存在是群体性的,它是在一个群体中通过长时间的积累、传承构建起来的。这个含义不是我的发明,是学术界的共识,我想也应该是大家比较容易理解的问题,因此不需要做太多的阐释。我想在这里说明的是,文化的群体性和积累、传承的特征,决定了人对文化的归属感。人的国家归属感、社会归属感或家庭归属感只是一个表面现象,实质是文化归属感。也就是说,人可以超越国家、民族和家庭,但不能超越文化。因为一个人如果丧失了文化归属感,就成为一个彻底孤独的人。生命的孤独,本质上讲是文化的孤独。另外,文化的归属感,必然使人的文化意识,带有一种天然的"我族中心主义"和文化的保守性。每一种文化的变迁都是一个痛苦的过程,文化的怀旧与革新永远是一种艰难的对抗。

什么是文化是一个非常复杂、非常艰深的问题,我给这个问题提供的答案不可能是一个没有争议的理想的答案,只是我对文化的一种理解,如果大家能在我对文化的理解中获得一种启示,我已经是喜出望外了。今天就讲到这里,谢谢大家花了这么长的时间听我讲演,谢谢大家。

(2008年5月24日)

京西皇家园林沧桑

■ 刘 阳

[演讲者小传]

刘阳，北京史地民俗学会理事、中国圆明园学会学术委员会委员、中国文物学会会员、北京市文物保护协会会员。15岁起开始系统整理和研究清代皇家园林及北京历史文化，从2000年起开始在《北京晚报》、《法制晚报》、《竞报》、《新京报》、《文明——北京时间》、《北京纪事》等报纸杂志上发表圆明园及北京历史文化方面的几十篇文章。2004年起在圆明园管理处文物科工作。2004年10月出版个人专著《昔日的夏宫——圆明园》，2007年10月出版个人专著《三山五园旧影》。数年来搜集了大量圆明园的珍贵历史资料和照片，其中许多照片和资料为国内独有。

上次来北大举办讲座是在文科学院进行的，这次应邀在理科学院举办讲座，因自幼理科成绩不理想，又偏好文史学科，所以这次在理科学院举办讲座难免有些紧张，还请包涵。

今天讲座的主题是"三山""五园"以及"三山""五园"的概念；第二次鸦片战争及西郊皇家园林被损毁的历史过程；1860—1900年的西郊园林；庚子事件后的西郊园林。

我们先从"三山""五园"以及"三山""五园"的概念开始。

首先了解一下"三山""五园"。传统意义上来说，绝大多数人认为"三山"是万寿山、玉泉山和香山，"五园"是畅春园、圆明园、清漪园、静明园和静宜园，我个人同意这种观点。

经过最近几年学者们的讨论和争论，有专家提出"三山"在乾隆时期由三个总管大臣管理，而后"五园"由一个总管大臣管理，所以西郊当时是由四个总管大臣领衔，这个观点中认为"三山""五园"里没有畅春园，因为那里没有总管大臣管理,所以就把畅春园排除出"三山""五园"之外。这就出现了新的"三山""五园"的版本,即"三山"是万寿山清漪园、玉泉山静明园、香山静宜园,"五园"是圆明园、长春园、绮春园、熙春园和春熙院。

我个人对这种"三山""五园"的概念持保留性意见。

首先"五园"中的圆明园、长春园、绮春园我们都很熟悉,但对熙春园和春熙院人们就不是很熟悉了。以乾隆时期为衡量标准划分,当时绮春园、熙春园和春熙院是平级的,甚至当时绮春园的地位在熙春园和春熙院之下,强行把绮春园、熙春园和春熙院拉进"五园"的说法也是成立的,可是这五个园只能统称为圆明总园。乾隆时期的畅春园比较完整、地位较高,尤其是中前期孝圣皇太后在畅春园里居住,乾隆还对畅春园进行大规模的扩建,所以我个人认为把畅春园排除出"三山""五园"的观点是不成立的。

在我查阅的资料中有一篇为单士元先生在上世纪80年代发表的文章,文章对"三山""五园"进行了考证。单士元先生是清史研究领域的著名专家,早期曾经在故宫工作,民国时期就翻译过大量的文献资料,并在大量奏折和文献资料中查到过当时对"三山""五园"的定义,即认为"三山"是万寿山、玉泉山和香山,"五园"是畅春园、圆明园、清漪园、静明园和静宜园。

因此确定"三山""五园"的准确定义还需要我们经历长时间的争论,要查阅满文文献资料后才能确定。汉文文献在翻译上会有一些错误,而原版满文文献就会精确到每一个字,这需要一个过程。

首先来了解一下熙春园,如今清华大学所在地便是熙春园,乾隆三十二年前后并入圆明园,道光二年(1822)将中部和东部赐给惇亲王绵恺居住。按照清朝规定,老皇帝驾崩,新皇帝三年之内不允许进行大兴土木、册封或者是任何大规模的举动,但是道光皇帝就破了这个规定,在他继位的第二年就把乾隆最喜欢的园子封给了惇亲王绵恺。因为嘉庆皇帝驾崩时并没有遗诏来说明皇位的继承问题,导致了混乱的局面,最后由皇太后出面,表明先帝心中希望皇子绵宁即道光皇帝继承大统,风波才得以平息。这位皇太后就是惇亲王绵恺的生母。因此,道光皇帝对自己这位非亲生的母亲非常感激,登基的第二年就把熙春园赐给了绵恺。惇亲王薨

后,其子袭爵继续居住在熙春园,到了咸丰年间赐匾为"清华园",我们现在看到清华园的匾就是咸丰时期赐的。在庚子事件之后熙春园被清政府收回,最后割给了美国人。

道光二年,朝廷将熙春园西部赐给了瑞亲王绵忻居住,改名为"近春园"。这样"三山""五园"的格局就开始出现了,从这时开始熙春园就开始脱离皇家园林。到了同治朝,根据清朝王爵规定绵忻的后代已经失去了享有皇家园林的条件,他们的王爵已经降到很低了,因此"近春园"被皇家收回,在同治皇帝准备重修圆明园的时候,就将近春园拆除准备重修圆明园,结果圆明园没有修成,近春园也拆成了平地。熙春园早期的门与现在清华园的门没有太大变化,清华园的匾是咸丰皇帝的御题,象征着皇帝对臣子的尊重,现在的是按照原匾仿制的。近春园是为了修圆明园损毁的,没剩下什么遗存,我们能看到的只是近春园当时的一个家庙。近春园是熙春园的水系,水系得以比较完整地保存,包括整个格局、河流走向,甚至桥的位置都和历史上基本吻合。

再来说春熙院。北京大学所在地就是春熙院,乾隆四十五年归入圆明园,乾隆四十七年更名为"春熙院",嘉庆七年(1802)就赠给了庄静固伦公主。它是"三山""五园"中最后并入且第一个被分割的皇家园林,它的存在时间非常短暂,通过这一点也可以看出来。如果把熙春园和春熙院归入"三山""五园"是站不住脚的,首先它的时间太短了,其次级别太低,熙春园和春熙院再辉煌,在历史上的地位也无法和畅春园相比,所以舍去畅春园而取熙春园和春熙院是说不过去的,而且同一时期存在的时间太短以致大量的文献没有记载熙春园和春熙院,甚至很多人都很陌生,因此把熙春园和春熙院强行纳入"三山""五园"的观点太牵强了。

下面说说"三山""五园"最主要的几个园子。

畅春园位于北京大学西南侧,康熙二十六年二月基本建成,康熙末年达到鼎盛,乾隆朝后期开始荒废,毁坏的时期较早,而且中途也并没有对它进行修饰,所以很难找到畅春园内比较直观的建筑。有一幅康熙的万寿图,画的是北京到畅春园一路的风景,可以隐约看出畅春园的格局。

康熙修建畅春园的目的首先是政治,其次才是休闲。政治目的主要是笼络蒙古、西藏贵族,方便他们在北京居住。表面上是给蒙古大臣和西藏王族修建了一个很好的园子,实际上它从军事上到政治上考虑得非常周全。畅春园面积大,空气好,距皇城较远,即便蒙古、西藏发生政变,清王朝也可以快速做出反应,如果蒙古、西藏官员居住在故宫,一旦发生政变后果不堪设想。又因为游牧民族生活习惯和宗教信仰的因素,这些蒙古、西藏官员习惯居住在野外帐篷或蒙古包中,故宫里的房间却是格局规整的宫殿,搭帐篷让他们居住更是不现实的,所以居住在西郊园林就是上上之策。

其次,康熙为人比较节俭,在修建畅春园的时候国家还没有完全统一。内忧外患,全国各地动荡不安,资金状况确实无法承担这样浩大的工程,以致畅春园的建制级别很低。从大门的规制就可以看出。畅春园的大门甚至比不上乾隆时期的行宫大门,外观朴实,建筑模式简单,与承德避暑山庄大门相似,为一座大门加上东西厢房和影壁组成,与后期的圆明园,甚至连清漪园的广场都无法相比。

康熙晚年还建立了一个西花园,位于畅春园的西侧。康熙时期皇子册封制度还不完善,康熙又希望自己所有的儿子都由自己亲自抚养、亲自教育,每个孩子在他眼中都是平等的。让所有孩子都在身边,自然就居住不开了,为缓解住房紧张的压力,才修建了西花园,以供太子和其他子女居住,也便于康熙进行教导。

畅春园中的建筑有三分之二是乾隆时期修建的,康熙时期的建筑主要集中在九经三事殿和周边的三个岛两个堤的位置,北部大片的建筑是荒废的,方便蒙古王公修建帐篷,也便于大规模进行骑射训练,视野开阔便于帝王及蒙古王公检阅军队。一直到乾隆朝畅春园才得以扩建。畅春园目前保留的为数不多的两个遗迹是恩佑寺和恩慕寺庙门,即如今依然屹立在北大西门外的两座庙门。这两座庙宇最大的特点是敬建,一般皇家园林都是帝建或者是宫建,恩佑寺是雍正皇登基之后为康熙停灵的地方,雍正皇帝为表达自己对父亲的敬佩和爱,曾在这里为康熙守灵。到了乾隆时期,在孝圣皇太后去世之后,乾隆效仿其父便在恩佑寺东边仿照恩佑寺造了一个恩慕寺,也是敬建,其性质相同,一个是雍正皇帝敬建自己的父亲,一个是乾隆皇帝敬建自己的母亲。此外庙前的御路在北大扩建时被拆掉了,我在14岁的时候还见过这条御路,如今已经不复存在了。

再看一下清漪园,它始建于乾隆十五年(1750年),乾隆为其母孝圣皇太后祝寿所建。清漪园与其他皇家园林最大的不同是,它是一次性修建成功的,前后用了十五年。除了对建筑进行一些维修外没有其他大的改动,完美地诠释了乾隆的修建意图。

1860年10月19日英军记者拍照的毁后的清漪园

清漪园严格来说是"三山""五园"中级别最低的,建造意图就是为乾隆的母亲建造一个大佛堂,充斥着政治和休闲目的。南坡汉地佛教建筑,为母亲祝寿而修建。北坡大部分是藏传佛教建筑。咸丰十年(1860)毁于英法联军之手。

清漪园的建筑现存照片只有四张,最有代表性的是昙花阁,1860年10月19日英军的随军记者拍照的昙花阁,一直有专家认为它是圆明园建筑,但是圆明园不可能有这么著名的建筑,它是南坡仅次于佛香阁的建筑,即现在的景明阁位置,它的著名程度不亚于佛香阁。

另外一个就是文昌阁,这也是英军记者拍照的,阁中间有自鸣钟,时间非常准确地指在五点三十五分。在这位记者拍完文昌阁第二天,文昌阁就被毁掉了,因此被毁前的清漪园的两个建筑的照片是十分罕见和少有的。

昙花阁

文昌阁

以下这是圆明园如今的平面图。

不是太好看,我是非常反对所谓的复建圆明园三园总图的,因为如果是一个专业从事圆明园研究的人,都应该知道圆明园历史上从来没有过鼎盛时期的三园。如果按乾隆时期的鼎盛,绮春园就没有,只有十几个亭子和一个正觉寺。

如果以被毁之前的圆明园作为鼎盛时期,圆明园部分建筑在道光时

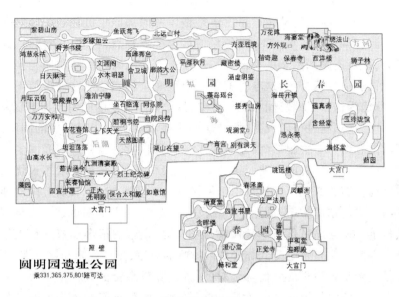

圆明园平面图

1909年法国人拍摄的正觉寺

期得到了改建,所以圆明园永远没有三园总图。这些年总有人要画出圆明园三园总图,如果他真的画出来,只有一种可能就是画1860年被毁之前的,但是那时不论从园林角度还是整体考虑都比较逊色于乾隆时期的圆明园。如果想画乾隆时期的,绮春园整个就没有,包括山清水系、建筑格局,甚至连围墙的宽度都没有。现在有人又说画出了圆明园三园总图以及被烧前什么样子,这本身就是一个很业余的问题。这件事情不可能的,我认为这张三园总图只是凭想象,只是乾隆时期的圆明园加上后来的绮春园,这只能是乾隆没见过、英法联军碰不着的一个想象中的圆明园。圆明园总图看上去很热闹,建筑很多,圆明园多么好,在进行爱国主义教育时可以说这么好的圆明园被英法联军毁掉了,但是英法联军火烧圆明园之前很多建筑就已经没有了。古建筑很难坚持 70 年,而且乾隆时期圆明园大量的草屋木棚,道光皇帝就没有再修建它们,大量的建筑在后期就毁掉了。道光皇帝性格非常孤僻,他对乾隆皇帝的很多建筑进行大量改造。因为嘉庆皇帝是受到乾隆威严影响的皇帝,见过乾隆鼎盛时期,所以凡是乾隆皇帝说过的事情都是对的,凡是乾隆皇帝的我都不能改。乾隆在教训人的时候道光皇帝还是个孩子,而且乾隆皇帝对道光皇帝宠爱有加,把他的性格宠得很不好,所以道光会拿乾隆说事,拿出一堆乾隆重视

静明园冬景

他的东西,比如他打过猎,被赐过黄袍马褂,所以道光对乾隆时期的建筑大为改造。

再看一下静明园,静明园始建于康熙十九年(1680),康熙二十一年基本建成,康熙三十一年更名为"静明园"。

康熙早就想修建一个静明园,进行政治和修养,由于静明园太小而不得已修的畅春园,到乾隆年间才重新修静明园,所以现在看到的静明园建筑几乎都是乾隆时期修建的。到咸丰十年(1860)被英法联军毁坏,静明园也是清朝皇帝在西郊修建的第一座园林。按照历史记载和文献的编成可以认为,清漪园和静明园以前是一个园子,它们是一个整体。清漪园没有东墙,静明园没有西墙。静明园后期虽然有东墙,但是东门和西门是连着的,历史上清漪园没有西墙,它的西墙有一大片稻田和河道,乾隆当时给他母亲祝完寿直接坐船顺着玉带桥,玉带桥拱形很大就是为了方便乾隆的御船直接通过。他当时在码头乘船顺着北长河停在见湖楼,换完衣服过去两个牌楼直接进静明园。我们现在看到的西墙是慈禧修建的,静明园和清漪园现在被人为地变成了两个园,民国时期界湖楼的遗址还在,牌楼变化非常大。

1876年理查德·托马森拍照的静明园毁后残迹

现存最早的照片是1876年理查德·托马森拍照的静明园毁后残迹，可以看到静明园当时被毁坏程度很小。除了大殿被毁坏之外大部分建筑保存还是比较完整的，包括琉璃塔、定光塔。

静宜园早在金大定二十六年（1186）便开始修建，是"三山""五园"中最早有记载的园林之一。明代时香山寺非常著名，到康熙时香山寺周边修建了这么一个香山行宫，修行宫也是为了蒙古以及藏传佛教的人休息方便，直到乾隆十年（1745）才加以扩建改名为静宜园，我们现在看到的几乎所有的建筑和格局都是乾隆十年修建的，到咸丰十年（1860）被英法联军破坏。静宜园最早的照片出现在1876年，由理查德·托马森拍摄。

静宜园的宫门并没有被英法联军毁坏，1920年前后还有宫门的照片，可以看出它的宫门是卷棚歇山，前面的铜狮子也是乾隆时期的，当时的东西厢房已经被毁掉了，只剩一个大门。

我们再了解一下第二次鸦片战争和西郊皇家园林的损毁过程。第二次鸦片战争到底是怎么打起来的呢？

1856年10月23日英军攻打广州，广州城在1857年12月29日失陷了。

1858年5月20日英法联军对大沽口炮台进行攻打，只是对周边进行骚扰，双方没有发生激烈交火。当时英法联军要在攻打大沽炮台这个问题上和清政府进行谈判，并蓄意签订不平等条约。英法联军最重要的一个条件就是面见咸丰皇帝，亲自换约。英法联军的根据是，国际上规定，签订重大的条约必须要全权大使当着皇帝的面进行。而咸丰皇帝统治的是一个由鼎盛时期走向衰亡的封建王朝，非常自大。皇帝本人甚至连英法联军都没有见过。他认为中国此

静宜园最早照片

如今的静宜园

时是天朝,外国军队面圣是不可思议的事情,绝对不可能接受这个条件,双方就在这个问题上出现了争执。因此英法联军强行派出军舰对大沽口炮台挑起战争。

大沽口炮台处于大海的收缩口,地理位置绝佳,设计布局非常合理。正中设置一个炮位,两边设置四个炮位,形成易守难攻的战略基地,任何人要想从中间打进几乎是不可能的。但是当时英法联军并没有对大沽口炮台进行实际估量和考察,再加上此前他们轻松占领广州,在此次进攻中难免轻敌,他们企图迅速占领大沽口炮台。

当时守大沽口炮台的将领是蒙古王爷僧格林沁,对于此次进攻清军只需利用炮台地理位置和设计的优势,单用大炮回击,就可以将英法联军打得溃不成军。以至于在此次进攻中法军损失一半的兵力,英军损失三分之一的兵力。包括法军副将在内的很多将领都阵亡了,这也是英国军队在19世纪最惨败的一场战役,并写入了英军战争史。

这次进攻的惨败对英法联军特别是英军来说是一件非常耻辱的事情。关于此次战争,欧洲版本把这次事件作为第二次鸦片战争的结束,而

大沽口炮台(1860 年 8 月 21 日比托拍摄)

中方的版本中则只有两次鸦片战争。

1859年英法联军惨败回国后,英国众议院和参议院还为这件事情召开战争会议,并为反攻花费一年的时间进行准备。他们准备调动最先进的部队,即曾经攻打过北非和印度的部队。这支部队拥有当时英军最强大的火力系统和最好的将领,他们的战争经验最为丰富。英军还准备使用当时世界上最为先进的以蒸汽机作为动力的军舰来反攻中国。而此时的清政府还愚昧地认为英军不过如此而已,不会再进行反攻。清王朝自入关后至此,战无不胜,并把这次战役看作清军战争史上的又一次胜利,根本没有对战争进行总结和经验的沉淀。

英法联军伺机发动反攻,并准备了充足的兵力。其中英军总兵力1.2万人,法军8000人。英军的1.2万人实力是非常强大的,其中包括8000骑兵和4000印度及北非的远征军。在这之前还进行了合练,动用了英国所有兵力,目的就是要好好教训一下中国,并对此前的惨败进行雪耻。法军的8000人只是迫于无奈地表示联军义气的滥竽充数,在发动反攻前法军甚至还在劝说英军三思而后行,避免战争。因为法军的目的非常明确,他们只希望天主教在中国可以合法地传播,而英军的目的则是希望贸易开放。法军的8000步兵,战斗力相比之下是很差的。

法军当时的军队指挥是蒙托邦,英军的军队指挥是格兰特,英军的特使是额尔金,这是英国王室亲自派出的,还有一个翻译是巴夏礼。巴夏礼在当时的广州衙门,在中国待了二十年,可以说是个中国通。为配合英法联军的回击,他用半年的时间来收集中国的相关资料,包括当时清朝的军事储备、粮食储备,甚至太平天国和清军的战争过程都记录在案,对于清军如何输的、有哪些优劣势等方面,还写了很好的总结,并交给蒙托邦和格兰特。英法联军可谓知己知彼,在反击前做了充分的准备工作。

格兰特在当时是英军横扫北非和印度的重要的军事将领,他在此前没有打过败仗。而蒙托邦是拿破仑鼎盛时期的军官,在欧洲没有敌手。从当时的照片来看,欧洲各国的将领都佩戴着徽章,这说明他们都是久经沙场的,而当时清朝仍愚昧地认为英法联军只是一群乌合之众,难与天朝相抗衡。

1860年7月2日,英法联军的军舰直接开入直隶湾,英法联军使用的是蒸汽机,速度很快,并临时征用了两百艘商船作为后勤补给。英法联军计划1860年8月1日登陆,但是清朝军队当时并没有登陆与反登陆的战争经验,他们认为自己的军队是骑兵,应该在陆路上才能进行战争,于是毫无阻拦地任由英法联军按计划行事,以致英法联军没有受到任何的抵抗与反击,便顺利登陆,轻而易举地占领滩头(沙滩)。

如果清朝军队对英法联军的登陆进行阻击,英法联军就不会这么容易占领沙滩,取得滩头战的胜利。滩头战是海上登陆战役的第一战也是最重要的一战。清朝军队毫无抵抗,使得英法联军顺利地在滩头修好了基地,以便对大沽口炮台进行下一步的合围。

8月3日英法联军占领北塘,北塘是距塘沽最近的后勤保障基地,这里储存了大量的粮食和物资。

8月4日双方第一次在塘沽城交火,战争从上午10点10分开始到11点结束,仅仅用了五十分钟。当时塘沽城的防守很简单,只有一些清军站在城墙上守卫,而且几乎不抵抗。英法联军的大炮几下子就把城墙打穿,塘沽城的守军除了死伤的,剩下的全部逃亡。因此英法联军迅速地占领了塘沽城,这也意味着英法联军对大沽口炮台的合围基本结束。

8月21日,英法联军集中所有火力对主炮台西北侧石头缝炮台进行猛攻,当时的直隶总督也就是大沽口炮台总司令乐善很英勇,在城墙上拿着大刀身先士卒,但是此时已经不是冷兵器时代了,英法联军一炮就将他打死,乐善阵亡之后其余炮台便都投降了。英法联军登上炮台后看到,西北的炮台很小,而其他四个炮台还很完整,他们对一个炮台被攻占后其他炮台都投降的做法感到很奇怪,甚至觉得有些夸张。清朝军队投降的副将就和英法联军解释,说按照清朝军队规定主将战死后必须由皇帝亲自写任命状,任命副将来接替主将职务,不得擅自行动,否则都要被满门抄斩。所以主将战死后副将只能等待任命状,四个炮台也因此只能停火投降,也因此所以英法联军迅速地将大沽口炮台占领。

第二次鸦片战争和第一次截然不同,英法联军没有强攻大沽口炮台,他们总结上次惨败的教训,避免正面阻击,而选择从侧面登陆迂回攻打大沽口炮台。这个战术很成功,当时的主炮台也是火力最猛的炮台,一炮未发就被英法联军占领了。与上一次英法联军死伤惨重完全不同的是,采取这样的战术进攻,法军士兵只阵亡15人,129人受伤,军官阵亡2人,11人受伤,英军士兵阵亡17人,162人负伤,军官受伤22人。而清军则阵亡两千余人,这些人绝大多数是由于操作失误,导致炮弹未发射出,就在原地爆炸,使两千余人阵亡。僧格林沁更是与上次的表现大相径庭,居然逃离了大沽口炮台。

8月22日,大沽口炮台战役结束。

9月2日英法联军占领天津,此时占领天津的性质和1900年完全不同。当时天津不是军事重镇,而是由于洋务运动才提升了地位,所以当时天津和通州差不多,没有租界,没有军事意义和军队,占领天津和占领北塘没什么区别。

当时随军记者是大不列颠最重要的战地记者,也是最早的战地记者。他为了拍一张照片特意和英法联军士兵协商,让他先拍照再清理战场,因此他的照片都是没有清理战场的照片。他们的照片都可以清晰地看到当时清军死伤情况和炮台损毁情况。主炮台完好无损,而米字旗已经挂在了上面,石头缝炮台被炸为平地,东南角的炮台完好无损。

占领大沽口炮台后英法联军就有了进一步侵略的资本,9月17日双方在通州进行谈判。当时谈判性质也和第一次完全不同。咸丰皇帝派出了全权大臣怡亲王载垣主持谈判,目的是用高额的赔款来换取和平,英法联军表示同意。但是他们要求必须见到皇帝亲自换约,载垣表示皇帝已经派出了亲王来主持谈判,规格已经和皇帝亲自换约等同了,直接由亲王换约即可,但是英法联军不同意,谈判进入僵持阶段。怡亲王从未受到如此这般的侮辱,一气之下将英法联军的谈判大臣抓了起来,英法联军怎能罢休?

于是,9月18日英法联军在京东八里桥与清朝军队进行激战。此前英法联军攻打张家湾,英法联军获胜,清军随即退到八里桥,八里桥是通往北京的要道,清军想利用八里桥的地势进行决战。僧格林沁调集了所有的精兵,其中蒙古骑兵五万人,加上通州一带的汉八旗和满八旗的驻军大约一两万人,气势相当磅礴。这种人海战术和磅礴的气势在冷兵器时代就会把敌人吓走,但是此时已不再是冷兵器时代了。蒙古骑兵从元朝到1860年从来没有输过,蒙古军官都是实力最雄厚的,从不把敌人放在眼里。英法联军曾惨败于僧格林沁,因此清军很藐视英法联军,僧格林沁调集几百人的第一梯队骑马主动出击。英法联军的子弹是有限的,而清兵人数众多,就算子弹全打光了清兵也不会全死光,如果英法联军主动出击其损失就会很大。但当时蒙古骑兵却呈扇面形主动进攻,这就迎合了英法联军。他们可以不用动枪,只用大炮就可以了。

结果本来是清军利用桥封锁桥面要使英法联军很难进入,却变成了英法联军封锁桥面,清军成了攻占桥面的。英法联军先用大炮轰,再用枪扫射,数以千计的蒙古骑兵竟没有能杀入英法联军阵营的,马跑得再快也没有枪子快,跑得最快的200米外就倒下了。一个时辰就使八万人全部阵亡,这场战争就这样结束了。

9月21日早上,咸丰皇帝得知战争失败,当天晚上连夜向避暑山庄出逃。咸丰皇帝自知已无抵抗之力,此前把北京的驻军和北京周边的军队调到天津郊外,主要是针对太平天国。因为当时太平天国已经打到天津郊外了,此时调集军队到天津郊外的策略是对的。因为当时英法联军只要钱,而太平天国既要钱又要人,所以给英法联军些钱就好了,先保住脑袋要紧,最精锐的部队调出去了。这也造成了英法联军长驱直入,清朝精锐部队无法调回的局面。同样,1900年八国联军十万人攻打北京,却用了很长时间才打进北京城。就是因为当时清军把主力调回奋力反抗，虽然实力差，但是人数众多。因此第二次鸦片战争的失败是很多因素导致的。咸丰皇帝的出逃标志战争的结束。八里桥随军的一个牧师画过一幅版画，画面表现了轰轰烈烈的蒙古骑兵迅速进攻，而英法联军只是封锁河面和桥面严于防守。这条河本来是封锁英法联军却被英法当作了天然屏障，本末倒置，导致惨败。从此蒙古骑兵退出历史舞台，中国军队此后再也组建不起强大的蒙古骑兵了，这也意味着中国的骑兵从此退出历史的舞台。

在几次战争中，清军装备里最先进的便是火枪。火枪是康熙在位时从西方引进的，在清朝宫廷里已经使用了一百多年。使用火枪，将枪拿在手里，在开枪时还要架起支架，打枪后还要听一下声音，因为发射子弹后枪的温度很高。这种枪广泛应用于围猎，只是用来打熊的。而英法联军用的是当时最先进的武器，使用的大炮已经是后膛炮了，清军当时把所有的火药全放在身上，英法联军大炮一旦点燃，他们身上的火药就等于自杀。此时清军的主力武器是弓箭，射箭再远也就是几十米，几乎是形同虚设。从军事上看已经很难进行对比了，几乎相差两个世纪。

中国对于这方面的研究很少，就连英法联军是怎么从八里桥打到京城的都无从知晓，但是国外对这些却是津津乐道。事实上八里桥激战之后，剩余的清军和骑兵，包括僧格林沁都望风而逃。法军很聪明，他们没有骑兵就负责打扫战场和收缴武器，战争就交给了英军，因为他们有骑兵。英军的骑兵就追赶清军，他们要抓到僧格林沁，因为前一次战役他们败给了僧格林沁，他们要提着他的头回到英国。但是跑的速度蒙古骑兵比英军快，蒙古骑兵跑到德胜门就没踪影了，英军找不到人了，看到当地不是树就是坟地，英军就不敢在荒郊野岭中追赶，没有办法了无奈停在那里。英军四周观看有没有可以去的地方，就找到了当时的西皇寺。西皇寺在当时是德胜门一带最大的建筑，他们就把和尚轰走并占领了西皇寺，西皇寺就成为英军的指挥所。而法军在这个时候还不知道发生了什么，只知道几千英军骑兵跑了之后就不回来了。法军没有骑兵无法去追赶英军，但他们清理战场的时候发现有清军装死，他们就抓了几个战俘，要他们说出皇帝的住址，有些军官不知道皇帝的具体住址，只知道圆明园，于是只得带他们去了圆明园。

法军于10月6日早上到达圆明园正大光明的位置,大门紧锁推不开,法军就派几个士兵翻墙准备开门,但是被17个守园的太监用火枪打跑了,法军不知道怎么回事,以为里面有大量的驻军,所以就迅速把圆明园围了起来。他们以圆明园南面畅春园的位置作为临时指挥部,等待英军来了再作战略部署强攻圆明园,他们认为此前的战争中没有遇到大规模抵抗就是因为清朝军队都藏在圆明园里面。

为什么这么大的圆明园只有17个太监守卫呢?这是在道光皇帝时期才逐渐形成的。早在乾隆朝,由于皇帝对圆明园驻军的重视,曾经有过大规模的御前侍卫驻扎圆明园,数量多达上万人。但是到了道光朝,皇帝认为清朝很强大不可能有人能打进来,上万人放在这里难免浪费,加之道光朝国力逐渐衰弱,国库紧张,驻军的开销却很大,而且还要提防他们叛变,因此裁减了圆明园驻军,又因周边的精锐部队多被调去攻打太平天国,此时也只有太监可以作为驻军使用,另外圆明园周边还有驻防的八旗军队,守卫圆明园这些也就足够了。

法军于10月7日占领了圆明园,法军的素质比英军高,当时法军下的第一个命令是对圆明园进行保护,他们想的是战争结束后还要和清朝谈判,本来赔了两千银子到头来他们还要拿五千两来修圆明园,所以怕破坏圆明园,不允许士兵进入。

10月7日中午英军和法军会合,情况至此发生毁灭性的转变,英法联军开会讨论如何处置圆明园。英军的态度很坚决,要求建立混合委员会,其实上就是抢夺委员会和分赃委员会,双方各出一名军官,法军派出的是杜潘上校,英军派出的是弗利,也就是抢夺总指挥,他们进行分工,在10月7日和10月8日对圆明园进行抢夺。

英军当时是以连排为单位,画好了抢夺路线图,分配好了抢夺位置,再往西皇寺运输,而法军采取的是放羊的政策,认为什么好就拿什么。英军的士兵只能抢一个地方的东西,如果这里没有,别的地方也不允许去,再回到西皇寺报到再去抢新的地方,所以当时破坏文物的都是法国军队。英军的总部在西皇寺,抢一次圆明园还要运回去,而法军总部在圆明园门口,等于一上午英军抢一次法军抢四次,而且英军在抢夺过程中还要派军队保护,他们怕中途有清军的反抗,英军一半人在抢。法军可以放羊抢,而英军要是放羊抢的话,路上就会被人消灭,所以抢夺无论从质量还是数量都无法与法军相比。此外,法军为了这次圆明园抢夺特地从国内挑了一些中国学专家,替他们参谋,因此他们抢得的大多数是瓷器、书画和玉器。而英军抢的是金佛。法军一幅画顶英军一个连队抢的东西,而且速度快,价值连城的宝贝都被法军抢走了,法国枫丹白露博物馆里,有很多中国的宝物。枫丹白露博物馆里收藏的中国文物基本上以瓷器玉器为主。珐琅制品被浪漫的法国人所欣赏,珐琅的香炉被他们倒过来安上蜡烛作吊灯使用;精美的唐卡被当作壁纸使用;皇帝的书柜当作多宝盒。这里不像是一个博物馆,倒像是一个文物储藏店,没有分类一放就是一百年,以前游人甚至可以近距离摸到象牙。还有乾隆的金铠甲也在法国,御剑御枪也在那里。乾隆小的时候打死一只老虎,康熙就把这支枪赐给了乾隆,乾隆也很得意,就把整个故事刻在剑把上,所以这些文物都非常有价值。

而英军当时六个士兵抬一个金佛到西皇寺,回来再接着抢,结果回去时发现金佛顶上一个玉珠子在运输的过程中丢失了,所以到英国大英博物馆很难看到珍贵的中国文物,只有一些漂亮的但没有价值的装饰物。在这个问题上法军一直被英军埋怨,从一开始英军做的是打仗的准备,而法军做的是抢夺的准备。很多东西就是整体的,不可能均分这些赃物。当英军和法军协商把这些文物公开拍卖换成现金,根据军官的品级进行奖赏,拍卖过程中允许各国使臣包括中国人都可以买回去,当然价格很便宜了。

10月9日法军撤出了圆明园,因为目的已经达到。

10月13日象征性地占领安定门城楼,并跟清朝协商,要求恭亲王给一个城楼。由于安定门首先离英军的军营比较近,可以和英军进行策应,因此将安定门城楼给了法军而避免了再次战争。

10月16日根据当时协议释放战俘,整个事件也是从这里开始转折。当时英军被俘26人,回来13人,死13人,法军被俘13人,回来6人,死了7人。由于当时法国没有全权大使,死的都是普通士兵,所以对于战俘死亡之事没有太多意见,但是英军来参与谈判都是一些爵士,从来没有受到过这样的侮辱。同时在战俘问题上出现不同版本的说法,一个法国人说英法联军死的人是被捆起来不吃不喝饿死的,而英国人则认为回来的俘虏是吃死掉了13个人的肉所以才勉强回来的。对此中国的学者并没过多地研究,而我个人则更认同英国人的版本。也因此英军大怒要给清王朝一个很大的教训,并于10月17日和18日连续两天对圆明园进行焚毁报复。

在焚毁圆明园问题上,起初法军还劝说过英军。当然这出于法国的自身利益。首先,烧掉圆明园,法国就无法在中国合法传教,无法达成法国政府所期望的结果,法军自然无法回国交差;其次,圆明园的很多建筑中融入了法国建筑的理念,法国人对此很是满意;第三,英法两国此前的关系并不和谐,而是为了相同的利益才一拍即合。因此,在焚毁圆明园的问题上,法英双方在这个问题上出现争执,为避免冲突法国决定撤军,所以在焚毁圆明园这件事情上没有法国的参与。

圆明园遭到焚毁后,恭亲王被迫允许英法在北京谈判。10月20日英法联军在安定门进行大规模阅兵,当时几乎全北京城的人都跑到安定门观看,观看阅兵的人群把那里围得水泄不通。

10月28日,法国大主教被请到北京,当时他正在中国宣化进行偷偷传教,为战死在鸦片战争中的人们举行弥撒等宗教仪式,并把士兵埋在了北京。此后中国政府同意开放法国教堂南堂,宣武门教堂,至此法国人的目的终于达成。

10月31日,英军和法军将领参观北京城,此前他们只知道遥远的东方有这样一个繁华的城市,预计参观两天,可有些士兵只参观一天就走了,因为真实的北京和他们想象的完全不一样,这里到处是尘沙和垃圾。截止到10月31日这场战争结束。

11月1日,法军军队主力就撤回天津,北京城内只留下了英军。由于英国人的目的很多,包括通商、开放港口等等,恭亲王只得继续会见英军将领继续谈判。

11月7、8、9三日,英军分批撤离北京。

11月22日,蒙托邦离开天津回到法国接受法国政府的授勋,英军的格兰特也随后离开。这些参加了远征中国的英法士兵则每人得到一个远征中国的纪念奖章。

1862年2月26日,杜潘开始拍卖在此次战争中掠为己有的圆明园文物。作为法国总指挥的他可以优先抢夺一些自己喜欢的文物,同时可以优先低价买一些自己喜欢的文物,因此,他得到了很多价值连城的中国

《圆明园四十景图咏》的随园图

文物。但是,杜潘好赌,回国两年就欠债,他必须拍卖这些圆明园文物来还清赌债。由于急需用钱,杜潘本人又不懂文物,以致《圆明园四十景图咏》仅仅以 4000 法郎的价格被一个法国书商买走,之后《圆明园四十景图咏》被法国帝国国家图书馆以 4200 法郎的价格从书商手里买走,目前这张价值连城的《圆明园四十景图咏》被收藏于法国国家图书馆。

再来看一下 1860—1900 年的西郊园林,这同样是中国学者研究的空白。颐和园的地位在这一阶段得到提高。

颐和园原名清漪园,是光绪十四年(1888)为满足慈禧颐养天年的心愿,追求奢华享受的欲望,而挪用海军军费作为维修款项,以清漪园为原形和基础重新修建的大型园林。今天我们看颐和园可以看出佛香阁已经被毁,水木自清码头也已被毁,邀月亭还在,后山的很多殿阁被毁。由于一些庙的建筑材料多是石头,因此破坏不是很大。

1900 年庚子事件爆发,八国联军攻打中国,在大沽口与中国军队激战,最终攻破炮台,并在进京重镇通州召开会议。俄国表示与清朝关系最好,没有任何利益关系,即便抓到慈禧也不进行伤害。而英国则会把事情闹砸,日军的能力不行。此外,俄军在八国军队中人数最多,士兵来自西伯利亚,都是一些因为错误而被流放的军人,是野蛮的杂牌军。因此会议派俄军突击颐和园,由中国教徒带路直奔颐和园,因此俄国是第一个破坏颐和园文物的国家。

1860 年火烧圆明园时只有英军的一些骑兵。圆明园被焚毁时正值秋季,秋高气爽的天气本应很难使火势蔓延,但当天大风忽作,火势蔓延迅速,加之圆明园建筑密度小,且多以岛为结构,没有纵深,紧紧相连,火势很快就连成一片,最终导致圆明园的大规模的毁坏。

而1900年庚子事件,清漪园、静明园却保存了大量建筑。因为清漪园、静明园是以山为主体的,火很难向山上爬,尽管平原建筑被毁,但山体建筑和北部建筑却幸免于难。除了山体建筑的地理优势,北部建筑得以保全是由于北部地区树叶茂盛,英军害怕有疑兵,英法联军就没有到那里。而且他们只抢夺文物,很少放火。

圆明园北部廓然大公、紫碧山房、慎修思永和顺木天等在劫难中幸运地保存下来,直到1860年以后还有部分建筑尚存。比如规月桥,这是廓然大公西南角的一座桥,于1900年被毁,照片由本人首次公布。

但对于照片的研究我们还有很多疑点

首先,我们必须明确这张照片拍摄于何时。

从照片上看这座规月桥显得很新,我们查阅资料后得知规月桥在光绪年间有过修缮的记载,因此可以推测这张照片是在修缮后拍摄的。我们知道廓然大公在1860年时并没有被毁,所以这张照片的拍摄时间可以

规月桥

推测为1860—1900年之间,极有可能是日本人在1898年拍摄的。这张照片也是目前发现的拍摄时间最早的圆明园内木结构建筑的照片。规月桥的建筑形式在整个皇家园林中是特殊的,桥是回字建筑,桥拱非常高,这样方便皇帝御船直接通过,桥上修建了回廊,不仅增添了实用性还显得更加美观,更显皇家园林的高贵气质。

同治皇帝在重修绮春园的时候将绮春园改名为万春园,也因此圆明园和万春园很多年来一直被人们搞混。同治皇帝之所以将绮春园改名为万春园,就是希望可以讨个吉利,希望大清王朝永固、长春。当时还计划修复春泽斋、勤政殿、敷春堂、天地一家春等建筑。可为什么唯独要修复这些建筑呢?这是因为春泽斋是为东太后慈安修建的;勤政殿是皇帝处理朝政使用的;敷春堂和天地一家春是一组建筑,是为西太后慈禧修建的。对帝后来说,修复这些建筑都夹杂着个人的利益。

学术界中历来对是否重修万春园有所争论。据史料记载,万春园并没有被重修,同治皇帝只是对圆明园进行了清理,出于各种原因,清理完毕后重修万春园的计划就被恭亲王终止了。但是由于同治皇帝起初打算重修因而作了烫样,所以给人一种错觉,仿佛感觉是被修过了。而光绪时期反倒是重修了圆明园中的部分建筑,但也只是把没有被毁的建筑进行修饰和维护,因此有过慈禧太后在廊然大公听戏、在紫碧山房用膳的历史记载。

圆明园内的"天地一家春"建筑群是咸丰皇帝第一次宠幸慈禧太后的地方,此后慈禧太后便怀有清王朝的最后一个皇子——同治皇帝,从而改变了慈禧太后一生的命运。因此,为了纪念这组建筑,在光绪时期,慈禧也准备修复"天地一家春",但由于各种因素不得不作罢,只得在后来修建颐和园的时候在颐和园铜柱、装饰用的铜缸、铜鹤、铜鹿上都铸有"天地一家春"的钢印。

长春园在1860年被毁之后,幸免于难的建筑有很多。从史料中可以得知法慧寺琉璃塔、海岳开襟和西洋楼残迹等建筑有所保留。根据当时英法联军日记的记载,长春园和绮春园没有被毁的建筑比我们想象的还要多,但是长春园和绮春园在五园中规模都比较小,我们掌握的资料也不全面。法慧寺琉璃塔就是一个典型的例子,顾名思义法慧寺琉璃塔的建筑材料主要使用琉璃。清朝皇家园林中一共修建了五个琉璃塔,其中圆明园长春园有一座即法慧寺琉璃塔；颐和园后山和玉泉山各有一座，并且形制是相同的；香山和承德避暑山庄班禅行宫各有一座，是完全藏式带回廊的。唯独法慧寺琉璃塔这种建造形式最为特殊，它是天圆地方的，上面圆，下面方，也是五座琉璃塔中最为精美的，更是五座琉璃塔中唯一一座被毁的，可它并不是毁于英法联军之手，而是在漫长的岁月中，由于管理不善和年久失修以及人为破坏而被彻底毁灭的。

绮春园保存的建筑相比之下就更多了，包括河神庙、惠济祠、正觉寺和宫门都没有被毁。因为它的地理位置更为偏僻，且藏于之内的文物并不多，保留下来的东西要比我们想象的多一些。当时，咸丰皇帝在承德得到一份毁于英法联军之手的建筑和文物的名单，这份名单已经被相关官员篡改，他们把很多被烧的建筑说成没烧，名单中并没有报告绮春园的毁坏程度，以致于咸丰皇帝大怒。但从1909年法国人拍摄的正觉寺的照片来看，当时正觉寺保存非常完整，没有被毁，由此可以看出绮春园的破坏最小。

再看一下西洋楼，西洋楼的建筑材料以石头为主，也因石材坚硬、耐火而给世人留下了很多遗迹，人们通过残垣断壁仍然可以想象出乾隆盛世时的规模。其中最为精致的便是谐奇趣。它是西洋楼最大的喷泉建筑组群，也是乾隆皇帝时期便修建完毕的圆明园内最早的中西合璧式建筑。当时传教士曾向乾隆皇帝表示西方的建筑形式在东方并不多见，而乾隆皇帝自认大清乃天朝，西方有的东方不仅也要有，而且要更加华丽，才显大清王朝雄霸天下的气势。因此，他主张在西洋楼的西式建筑基础上覆盖中国式的庑殿顶，表明西方的建筑再好也要在我大清盛世统治之下，也因此造就了谐奇趣成为圆明园内最早的中西合璧的建筑。

西洋楼修建有自己独立的西式大门，四周人工堆积出高山，把长春园两边完全隔开，以致西边看不到东边，东边也看不到西边。它们各自都有围合自己的墙和大门，并且都修建在长春园内。长春园内主要修建的是西式建筑，也就是一个西方园林的大汇总，皇帝要证明这些建筑与中国没有关系，但却在建筑中融会着东方文化的色彩，把西洋楼修建在长春园内，尽管有着自己的围墙和大门，但始终无法脱离长春园，处处彰显着西方在大清王朝之下的建筑思想。这种建设方法使整个园林呈中西合璧的形式，无形中成了一个造园的新点子，同时也是东西方文化的完美结合。

西洋楼的西式建筑在当时并没有被毁。因为建筑材料的关系,最以我们引以为骄傲的中式庑殿顶完全被烧毁了,而西方的建筑却多有保存,仿佛在昭示清王朝的可笑。

1860年万花阵的亭子并没有被毁,它们都是琉璃结构的,在20世纪80年代复建圆明园的时候由于没有资料可考,所以把万花阵的亭子修成了石亭子。当现在看到照片的时候才恍然大悟原来我们都错了,如果将来有机会有条件的话,这是可以更改的。当时迷宫保存得比较完整,直到1876年就完全被毁了。

从这些当时拍摄的照片中可以看出英法联军火烧圆明园之后,园内很多建筑的主体部分都没有被毁,有的甚至完全保存下来了。但在遭受火灾之后,圆明园逐渐荒废,园林面积大,很多地方疏于管理,年久失修,甚至很多居民或不法分子进到园内对建筑遗存进行人为破坏,如偷盗石料、拆毁建筑材料搭建民居等,以致包括圆明园内最著名的标志性建筑远瀛关除大门之外的其他建筑结构都所剩无几,甚至连圆明园门口的铜狮子都被人偷走了。此外,被毁之后的圆明园是不多的允许西洋人随便玩乐的地方之一,经常有西方人在这里聚会,这也是圆明园进一步遭到破坏的不可忽视的因素之一。

庚子事件之后的圆明园与1860年的圆明园完全不同。

首先,颐和园被俄国人占领,但却保存得比较完整。而圆明园则彻彻底底地毁于土匪、地痞之手。对于圆明园毁于八国联军的说法,从真实的历史来看,这种说法完全不成立。我们要知道八国联军在北京所毁坏的建筑都是有严格规定的,被毁坏的建筑都是与义和团有关的。包括大光明殿、恩佑寺等等很多的建筑曾经作过义和团的拳坛或拳口,在那里曾经杀过洋人,因此八国联军就把那些建筑毁掉了。如果是八国联军随意毁坏京城内的建筑,有可能会造成军队的混乱。八个国家如果都有自己想焚毁的地方,那京城岂不是大乱了,北京还能保留到现在吗?而在当时这种问题处理得非常严格,由于德国人最少,所以任命德国的最高指挥官瓦德西为八国联军的最高司令官。俄国人数量最多,但没有一个军官可以作为决策者,英国对中国恨之入骨,所以并没有把最高指挥权给英国。八国联军当时在分配和处理北京的问题上互相制约,以确保它们和平相处,所以八国联军没有对圆明园造成很大破坏,而且将故宫、颐和园以及清东西陵完整地保留下来。

而此时的规月桥已经被毁掉了,砖被附近的居民拿回家砌猪圈,木料拿回家当做燃料被烧掉。近年来,在圆明园西部居民没有搬走前,我还曾去那些村落进行过实地考察,发现村子内修建的厕所和猪圈使用的砖大部分都来自圆明园而且是当时的御制砖。在圆明园西部,凡是被老百姓毁掉的圆明园建筑我们在进一步发掘中都无法找到原始的基址,就是因为基址都被当时的人全部挖掉或挖毁了。圆明园被英法联军烧毁的许多建筑基址都是被埋在地下的,我们在九州等地区进行清理和发掘的时候都清晰地复原了原始的基址遗址。被毁的琉璃塔曾只剩一个底座,而现在也已经荡然无存了,据说是被当时的老百姓用炸药炸毁。线法桥被毁前后基本上没有变化,西洋钟只剩一个底座,北京地区的其他建筑中的许多西洋风格建筑构件都是来自圆明园的。

到1904年,圆明园基本上已经失去了价值,机构也被撤销,圆明园彻底进入无人管理的时期。1911年之后,圆明园仍然归清室管理,但清室早已失去了对其管理的能力。1933年北平市政府开始接管圆明园。1934年由于战乱,圆明园再次陷入无人管理时期,成立两年的保护机构被撤销。此时圆明园成为天然库房,所有的东西任由广大的百姓获取,盖房、装修、献礼,都可以从圆明园内挑选合适的构件、石材。例如当时圆明园的安佑宫的格局还是比较完整的,包括华表、宫墙、琉璃影壁,但扩建燕京大学的时候,作为装饰缺少华表一对儿,而燕京大学则毫不谦虚地从圆明园这个天然库房中,拿取了安佑宫内的三座华表。在晚一些的照片中可以看出安佑宫已经被完全破坏,建筑遗迹荡然无存,只能看到石麒麟和乾隆御碑。乾隆御碑上撰写着修建安佑宫的原因,碑亭被毁。后来石麒麟也被燕京大学保护起来了。乾隆石碑在民国之后转移到达园宾馆。舍卫城被破坏之后还有大量的建筑残迹,但最终被人为破坏,当时有一批人把舍卫城包起来了,美其名曰要帮助北平市政府清理舍卫城,实际上是把舍卫城大量的土运走炼金,因为当时大量的金佛没有被搬走而是被大火熔掉,有可能埋在土里。据说他们清理出很多金佛,同时把舍卫城破坏得很严重,舍卫城已经破坏得惨不忍睹,现在已经是一片平地了。当时的万方安和遗址比较完整,还有水系,到了后期就被破坏得非常严重,民国早期的文渊内阁大量的太湖石建筑已经被偷走了,是被一个保定军阀偷走修花园,现在的保定动物园的猴山的太湖石就是当时的文渊内阁太湖石。文渊内阁碑记录了当年乾隆皇帝为什么要修建文渊内阁,被北平市政府保护到了当时的国家图书馆,琳峰石也想被保护,但是琳峰石要被卖掉的话会有一个好的价钱,所以好几家土匪想要卖掉它,三方势均力敌争执不下,就一起把琳峰石炸成了数段,现在琳峰石基本上还在文渊阁遗址。绮春园的仙人承露台基座在1922年的时候还在,当时被保护到中山公园做喷水池的台子,解放之后被拆掉只剩一个大墩子。民国时期,北平市政府派出梁思成等人拍照圆明园,他们的相机非常好,拍了很多照片,但由于战争等其他原因这些胶片被取出的时候被发现已经被水淹了8年之久,仅有二十多卷因为随身带而保留下来。从照片中可以看出民国时期的迷宫遗迹已经荡然无存,民国时期的海晏堂遗址虽然被破坏得很严重,但是保护得还是很好的。值得一提的是旁边的小房子,民国政府派警察保护怕再有人偷东西,但是保护了两年就没人管了,到了以后海晏堂就和现在一样了,拱门当时还在,但最终在唐山大地震中坍塌了,现在仅存四根柱子。1949—1979年的保护要比以前好得多。从当时的照片看出来,建筑大部分都是后来被破坏或因没有得到良好的保护而被彻底破坏,圆明园的山清水系、福海南岸、海岳开襟、三潭印月、方外观都是无法恢复的,圆明园里曾经居住着的百姓对圆明园的破坏是不可估量的。

我们当时清理和发掘圆明园是按照修建博物馆的理念而进行的,但是我认为在清理和发掘之前先要对它进行系统的规划然后在进行施工。2002年曾有很多专家来到九州景区,他们认为对圆明园可以进行清理和发掘,先要选择一个试点进行清理和发掘,总结经验后再一一清理。可是,清理和发掘圆明园的时候却对最好的九州景区和万方安和景区动手了,结果出现很多目前仍然无法处理的问题,导致停工至今。当年清理和发掘的海晏堂叫做遗址,有非常完整的排水系统、供暖供热系统,包括整体的建筑形式,从建筑之间的距离测算出建筑的体积,通过排水系统也可以研究出很多问题。但是有一个问题,就是这样的遗址怎么开放给大家看?暴露在空气中这些遗址就只能看一代,我们的下一代就没有办法消受了,下一场雨这些经过大火的石头就毁掉了,所以遗址开发也是一个很矛盾的问题。海晏堂只能被修葺,导致我们现在无法看到内部结构。通过对遗址的研究,我可以想象当时建筑倒塌的样子,但是除了研究者外的很多人却永远看不到，这是照片无法记录的。从万方安和遗址可以看出，当年在万方安和如何看戏，这种形式当时只有中南海春怡斋和圆明园万方安和有，但是现在都没有了。上下天光是圆明园九州西北角非常漂亮的临水廊，由于临水所以腐蚀程度比较高，到了道光时期就形成了危桥，后来根据皇帝的意愿把水廊拆掉了，把原来在岸上的两层阁楼向南移作码头了。又回到前面的问题，圆明园的全景图是画不出来这些的，因为里面在画图的时候是没有临水廊的，有临水廊的时候已经不是鼎盛时期了。我们发掘时曾把乾隆时期的木桩子挖了出来，我们可以测算它们的位置，因为四十景是当时的乾隆七年，有记载的上下天光在乾隆时对其进行了修建，我们挖掘出来就得到了以前资料里得不到的信息，我们要建被毁前的圆明园，所以这些木桩子就没有了，所以现在就看不到它们了。圆明园的防渗问题是一个大问题，环境问题需要很长时间才能反映出来，所以贸然处理是不科学的。如果用土进行防渗，土的量会非常大，要用整个浦东的泥土才能做好防渗，一个是原料不好找，还有就是运输也是一个大问题。

所以，恢复圆明园还是一个浩大的工程。我今天的讲座就到这里，谢谢大家！

(2006年12月5日)

中国首都的变迁与地理环境

■ 王恩涌

[演讲者小传]

王恩涌,男,安徽凤阳人,1927年11月生。原北京大学城市与环境学院教授。1953年毕业于北京大学地质地理系自然地理专业。毕业后留系工作,曾担任系助理、副系主任与系主任。在系从事行政工作的同时,进行植物地理学、环境学的教学与研究。20世纪80年代中期去加拿大英属哥伦比亚大学与多伦多大学地理系进修一年,其后转入人文地理、文化地理与政治地理领域。1994年退休。

科研方面涉及范围包括植物地理、环境保护、城市地理、文化地理等,发表论文二十多篇。《北京市昌平县城镇体系调查研究》获北京市1991年第二届哲学社会科学优秀成果一等奖。"文化地理学"获国家级教学成果二等奖。《人文地理学》获教育部2002年优秀教材一等奖。出版的著作还有《中国政治地理》、《中国文化地理》、《政治地理学》等。

今天讲一讲我国首都的变迁与地理环境的关系。对一个国家来说,首都是非常重要的。首都等于是一个国家的心脏,它是国家的中心,国家的首脑与中央政权机构设在这里。在过去,特别是农业社会,首都的存在往往就代表这个国家的存在,如果首都被外族入侵占领了,或者内部的起义或叛乱占领首都,就代表这个王朝或政权垮台了、结束了。可见,首都的存在对一个国家具有重要意义。

一、首都的功能与条件

从首都的功能来说,首要就是政治的功能,实现统治阶级的政治统治。这表现在国家的君主、国王或首脑住在这里,中央政权的机关建在这里,中央的大批高层官员或统治阶级、贵族集中在这里。其次,是要实现其政治功能,并确保其政权的安全及功能在全国的实施,需要有强大的军事力量。所以,首都不仅是政治中心,而且也是军事中心。第三,实现对全国的统一与控制,调动文武百官、做到令行禁止,要有良好的交通条件与信息网络。第四,首都要有强大的经济基础。首都拥有大量高级管理人员,以及质量高、数量大的军事官员与士兵,如果没有强大的经济基础是无法维持与保证政治与军事功能的顺利实现的。

上述四方面的功能与条件,在地理环境上是如何体现的呢?这首先要求首都应设在一个经济发达的地方。特别是在农业社会,农业发达就有充足的粮食,可以养活较多的人。首都有了这个条件,其军需民食就可以不用发愁。一般说来,有充足的粮食,也为繁荣的手工业创造了条件。因为首都是贵族高官集中之处,是高消费人群集中地,需要粮食和各种商品。再有,拥有发达农业、繁荣手工业的地区也是人口与劳动力集聚之地。它有大量的劳动力,在平时可以提供各种劳役、战时可以提供大量兵员,既有利于经济与服务,也有利于征战与防守。其次,要求地理上有利于防守,不但有利于城池的建设,而且在自然条件上有山地和河流,可以阻挡敌人的进攻,有利于自己的防守。对抵御外敌来说,最好是离边境有一定的距离,既避免敌人的偷袭又有利于及早发觉,早作准备。第三,是与首都以外各地的交通较为方便,使其有利于物资往来、人员的交往以及信息的集散。归纳起来,最好是一个平原地区,农业与经济发达,人口集中。而四周有山岭与河流的环境,易守难攻。陆路与水运交通便利。当然,这些条件要样样优越很难,但是最好是相互兼顾。由于时代的不同,往往在不同时期首都的选择条件侧重于不同的方面。

因为我国是一个大国,也是一个人口比较多的大国,在四千年的历史中,其首都的区位变化也是相当多的,而且转移的地方相距也是很远的。可以说,在世界上这点也是相当突出的。但是,从另一方面来说,其变化也有一定的规律性。特别是要结合全国的地理形势,从大的环境条件进行分析,并结合每一阶段具体情况,就可以发现首都变化与地理环境的关系。这也可以说是对人、地的时空分析。在座的各位,可能很多是学城市规划的,从其中也可以看到作为首都的城市与经济、政治、军事形势的关系。理解和掌握城市的发展,通过了解经济、政治、军事与地理环境的关系,对你们做好城市规划是十分重要的。这里面有些是共性的地方,也有个性的地方。

二、我国首都的空间格局与环境

现在,我们可以看看一张中国地形图。在地形上,我们可以看出有三个部分。第一个是图上绿色的部分,这里代表平原。主要集中于我国的东部。从北往南,有东北平原,黄淮海平原,长江下游三角洲平原。湖北有江汉平原,四川有成都平原。其他平原多面积小而零散。其中大而重要的是黄淮海大平原,它位于黄河下游,其东南越过淮河又与长江三角洲相连。在西南深棕色的是青藏高原。这里平均海拔在四五千米,地属高寒、人口稀少、交通困难。中间的棕色为高原、盆地和丘陵,地势高于平原,低于青藏高原。西北为内蒙古高原、青藏高原、塔里木盆地。西南为四川盆地、云贵高原。南面为江南丘陵。经济发达、人口集中与交通方便是在平原,所以,平原是首都选择的优良地方。可以说上述三级地形中,东部平原是核心。其周边的地区是围绕在平原的周围,属边缘地区。特别是西、北两方面,是干旱少雨的地区,多不适合农业,而适于放牧,是游牧民族的所在地区。西南面是汉族与少数民族接触混居地区。

我国首都的区位,按时代来分,可以分成两个阶段。第一阶段是夏、商、周时代,距今约三千年左右。其地点为西安、郑州和安阳所形成的三角形地区。它在陕西的渭河与黄河的中游的平原与山地的接触地带。第二阶段是秦、汉、唐经宋至元、明、清。这一阶段,前期秦、汉与唐主要在西安。宋是个转折时期,由西安转开封、洛阳,再到杭州。后期的元、明、清是在北京。这阶段自公元前二百年至今,地点以西安和北京为主。可以说,这个阶段以西安、杭州、北京三点组成的三角形为首都变动的范围。有意义的是这个三角形正是黄、淮、海与长江三角洲组成的三角形的三个顶点。这种与地形条件上的十分吻合不是偶然的。夏、商、周的小三角形与秦汉以来的大三角形是因两三角形都以西安作顶点而重合的。前面的小三角形是当国家位于黄河中下游时的核心,后来的大三角形是国家扩大以后的核心地区。

我国首都从远古时代就选择在此地区,其原因何在?值得我们分析。我们知道,首都出现代表国家的形成,而国家形成又是文明的标志之一,文明起源与农业起源与发展有关。所以,我们对此一问题的分析从农业起源开始,从这里可以看出其与地理环境的联系。

从世界情况来看,世界上的农作物有小麦、小米、玉米和水稻四种。小麦出现在地中海气候地区,玉米是在副热带的干旱地区,小米出现在温带季风气候地区,而水稻则出现在副热带地区。这四种作物共同之点,就是都是草本植物。这些都演化成一年或二年生的草本植物。这种植物因不是多年生的,就将最好的营养储存在种子里,使种子能很好地生长,使该物种得以继续存在下去。正是这种原因,它们被人类所选择,并经过人类的种植驯化变得种子多、种子大,获得高产,成为一种营养丰富的食物。而且这种食物又因是植物种子而容易储存。正是因为产量高,易于储存,不仅使人类在付出一定劳动后能够获得供多人食用的食物,而且便于储存起来,随时可供食用,免去食物缺乏之苦。结果,在食物有保证的条件下,人类可以让农业生产上多余的人去干手工业、建筑或服务业,终于出现社会与国家。

正是因为野生小麦出现于中东,加上人类很快发明了灌溉技术,所以小麦在地中海气候边缘的埃及、两河流域与印度河这些干旱地区获得高产,从而出现了埃及文明、巴比伦文明和印度文明。在美洲是利用玉米的驯化与灌溉技术使在副热带中美洲与南美的西北出现了墨西哥、玛雅文明以及印加文明。中国是在季风条件下,在黄河流域和长江流域分别驯化出小米、水稻两种作物从而创造了中华文明。中国与上述其他文明不同的是它不是靠一种作物,而是靠两种作物。前者在黄河流域,后者在长江流域,这两个流域在中、下游的地区可以说因平行向东而联成一体。所以,其文明起源所占的地域之广,远远超过上述六个文明。这两个特点,对中华文明以后的发展起着重要作用。

我国既然是以上述两种农作物为基础的,而水稻的产量与南方的作物生长季节又比北方长,为什么夏、商、周的文明出现于北方,而不出现在南方呢?关于这个问题,从当时南北两地农业生产来看,北方的单位面积产量是超过南方的,而且从北方的人口数量来看,北方也占绝对优势。在西汉时,南北两地,北方人口占全国的百分之八十,而南方只占百分之二十。可以想象比西汉早一两千年以前南北两地人口的差距可能会更大。

我想南北差异的原因还是在农业上。北方是旱作,由于中国气候是季风气候,多雨与高温相结合,在风调雨顺情况下,不需要灌溉,靠自然降雨不出极端情况是不会使产量发生大波动的。这样,就土地的开垦来说,不会受坡度限制。因此,在农田易开垦、自然降雨的情况下,就可保证正常收获。而南方种水稻,农田要绝对平,不然水多就会使低处水稻受淹,高处水稻受旱。同时,在自然降雨条件下,绝对平的平地,多雨易受涝,就要求排涝。干旱时,则要求自高处引水灌溉,否则就影响产量。再有,水稻在当时,受杂草(即稗子)争水争肥而影响水稻生长与产量。因为当时没有除草剂(现在才采用的措施)使水稻产量不高。只是到发明插移栽的办法以后,才使杂草影响有所下降。正是因为这种情况影响水稻田开垦和扩大,影响到水稻田的产量。这种情况一直到唐时才发生变化,使南方农田面积、粮食产量大增,同时也促进南方人口逐渐赶上北方并超过北方。

从以上情况来看,北方由于农业的优势,所以夏、商、西周的王朝出现在北方而不出现于南方。但是,夏、商、西周的首都又为什么出现在前面所说的小三角形范围之内呢?这与黄河流域内小米作物在广大地区内的高产有关。从考古的资料来看,我国黄河流域向北,一直到长城一线,甚至长城以北的草原南边都属于小米作物种植范围。在这个范围内,气温与降雨都从东南向西北发生变化。从气温来说,在小米生长季内,各地尽管有差异,但对小米生长影响不大。但从雨量来说,年雨量从东南的700多毫米到西北降为两三百毫米,差距太大,加上越向西北雨量变率越大,对小米产量影响大,而且灾害频繁。所以,在从西安向东到郑州及山东的黄河下游的纬度方向地区降雨丰富,雨量稳定,是旱作小米的高产地区。特别是郑州以西黄土地区,因黄土肥沃,地势高,无洪涝灾害,使这里的小米生产优于大平原的低处。就是这个原因,使小三角形偏向黄河的西段成为夏、商、西周的核心地区和首都的所在地。

三、夏、商、西周时的首都

上面介绍了夏、商、周时的小三角形格局。下面对三朝首都所在地以及其与地理环境的关系予以分别介绍。夏时首都据传说有七八处。但是这里我只想谈考古上已发现的遗址。作为首都来说，在遗址中应当有城池与壕沟，城内有宫殿、祖庙作佐证。夏时目前已发现在河南偃师二里头遗址有宫殿遗址，所以学术界已公认该处为夏的首都所在地。从考古上的年代测定，该处属于夏（公元前2070—前1600年）的后期。那么夏时的早期与中期首都在何处呢？现在还没有正式公布证据。不过目前在二里头的东面，发现在登封县王城岗附近、禹县的瓦店以及新密的新砦三处分别发现有30万、40万甚至约百万平方米的大型遗址。其中有的还有壕沟、宗庙等大型建筑基址与重要的精美的价值很高的器物，传说记载该处是夏早期禹与启的活动所在地。这里遗址面积很大，超出一般聚落而接近当时首都的规模。从以上情况，可以说偃师与其东面嵩山周围地区很可能是夏的早晚期时首都所在地。结合学术界认为夏所在地范围包括河南中、西部和山西西南是有考古依据的。

商是取代夏的王朝，传说其兴起于河南的东部和北部地区。这个地区正好是在夏的东面的黄河两岸，属平原地区。商的首都在其王朝500多年（公元前1600—前1046年）内，传说有5次迁移，地点在黄河两岸。目前考古发现有都城的遗址有偃师商城、郑州商城、小双桥遗址（在郑州西北）、安阳商城共四处。根据遗址的年代测定前三个属商的早期，安阳属商的晚期。这四个遗址的面积分别为190万、300万、144万与超过400万平方公尺。根据其面积的规模、城址（小双桥无城址）及大型宫殿或建筑基址，被学术界认定属于都城。特别是安阳还发现大量甲骨文，有文字佐证该处为商后期诸王的所在地。在商的500多年的时间内，头尾大部分时间内已有确切都城遗址。

西周兴起于陕西的渭河流域。在取代商以前，其首都已从陕西周原（在岐山与扶风间）迁至西安西面的沣与镐（在沣水东西两岸）。当时，西周与其前的商相比是个小国，其取代商的面积比比西周大得多。加上西周渭河到商的首都所在地的核心区中间距离远，而且还是山地与丘陵，交通很不方便。对西周来说，如何控制原商地区就成了大问题。原来在夏、商时代，都是以自己的起源兴起之地作为国家的京畿，成为全国的核心，首都就在京畿里面，实行直接统治。而对扩大的周边地区，多是将臣服的地方部落或其集团的酋首等首领分封为诸侯，或派自己的子弟或有功之臣去做诸侯，但为便于控制多以前者为主。可是，这些诸侯流动性大，不仅地方经常变,而且也时叛时服。因此,这里就形成不稳定的、间接控制的周边地区。对中央政权来说,商时流行是父传子或兄传弟,由于没有固定制度,也往往因继位争夺发生动乱。

西周灭商后,为安抚商的贵族,一方面将商的部分京畿之地封给原商王之子,但又不放心,遂又封其几个弟弟在其周边为诸侯以便监视。可是周武王在灭商后,回到其京城镐的次年即去世。因其子成王年幼,遂委托其四弟周公旦摄政。这时,监视原商王之子的周公之兄认为武王应传位于弟,他们年长于周公应有优先权,因而与原商王之子合伙叛乱以反周公旦。原商的各地原已表示臣于西周的诸侯亦多响应。该串反乱几乎把刚刚建立的西周搞垮。周公旦在东征消除叛乱后,采取两项政策:一是确定王位为父传嫡长子,二是借消灭叛乱诸侯之机将其地转封给子弟及有功之臣。这样就可以嫡长继王位,而诸弟与侄则封为各地的诸侯。这就是用一家一姓血缘关系的子弟转变为从中央政权到地方政权的各级诸侯。它是通过血缘关系作为政权上下左右管理体系核心。然后又由家族尊卑长幼形成宗法制与行为规范的礼制,终于形成国是家的扩大,家是国的缩小,家国一体文化伦理的传统,"礼制"也就变为"礼治"。这也成为后来儒家传统的核心。正是这种文化传统使中国文明没有中断。正如我国文化学家钱穆所说,希腊是"有民无国",罗马是"有国无民",中国是"有国有民",所以前者垮了后文明亦中断,在我国,尽管王朝垮了,但文明却没有中断。

在首都上,周公又采取新的政策以补地域空间上的困境。这就是一面保持镐京在原根据地不变,另外在洛阳建立陪都实行两都制使其便于对原夏、商之地的控制,稳定自己的政权。实际上西周还采取一个补充政策,就是封周公子于鲁(山西曲阜),封有功之臣姜尚于齐(临淄)。这样,从镐京、洛阳、曲阜到临淄成为东西一条线,使黄河中下游联成一体,成为一条政治轴线,便于对其南北地区的控制。可见,夏、商、西周三朝,夏都位于中,商都出现于其东,西周都出现于其西,终于使东西串联为一体。可见,此时中国首都区是反映我国文明核心区在黄河流域的形成过程与空间结构。

四、秦、汉到唐时的首都

秦、西汉与唐都是以西安为首都的。我们可以从秦谈起。在春秋时，秦是一个边缘之国，很少参与中原大国争端。秦的兴起一是因其农业得到较快发展的结果。在秦开始强大时，韩为阻止它强大，原想引诱其大力推进水利建设而无暇东顾。结果，水利建设反而保证其农业的连年丰收，不但加强了其经济实力，而且又增加了人口，为军事活动提供了充足食物和兵员。二是秦的改革虽然晚于东方各国，反而使商鞅改革吸取到东方经验实行得更加彻底。这些都加速了秦国的国富兵强。当时，东方各国一些有识之士，看到秦国兴起，而又无一国可以阻止此趋势，于是，他们就宣传联合起来制止此趋势的政策。这就是"合众弱以攻一强"的"合纵"政策。可是实施此政策有两大难点：一是东方各国联合由于利害关系不同，很难齐心合力对付秦国，往往被秦国的威胁利诱而分化瓦解。二是秦由黄河、山地所环绕，对外联系的通道不多。而且道路上又有雄关扼守，易守难攻。各国联军多被阻于关外，劳师远征无功而返。对秦来说，不利时可以闭关自守，有利时又可以开关出击，主动权在秦国而不在六国。这种地理形势是使秦、汉及唐选西安作为首都的一个主要原因。对内来讲，西安位于渭河沿岸，是黄土高原的河谷地区，土地肥沃，经济发达，人口聚集，是符合经济要求的。从区位来说是居黄河中、下游的上方，地势高，面向平原，有高屋建瓴之势。但是，也有两个缺点：一是渭河河谷面积不大，经济进一步发展受到限制；二是其西北是游牧民族兴起之地，往往受其威胁。

在经济方面，西安的关中地区可发展水利提高产量，但面积有限，很难满足人口增长对粮食的需要。为此，在关中修建了运河以便于运东方平原的粮食以济京师。到唐时，粮食供应严重不足，而运河受运量限制，不得不建洛阳陪都，必要时皇帝要转移到洛阳去就粮。第二个问题就是防守。汉时的匈奴、唐时的突厥和回纥的兴起对西安的压力大增，因此，汉、唐时对北方的防守成为西安首都面临的重要问题，不解决此问题，将影响到国家安全与首都的稳定。在这一时期，这要求西安既是政治中心也应是经济和军事中心。

为对付北方游牧民族的南下,秦开始修建长城。在汉时,双方冲突集中在河套地区、宁夏平原与河西走廊三地。这三地是农牧的接触地带。汉武帝依靠一些有为的年轻将军,将匈奴逐出上述三地,并在三地建郡县、移民实边以及安抚南匈奴、联络西域才使首都西安的安全有了保障。到唐时,由于采取合适的民族政策,使前期能维持西北边境的安全与稳定。当时首都设在西安,因其政治、经济、军事三个中心的重合而发挥了在对外安全上的重要作用。

五、宋时首都的变动

西安首都地位的改变虽然出现于五代,但是起因却起于唐的中、后期。在唐玄宗时,边境形势就发生了变化。在此前的农牧冲突可以说是以在长城一线西部为主。到唐时中期,在长城的东部,特别是北京(当时称幽州)的东、北两方面的少数民族的兴起,使边境压力增大。面对这两方向的边界重镇北京的军事地位迅速提高。为应对此形势,当时该地军事首脑安禄山成为身兼范阳、平卢、河东三地的节度使,掌握了全国百分之四十的军队,其数量超过当时首都西安的军力。这就是说,当时的西安只是个政治中心,军事中心已转移到幽州,经济中心也因南方种植水稻的技术改进和农田的开发而转向南方。由于三个中心的不统一,西安政治中心的地位也就面临了危机,其安全与稳定也随之失去了基础。

上述的形势,首先反映在新的军事中心的首脑安禄山发动"安史之乱"上,它把玄宗赶到成都,使唐由兴盛转向衰落。在经济上,由于依靠江南经济支持,唐王朝的命运遂落在掌握开封的朱温手中,因为当时的开封是江南粮食转运到西安的转运点。正是这个原因遂使唐王朝终于被朱温在开封建立的五代第一个短命王朝梁所取代。可见,开封成为首都正是因为北京的军事拉力与江南的经济拉力所形成的合力的结果。

尽管开封是当时南北与周边地区的运河中心、交通枢纽,但该地是平原沃野,军事上无险可守。为解决此问题,五代开封政权往往以洛阳防守战略优势以补开封军事上的弱点。而对外方面,这时北京长城以北的游牧民族兴起,加上军事技术上骑兵已普及马镫,手的解放(原来骑兵没有镫,只能一手抓马鬃一手拿武器,有了马镫,双手可以拿武器,大大发挥了骑兵的优势)使骑兵的战斗力远远超过步兵。对开封来说,由于华北平原的无险可守,骑兵长驱南下成为无时不在的威胁。单纯依靠开封与洛阳的互补还只是一种被动的措施,但如何转变此被动呢? 当时采取的办法就是加强山西的高原地位。山西是高原,对东南平原有地形优势。当游牧民族骑兵沿太行山东麓南下时,山西可以出兵太行山的关口阻挡骑兵南下,或切断其后路使其两面受敌,甚至可以乘机由北方出兵袭击游牧民族的后方。因此,将山西作为首都开封以外的第二个军事中心是十分必要的。但是,利弊总是共生的。山西太原军事中心的建立反过来也会对开封造成威胁。正是这个原因,五代时的梁、唐、晋皆是被太原的军事首脑借机所取代的。但是,其地理条件并不能使太原取代开封首都方面的优势。

北宋是利用军权取代周成立的,它吸收了五代时的经验,在以开封为首都的同时不仅加固开封城池,还在开封附近有大量驻军,使其军事力量处于绝对优势,既可以对付外敌,又可以使山西太原的军事首脑与其他任何地方势力都不敢进兵首都。另外,宋还使军权分散以避免内部的政变。安全性虽然因此提高,但军事的战斗力却大减,这些遂形成宋的孱弱的重要原因。在上述原因以外,少数民族在骑兵战术上的改进与北宋失去军马驯养基地也是导致宋的步兵战斗力下降的一个原因。

北宋从一开始就受辽与西夏的军事压力而无法摆脱。后来,开封陷落,南宋退避江南,遂选杭州为都。杭州的区位,不仅北有淮河、长江两条防线,而且地近东海,必要时可以借船避难。另外,南宋利用江南强大的经济力量,众多人口(南方此时人口已大大超过北方),加上江南水乡不利北方骑兵,而江河纵横利于兵力调动,加上强大的文化力量,还能在对峙中维持了百年之久。

从以上来看,从五代、北宋、到南宋是汉唐首都由西向东南转移的转移阶段。

六、元、明、清时的北京

北京作为首都从以上介绍是起于唐中时,其与长城东段少数民族的兴起有关。在五代梁时,东北的契丹族兴起,建立契丹国,都临潢(今巴林左旗),后改国号为辽。辽兴起南下,对五代的中原政权形成巨大压力。五代晋因称帝求援于辽,遂将包括幽州在内的燕云十六州割让于辽。辽为加强南下,就将幽州定为辽的南京。这是北京作都城之始。其后,由于东北兴起的金取代了辽,向中原挺进,占领黄河流域,宋不得不南迁,建都杭州称南宋。原作为辽南京的幽州又先后变为金的南京和中都。后来,蒙古高原上的蒙古族兴起,其首领成吉思汗灭了金、西夏,进兵中亚,兵锋曾远及东欧,建立了蒙古大帝国。其孙忽必烈又进兵江南,灭了南宋,建立元王朝,遂以幽州为其大都。朱元璋以农民起义,推翻了元,建立明王朝。他先以南京为首都,其子成祖继位后,又迁都于今北京。清取代明以后,就仍以北京为首都。所以,北京在辽、金时就作为首都,到元、明、清三朝又成为统一政权下的首都。所以,北京是我国中央集权王朝后期的都城。

　　北京作为元、明、清三朝的都城,其原因主要与其地理区位有关。在辽与金以后,我国北方与东北的少数民族相继兴起,其必然向农业经济发达的中原地区扩展。这时少数民族的骑兵在继辽、金时利用马镫而使手解放,发挥巨大优势以后,骑兵战术又进一步改一人一骑为一人多骑,使进军速度大大加快。又因利用干粮与随军母马的马奶为食,大大减轻后勤的负担。在战术上采用反复冲锋,而人与马的盔甲的使用也提高了冲锋的冲击力。这些变化进一步拉大了骑兵与步兵的战斗力的差距。这不仅使中原的农业经济下的政权难以与其对抗,欧洲的庄园制下的骑士也无法阻其进攻。这种优势不仅与草原地区提供了大量善奔走的马匹有关,更重要的是放牧生活训练出大量的优秀骑手与一支能经受恶劣气候磨炼的骑兵部队。

　　第二个原因是北京的地理区位与环境。北京位于长城一线东部燕山与太行山的转折点。它面对的是东北与北面两个方面的游牧民族,是他们从东北与北面两方向入主中原的必经之路。从选择首都来说,他们不能离开自己的基地。如果离开其基地就会陷入农业民族的汪洋大海,使其力量难以发挥。从控制中原来说,它又要接近农业社会经济发达、生活优越的地区。因此,首都最好的区位就是背靠草原基地,面对农业平原的沃野。北京的区位正好位于农、牧业过渡地带。这就是元与清选择北京的共同原因。

从农业民族来说,要巩固自身政权,防守游牧南侵,在军事条件处于不利时,更需要的是选择优越的地理条件。北京的长城以外多为山地,而长城以南就是一望无际的平原沃野。如果长城守不住,就只能退到以黄河、淮河甚至长江为界的南方。北宋、南宋就是这个实例。占不住北京、守不住长城,就只能被动挨打。正是因为这种对地理区位的要求,中原农业王朝,要想维持安全的话,就必须以北京为首都。这就是以天子守边的一着棋,逼其无路可退,只能背水一战。这就是明成祖将首都迁往北京的思考。他因为是为其父在北京守边,对此形势有深刻认识,所以他才只能选择迁都北京。

但是,以北京为首都亦有其不足之处。最重要的是物质资源与人力资源的不足。中国的农业经济的繁荣,从秦、汉到唐前期是在北方,其后经济中心逐渐南移。北京是华北平原最西北端,不仅远离江南富庶之地,就是农业产量因气候条件来说也低于黄河流域。物资不足,当然也影响到人力资源。在辽、金以该地为都时,北京能负担的人口难超百万。作为支持边境的政权之都来说,还可勉强维持。对一个统一王朝之都来说,则困难重重。如何解决其经济上的薄弱显得十分重要。军事、政治上的地理条件虽难以改变,但物资与人员则是可以流动的,只要改变交通运输条件,就可缓解其困境。这就是大运河修建的必要条件。因此,从元开始时就修建了大运河一直维持到清末。直到改用铁路才放弃大运河。

在这一阶段,我国是汉族与少数民族的共用政权为主的时期,所以选北京作为首都也是农牧民族冲突与融合的产物。正是这个条件,使元、清两政权,在中原强大人力与物力支持下不仅使其疆域得以扩大并使我国终于形成一个多民族的国家。

今天介绍我国的首都的变迁与地理环境关系的目的在于介绍人地关系的相关分析。从这里可以看出,只有把人与地二者放在其所在的具体时空中,才能对其有较深认识。上述这些只是个人认识,不足之处受知识限制,请大家批评,谢谢大家。

中国行政区划与地方行政管理

■ 韩茂莉

[演讲者小传]

韩茂莉,女,1955年出生,北京市人。北京大学环境学院教授、博士生导师。主要研究为中国历史人文地理与环境变迁,主持完成国家社会科学基金项目3项、国家自然科学基金项目3项以及国家教委社科基金项目1项,参与各类国家基金以及国际合作多项,先后在《文史》、《中国史研究》、《国学研究》、《地理学报》、《地理研究》等刊物发表文章50余篇,并出版《宋代农业地理》、《辽金农业地理》、《草原与田园——辽金时期西辽河流域农牧业与环境》等学术专著。2001年获国家优秀教学成果二等奖,2002年获全国高校优秀教材一等奖,2006年主讲课程"中国历史地理"获北京市精品课,2007年获北京大学"十佳"教师称号,2008年主讲课程"中国历史地理"获国家级精品课。

大家好:

我今天要给大家讲的内容是"中国行政区划与地方行政管理"。说到行政区划和地方行政管理,在座的各位是非常熟悉的,因为大家有些就在政府部门从事工作,但是行政区划与国家安全以及国家政治、经济的关系并不是所有人都关注的。"科学发展观"是最近经常提及的概念,科学发展观中包括了自然科学与社会科学的理论,自然科学理论与技术指导我们从事国家建设,而社会科学则是国家政治、国家管理的基础。

今天的讲座主要有三个问题:

第一个问题,回顾历史上地方行政管理的方式,以及在这个过程中地方行政区划经历的发展阶段。

第二个问题,从历史回归到今天,在我们回顾了不同历史时期地方行政区划和行政管理之后,看当代地方行政区划的层级以及在地方行政管理过程中有哪些需要商榷和讨论的问题。

第三个问题,讲述行政区划的原则以及行政区界限在国家政治之中起到的作用。

首先我们来讲第一个问题。

第一个问题是从历史上的地方行政管理看今天。讲述这一问题之前,首先需要说明行政区的概念。一般来讲,世界上的国家只要国土面积足够大,一定会将自己的国土分为若干个单元、若干个层级,然后再逐级派行政官员到地方从事管理,划分的每一个空间被称为行政区,派去的官员则称为"地方官"。中国历史上这样的地方行政管理方法可以追溯到商周时期。对于地方行政管理,不仅中国如此,国外也同样如此,即将自己的国土分成若干的单元进行空间管理。当然,可能有些国家国土面积不够大,就不存在行政区划问题。比如东南亚的新加坡、欧洲的圣马力诺,这些国家国土面积都很小。圣马力诺位于意大利国土的腹地,它的空间大概只有一个山头,这个山头在我们中国来看,大概比一个村子也大不了多少,甚至相近,如果按照中国的行政理念来讲,大概就是一个生产队长的管辖范围。类似于这样的一些国家就不需再分割空间进行管理了。但是这样的国家毕竟非常少。

中国历史上地方行政管理的历程非常久远。追溯这个历程,我们必须对中国历史上的行政区划进行回顾。回顾的过程中,必须提到《周礼》之中所说的"体国经野,设官分职"。实际上这两句话就囊括了行政区划与地方行政管理的全部内容。首先,"体国经野"具有的意义是什么呢?现在我们说一个地方究竟有多大,用 GPS 以及其他仪器测量就可以知道,但是当时没有这样的技术,确定一个地方究竟有多大,人的肢体长度往往就是测量单位,通过这种测量方式获得的空间数据大致就是"体国"的意思。而"经野"是指什么呢?那个时候,对于一个国家,不同的空间范围名称是不一样的,"国"所具有的意思是城市,也就是当时周天子所在的都城称为"国","国"之外的地域被称为郊区,更远的地方就被称为"野"。"国"和"野"空间明确之后,下一步就要把它分为各个不同的空间。"经"字代表管理、治理的意思。于是,"体国经野"所涵纳的主要内容就是行政区划,在行政区划的基础上进一步的需要就是"设官分职",

将不同层级的官员安排在不同的行政空间,于是行政区划与地方行政管理两方面就在这个过程中实现了。

但是,"体国经野,设官分职"在中国历史上并不是一贯实行下来的,在协调中央集权与地方分权关系的过程之中,它是经过了"分封制"与"郡县制"两个发展阶段。

第一个阶段叫做分封制,也称为封建制。有人就会说了,战国以前称"封建制",可是这社会发展不是被人称为奴隶社会,怎么又成封建制了呢?其实这个封建制与我们后来所知道的封建社会是不同的。在中国古汉语的词汇之中分封等于封建是从来就有的,"封建"中包含着"分邦建国"的内容,而后来所说的"封建社会"则不包括分邦建国。为什么如此混乱呢?这是两个不同的文化系列所造成的误区:前者封建包含着"分邦建国"的内容,是汉语词汇中所固有的;而"封建社会"是舶来品。1840年以后西方科技、文化陆续传入东方,接受这些思想的不仅有中国,其中日本也在其列,西方学者对于社会发展阶段的界定,比如我们经常说的奴隶社会、封建社会、资本主义等,被日本人所接受,并将 feudalism 对应为汉字"封建社会",此后这个与中国汉语中"分邦建国"含义完全不同的"封建社会"又被以文化传播的形式传入中国。恰恰在封建社会阶段,中国地方行政管理制度进入到了郡县制,而分封制即封建制则是前一个社会发展阶段——奴隶社会的特征。

什么叫"分邦建国"?西周社会中天下共主为周天子,《诗经》中有这样一句话"普天之下,莫非王土,率土之滨,莫非王臣",意思是天下都是周天子的土地。那么周天子的继承是如何实现的呢?在他诸多的儿子当中,只有嫡长子有权继承天子的王位,其他的儿子只能被分封到其余土地上做诸侯国的国君。周天子是这样分封的,周天子以下的诸侯国国君也同样如此。诸侯国的国君把他的位置传给嫡长子继承,余下的儿子继续被分封,也就是被分封为士大夫。这种继承制度就是我们所说的分封制,也就是封建制的实质,是一种血缘加地缘关系的结合物。

分封之初,需要举行授土、授民的仪式,这在《孟子》和其他的文献之中就提到了。周天子把他的土地分封给诸侯,诸侯也把国家中的土地分封给士大夫。授土、授民的仪式就类似于一种移交,将天下的一块土地连同土地上的人民、物产、赋收以及整个管理权、拥有权实实在在地授予了对方。这种实实在在的转交可以用日常生活的例子解读,比如有一个老太爷很有钱,有几个公司,后来他决定把自己的一个公司给他的一个儿子,这种给予是一种赠送的关系,就是把一切产权都给了他的儿子,从此老太爷脱离了与公司的关系,这个公司的管理权、拥有权都是儿子的了,这种情况就是分封制的实质。在分封的背景下,经过逐层分封之后,虽然古人的观念仍然是"普天之下,莫非王土",但周天子最后实实在在所占的土地并不多。由于在血缘继承关系之外又存在了地缘关系,于是当时人们就形成了"家"、"国"和"天下"的空间理念。在分封制的背景之下,士大夫要建立自己的"家",诸侯有"国",周天子有"天下"。于是在四书五经的《大学》之中就有"齐家、治国、平天下"的说法,从"家",到"国",到"天下",形成了不同的空间理念,这是在分封制背景之下所具有的特点。

公元前3世纪,秦始皇统一六国,分封制在秦的政治制度之中被废除了,从此走上了郡县制的发展历程。可是中国历史并不是一贯按照直线发展的,分封制在秦始皇之后的朝代中仍然会出现。

在实行郡县制的历程之中,其中的一个倒退出现在西汉时期。西汉是继秦朝以后的第二个施行郡县制的王朝,或者说它是一个不完全的郡县制。这种不完全的郡县制体现在什么地方呢?如果将整个西汉疆土分为两部分,西部地区属于中央集权制、郡县制管理之下,而在东部地区则实行分封制。这种分封制的源头可以追溯到西汉建国之前楚汉之争时期。刘邦与项羽争夺天下时,刘邦一方确定进军原则为:一路大军由刘邦直接率领沿着黄河中下游地带自西向东,对项羽所在的地区进行进攻,另外一路大军由韩信率领,越过黄河,绕到山东一带。两路大军形成对项羽军队的合围。仗打在紧要关头,有一天刘邦的军帐之中来了一位韩信的使者,说韩将军有个愿望,希望刘邦封给他一个"假王"。当时刘邦就生气了,脸色大变,这时候张良正在身边,踢了刘邦一脚。刘邦是何等机智的人啊,马上意识到自己说错了,仍然作色道:"男子汉大丈夫,要封就封个真王,封什么假王啊。"在两军夹击的关头他迫不得已,所以封了韩信为齐王。

西汉王朝建立之后,这些伴随着刘邦南征北战的将军除了韩信之外,还有英布、彭越等一系列的将军都因为军功卓著而被封王。由于这些王都不姓刘,故被称之为"异姓王"。当时从山东到江苏,也就是西汉东部的半壁江山都是异姓王所分封的地方。这些异姓王不仅手里有权且有钱,封地内的老百姓的户口以及税收都归他们所有,而且身经百战,都是猛将,对于当时的西汉帝国来讲存在着一定的威胁。这种情况下,刘邦和吕后都很担心,于是西汉初期出现了一个杀功臣的事件。这个过程从国家中央集权的角度来考虑,就是要消灭位于东部地区的异姓王,加强中央集权。经过一系列的举措,所有的异姓王都被杀掉了,那东边的半壁河山究竟如何处理?有人建议,异姓王是不可靠的,那么我们分封同姓王吧。这次分封就是把刘邦的儿子、侄子分封到这些地方,被分封的时候他们大多只有十几岁、七八岁,以后长大成人了,虽然同为刘氏的宗亲却不能成为皇帝,于是天下也并非就此太平起来。当时被分封的楚王和吴王,封地面积比较大,而且临靠大海比较富有。汉景帝的时候开始削藩,他们受不了,于是联合东部地区的几个亲王起来造反,这就是"吴楚七王之乱"。

　　叛军直指长安,这时候长安几乎是一片混乱了。"七王之乱"造反的名义是什么呢?这里需要交代一下背景。随着异姓王的权力越来越大,对朝廷造成很大威胁,汉景帝时大臣晁错提出了一个主意——"削藩",就是要削弱这些王的势力。这些王都不干了,于是发动叛乱,他们的名义也不是要推翻汉家天下,叛乱的旗号是"清君侧",就是说皇帝身边有奸臣,我们替皇帝杀奸臣。杀到了长安附近,汉景帝很是慌张了,究竟如何是好呢?这时有人建议,既然他们的名义是"清君侧",那就把晁错杀了,也许他们就会回去了。景帝是一个比较懦弱的皇帝,听了这个建议就将晁错杀了。其实杀晁错不是目的,只是一个借口罢了,叛乱的亲王已经到了长安,哪里肯退呢?可是杀晁错的过程正好给汉景帝提供了部署战事的时间,于是周亚夫临危受命,出任将军,成功地平定了这场叛乱,解决了汉景帝时期的朝廷危难。

　　平定叛乱之后,朝廷继续施行削藩政策,汉武帝即位之后也依然执行,但是他采取的政策与景帝不一样了,叫做"推恩"令。汉代诸侯王的继承法依然是嫡长子继承王位,汉武帝时期"下令诸侯得推恩分子弟,以地侯之"。推恩令下达后,齐国分为七,赵国分为六,梁国分为五,淮南国分为三,诸侯王的支庶多得以受封为列侯。"推恩"的实施使得诸侯王的统治范围不断缩小,与中央进行分庭抗礼的能力越来越差。于是汉武帝时期才真正实现了中央集权的国家管理。

　　西晋时期开国皇帝是司马炎,司马炎的父辈是司马昭和司马师,再上辈就是司马懿。司马懿与司马昭对于取代曹魏政权做了很多贡献。有个成语叫做"司马昭之心,路人皆知",这个成语一方面说明司马昭取代曹魏政权的野心是十分清楚的事,另一方面也说明这时一切取代准备都做好了。正是这样,司马炎做西晋开国皇帝的时候,所有的政治、军事上的基础都是他父辈打下来的,于是司马炎分封他上辈的很多亲属做了王,历史上称他们为"宗室王"。这些宗室王也是战功卓越,富有韬略,根本不把司马炎看在眼里。司马炎考虑到天下的稳固,又进行了一次分封,在宗室王存在的前提下,又把自己的儿子、侄子分封到各地为王,历史上称这些王为"亲王"。司马炎希望通过亲王来牵制宗室王,于是给这些亲王的权力是很大的。最初司马炎好像达到了目的,后来的结果却与自己的初衷相反。这些亲王长大成人之后同样人人有谋取天下的野心。其中权力很大的八个亲王在黄河流域发动了叛乱,也就是"八王之乱"。整个黄河流域陷入无休止的战争。而战争过程之中分布在周边地区的匈奴、鲜卑、羯、狄、羌五个游牧民族乘虚而入,进入中原地区。中国历史进入到最黑暗时期,整个黄河流域陷入了中原政权与外族的争斗之中,而其内部也有频繁的战乱。这种背景下,黄河流域的人口数量锐减,这个历史过程是与分封制的出现密切相关的,这又是一个历史教训。

　　关于分封制的反复,接下来要讲到明朝的历史,我们来看明成祖时期。明成祖是朱元璋的第三个儿子。朱元璋建立大明王朝之后,为了对所有地区进行稳固的统治,也将自己的儿子分封到各地为王。诸王权力很大,尤其朱棣镇守在北部边疆,也就是今天的北京,掌握40万精兵,力量非常大。朱元璋死去之后,应该是嫡长子继承王位。但是嫡长子在之前已经死掉了,那么应该是嫡长孙,也就是建文帝继承了王位。但是当时建文帝只有19岁,燕王朱棣就认为,怎么能把一个偌大的江山交给一个只有19岁的孩子呢,同时这个孩子周围的臣子也有些提出类似"削藩"的建议。于是朱棣不能忍了,发动了一场"靖难之役",意思是消除灾难。朱棣率领他的40万大军从北京出发直指南京,建文帝最终的后果有人说是自焚而亡,有人说他逃到了海外或者其他地方去了。总而言之,这场"靖难之役"的结果是朱棣取代了建文帝做了明朝的第三代皇帝,也就是永乐皇帝,然后移师北京,以后明朝实行两都制——北京和南京两个都城并存。朱棣通过"靖难之役"登上了宝座,他吸取了教训,在他之后对诸王的权力也给予了限制。

所有这些在郡县制背景之下分封制的反复,可以说在中国历史的发展进程之中造成了一定的倒退,对于后来国家的治理者都有深刻的借鉴意义。

公元前3世纪秦始皇统一六国,开始在全国施行郡县制管理。郡县制管理就是今天大家所知道的把国家分成若干个单元,每一个单元叫做一个行政区,然后派官员进行管理。管理的实质叫做"分民而治",土地是国家的,百姓由官员代替帝王进行治理。"分民而治"的特点,我仍然以公司来举例。比如说一个老太爷有几个公司,要把其中的一个公司交给其中的一个儿子,他不是把所有权都交给儿子,而是把儿子当作经理,代他进行管理,所有权是老太爷的,儿子只具有管理权,这就是郡县制的特点。应该说古人所讲的"普天之下,莫非王土"在这个时候才真正确立起来。郡县制是在秦始皇统一六国时期确立的,而在此之前就已经出现萌芽了,这要追溯到周天子的权力非常大的时候。古人把那个时期天子拥有的权力称为"礼乐征伐自天子出"。当时人们认为天下有两件大事,一件叫做礼,一件叫做戎,戎也就是打仗。在今天的理念之中认为打仗是大事,可是礼乐为什么是大事呢?其实礼乐是社会秩序的象征。比如说周天子要观看演出的时候,有多少对舞女演出,诸侯看演出,有多少对舞女演出,这都是有规定的,不能不遵守规定,否则就是僭越,僭越了就说明统治秩序的不稳定。如果礼乐都按规定的来执行,那就说明人心是安定的,天下是稳定的,所以礼乐非常重要,所有"礼乐征伐"都由天子发出号令。但是在以后就不一样了,在分封制背景下授土又授民,周天子掌握的土地就越来越少,而诸侯国的土地却越来越大。到春秋时期有几个重要的诸侯国,叫做春秋五霸,他们的力量越来越大,历史上称他们"挟天子以令诸侯"。这时"礼乐征伐"就不是自天子出了,而是"礼乐征伐自诸侯出",以后又发展到"陪臣执国命",指的是诸侯国的势力也随着分封制而逐渐变得越来越小,士大夫的权力变得很大了。孔子的时代就有这样的例子,当时鲁国有几个士大夫竟敢把自己采邑的围墙建得比鲁国国君的围墙还要高,这就是属于一种秩序的不健全,是诸侯国国君的地位逐渐下降的象征。这叫做"陪臣执国命",开始由士大夫说了算。

　　这种士大夫说了算的情况在春秋后期最为典型。当时在晋国有赵、魏、韩几个士大夫,力量越来越强大,不但主宰了国家命运,还把晋国一分为三,这是典型的"陪臣执国命"。三家分晋彻底实现的那一刻,历史从春秋进入了战国。在这种背景之下所有权力的转换都伴随着战争的降临,那么怎样对土地进行更加行之有效的管理呢?诸侯和士大夫都开始意识到,继续实行分封制,增加的只是陪臣的力量,而不是国家的力量,郡县制在这时就诞生了。

　　秦始皇统一六国以后,怎样管理这个庞大的帝国呢?大臣的意见是不同的。有的大臣建议继续实行分封制,而宰相李斯认为,实行郡县制可以进行更加有效的管理。秦始皇听从李斯的建议,把秦国分成郡、县两个行政级别来进行管理。当时划分了36个郡,后来发展到48个郡,再加上内史,也就是首都特别行政区,全国一级行政区共有49个,下面统辖了1000多个县。这个时候,中国地方管理进入到了郡县制阶段,从那个时候一直持续到了现在。郡县制在国家行政管理之中有很多的有利之处。

　　当然一种制度出现,绝不会完美无缺,我们来看唐朝的情况。唐朝跟秦有些相似,都是两级行政区,一级是州,第二级是县。唐朝初期有300多个州。唐太宗感叹,汉武帝时,一百多个郡,他还为找满意的太守而发愁呢,而我现在要找到300多个满意的太守,真是太难了,而且我要怎么样来考察他们的政绩呢?在这种考虑下把全国分成了10个区,每一个区的名称叫做道,派了10个监察官到全国巡查,监察官的任务相当于今天的纪律检查委员会,是管官而不管民的。本来是有10个道,后来发展到15个,到唐代中期逐渐变成了一个独立的行政区。这个行政区的发展过程与边防地区节度使的设置有着直接的关系。唐朝国家治理的策略叫做"重外轻内",当时在沿疆地带设置了九个节度使,节度使管辖的范围相当于今天的大军区。这些节度使在手握重兵的同时还掌握了当地的民权、政权和财权,其中最为典型的是安禄山。安禄山当时是范阳节度使,领河北道节访使。河北道原本是一个监察区,也就是说安禄山任范阳军区司令,又拥有河北道的监察权以及民权、政权、财权,各种大权集于一身。后来他又被授予平卢节度使和河东节度使,这时安禄山兼三个军区的司令,权力已经非常大了,足以与中央分庭抗礼。于是他在公元755年

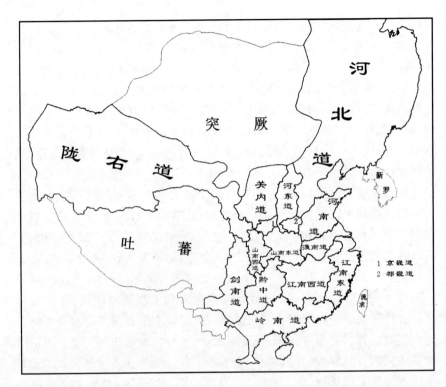

唐朝区域图

发动了一场叛乱,就是"安史之乱"。"安史之乱"打了八年,这八年动摇了整个朝廷的根基,唐王朝从盛唐转入中晚唐。这次的教训对后来的历史有很深远的影响。

宋太祖建立大宋王朝的时候,对于制约军人权力和内外之间的平衡有了更加深刻的思考。他登基后第一个任务就是要削弱那些大将的兵权。这种做法一方面是来自唐朝的教训,因为节度使权力膨胀,导致藩镇割据与唐朝的灭亡。另外一方面,宋太祖本身是军人出身,他原来是殿前都点检,相当于今天保卫首都的卫戍区的司令。在后周时期,他以殿前都点检的身份掌握大权。当时位于北部的契丹人的力量很强大。一天有人报北方出现军事危机,赵匡胤带领军队出城迎击契丹人。所有人到了北距开封城50里左右的陈桥驿,就停下来了,军人们找了一件黄袍给他披上,拥立他做了皇帝,于是后周就被宋王朝取代了。

赵匡胤非常清楚，一个有权的军人对国家究竟有什么样的作用。因此宋王朝建立没有几天就出现了一件事，历史上称为"杯酒释兵权"。开国之后，赵匡胤大宴众臣，那些将军以为赵匡胤要犒劳他们，可是在犒劳的过程之中，赵匡胤就说了，你们戎马一生，屡立战功，如今天下稳定，你们该享乐了。于是他把所有握有重兵的节度使的权力收归到中央，这就是"杯酒释兵权"。权力收归中央以后，赵匡胤对地方的管理以及官员的设置进行了重新安排。所有掌握兵权的官职都由文官来担任，无论中央还是地方都是如此，只有在打仗的时候才临时派将军到阵前指挥。而行军作战的策略也由中央统一制定，在军事上就是采取了这样的治理方法。而对于地方行政区的管理又采取了什么措施呢？这种措施与唐朝的"重外轻内"有很大的不同，是"重内轻外"。在重内的过程之中对于地方官员权力的限制采取了一种更为严格的态度，高度加强了中央集权。当时宋朝一级行政区的名称叫做"路"，下设四个官员，转运使是当时主管财政和民政的官员，安抚使主管军事，提点刑狱主管司法，提举常平主管常平仓救济以及一部分财政。四个官员的配备相当于今天省一级的领导班子，转运使与其他路一级的官员，按今天的理解就相当于省长与副省长的关系。可是宋代为了加强中央集权制，防止地方的分裂割据，情况是完全不同的。他们之间的关系和今天的省长、副省长是不一样的。比如说，我们今天如果地方出现了一个司法问题，在由主管司法公安的省委常委、政法委书记处理的同时，必须向省里的一把手省委书记进行汇报。但是宋代是没有这样的制度的，如果出现这种治安问题，提点刑狱不必向转运使汇报，也完全没有这个义务，他要向中央主管部门直接汇报。同样安抚使也是如此，地方有事，他也不必向转运使汇报，而直接向中央的枢密院汇报，枢密院相当于今天的中央军委。正是由于官员之间没有这种统领关系，于是他们之间是互不通气的，这样才能防止他们变成一体，威胁中央的统治。这是赵匡胤以后加强中央集权的一个特点。

第二个特点就是，所有官员管辖的区域不应该叫做地方官员的施政区，而应该叫做中央官员的分治区。这句话如何解读呢？我们来举个例子。比如说上学期教育部派一些官员到北大进行教学检查，派来的司长们住到了北大，住了一个星期。如果这些司长不离开北大同时兼任北大的副校长，三年任期满了以后，再到中央去，到教育部继续任职，这就是中央官员到地方兼职。事实上,这些来北大的官员一个星期之后就离开了,这是今天的情况,而宋代就不是这样。某某中央官员带着官衔到地方,他的人事关系都在中央,只是临时到一个地方任职,做三年官以后回到中央,再由中央派另外的中央官员来治理。这种做法仍然只为了加强中央集权制。

加强中央集权采取的措施还有一点,为了防止这些官员在空间上进行联络,他们的行政办公地点并不在一起。我们以最近的河北省为例子,石家庄是河北省的省会,省政府领导班子无论是公检法机关还是教育卫生机关,还有省长,都是在石家庄一座城市进行办公,弄不好还在一座大楼里面。但是宋朝不允许这种现象发生,他们是什么样的呢?比如说转运使在某一座城市办公,安抚使和其他的主管司法的官员会在另外一座城市办公。也就是说,省长在石家庄,副省长也许就是在保定办公,衙门都不在一个地方。所有这些问题都是为了加强中央集权制。可以说,宋朝皇帝接受唐朝的教训、接受自己由军人变成皇帝的教训,采取的一切加强中央集权的措施成功了,并且这些措施被后来的明朝、清朝所吸收。自此之后,统治集团内部的官员造反、成为地方割据势力的可能性都在成功的防范之中了。这是它的优点。那么弊端在什么地方呢?弊端就在于所有这些加强中央集权的措施使地方几乎没有一件事可以独立完成,而宋朝又面临着北有契丹,西有西夏,战争不断的情况,地方官没有权力,打起仗来才临时派将军,而且在打仗之前要把所有的图纸画好,让皇帝去看,让中央的枢密院去看,于是一切战机都失去了。所以宋朝在对外战争之中屡战屡败。在屡战屡败的背景之下,宋朝皇帝对契丹皇帝称儿皇帝,对西夏皇帝称弟皇帝。后来有人说了,不管是儿皇帝还是侄皇帝,总归是皇帝,如果中央集权没有加强,内部的造反出现了,那就什么皇帝都当不成了。由于这样的背景,北宋时期政治是非常复杂的,国力也不强,这是中国历史上中央高度集权、地方分权甚至无权的背景下出现的特殊的历史阶段。

我们上面所讲的所有问题都是历史回顾。无论是施行分封制还是郡县制的时候,我们都可以从地方行政管理之中吸取教训。而地方行政管理不仅仅是如何派官,给官多大权,给官多大空间的问题,它直接关系到中央集权和地方分权的问题,最后可能影响到国家的统一、民族的团结。

在现行中华人民共和国行政体制之下,吸取历史的教训,如今的行政区划以及地方行政的建制之中究竟如何划分施政区域,如何进行派官管理呢?我们以史为鉴,回归到现实。现在我们来看,在现行中华人民共和国政治体系之下我们所面临的行政管理的问题。

行政区划与行政管理之中所有的权力赋予与权力的法律认可都源自宪法。1954年宪法规定:全国分成不同的行政层级,第一个层级是省、自治区、直辖市,第二个层级是自治州,县、自治县、市,下面再划分为乡、民族乡和镇。大多数的地方是三级行政区,一级为省,二级为县,三级为乡,个别地方是四级。在自治区或者省之中设置自治州,下面再辖县辖乡,为四个层级。1982年重新颁布了宪法,1982年颁布的宪法对于1954年宪法之中规定的条款没有改变,仍然是在法律上认定除了辖自治州的地区,全国所有其他地区都是三级行政区,还规定,在特别和必要的时候设置特别行政区。从1982年到今天宪法修正过几次,最后一次修正是2004年,这次修订仍然没有对上述宪法的规定提出修改。宪法之中除了有上述关于行政区层级的制定之外,还规定省、县、乡都设有人民代表大会,人民代表大会都是地方权力机关,是国家的立法机构。立法机构的设置表明了一个行政层级的存在。

而宪法规定的内容和今天大家面对的现实是有出入的。这种出入体现为"市管县"和"地辖市"的问题。此前全国出现过一个"地转市"的问题,"地转市"就是地区转为地级市。这个问题来自于1982年的中共中央1982年51号文件,这个文件提出为了加强地方的行政管理,改革地方的行政体系,要施行"市管县"制度,"市管县"就是地区转为地级市的过程。我们知道中共中央的文件不是宪法,但是当时却是在全国展开地区转为地级市的依据。那么地区转为地级市对于中国行政管理来说有什么区别吗?探讨区别首先要看这个事件的目的。1982年正值改革开放不久,为了加速城乡一体化,使城市的技术力量、人才以及经费输送到农村,农村的资源包括原材料进入到城市,为了使这些发展经济的环节更为便利,就施行了"市管县"的策略。"市管县"的前提是地区转为地级市,地区转为地级市使中国大多数地区的三级行政区划转为了四级。但是地级市的出现并没有经过宪法的规定,只是1982年中央文件提出的,却实实在在地存在于现行中国的行政区之中。

1982年到2003年是中国全部实现地转市的重要时段,除了港澳台以及几个直辖市,其他的省、自治区普遍实现了"市管县",地区转为地级市。到 2007 年年底,中国一共有 300 多个地级行政建制,其中 283 个属于地级市,30 个属于自治州,这些地级市和自治州都是实体行政区。什么叫做实体?就是指伴随着地方人大出现的实实在在的地方行政区,它所占的比例是 93.9%,剩下的属于虚体行政区,仍以地区或者"盟"的形式出现在全国各个地方。大多数地区完成了虚体向实体的转换之后,就使中国的地方行政管理出现了与宪法的规定不一致之处。讨论这个问题之前先来看实体行政区和虚体行政区的区别。虚体行政区是存在于省与县之间的。建国初期为了保障省与县之间协调管理,于是省设置了一个派出机构,就是地区,地区没有人大,是省政府的派出机构,由于没有人大,所以被称作虚体行政区。

地转市之后,进一步加大了中国地区行政管理的混乱。有的地区是三级实体行政区和四级实体行政区并存,我们来举几个例子。内蒙古自治区下辖 9 个地级市 3 个盟,地转市时,9 个市变成了有人大的实体行政区,3 个盟保持着没有人大的虚体形态,于是出现了三四级并存的特点。事实上并不是只有内蒙古具有这样的特点,黑龙江也有,黑龙江有 12 个地级市,一个地区,是虚实并存的一个省。贵州也是,贵州有 4 个地级市,3 个自治州,两个地区,这两个地区是两个虚体。西藏有一个地级市,6 个地区。青海一个地级市,6 个自治州,一个地区,也有一个虚体。新疆一个地级市,5 个自治州,7 个地区,有 7 个虚体。这种虚实并存的现象使行政层级变得很混乱。

在这个背景下,地级行政区的类型变得更加繁多。按照政治学的理念,将行政区的管理类型划分成多种情况,其中有地域型的地方政府,还有城市型的、民族自治型的,以及特区型的地方政府。地域型的地方政府指的是地方行政管理的空间既包括农村,也包括城市,城市型的管理空间以城市为主,民族自治型的是少数民族的聚居区,特别行政区是 1982 年宪法所提出来的。地转市实现之后,使地级市的行政建制之中出现了除特别行政区之外的上面所有的三种类型,这在理念上很不容易理解。我们以山西省为例,实行地转市之后,山西所有的地级市之中,城市型的管理区域以太原为典型,它以城市为主体,包括小范围的郊区。与太原相邻的一个地级市叫做晋中市,晋中市是以农村为主体的。现在我们就要问了：市这个概念，究竟包含着什么样的内容呢？在汉语之中它是一个什么概念呢？我们平时所用的词"城市"，"城"与"市"是连用的，而古代这两个字是有区别的。"城"是人们所居住的有城墙的空间，而"市"是进行买卖交易的地方，城与市就连接在一起，变成一个概念了。所以说一谈到城市，在我们今天的理念之中其实指的是"城"，而晋中市只包含了少量的城市，绝大多数是农村，是一个地域型的地级市。

现行中国行政区层级的混乱还不仅这些，有的地方的管理层级是二三级并存的，而有的地方是三四级并存的。我们举北京为例。北京作为直辖市是一个与省平级的一级行政区。它所辖的东城、西城、崇文、宣武、石景山和丰台区是只有两级行政区的。北京市政府直接领导的是东城区区政府，东城区区政府的行政层级相当于一个地级市。东城区区政府下面管的是街道办事处，街道办事处是不设人大的，也就是说办事处只是东城区政府的一个派出机构，它不算一个行政区。从这个角度来看，这6个区只有两个行政层级。除了这6个区之外，包括海淀，还有平谷、延庆、密云，存在着3个行政层级。我们看海淀区，海淀区下辖若干个街道办事处、地区办事处和镇。街道办事处是一个虚体，没有人大设置。因此从这个角度看海淀区是有两级——从北京市政府到海淀区政府。但是与此同时它还存在三级，因为它还有五个镇，这五个镇是法律上认定的，是行政区最低的一个层级，这里是设有人大的，因此海淀是三级行政区。于是在现行中华人民共和国行政管理的层级之中，就出现了两级、三级行政区并存的现象。除了北京，上海、重庆、天津都存在这种情况。

还有就是一个行政层级之中存在着三级、四级并存的现象。以海南为例。海南省的海口市和三亚市是两个地级市，除了这两个地级市，其他地区是县一级的行政区。海口市下面设立了四个县级行政区，这样从海南省到海口市，再到县一级行政区，下面还有镇政府，一共有四级行政区，海口和三亚皆是如此。可是除了海口和三亚，其他的县就是三级行政区：海南省政府，下辖县，再到下一级为镇。于是海南省是三级、四级并存的，但是它们都是实体行政区并存的。

下面我们再来看内蒙古的例子，内蒙古是三级、四级并存的，而且存在着虚体行政区。内蒙古有个地方叫做阿拉善盟，与地区相当，是一个虚体行政区。在1982年地区转为地级市的过程中，内蒙古没有将所有的虚体都转成实体,阿拉善盟、锡林郭勒盟、巴彦淖尔盟是没有转的,仍然是虚体。内蒙古的管辖区域内还有一个鄂尔多斯市,原来叫做伊克昭盟,后来转变成了实体行政区,从伊克昭盟的虚体转为鄂尔多斯市实体,它就是四级行政管理。因此内蒙古就是三级、四级并存的情况,而且有四级实体和一个虚体存在。

下面我们来看东部地区的例子。1982年中央颁布51号文件之后,东部地区几乎全部实现了地转市,也就是成为四级实体的行政区层级。

第四个例子是新疆伊犁哈萨克自治州。在这个自治州之内还有塔城、阿勒泰两个地区,可是在中国地方行政区的层级之中,地区和自治州虽然存在着实体和虚体的区别,但它们是平级的,因此伊犁哈萨克自治州是全国唯一的既辖地区又辖县的自治州,也就是同级辖同级。这种情况是怎么形成的呢?1945年新疆伊犁地区举行了由阿合买提江等领导的"三区革命",革命的目的是反对当时国民党新疆省。"三区革命"是以伊犁、塔城、阿勒泰为基地发动的,以后为了以这场革命为基础,将这三个地方融合建成一个自治州。但是同级辖同级在行政上无法操作,于是就出现了我国现行行政管理中的一个特例,伊犁哈萨克自治州获得一个副省级待遇,整个这个地区升了半格,这样它才有权力对塔城和阿勒泰实行管理。

第五种情况就是特区。特区是香港和澳门回归之后所设立的,原则是一国两制。这两个特区的管理方式与内地是不同的,有独立的立法机构、独立的财政和地方管理体制。

我们上面所讲的是中华人民共和国行政管理层级的复杂性。尤其是地转市之后这种复杂性就更加突出了,除了上面所讲的复杂性之外,在"市"这一层级之中也有很大的复杂性。同样叫做市,却存在四个级别。第一个级别是省级市,即四个直辖市,它们是一级行政区。第二个级别属于副省级,在中国有15个市属于副省级,它们是计划单列市。什么叫计划单列市?计划单列市的收支直接与中央挂钩,由中央财政与地方财政两分,无需上缴省级财政,它们享受着省一级的经济权限。15个市当中有5个非省会城市,大连、青岛、宁波、厦门和深圳,剩下的10个是省会城市,这15个城市的级别是副省级的。下面还有地级市,地级市包括两种类型,一种是城市型的地级市,一种是地域型的地级市。城市型的地级市是除了那些计划单列市剩下来的省会城市,还有自治区或者省的直辖城市,比如内蒙古的包头市。地域型的地级市既包括城市又包括农村,它不是城市,而是一个管理空间。接着看县级市,县级市多数属于地域型的管理空间,有时也包括城市型的。1982年之后有些县的人口和GDP指标已经高于其他县了,为了发展起见,就将原来县的名称改为市,这种县级市既包括农村,又包括县城。还有一种类型是城市型的县级市,比如辽宁海城市。

乡、镇是最基层的行政区。乡、镇之间的区别在于城镇人口的数量,只要非农人口占10%左右,就可以由乡变为镇。当然建制镇是特例,建制镇是指县政府驻地所在的镇。除此之外,非农人口占10%是划分乡与镇的标志。

在完成以上对中国现行行政区层级的分析之后,还有一个需要提及的问题就是新疆生产建设兵团的建制与层级。新疆生产建设兵团成立于20世纪50年代初,鉴于新疆的政治军事需要,中央决定将进入新疆的中国人民解放军第一野战军的第一兵团和第二十二兵团全部转业,就地屯垦戍边,组建成新疆生产建设兵团。新疆产生建设兵团为受中央政府和新疆维吾尔自治区政府双重领导,在国民经济和社会发展上实行国家计划单列并享有省级权限的区域。兵团的人口和面积一般都纳入地方统计中,但国民生产总值则单独列出,不计入自治区的数据。新疆生产建设兵团的管理体系采取军队编制,主要有师、团、连等级别,兵团司令部设在乌鲁木齐市。兵团第一政治委员由自治区党委书记兼任,兵团司令员则由国务院直接任命,其行政级别为省级。兵团的师与自治区的地级行政区一一对应,由相应的地委书记兼任师第一政委。兵团的团级单位除了普通团外,还有农场、牧场等,一般统称为"农牧团场"。普通团除了番号外,通常还具有一个称作镇的地名,但这些所谓的镇并不存在政府、人民代表大会等政权机构,仅仅是团场的别称而已。此外,在兵团总部、各师师部和团场密集的垦区,还设有法院、检察院等机构。

新疆生产建设兵团计划单列的特点,使这一组织部分享有行政区的权利,却又有别于一般行政区,其中独立的行政管理权使其具有行政区的特点,但兵团人员户口隶属于自治区管辖,且兵团各级机构不设人大这一特点,又使它不同于行政区。新疆生产建设兵团与新疆维吾尔自治区之间你中有我、我中有你的关系,不仅体现在空间交叉、人员双属等方面,兵团管辖的四个市这一特点尤其突出。石河子市、阿拉尔市、五家渠市、图木舒克市为兵团管辖的4个县级市,同时也为自治区政府的直辖县级市,由于这样的双重属性,使这四个市市政府实行与兵团八师、一师、六师、三师实行一套机构两块牌子的体制,并设有市人民代表大会。

我们回顾了行政管理层级的变化过程之后,与之相关的问题,早已引起各界的关注,近年国家已经着手进行改革,措施之一叫做省辖县。就是将地方行政管理方式拉回到1982年之前,由省直接管辖县。这在行政上是可操作的,但是中间这一级已经设立了人大的地级市要怎么处理呢?这就是现今行政管理之中的一个问题,对于这个问题,我们就要结合行政区划的边界问题,对于整个地方行政的管理再进行一番思考了。于是,第三个问题要讲到行政区划的界限原则,这是一件事关国家安全以及政治、经济协调发展的大事。

中国行政区的界限并不是最初就有的,最初的原始部落地广人稀,界限的概念并不清楚,一直到春秋初期也没有明显的概念。举一个例子,春秋时期,秦国要进攻郑国,进军路线虽然算不上千里迢迢,但是中间也经过了其他国家。当秦国大军已经进入到郑国范围之内,郑国居然不知道,若不是途中巧遇郑国商人弦高,郑国的结果就可想而知了。弦高赶着一群牛去做买卖,看到秦国大军已经进入自己国家境内,他对秦人说,我们国君已经知道大军来临了,让我赶着这些牛来犒劳军队。军队出行,贵在出其不意,这些秦国军人想,既然对方已经知道了,再攻打就没有意义了,于是退去。这个故事告诉我们当时国家边界的概念是不明确的。春秋以后,国家与国家之间的战争越来越多,人口也越来越多,这时界限开始逐渐明确。原来城市是国家的象征,国家属于城邦型的,随着领土边界概念越来越明确,城邦型国家开始向领土型国家转化,边界概念也越来越明显。

边界是如何划分的呢?古人划分界限有两个原则:第一个叫做随山川形便,就是依照大山大河来确定行政区划边界的走向。以它作为界限具有相对的稳定性。这个原则到春秋末期就开始实施了。秦始皇统一六国之后,所设一级行政区——郡,其中就采取了随山川形便的原则。这种原则有什么好处和弊端呢?由山川围成的区域是独立的地理单元,管理很容易。缺点是这种地形易守难攻,如果在这里建立了一个割据政权,对于整个国家的威胁就非常大了。我们以四川为例。有人说"天下未乱蜀先乱,天下已定蜀未定",四川人听到这个肯定很不高兴:难道我们四川

人就这么好战吗？不是的，原因在于四川的地形具有典型的随山川形便的特点。四川的西部是青藏高原，南部是云贵高原，东部是三峡地区所在的山地，北部是大巴山和秦岭，易守而难攻，历史上的蜀汉，前蜀，后蜀，元末的明玉珍起义，明末的张献忠起义等，都与四川随山川形便的地形有着直接的关系。

由于这些历史教训，行政区划的划界又出现了一个新的原则，叫做"犬牙交错"，打破随山川形便，以避免地方割据政权的拥兵自重。

我们讲的上面这些问题，都是为了服务今天。当代中国行政区的划分也是依据这两个原则，随山川形便和犬牙交错。以河北省为例，河北省的边界是典型的犬牙交错，它的西面是太行山脉，北面燕山，由于这两条山脉，河北就被分成了三部分，一部分是华北平原，一部分位于蒙古高原，一部分位于东北地区。为什么会形成这种情况呢？因为河北是拱卫北京的，地理和军事非常重要。太行山的北端也就是居庸关，是通往蒙古的通道，这是一个天险，燕山上的关口也是这样。正是这样的原因，在行政区划中实行犬牙交错的原则，将位于燕山以北的承德市与太行山以西的张家口市划归河北。

而江西和海南则是典型的以随山川形便原则划定边界的。江西省现在的版图和秦始皇时期的庐江郡极为相似，东西两侧和南部都是山脉，北侧以长江和鄱阳湖划界，是典型的随山川形便。海南建省是很晚的，它以琼州海峡和广东省划界。对于这个问题我们就要思考了，这是一个独立于海外的岛屿作为中国的一级行政区，是否要严格地依据山川形便呢？现在中国面临的重大问题就包括"台独"，台湾在历史上就是中国的一部分，这是不容否认的。目前之所以有"台独"的条件，一个原因就是它是独立在海外的，这个问题可以看成今天海南独立划省的警示。

下面我们看重庆市的行政区划，这里也是有问题值得思考的。四川省的东部属于川东岭谷地区，是丘陵山地。重庆设为直辖市时，这些丘陵山地都划给了重庆市，这一地区包括的国家级贫困县占70%以上，就是说重庆作为一个工业城市要带动大多数的国家级贫困县。重庆市划出之后，国家利用三峡库区给予了它一些优惠政策，但是有一天这些政策消失之后，重庆市的工业能否带动这些贫困县呢？这是一个问题。再比如江苏。大家都知道，苏南人看不起苏北人，原因在于苏南的经济发展太好了，尤其太湖平原一代，历史如此，现在也如此。那为什么苏南、苏北会在一个行政区之内呢？封建时期的帝王是有所考虑的，在农业经济的背景下，苏南是发达的，苏北落后，这样将经济发展程度不同的区域融合在一起，叫做"肥瘦搭配"，将矛盾融合在一个行政区之中，不提交给中央，这是古代帝王的谋略。从这方面想，四川与重庆划界就要进行认真思考了。

以上这些多属于对今天中华人民共和国行政区划和地方行政管理提出的思考，各位从事这方面的研究和具体工作，在政策实施与行政操作中真正有所贡献的是各位。

谢谢大家。

(2008年10月18日)

当前中国民族问题的症结与出路

■ 马 戎

[演讲者小传]

马戎,男,1950年3月出生,回族。1976年毕业于内蒙古农牧学院农机系农机设计专业,1979—1982年为中国社会科学院研究生院政治经济学专业硕士研究生,1984年、1987年获美国布朗大学社会学硕士、博士学位。1990年3—1991年8月为美国哈佛大学费正清中心博士后,1997年1—3月为日本国立民族学博物馆客座研究员,2000年3月—7月为美国加州大学洛杉矶分校客座教授,2006年1—5月为美国杜克大学客座教授。

1987年3月到北京大学任教,现为北京大学社会学人类学研究所、社会学系教授,博士生导师。中国民族学人类学研究会副会长、中国社会学会常务理事、中国民族学会副会长、中国人类学会副会长。主要研究方向:民族问题、教育问题、人口迁移与城市化等,长期开设"民族社会学"、"人口迁移与城市化"、"人口社会学"等课程。

独立完成的学术著作有《西藏的人口与社会》(同心出版社1996年版,获教育部第二届社会科学优秀成果一等奖)、《民族与社会发展》(民族出版社2001年版)、《社会学的应用研究》(华夏出版社2002年版)、《民族社会学》(北大出版社2004年版)、《民族社会学导论》(北大出版社2006年版)。另参与主编著作与文集有十余部。

非常高兴有这样一个机会和大家谈谈最近我对民族问题的一些想法。这次社会学文化节的主题是"逆水行舟",之前系学生会的同学跟我商量,说我们现在最关心的问题是金融危机和金融风暴。那个题目确实很重要,也有很多老师做过很多研究。但这些年来我自己考虑最多的问题,是关心国家安危、民族关系和社会稳定。我们社会学者是应当有人文关怀精神的。

今天我来问大家一个问题,在21世纪中国可能出现的最严重的问题和最大的危险是什么?从我本人的观点看,不是金融危机,也不是就业困难,尽管今年有615万大学毕业生要就业,沿海地区由于海外订单减少,大量农民工要返乡;更不是股市的起伏,牛市之后的熊市。这些都不是最最重要的,因为任何一个团结的民族国家都能从暂时的危机和困难中站起来重新出发。我认为,这个世纪中国有可能面临的真正最危险的问题,是由于民族分裂所带来的国家解体。

这些年来我对中国的民族问题深有感受。20世纪六七十年代,我在内蒙古牧区插队,当了5年牧民。80年代我在美国读博士学位时,为了给论文收集数据我又到内蒙古调查。1987年我到北大任教后,先后在西藏、新疆、青海、甘肃、内蒙古等地做过大量实地调查。通过这几十年在民族地区生活和从事研究的经历,我在民族问题方面的感受是比较深的。应当说现在国内综合性大学的老师和学生们一般是不大关心民族问题的,好像这应当是民族院校的事情。现在中国教育部的学科划分把民族学(民族问题)划分到民族学院中去了,所以目前中国几乎没有哪个综合大学会关注民族问题的研究。

据我了解,我国的民族理论和很多相关政策都没有向广大的汉族群众普及和宣讲,好像这些理论和政策只是专门讲给少数民族的干部与少数民族民众听的。其实这是一个很大的误区,也是一个很大的偏差。共和国成立快60周年了,这60年我们经历了很明显的代际更替。现在新疆、西藏、内蒙古的民众已经不是50年代的民众了。那个时候刚刚进行土地改革,农奴解放,所有的高利贷和卖身契被烧掉,各族民众从心里感激共产党、感激毛主席、感激人民政府。现在的大多数少数民族群众是60年代以后出生的,他们对"文革"极左路线的错误可能还有些印象,更早发生的事情对他们没有影响,他们在感情上已经没有像父辈那种对党和政府的感激之情了。

我们今天的干部也不是50年代那个时候的干部了。想想50年代初期进疆工作的干部和战士们,他们大多是从战火的考验中走出来的,那个时代的干部战士都有着全心全意为人民服务的精神,他们艰苦奋斗、深入民众，他们对党的群众政策、宗教政策的理解和把握都达到了很高的水平，所以赢得了各族民众的拥护和信任。再看看我们今天的干部，虽然绝大多数是好的，但是在政府的高级干部中也出现了陈良宇和成克杰这样腐化渎职的干部，让我们目瞪口呆。今天各地发生的一些群体性事件，应当与某些干部的素质有关。干部素质低，脱离群众，没有处理问题的能力，动不动就调动武警，这就会把本来很小的事情给搞成几千人上万人的大型群体性事件。我们现在的问题就是：我们今天面对的少数民族群众已经出现了代际更替，而各地政府的基层干部包括我们的某些领导，也不能跟50年代打江山的那一批领导人相比了。这样的代际更替就使我们今天面临的民族问题跟以前的情况很不一样。

另外，我们看到苏联的解体，看到南斯拉夫的解体，看到捷克斯洛伐克的解体，还有苏联解体后在其领土上出现的进一步的民族分裂问题如车臣问题。这些都需要21世纪每一个中国公民，包括汉族、回族、蒙古族、维吾尔族等对民族分裂问题给予特殊的关注。今天，任何与民族有关的问题都值得我们去思考，所以我结合自己这些年来的思考、阅读和调查，写了一篇文章，题目就是"当前中国民族问题的症结与出路"，这篇文章已发在《领导者》杂志今年第一期上，可能已经有些人在网上看到了。我今天就把这篇文章的主要内容跟大家做一个介绍，希望能跟大家做一些讨论和交流。我必须说明的是，我的观点仅仅是一家之见，只代表我在这些问题上的一些个人思考，对与不对可以由大家来讨论和批评，而且最后的结论是要由未来的实践来检验的。现在下结论说我的观点是对的或错的都不算数。十年二十年之后，根据社会的实践，我们再来检验，那才算数。

第一，我觉得长期以来我们汉族聚居区的民众，包括大城市和沿海地区，很多人其实并不关心民族问题，也不了解民族问题，但是去年的情况很特别。去年的"3·14"拉萨地区打砸抢烧事件的所有场面通过电视屏幕向全国播放，让全国人民都看到了几千人聚在一起的街头暴力。过去也发生过一些事，但是大家都没有感性认识，也许只是听说那里烧了两个房子和死了两个人，而去年是把现场的录像直接放在电视上公开了，这就使大家很受震撼。去年我们都很关心奥运火炬传递，也收看境外火炬传递的新闻录像。其实有很多场面没有在国内电视上播放，不仅仅是金晶在法国被人冲撞的镜头。其实火炬传递遇到的暴力在英国和美国一点也不比在法国遇到的弱。但是播放的这些场面就已经给我们很多汉族同胞带来很大的震撼——哦,原来我们中国有这么严重的民族问题,西藏分裂活动能够闹出这么大的事件。那么这些都是怎么一回事呢?党和政府一直都在倡导民族平等与民族团结,怎么建国快60年了还会出现这样的场面?后来在新疆的喀什也发生了恐怖分子袭击军队的事件。在甘南和青海也发生袭击政府机构的事件。所以现在很多人意识到中国也存在民族分裂问题,中国也是恐怖主义袭击的对象,去年北京奥运会的安保工作就非常严密,无论是外国来的还是国内的旅游实际上都受到很大限制。为什么呢?怕出事。为什么怕出事呢?因为很可能会出事。所以,中国的民族问题发展到今天,已经成为中央政府和全体国民必须要密切关注的大问题了。

最近,中、法两国发布了一个联合公报,法国明确拒绝接受任何形式的藏独活动。中、法两国的最高首脑会晤并开始讨论两国未来的战略伙伴关系。由于前段时间的外交努力,我们使萨科齐认识到西藏问题是我们中国的核心利益,在这点上中央政府是不会让步的。经历了这样的事后,我想大家就会更关注西藏问题。

那么,现在大家就会想,建国快60年了,中央政府天天谈民族政策,我们又设置了这么多学科来研究民族问题,有许多所民族学院、民族研究所,有这么多大学教授们在研究民族问题,那么这些年他们都在研究什么?我们的国家民委、全国人大和政协的民族委员会委员们,他们都在研究什么?

建国以来,中央对民族区域投了大量的资金。大家知道,西藏自治区人口是多少?2007年是273万人,这一年中央政府对西藏的财政补助是多少?280个亿。这是多大的投入!我国的农民每年的人均纯收入只有4千多元,中央对西藏的人均资金投入顶一个半农民的年收入。但是既然中央财政有这么大的投入,为什么还是有人不满意?还会出现拉萨街头打砸抢烧的场面?这是为什么呢?我想,我们应当思考的问题是:我们在民族方面的某些理论、制度和政策是不是有一些问题?

任何社会事件,在我们社会学研究者看来,都不会是偶然的事件,它之所以会发生,一定有它的道理。而且社会事件有许多是可重复的,如果不找出根源来解决问题,情况就可能会不断恶化。从这些年来我们在新疆的调查感受来看,我的感觉是情况在恶化。大家都觉得内蒙古的蒙古族没有分裂的问题。2007年我在内蒙古大学讲课的时候,有一个年轻教师在提问时说,他从来都只知道自己是蒙古族,他从来都不承认有什么"中华民族"。我那次讲座的主要观点是现在我们需要加强中华民族的民族意识,要淡化各个民族的"民族意识"。这位蒙古族教师是明确不同意我的观点的。所以我觉得现在中国出现的民族关系问题,并不是一个民间基层社会中的问题,而很可能是我们的民族理论出了问题,到底什么是"民族"?在今天以"民族国家"为单位的国际秩序中,我们应当在理论和实践中强调的是"中华民族"的整体利益还是各个"民族"的利益?所以我觉得应当找一找中国民族关系之所以会出现问题的真正症结究竟在哪里?当然在各族民众的社会交往中会出现各类矛盾,观点不同,存在利益和文化冲突,在学校里如何实行双语教育等等,现实社会中存在很多与民族相关的问题,但是这一切背后的根源是什么?我觉得只有找到问题的根源,我们才能找到解决问题、改善现状的出路。

所以我这篇文章是从分析最简单的概念"民族"说起,结合中国现阶段的民族现象所出现的一系列历史和现实的问题,特别是针对21世纪中国的民族问题,提出一些试探性努力的方向。

既然我们谈的是民族,那么"民族"这个词是从哪里来的呢?《中国大百科全书》对汉语"民族"一词的解释是:"在中国的古籍里经常使用'族'这个字,也经常使用民、人、种、部、类,以及民人、民种、民群、部人、族类等字。但是,'民'和'族'组合为一个词则是后来的事。1903年中国近代资产阶级学者梁启超把瑞士—德国的政治理论家、法学家布伦奇利的民族概念介绍到中国来以后,民族一词就在中国普遍使用起来,其含义常与种族、国家相混淆,这与西欧的民族概念的影响有密切关系"。以上是很多学者讨论后的结论,我自己也做过一些文献探讨,在《左传》等先秦文献中出现过二百六七十个"族"字。但大部分是指家族,和民族无关。又有人说,在一八九几年时有些中国留日学者开始使用这个词,并传播到国内。对于"民族"一词是如何传播到国内并被应用于"中华民族"、"蒙古民族"等具体群体的,这个问题还需要仔细考证。现在大部分学者都同意汉语民族这个词与英文中nation同义,而且这个具有现代政治意

义的词在中国是在 19 世纪末或 20 世纪初才出现的。

我们把现代的政治实体叫做"民族国家"（nation state）。那么，什么是现代意义的"民族"？我们先说说 nation 一词在欧洲的使用，因为最早具有近代政治意义的"民族"一词是在欧洲出现的。中世纪以后，欧洲出现了三大运动：一个是文艺复兴，一个是宗教改革，还有一个是启蒙运动。起源于意大利的文艺复兴强调的是人性，米开朗基罗的画像、达·芬奇的画都突出了人性，用人的形体和精神来表现神，这样就把人提升到了新的高度。后来发生在德国的宗教改革，以马丁·路德和加尔文教派为首的宗教改革实际上把民众从教会的束缚中解脱出来。过去的教会对信众的权威很大，每一个信徒与教堂、神甫之间存在一种人身依附关系。当时教会实行政教合一的体制，经济上征收十一税，在教育和司法方面具有垄断地位。但宗教改革者告诉每一个教徒，只要他们心里信仰上帝，遵循《圣经》的指导，就是一个好教徒，就能上天堂，而不必依赖教会和神甫。而且当时的教士们也很腐败，读过《十日谈》的同学就知道当时教会的腐败。宗教改革使教徒摆脱了教会的控制。再后来是发生在法国的启蒙运动。我们读卢梭的《社会契约论》和《论人类不平等的起源》，其中提倡的民主、自由与平等思想，反对封建专制和王权，这都是具有现代政治意义的。可以说这三个运动前呼后应地为欧洲资本主义经济的发展和共和制度的建立奠定了基础，也为社会变革做了必要的思想和舆论准备。

随着资本主义在西欧的兴起，法国当时的第三等级不满贵族的专制，他们在工场手工业向资本主义发展的过程中渴望能有更多的发言权，能在国家政治格局中有一席之地。第三等级和市民阶级都希望建立一个新的国家体制。因为欧洲过去是贵族世袭领地制，而在这样一种世袭领地制下，劳动力是被束缚在领地庄园中的，劳动力、生产资料、资金、产品的流动方面都受到限制，跨越领地边界就要给贵族领主纳税，不利于商品经济的发展。第三等级要想实现生产要素的自由流动就必须打破原有的领地格局，推翻封建王权体制。由此，这些从手工业者和商人中成长起来的第三等级代表人物为了寻找能够替代封建体制的新的政治实体，提出了 nation 的概念，并努力论证其合法性，说我们应当建立一个 nation，并以一种新的认同基础来构建新的国家，"我们不是你贵族领地的属民，我是这个国家的公民"。他们以语言、宗教等作为认同基础来构建"民族"，然后参照了原有国家领土和属民边界的传统,以"民族"为基础建立新的政治实体掌握行政权力,这就是"民族国家",nation state,一个在地理上以"民族"为单元,体现了共和精神的新的政治实体。这就是18世纪起源于欧洲的民族主义运动。人们先有了一个"民族"的想象,然后在民众中鼓励建立大家对这个"民族"的认同,发动"民族主义运动",这一运动最后的目标就是建立一个以"民族"为基础的国家,建立 nation state。

英国一个非常著名的研究民族主义的学者,叫安东尼·史密斯,他在 *National Identity* 这本书中讨论了"民族"概念。他指出在西欧的发展进程中出现的一种"市民民族模式",这与后来的一系列民族主义运动联系在一起,这种模式的"民族"有四个基本的构成要素:基于历史上形成的领土、法律、共同体成员即公民在政治上的共同权利,共享某种文化和意识形态。当时另外两位著名学者有这样两段话,可以把当时的民族问题说清楚。凯杜里指出:"民族主义认为人类自然地分成不同的民族,这些不同的民族是而且必须是政治组织的严格单位。……除非每个民族国家都有自己的国家,享有独立存在的地位,否则人类不会拥有任何美好的处境。"他说:"各民族是由上帝所安排的相互分离的自然实体,因此最佳的政治安排的获得是当每一个民族形成了独立的国家的时候。"换句话说,一个民族应当建立一个国家。另外,盖尔纳指出,"民族主义首先是一条政治原则。它认为政治的和民族的单元应该是一致的。……民族主义是一种关于政治合法性的理论,它要求族裔的疆界不得跨越政治的疆界。"

人们难免会追问,在当时的欧洲,法兰西、德意志、意大利这些"民族国家"是怎么形成的?这些群体怎么就成为一个民族?大家看《牛虻》就会知道,当时意大利的北部是奥匈帝国的领土,南部那不勒斯国王在近代有好几个是法国人,那怎么就会出现一个意大利民族?这是当时的烧炭党人的政治理想,通过民众对"意大利"的认同和对奥地利军队的反抗,最后成立了一个意大利国家,统一了语言,完成了"意大利民族"的构建。大家如果看过雨果的《九三年》,就知道当时在布列塔尼的民众是与英国人结盟反对巴黎政府的。大家如果看《圣女贞德》就会知道那时候法国西部曾长期是英国管辖的领土。那么这个"法兰西"民族国家的领土边界是怎么构建的?为什么包括科西嘉,而没有包括撒丁岛?为什么西部、南部的领土边界是像今天这样划分?

所以,我们可以说"民族"及其人口和领土的边界是各国民族主义运动中提出的一种构建。具体的得到邻国承认的边界划定,是多方面军事斗争和政治妥协的结果。我们从历史事件的梳理中就可以理解民族边界的最终划分,可以理解为什么在边界线划分之后还存在许多问题。例如一个族群可能被边界分割在两个国家,对两边的同一民族的共性和差异应当如何认识和理解。如果我们能够认识到现实边界与历史沿革之间的矛盾,就会有助于我们重新认识世界上存在的许多民族和边境冲突,例如巴以领土冲突。

如果每个国家都要把自己历史上曾经占领国土最远的边界划出来的话,那么各国对自己"想象的"历史领土之间肯定有许多的重合部分!蒙古人也许会说:我们的边界在莫斯科,在历史上那里曾经是我们的属地。那俄罗斯人会怎么想呢?今天的国界到底怎么划分才具有合法性呢?其实被大多数人所最终接受的民族国家的边界划分必然具有想象与建构的成分。美国学者安德森写的一本书叫《想象的共同体》,它描写印度尼西亚在荷兰殖民政府的引导之下是怎么由一个千岛之国变成一个国家的,各岛上不同的部落最后在殖民地政府统治时期逐渐建立起了对这个殖民地疆域的共同认同。另外说到印度,印度成为一个"民族",建立起这样的认同是由英国殖民政府建构出来的。在历史上印度次大陆从来没有统一过,次大陆的政治整合工作是谁完成的呢,是英国殖民政府。

欧洲学术界一般把1648年《威斯特伐利亚合约》的签订看作是民族国家开始的标志。从此民族国家在国际法当中成为一个主权单元。这种新兴的民族国家形式在西欧出现之后迅速刺激了本国商业、制造业和科学技术的发展。第一个带有公民性质的现代民族国家是荷兰。荷兰从西班牙那里独立出来后,曾经想从英国那里请来一个君主,后来发现还是要靠自己。这些国家在改变了政治制度后,生产力得到了迅速的发展。经济发展,军事发展,并且很快成为殖民大国,综合国力尤其是军事力量不断增强,成为欧洲舞台上的主宰,对外扩张,开拓殖民地。因此我们看到,西欧民族国家形成的历史也是推动资本主义发展并蜕变为殖民主义、帝国主义的历史。

在这之后,西欧已经完成了民族国家的建构,这些新兴工业化国家就开始向外扩张了。那其他地区的人民怎么办？比如说非洲在很短一个时期内就被殖民者们瓜分完了。非洲原来有许多部落，也有自己的首领。但他们的生产力和军事力量与西欧国家相比差距太大，非洲人的命运完全被西欧各国所主宰。西欧同时也在向东欧扩展，东欧的传统封建制国家像匈牙利、保加利亚、土耳其奥斯曼帝国怎么办？这些国家为了和西欧国家打交道，也开始按照《威斯特伐利亚合约》的模式来调整自己的国家体制，转变为"准民族国家"。这些邻近西欧的国家虽然国内的资本主义要素尚未发展起来，受启蒙运动的影响相对较小，民众中并没有现代民族主义思潮，但为了与西欧各国抗衡，这些国家也不得不竞相效仿。

随着西欧国家不断向世界各地扩展，世界各地的国家，包括当时的清帝国，也不得不学习这种现代民族国家的政治形式。中国传统上看待周边族群的思路是一种"天下体制"，皇帝是"天子"，奉天承运统治天下万民，中原地区是文化核心，周边其他民族都是需要"教化"的蛮夷。英国使节来中国一般不准来北京，见了皇帝还要三跪九叩。可是后来爆发鸦片战争，打不过洋人就不得不接受洋人的规矩。由此我们看到在当时的地球上形成了以西欧新兴民族国家为主导的世界政治格局。此后在其他地区形成的民族国家，无论是20世纪前、中还是后期都大致仿照了西欧的模式，选举产生国家元首，设立议会（代表大会）。帝国主义把世界上过去各种不同形式的政治实体都推动向现代意义上的"民族国家"的方向演进。

随着帝国主义国家的扩张，从欧洲到非洲、亚洲，再到澳洲和美洲，各地原有的许多国家都被打败了，也包括中国。在战败割地赔款后，各国都开始了各种学习西方的运动，在日本是明治维新，在中国是洋务运动。这样在全世界就建立了一种新的政治认同文化，是参照西方的民族观念与历史文化而建立的国家认同概念，新国家的全体成员都逐步接受并认同新的"民族国家"。过去部族国家体制中臣民对贵族皇帝的忠诚，与现代民族国家公民对国家的忠诚是完全不一样的。在传统的清朝体制中，满和蒙古的首领是该部落全体成员都遵从的权威，这些部落首领又对皇帝表示效忠。而一旦首领叛变了皇帝，整个部落就随之叛变。这是一个多层的效忠体系，每一层的部众只效忠本层的首领，下层首领效忠上层首领，最高的首领则是皇帝。整个结构就是这样一点一层串构而成的。然而,现代民族国家的忠诚是每一个公民效忠于民族国家与宪法,而不是效忠各级政府官员,官员和总统是变化的,甚至国家政体也是可以通过修订宪法而变化的。这是与过去的传统完全不同的效忠体制。被西欧打败的东欧国家发生了这样的体制转变,由移民建立的国家像美国等是这样的,还有一些由原先殖民地独立起来的国家像印度尼西亚和印度也是这样的。由此,西欧国家通过枪炮和殖民统治将这种模式变成了一种世界秩序。

所以安东尼·史密斯总结出第二种"民族"模式,把它叫做"族群的民族国家模式"。这种民族国家只是很被动地在形式上模仿西欧国家,在民众和精英集团中还没有出现真正的现代政治意识,所以他们不从领土和法律上来构建"认同",而是依照传统的血统和语言等来构建"认同"的基础,强调血缘谱系,强调语言和宗教。实际上一些在形式上现代化了的民族国家在本质上仍十分传统,特别强调本土的祖先血缘和文化传统,对共同祖先、语言、宗教等的认同超过对宪法和法律的认同。而在美国,宪法是最重要最神圣的,只要违宪,那就是最严重的问题。

那么,当西欧的殖民者来到非洲、亚洲,他们将如何对待那些原有的多部族帝国?比如说沙皇俄国和大清帝国。这些帝国的发展前景存在两种可能性。一种是转变成为一个多族群的民族国家,把所有的帝国臣民认同为一个现代的"民族",把原来国家的国界变成一个现代民族国家的国界实线,把原来这些传统部族转变为现代国家中的"族群",就像美国的黑人和华人。另一个前景就是使每一个部落变成有实体形式但没有实质权力的"民族",同时使用真正的强力把它们仍然集合在一个总的权威之下,这就是列宁和斯大林建立的苏联。各部落都被识别为"民族",建立了"自治共和国"和"加盟共和国",也有各自的"国界",但是都没有实质权威和权力,党的组织、行政机构、军队和秘密警察都由一个苏联政府统一掌握。

但是这些形式上的"实体"并不是完全无用,一旦最高权威体系弱化时,这些"民族"就会起来争取真正独立的权力。所以当戈尔巴乔夫改革使维系联盟的各种纽带破裂后,各"加盟共和国"就得到机会成为独立国家。

我们现在来分析美国,美国的人口中有很多不同的种族、族群和宗教,但这些群体只被视为文化群体,体质、语言、宗教、祖先的差异在美国并不具备政治意义,并不构成各自不同的"民族"(nation),每个人最重要的身份是美国公民。再比如说印度,在英国殖民者离开的时候,新独立政府的领袖尼赫鲁也面临一个选择,因为印度也有不同的种姓、族群和宗教、语言集团,各个地方都生活着不同的群体。尼赫鲁没有把这些群体识别为"民族",而是强调全体印度人是一个"民族",他建立了一个"印度民族"(Indian Nation)。而这个认同的基础正是英国人统治时构建和促成的,英国殖民政府在印度次大陆各地推动了很好的政治整合。

所以,多部族的传统国家在面临西方工业化国家的冲击时是有多种选择和前景的。我们再回过头来说沙皇俄国,它是由许多被征服的部族组成的。在它崩溃前的200多年里,沙俄的领土和人口曾有几十倍的增长,很多领土都是通过战争或强权占领或割让的。通过大家熟悉的《瑷珲条约》、《北京条约》沙俄侵占了我们中国大量的领土。但与此同时沙俄为了巩固统治,重用了一些原先的部族首领,大多数地区的基层组织还保留了传统的封建部族体制,没有推行现代民族国家的政治意识与组织形式。彼得大帝非常希望看到沙俄帝国的强大,非常希望把帝国的辖区都转变成现代民族国家的行政管理体制,因此沙俄统治者在这些被占领的领土上组建了很多行省,力图把这些征服的众多部族地区转变成现代民族国家的组成部分,通过设立行省进行管理来淡化下属各部族的民族意识,努力建立一个俄罗斯的民族国家。正是彼得大帝开始了对沙俄的"民族"构建过程。

在任何国家包括法国、意大利、德国、英国,任何现代民族国家的形成都要经历一个漫长的构建过程。而这种构建在沙皇俄国从彼得大帝就开始了。我们查阅从1840年到1900年沙皇俄国的行政区划图,再对比后来的苏联地图,可以看出现在乌克兰这块土地在沙皇俄国时期曾是9个行省,白俄罗斯在那时曾是5个行省。现在俄罗斯联邦的欧洲部分还有13个自治共和国,占了俄罗斯欧洲部分领土的三分之一。这些自治共和国的地区在沙俄时代都多年是行省建制,不存在民族自治区的问题。这些行政区划图说明什么问题呢?那就是当年的沙皇俄国努力使这些地区融进一个统一的系统,努力建成一个民族国家。但这个进程在后来的十月革命中断了。在十月革命前,俄国的布尔什维克党为了推翻腐朽的沙俄统治采取了一个策略,那就是把沙俄统治下的各部族都叫做"民族",

并且鼓励它们为独立而战,因为这样就会使沙俄的兵力分散和消耗,可以加速沙皇俄国的分崩离析,有利于俄国工人阶级的武装夺权。

在十月革命取得胜利后,布尔什维克党为了履行当年的承诺就进行了一个"民族识别"运动,在俄国识别出了一百多个"民族",随后为这些"民族"都设立了自治区域,制定了一系列对民族实行特殊优惠的政策。这样一来,就使沙皇俄国时期的传统部族加重了它们的政治意识,使它们具有特殊的政治身份,并把它们引导成了现代的"民族"。1922年正式组建的苏维埃社会主义共和国联盟包括了俄罗斯联邦、15个加盟共和国、20个自治共和国、8个自治州、10个自治区和128个边疆区域。每一个单元都以民族来命名。而世界上其他地区的联邦制国家像美国、加拿大,它们的联邦并不是以民族来划分和命名的,因此可以说列宁和斯大林开创了以民族划分行政区和以民族命名的联邦制模式。

我们再来看看中国。殖民主义入侵之前中国也是多部族聚居的传统帝国,并不存在西方的"民族"(Nation)概念。但是从鸦片战争开始,中国周边的许多地区被帝国主义国家侵占。一些传教士来到中国少数民族地区并积极鼓吹边疆部族独立,他们把这些原来有某种独立性的传统部落都叫做"民族",把满、蒙古、藏都称作是"民族"。传教士们还向他们灌输民族主义理论,说汉人是一个"民族",他们有自己的语言、宗教和自我治理的历史,也都属于"民族",可以争取独立建国。

应当说"汉族"、"少数民族"这些概念也是19世纪末才出现在中国的,以前根本没有这些称谓和概念。清朝有"旗人",旗人里面有汉军旗。清军入关的时候,真正满族的八旗,只有八九万人,蒙古旗也有八九万人,汉军旗则多达24万人。所以当时没有严格的汉族、满族的区分。这些都是后来西方人灌输的,目的就是为了鼓励少数民族脱离中国,列强瓜分中国。当时英国希望西藏独立,法国认为云南应该独立,日本非常希望分裂中国,希望东北、蒙古独立并依附于日本帝国。当时的清政府也意识到了要加强民族整合的紧迫性,一改从前限制汉人出山海关的政策,开始实行"移民实边"的新政策,后来出现的闯关东、走西口现象才改变了中国北方边境地区的人口密度。所以在清朝后期,清统治者不自觉地也开始了"民族"构建过程,开始强调"满汉一家共同抵御外族"。另外一方面,清政府积极进行边疆地区的治理与整合,云贵川边区的"改土归流"、西藏的"新政"、新疆设行省等一系列政策相继出台,希望参照西欧模式建立新式国家,防止国家分裂。

同时朝廷开办洋务,对外派遣留学生,西方的民族主义思想也由此传入中国,影响了中国知识界。20世纪初,梁启超等就开始讨论什么是"中华民族",谈到了"大民族主义"(即中华民族)与"小民族主义"(汉满蒙回藏等),谈到了"国族"的概念。另外在30年代中国出版了三本民族史,希望通过对民族历史的解读把中华民族整合起来。这些都反映了西欧的"民族"思想对中国的影响以及有志之士借以寻找中华民族出路的艰辛探索。

1911年中华民国建立,提倡五族共和。孙中山最早提出的"驱除鞑虏"是站在汉人立场上的民族主义,因为兴中会是在美国檀香山成立的,孙中山领导的革命党的背后有欧美人和日本人,在经济等方面都受到他们的支持与领事保护。而实际上,这些国家的政客当然不会为中国的利益考虑,他们鼓励汉人的排满革命,是为了削弱清朝、加速清朝的崩溃与分裂。后来在新的革命形势发展下,孙中山放弃了兴中会最初的誓词,改"驱除鞑虏"为"五族共和",他在《三民主义》第一讲中明确说"中国人的民族主义就是国族主义",中华民族才是"民族"(Nation)。而那些外国侵略者是别有用心地一直在发表分裂中国的言论。他们鼓动外蒙古和西藏独立就是例子。

在抗日战争时期,著名学者顾颉刚曾撰文《中华民族是一个》,希望把"中华民族"从用词概念上统一起来。费孝通先生1938年从英国回来在云南大学任教,他学的专业是人类学。人类学关注体质、语言、文化、习俗差异,根据这些差异把人类群体分为不同的"民族"来进行研究。费先生从这些特征差异来观察中国各族群,认为从人类学的角度看应当承认这些群体都是"民族",因此他写了一篇文章反驳顾颉刚,说"不对,中国有很多民族"。而顾颉刚又写文章反驳费孝通。后来费孝通就不再参加这一讨论了。后在1993年顾先生百年诞辰的时候,费先生在讲话时说,他后来意识到顾先生当时是为了怕民族分裂才这么提倡的,他是从民族国家的利益出发的,所以我后来就不再跟他争了。作为一个历史学家,顾先生看到中国两千多年统一的历史,是从维护国家统一和民族利益出发的。而费先生则承袭了从西方学来的人类学理论。按照这些人类学理论，所有不发达国家的各个传统部族都可以被识别为"民族"，这对殖民主义去"解构"原来权威体系和西方国家的插足是十分有利的。两者的立足点不同，产生的观点也就不同。

中国共产党自成立之时起就接受了苏联斯大林的民族理论，认为满蒙回藏各"民族"可以先独立，再与汉族工人阶级国家结成联盟。可是后来抗日战争的延安时期，党中央看到了内蒙古、西藏、新疆都存在民族分裂的危险，背后都有外国势力的黑手，于是发现如果实行联邦制，中国会四分五裂。再后来党中央就再也不提联邦制了，改提民族区域自治，这是一个不断摸索的过程。

但在民族理论和许多制度和政策方面，新中国还是学习了苏联模式。一方面因为当时的苏联确实有权威，建成了工业化强国，打败了法西斯德国和日本，另一方面当时如果不学习苏联，共产党领导的新中国没有其他榜样可学。那时在许多方面，包括政府结构、军队制服和大学的院系设置方面，我们都学习了苏联模式。苏联在30年代的民族识别中识别出来了190多个民族，到现在还剩100多个，现在最小的民族有多少人呢？好像只有8个人。在识别出不同的"民族"之后还给每个人的身份证上注明"民族成分"。在世界各国当中，在户口或身份证明中标出"民族身份"的第一个国家应当是苏联，第二个是南斯拉夫，第三个恐怕就是中国了。在苏联，乌克兰人与俄罗斯人结婚后，孩子出生时要由父母进行民族身份登记，如果想改成另外一方，16岁以后可以申请改。在这方面的管理方法我们也是学苏联，只不过在中国族际通婚夫妇的子女，要想改出生时填写的"民族成分"要在18岁以后。中国在50年代也进行了"民族识别"，先后识别出56个"民族"，然后在每个人的身份证上写清楚"民族身份"，为各民族建立了大小不等的民族自治区域。全国少数民族自治地方占国土面积的64%。当时只要少数民族人口达到一个县总人口的百分之十几，就可以把这个县建成这个民族的自治县。

由于政府制定了一系列以少数民族为对象的优惠政策，于是老百姓就纷纷改民族成分，因为可以享受这些优惠政策。比如说计划生育现在农民还是靠"养儿防老"，如果是汉族，计划生育管得很严，少数民族就可以多生孩子。另外上大学方面，对少数民族考生在高考中加分。此外，地方政府也愿意改为自治县，因为国家每年给一定的财政补助，税收方面也有优惠政策。因此我们发现有些民族的人口几年内翻了几番。在1982年到1990年的八年期间,满族和土家族的人口都翻了一番。同时我们民族政策执行的结果,有时是不利于民族团结的。有人告诉我,在云南边疆地区发生了一次泥石流后,村中许多家的房子都冲倒了,村民中有布朗族、彝族,还有汉族。民政部门发救济时,不同民族的标准不同,据说"人口较少民族"布朗族补贴最高,彝族次之,汉族最低,可这些村民受灾情况都是一样的,这就导致部分村民的不满和民族隔阂。在一些城镇,少数民族学生和汉族学生从小是一起读书和成长的,但是在高考竞争时给少数民族考生加分,高考加分的优惠政策也容易造成一些人感到"不公平"。所有这些政策无形中都在催生和加强民众中的"民族意识",而不是中华民族的国民意识。

我们在民族理论方面一直宣讲马列主义民族思想,讲斯大林的"民族定义"(共同语言、共同地域、共同经济生活、表现于共同文化上的共同心理素质),讲列宁的"论民族自决权",讲"共同的地域"即民族自治区,讲每个民族都有独立建国的自决权利。这些理论会导致全国人民把"民族"这个概念定位在哪里呢,是定位在56个"民族"还是"中华民族"?这一系列制度和政策,导致了我们各个民族人口边界的清晰化,每个人属于哪个"民族"一清二楚,同时也加强了各民族的领土意识,明确了哪里是我们民族的"自治区"。各项优惠政策也导致少数民族民众的本民族意识不断增强。这导致许多后果。

其一,就是少数民族自治地方不欢迎来自其他地区的他族民众。他们说"这是我们的地方,汉人不应该来"。其二,少数民族的语言文字需要保护和发展,这是没有错的,是宪法规定的,但是有的人对学习汉语有排斥情绪,这其实对本族学生毕业后的就业是很不利的。其三,是发展本民族经济,在一个多族群地区,各族劳动力会相互共同嵌入地区经济系统,我们最多可以讲区域经济,但是怎么讲"某族经济"?像许多华人在美国开饭馆,你能称之为"华人经济"吗?其实它就是美国经济的一个有机组成部分。最后,就是极力通过宗教和历史教育来构建各民族的民族意识。我们前面讲过,任何"民族"都是一个历史构建的过程。有些少数民族的知识分子担心民族消亡,向本族民众宣传民族意识,其实很多普通民众在生活工作中并没有清楚的"民族"意识,要是有人总给他讲,就会启发他们的民族意识。中央民族大学有一个调查表明大四的同学比起大一的同学来,民族意识就有很大的强化。我在少数民族地区进行调查的时候,发现那些维族、蒙古族、藏族民众都非常好,待人很热情,没有什么问题,他们平时根本不考虑"民族"的问题。你尊重他,他就对你很热情。语言的差异也不是大事,我不会广东话,我和广东人交谈有语言障碍,并不会导致"民族"问题。我从自己多年在少数民族地区生活和调查的经历中看,我们的现在的民族问题不是由于什么别的原因,就是我们的民族理论的问题,我们的民族教育的问题,不是老百姓思想中本来存在的问题。我们中华民族的凝聚力,比起建国的50年代,我认为是淡化了而不是加强了。以满族为例,在建国时满族没有很强的民族意识,而现在去看满族的网站,可以看到民族情绪很强的言论。

再回到我们这次讲座的题目,当前中国民族问题的症结,就是建国后我们继承了斯大林的民族理论和苏联的民族制度和民族政策,这使得清末和民国时期开启的把中国建成一个"民族国家"的构建过程没有完成就中断了,最后把中国建设成了一个多民族的联合体,而不是一个现代的民族国家。关于这一点,我们可以看看印度的尼赫鲁。尼赫鲁从英国遗留下来的克什米尔问题中得到教训,他努力把印度建设成为一个"印度民族"(India Nation),而不是各民族的联合体,所以除了克什米尔外,印度没有太严重的民族分裂问题。中国现在建设成了一个多民族的联合体,这就使得先前并没有民族意识的民族精英开始有了强烈的民族意识,并萌发了潜在的独立愿望,这就是近年来我国出现民族分裂活动的意识形态的思想基础,也就是我说的症结所在。

我们当年学习了苏联的民族理论和民族实践,但是苏联存在70年就解体了。今年中华人民共和国也有60年了,我们今天的民族关系总体上还是比较和谐的。我们有两千多年的大一统历史,这点不同于苏联。另外我们许多地区的民族混居情况还是比较普遍的,这有助于相互了解。另外汉族的人口比例高达92%,在经济和科技方面比较领先,同时中央政府的民族优惠政策作用也培养了一批拥护中央政府的少数民族干部。在50年代,中央实行的土改使得少数民族民众十分感谢共产党。当时有许多素质很高的汉族干部,全心全意地为少数民族服务,得到少数民族民众的信任和好评。所以与苏联相比,中国的民族关系还是比较好的。但是形势在不断变化,有些发展趋势是我们不可掉以轻心的。

自改革开放以来,干部和民众中的理想和信念开始淡化,干部出现了代际更替,传统感情纽带的作用不断被减弱。一般来说,只要一个群体被本国、外国政府认为是一个"民族",被本民族的精英认为是一个"民族",那么无论是从西方的民族自决理论出发,还是根据马克思主义民族理论出发,我们都应该赋予每个民族民族自决的权利。因此每个被承认的"民族"都会萌生通过民族自决建立独立民族国家的愿望。即使现行的民族区域自治制度依然存在,民族意识的增强也会使他们要求高度的、真正的自治。改革开放后,来我国边疆少数民族地区旅游、访学的境外人员很多,其中一些人也是介绍"民族理论"和"民族自决权",成为催生民族分裂的一个外来媒介。我们要看到,藏独活动得到国外反华势力的支持是必然的,因为他们不希望看到中国的强大。

那么我们解决中国民族问题的出路在哪里呢? 我们看到在印度、美国都有许多不同的族群,但他们的"民族构建"是把所有的族群都凝聚在一起,共同组成一个"民族"(Nation),这就是"美利坚民族"(American nation)、"印度民族"(Indian nation)。美国和印度在多元文化的前提下还是尽量保留下来各少数族群的文化。在美国,纽约市就把中国的春节定为纽约市的法定节日并组织各种庆祝活动。但是在政治认同上,美国的华人必须自己首先是一个美国公民,要爱国! 在这些国家全体国民共同的最重要的认同对象是"民族"(Nation)而不是各自的"族群"(黑人、华人、印第安人等),强调的是宪法和公民权,而把种族、族群间的差异主要视为是文化差异,容许各族群保留各自的文化特征和宗教信仰。这种思路,我认为就是把族群问题文化化的做法,而不是强调各族的独特政治地位和政治权利。

出于这样的认识,我曾建议保留"中华民族"的概念,把"民族"的概念定位在"中华民族"这一层面上,并重新开始"中华民族"的民族构建。我们要以"中华民族"作为核心认同来建立一个全体中国人共同的民族国家。同时我建议把原有的56个"民族"改称"某某族群",例如不叫"蒙古民族",只提"蒙古族"。在这样一个概念框架下,我们就可以重新加强中华民族的民族意识,淡化各个民族的民族意识,这样才能加强各族群之间的认同,增强全体国民的凝聚力,以中华民族为单元,参与到激烈的国际竞争中。

当然这将是一个漫长的历史进程。我的观点发表后也受到了很多批评,我对此也十分理解。因为政府的民族理论和相关政策毕竟出台这么多年,已经形成了一些相关的利益群体。如果按照我的观点调整,有些既得利益者可能会感到自己的利益受到损害。但是我们必须为全体中国人的长远利益和根本利益考虑,不应顾虑自己的得失。今天的世界变化很快,国际竞争更加激烈。随着时代的变化,我们需要不断与时俱进,深入调查少数民族地区的具体情况,与世界其他地区的民族理论进行比较,努力推动理论创新,同时坚持以实践为检验标准,根据实践的客观效果来逐步调整中国今天的民族理论和政策。我们还是需要继续解放思想,坚持实事求是,坚持实践是检验真理的唯一标准。谢谢大家!

现场答问:

主持人:让大家以热烈掌声感谢马老师的精彩演讲。下面开始提问环节。

同学1:马老师您好!三年前听过您的讲座,虽然做了笔记,但后来淡忘了一些。我今天是来复习的。我想问我们的中央领导是不是也意识到了我们这么严重的民族问题,是不是也经常有人在他们的耳边提起,他们会不会也有这样的淡忘?那么,如果他们像您说的这么做,会有什么困难呢?

马戎:我想他们的头脑中大致应当还是清醒的。前几年有些人要求制定民族区域自治法的实施细则,要求明确各自治区的权利,实际上很多人是希望强化民族区域自治的,而且要把它变成打官司的工具。但是一旦具体的各项实施细则定下来,制度就更加僵化了。我觉得中央还是清醒的,所以中央政府一直没有做这个事情。只是我们原有的民族制度、民族理论已经存在很长时间了,有人说我的观点跟很多过去重要的领导人观点不同。我说我们还是要克服"两个凡是"的思路,这些领导人我是很尊重的,但他们也是人,他们也可能会犯错误。总之要修正现行的民族理论,牵扯的方面会比较多,牵扯到我觉历届的很多领导人的讲话。我现在之所以要讲这个,一个目的就是希望中央在这个方向上不要再往前走了。我感到有一种很强的势力在推动强化民族区域自治。还有,中央政府目前面临着许多很棘手的问题,民族问题目前可以先稳住不动,让学者们先讨论。

学生2:既然香港和澳门已经回归了中国,为什么去那里还要签证?为什么已经是中华民族了,却还要有这样的限制?

马戎:因为香港、澳门长期以来由英国人和葡萄牙人管治,这个过程很复杂。1949年的时候我们完全可以用武力解决,但是我们当时面临一个外交困境,就与英国商定保留一个窗口。后来香港的人数翻了几番,主要是大陆的逃亡人士,有非常强的反共情结。在这种情况下,我们无论从外交还是从民心上考虑都必须建立一个一国两制。这是小平同志的一个伟大发明。当一个事情一步做不到,我们就分开来做。而且现在的香港人已经有了更多的中国人的认同,这是一个缓慢的、渐进的过程。另外,你要是没有签证来管理和限制的话,那农民工可以随意就过去50万、100万人,香港社会怎么承受?这些都是实际问题。目前即使是这样管理,香港的民主派还跑到美国议会那里去告我们的状。我们有很多问题需要耐心去解决。

同学3:马老师,您好!按照学者王明珂的民族认同工具性的理论,比如说羌族在中华民族历史上就有一个认同汉族的汉化过程,但是解放后,因为他们可以得到一些政策上的优惠,从而他们又转化民族认同,强调他们是羌人。那么您在强调弱化地方民族意识,是不是含有一种倾向,是要取消他们的某些特权呢?

马戎:现在几乎是所有的汉人和少数民族身份的人结婚生的孩子都是少数民族。我觉得实际上不用考虑具体每个个人的情况,真正的平等是每一个公民之间的平等。我们不能歧视任何族群。其实,苏联的解体在很大程度上是因为叶利钦利用了俄罗斯的大民族主义来进行分裂活动。在解放之初,由于少数民族还聚族而居,当地社会经济还不够发达,这个时候给他们一些优惠政策是应该的。而现在,我觉得应该把对群体的优待变成对区域的优待,最后逐步过渡到对需要照顾的个体公民进行的照顾。美国对黑人个体的照顾,不是因为他是黑人,而是因为他有实际困难,确实需要照顾。这样他们能感知到这是这个国家在照顾你,才能增强国家认同。美国的种族问题在历史上非常严重,但今天奥巴马能以高票当选,就标志着今天大多数的美国白人基本淡化了民族歧视,这是一个伟大的进步!

电视广播产业链的变革

■卢增祥

[演讲者小传]

卢增祥,1999年毕业于清华大学自动化系,获博士学位。现任中华数字电视控股有限公司、永新视博数字电视技术有限公司董事局主席。永新视博成立于1998年,卢增祥先生是主要创始人之一,公司于2007年10月在美国纽约交易所成功上市。

主持人：

为了让大家更好地了解"第十届北京大学学生创业计划大赛"项目之一永新视博命题创意项目,我们今天请来了北京永新视博数字电视技术有限公司董事局主席卢增祥博士为我们做这个讲座,同时也作为这个项目招标活动的宣讲会。卢博士将带领我们大家了解这个项目,并和我们分享数字电视的过去、现状以及未来,大家欢迎。

卢增祥：

谢谢主持人的介绍。提起创业大赛,我感觉很亲切,因为永新视博从成立至今十年,就是从一个创业活动慢慢凝聚起人气,一点点发展起来的。并且我认为,选择创业方向重要的是兴趣,是否专业反而是次要的。我觉得我们今天所做的一件小事都可能会对大家未来的取向起到很重要的作用,所以我们公司也非常愿意积极参与创业大赛这样的活动,来为大家提供一个追逐梦想的舞台。我在数字电视行业工作,觉得它生机勃勃,机会无限,估计未来的五到十年,也就是在座的大家走上工作岗位的时候,这个行业还会发生巨大的变化,带来更巨大的商机。我想大家不妨在学校期间有一定的实践和关注,这对大家今后也会很有帮助。因此,今天就由我给大家介绍一下整个数字电视行业的状况,以及它面临的变化。

电视广播大家都非常熟悉,我这里有几个数字能说明电视在中国的状况:中国拥有世界上最大的电视网,有12亿电视观众,电视机保有量4亿台。这两个数字都是世界第一。电视网有不同的存在形式——通过中国卫星转播到千家万户;通过天线接收无线广播,比如农村;或者通过有线网络收看电视,比如城镇。在中国大概一共有3亿户接入到电视网中,其中城镇1.43亿户;并且总的数字正以1000万户每年的速度增长。有线电视网络是在三十年前改革开放的时候发展起来的,现在中国的有线电视网已经达到300万公里,覆盖了所有主要城镇,大概是2280多个县级以上城市都建立了有线电视网。近几年有线电视开始向数字电视转化。至2007年底,全国已有2700多万户进行了数字化改造。另外一个有意思的现象是,中国人均每天看电视的时间达3个小时,而且中国家庭居住客厅布局的核心总是电视,再围绕着电视布置沙发、椅子。这一最基本的布局,已经成为中国家庭的标准配置,这也说明电视在中国的家庭中占有非常核心的地位——它是信息的来源、娱乐的工具,也是全家和睦的中心点。在这样一个几乎是国民性的习惯作用下,广播电视在中国就居于信息传播和娱乐的控制性地位。

近些年来,科学技术发生了翻天覆地的变化。自从十年前有了互联网和手机之后,已经拥有六七十年传统的电视行业的整体播放网络受到了挑战。这些挑战来自于新型的数字电视,还有广泛传播的网络视频,包括移动媒体、电信IPTV等。在电视行业中,行业内随着中国政治和经济的走势,也在不断进行变革。中国电视传媒业已经开始从原本非常严格的宣传工具转向产业化,并越来越多地向社会开放,一些外资、民营企业逐渐进入到这个行业。可以说,中国的电视行业近十年来一直在酝酿着一场产业革命。在收益方面,过去电视业发展的目标是普遍覆盖,现在慢慢开始个性化,收益来源从过去的单层管道形式向多元化发展;在技术方面,过去的电视都是采用模拟传输技术,现在已经在向数字化过渡;在内容上,过去的电视是单纯广播的形式,播什么看什么,但是现在,就像一些选秀赛事,大众对节目的参与和互动程度越来越高。以上三种变化综合起来,实际上就是中国的电视行业正经历的历程。

因此,在这样的大形势下,传统的产业链发生了巨大的变革。过去电视行业的产业链是这样的:制作非常专业,并且由一些寡头的、大型的发行公司来发行,由各地方控制的电视网来播放节目,用户就只能在家里"老老实实"看电视。现在的产业链则产生了以下的变化:首先是制作大众化,其中一方面就是制作公司民营化,有一些境外的资本和制作通过审批就可以参与进来。其次是发行变得多元化,并不只是少数大型发行公司独揽,涌现了很多中间环节的发行公司;最后运营也不只是依赖于传统的电视网络,有了互联网、手机等途径。实际上电视行业技术和产业制作的升级,造成了整个产业将在未来几年内发生大规模的重组。发行环节现在正在扩张,扩张之后还是向少数的几家集中;运营环节不再以电视和网络进行区分,可能会以不同的屏幕——手机的,计算机的,还是家庭里的电视来分类,也有可能按照不同的人群,进行顾客细分,以吸引和产生新的厂家和商机。尤其是在制作方面,由于现在DV机或者自己制作FLASH都非常方便可行,一些杰出的个人制作也涌现出来,再加上发行渠道的畅通,更加速了个人制作的公布,并且在商业模式上也能得到很好的回报。这样一来,产业链就朝着一种极为多元的方向发展。为了适应新情况,国家监管部门也不断地从原本比较严格的限制性手段转变成开放性,同时提高监管的技术含量,以迎合和保障这种产业链的新变化。当然另外一方面,对于盗版的打击和产业链整体的保护也做得越来越好。

下面我就具体谈一下电视行业市场的四大主流方向,即数字电视、网络视频、IPTV和移动媒体。

先说数字电视。数字电视是离传统模拟电视最近的一个升级,可以说它是对模拟电视的技术改造。数字电视的好处有哪些呢?一是它利用数字信号进行传输,有效利用了带宽,可以开始传输高清信号,还可以对信号进行加密。它在效率和质量方面有本质的提高,因而被公认为世界电视的整体发展方向。中国的数字电视已经启动。我们预计在2010年全中国有超过1亿人收看数字电视,这个发展速度是相当的快。但是从渗透率来看,由于我们人口基数庞大,到去年(2007年)渗透率只有3.5%,跟发达国家相比还有差距。现阶段数字电视发展如此快速,一个原因就是国家产业政策的支持,允许各级运营商调整价格来支持数字化,比如说运营商向用户赠送数字化的解码器,把传统的模拟电视数字化,同时收费有所提高，各地根据实际情况自行规定提升的价格。这样就有效地解决了资金链的问题，促进了数字电视的发展。这种发展模式在2005年确立，数字电视因此出现了突飞猛进的发展。到今年，国务院正式要求全国进行整体转换，奥运会要采用高清的数字化电视播出；到2015年中国全部关闭模拟讯号，实现电视数字化。这样看来，七年时间渗透率从3.5%到约100%，将会带来一个非常庞大的市场。

其次是网络视频。随着宽带网的普及，网络视频成为可能，也是非常有吸引力的新现象。因为大多数的新人类已经从电视机转向了PC。中国在2007年底的统计显示，网络用户已经达到2亿多，这实际上已经是非常庞大的一个群体了。宽带用户也已经在主要城市普及。网络视频的产业链跟传统的电视产业链变化最大，它从来源到播出的方式都是全新的，它允许"草根"把个人制作大规模地传播，采用P2P的模式，没有一个中心点，更多是以点播的形式，更适合个人观看。网络视频在国外也已经成为一种主流趋势，它会逐渐在传统电视的领域开辟出一个分流，同时它的运作也反过来影响传统电视的运作。

第三个就是移动媒体。除了大家日常在公交车、地铁上见到的移动媒体之外，我们更关注的是手机荧幕。大家知道中国也是拥有最多手机用户的国家，大概有5亿多。手机的更换率很快，很多人不到一年换一个；它的技术更新，无论是屏幕、电池容量、计算能力等，越来越适应视频的播放。在日韩，他们采取的是发送卫星，通过卫星信号覆盖全国的手机，可以用手机看电视；在中国，比如珠三角采用DAB的方式，还有其他新的策划；欧洲采用DVBH，是通过把现行的广播信号切割成段以方便手机节省用电，这个领域也是未来新兴市场中巨大的一块，现在还处于专业问题的研究阶段，但是很快就会逐步进入市场，带来新的创业机会。希望大家多多关注这一领域。

最后就是IPTV。有些人认为IPTV跟网络视频是一回事，但本质上来说两者还是有区别的。网络视频是一种自发的组织形式，而IPTV还主要是以电信为主要依托，它是把传统的电信网改造成能够传播电视的网络。由于电信的推动，IPTV的发展速度也非常快，尽管国内的户数还不是很多。在海外IPTV也有一定的发展，因为海外的电视收费非常高，比如香港一个月要200多港币，美国要30多美元，而相比国内比如北京也就 18 元钱,甚至还有更低。资费的高昂就给 IPTV 带来一定的发展空间。尽管在国内上宽带网一般一个月 100,比有线电视的费用贵了很多,但是因为它的互动性、可能会有的功能改造,而且又有商业化程度高的电信在其中推动,IPTV 在中国电视市场还是会占有一席之地。

这些对于传统电视产业链造成冲击的四个方面,都分别蕴含很大的机会,这里我还想着重谈一下中国人观看电视的习惯。前面提到,中国家庭是以电视为核心布置客厅的,在对于电视的要求方面主要还是追求体验性。它不同于我们在使用电脑时的一种学习性追求,而是坐在沙发上,一种享受的状态。这种状态最主要的还是娱乐,而不是信息获取或者学习。另外一点,这种习惯不只是个人的,更是一种氛围,一种整体环境。客厅和电视是开放性的,家庭成员都会参与进来,而不是一个人发个 E-mail 不希望别人窥看隐私。这是电视机这种终端形式跟其他形式最大的不同,必须把它的这个特点理解好了,才能做好电视事业。追求体验除了要求好音响、使用方便、屏幕清晰之外,最重要的是这些要求都是融合渗透在家庭的环境和氛围中的。单纯是先进的技术不一定能取得成效,我们要关注的是人的要求和感受,这才是最核心的要点。

目前也出现了很多对于系统终端和客厅娱乐的改造,总结起来改造的驱动力有三方面:

第一,人机界面技术的发展。在鼠标发明之前,人类使用计算机是不可想象的,而在使用电视的过程中,人机界面指的是遥控器与电视屏幕的联系。目前除了简单的按键遥控器外,体位输入和眼球输入等多种类型的人机界面的体验也开始出现,并改造了电视。正在流行的手柄游戏机算是这方面很重大的一个改进。这方面任何一个改进都会带来终端的改造,目前运动位移的输入和多感官输入已经开始进入到使用环节,一定会对人机界面的互动产生重大影响。

第二,多元的而非单一的网络。传统的电视网络非常单一,一般就是连接在有线网、无线网和卫星上,现在可以直接连接在宽带网、IPTV 和原本的电视网络上,电视机就变成一个多网互动的终端,可能最终在终端上实现三网融合。多业务的、多网络的协同发展也会提供很多的发展机会。

第三,超级计算。计算速度是技术界一直追求的目标,反映在电视传媒行业有三个具体体现。一个是对效率的贡献,就是不断提高制作和运营的效率。比如在高端制作中,如足球赛的时候,就在足球场周围放置32个摄像机,球进的时候几个机位都能拍到,可以立即组合进行三维重现。第二个就是高质量。我们传输的高清信号相当于是超大电影屏幕,因为家庭电视的屏幕会越来越大,对分辨率的要求也越来越高。人们可能会有一个误解,说现在电视都已经很清楚的了,而且我们主要看的是内容。但是实验发现,体验过高清屏幕的人再观看一般电视屏幕就会感觉不舒服,因而还需要逐渐引导人们进入高清时代。而目前市场上销售的超大屏幕电视因为高清信号的不普及,实际上并不能发挥其功效。前两个方面比较好理解,我要着重介绍一下第三个方面,就是安全、保护和追踪的技术。在传媒界,为了维持产业链的良性运行,解决盗版一直是很严峻的问题。盗版问题难解决是有技术原因的。任何其他地方的安全,比如银行,账户里的钱被偷,或者水费电费被多扣,总是有一个直接利益受损者,这个被伤害者就会有诉求。但是媒体就有所不同:我看过一个电影给别人看,自己一点都不受伤害,所以没有动力自觉抵制。因而媒体安全做不好,那些真正辛苦的制作者受到伤害,产业链无法良性运转,整个产业也就发展不好。很多行业内的同事就是研究防治安全问题的,包括我们公司在内,目前能够达到的水平是在视频里嵌入水印的技术,类似指纹,一旦出现盗版能够追踪到是从哪个正版购买者那里泄露出去的,当然其中需要大量的运算技术。除了对发行方的版权保护,还有一个问题就是对用户隐私的保护问题。国际上对于哪些是用户的权利,哪些是节目发行方的权利也一直有争议。比如说一个作品,是谁在看,采用什么样的方式,这些发行方要知道;但是观看过程中会产生的更多的信息就属于用户隐私。平衡两方权利是法律问题,但受到技术的制约。如何适应各种权利要求,又能保证用户使用的流畅性,是现在技术人员追求的目标。

在以上这些技术飞速进步的环境下,我们可以期待电视事业在这些方面产生巨大的变化和发展。过去我们是每户每月12元的有线电视费用,在数字化的推广进程中,加上IPTV,可能每户每月要达到20~24元的消费水平,在所有的其他媒体形式全部加入进来以后,以及盗版的消失,那么可能会达到每户每月80元。中国至少有三亿用户,每个月每户80元,那将是一个很大的产业。我们期待十年以后,中国随着经济水平的提高,在这个领域也能同国际接轨,达到交互多媒体的时代。

还有一些人提出关于这个产业做大以后会有外资介入,如何应对竞争的担忧。以我们现在的一个核心产品——内容保护系统来说明。这个产品25年前在国外就存在了,而我们这个公司十年前才成立,国外的技术水平比我们高很多。大约八年前,这个媒体市场开始运作起来,国外的那些顶级公司就已经介入进来了。到现在我们在中国市场的运营保护领域占到51%的份额,这说明了几点问题:第一,技术是不断发展的,并不是说把外国的先进技术引进来就高枕无忧了,还必须不断地更新和升级产品。只要是大家在同一个起跑线上,只要是在能够创新的领域,就一定有机会做得比别人好,只要你认真努力。第二,我们要关注用户,不管是什么技术,最终还是要为顾客服务,要为用户着想,而不只是单纯的功能应用,必须依靠中国的习惯和情况。顾客觉得"好用"的感觉往往是非理性的,而这种感觉最终会带来成功。因而,创业不能靠异想天开和理论分析,而是真正设身处地从顾客角度思考。这种逆向思维会明晰核心价值,把握了核心价值,才能有的放矢。

我的演讲到此结束,谢谢大家!

(2008年3月18日)

汶川救灾中的气象保障

■梁爱民

梁爱民,男,汉族,1972年9月20日出生于山西省新绛县。1990年9月进入兰州大学大气科学系天气动力学专业学习,1994年6月毕业,取得兰州大学理学学士学位。1994年7月分配至民航华北空管局气象中心预报室从事航空气象预报工作,2001年1月获得气象预报工程师资格。2003年秋季进入北京大学大气科学系气象学专业研究生进修班学习,师从张庆红教授撰写硕士论文,2007年7月获得北京大学气象硕士学位。2008年5月被任命为民航华北空管局气象中心预报室副主任,5月15日被选派至民航飞行学院广汉机场实施直升机抗震救灾气象保障工作。

主持人:

我们现在就开始吧,我先简单地讲几句。我想起一个经常与我联系、一起讨论问题的学生,他和我说:"老师,我现在很迷茫,我不知道我将来能够干什么,我将来能够做什么事?"我相信,不管男生女生都有这样的困惑。我也经常思考这个问题,像你们这么大的时候我也迷茫过,但是现在我不迷茫了,那个时候我确实很迷茫,我不知道我将来能够成为一个什么样的人。但是后来,随着年龄的增长,人生阅历的增长,回过头来想,我觉得我能做气象这方面的研究,我非常自豪。因为我觉得我们的工作可以去挽救别人的生命,可以为国家创造财富,这是我人生最大的一个收获。我现在非常悔恨,因为我曾经很讨厌这个行业。那时候看见这方面的东西我就觉得很烦,不知道自己将来能干什么。所以呢,我想帮大家解决这个问题,今天特意请来梁老师为大家讲一讲这个问题。他是我们北大的研究生班毕业的,于去年毕业拿到学位。

今年汶川地震,他们单位刚好派他去做灾区机场的气象保障,大家也知道,就当时的情况而言,民航的气象保障是非常重要的,许多飞机在那里起飞降落。我听到一个消息,其实今年参与救灾的有两类机场,一类是民用的,一类是军用的。他负责的是民用机场的气象保障。在整个救灾过程中,他们指挥中心无一起失事事故。可以说,他们这个团队承担的任务还是非常完满的。那么,我们今天借着这个机会,通过梁师兄的演讲,让你们可以感觉到你们将来可以做什么。那好,下面请梁师兄为大家作报告。

梁爱民：

各位老师、同学们,大家下午好！首先非常感谢大家能来听我的报告,也感谢张老师给我这个机会,让我有幸能够站在北大的讲台上和大家聊一聊。今天我给大家讲的题目是——汶川救灾中的气象保障,主要从以下几个方面来给大家讲一讲。首先,我要带大家一块儿再回到那一段时间、那一块地域里面去走一走,感受一下那个过程和那个阶段,了解一下当时我们在那里参加民航气象保障的一些情况。其次,我要谈谈这次汶川救灾中气象保障的特点,它不同于民航商业运输的这种特点,以及它对航空气象的需求、保障等特点。接下来,我举几个事例来说明一下我们气象保障中的几个点滴。最后是总结。

2008年5月12日下午14:28分,本是一个普通的时刻,结果却成为一个凝重的、全球瞩目的时刻。那一刻,汶川八级地震发生了。某个学校的一块表,14:28分,永远停在了那一刻。地震发生之后,人员伤亡、财产损失非常严重。每当看到相关图片,我的心都非常非常悲痛。在那段日子里,我自己就生活在那个环境里,感受非常深刻。能多付出一点努力,多救一个生命,我就觉得自己每天的生活过得非常充实。地震发生之后,伤亡很惨重,地面的交通已被严重摧毁,无法实施地面的救援。然而,灾区里面有大量的伤亡人员在等待救援,还有大量的受灾人员没有水,没有食品,他们在等待着物资。怎么办？国务院、民航局当即决定采取直升机来实施救援。只有开通空中生命线,才能把伤员救出来,把救灾的物资运进去。由于直升机的救援选在了广汉机场(具体原因后面会讲到),而广汉机场气象台人员少,保障能力不太足,所以民航局就决定成立气象专家组到他们那儿去支援,我有幸成为专家组的一员,前往广汉机场气象台实施气象保障工作。气象专家组由民航局空管局精心选拔,由民航局空管局气象处须剑良副处长带队,成员有徐小敏、张洪泰、冷志成、刘芳振,还有我。这是我们出发时的图片(图1),因为情况非常紧急,我们出发得很快,5月12日地震,5月15日上午决定,中午我们就接到命令,下午就出发了。下午17:05分,我们坐国航CA1425航班,很快就到达了成都双流机场,旋即我们就赶到了广汉机场。一到那儿之后,我们就去到民航直升机抗震救灾指挥部,先了解了当时直升机总体的救援情况。当时民航局决定要抽调35架直升机,实际上最后到达的是31架,再加上俄罗斯的一架米26,实际上最后是32架直升机参与到这次的救灾行动里面。到那里之后,我们了解了情况就开始制定保障措施,保障措施制定后又连夜制作了抗震救灾重要天气预告图底图,为后面的救灾工作打下了一个很好的基础。

这些就是我们要保障的直升机(图2),直升机的任务是把大批的伤员拉出来,再把大量的物资运到灾区,投放到需要物资的救助点。这是广

图1　出发前在T3候机楼前与送行领导合影
（刘芳振:左三,须剑良:左四,徐小敏:左五,冷志成:右二,梁爱民:右一）

汉机场气象台小楼的外视图(图3),我们就在三楼工作,草地上搭的帐篷就是我们休息的地方。下面这几幅图是我们工作时的场景(图4),在广汉机场做气象预报时,我们就工作在这个地方。气象保障的基本流程是通过综合分析各种气象资料,进而做出一些气象预报产品,然后提供给我们的服务对象。下面这些就是我们制作的气象产品(图5),后面会陆续讲到。服务对象主要包括直升机抗震救灾指挥部(图6)、塔台管制室和直升机机组人员,其中抗震救灾指挥部是广汉机场整个救灾行动的指挥枢纽,它负责制定救灾任务并部署实施方案,而机组是实施救灾的具体单位,出发之前都要到气象部门了解灾区的飞行天气情况。

图2 民航抗震救灾直升机图片

图3 广汉机场气象台及气象专家组住的帐篷

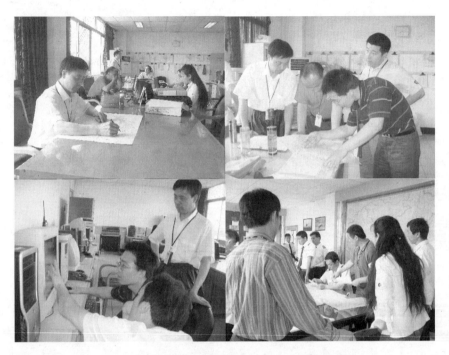

图4 气象专家组在广汉机场工作时的场景

在广汉机场工作的那段时间,我们不仅时时受到强烈地震后的惨烈景象给我们心灵的冲击,还遭受了多次余震的威胁,最强的一次是发生在5月25日的6.4级。还有一次是在5月17日深夜,这次较强的余震发生之后,我们连夜转移了住处。因为刚开始我们是住在招待所的五楼,强余震发生之后,导致一楼的门已经变形,再在这个地方待下去,可能会有危险,于是我们在一位中信海直老飞行员的极力劝阻下连夜转移到广汉机场。第二天,在草地上搭了一个帐篷,保证了我们后面保障工作的休息和安全。以下是我们生活的一些细节(图7),大家了解一下。左面这位是我们同去的一位直升机飞行保障专家——冷志成,因为任务紧急,他是从工作岗位上直接出发的,没有带额外的衣物。在清洗衣服时,只好换上临走时单位带的雨裤,密不透风的雨裤穿在身上肯定很不舒服,但他仍然坚持在工作岗位上。右面这位是我们的观测员——刘芳振,他在点蚊香。四川广汉那个地方比较潮湿,蚊子非常多,每天晚上我们帐篷里面都要点

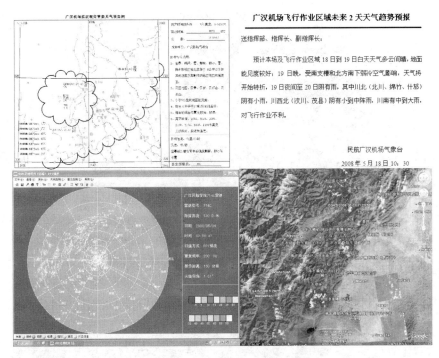

图5 部分气象产品
(抗震救灾重要天气预告图、未来两天天气趋势、
广汉机场气象雷达图、救援任务位置图)

上8盘以上的蚊香才能驱除蚊子。还有我们的领队须剑良副处长有风湿病,女专家徐小敏与我们共同住在一个帐篷里,生活有很多不便之处……但所有成员都没有一丝怨言,团结一致,协同作战。因为我们深知,只有保持乐观的心理状态和良好的身体状况,才能保证完成工作。就这样,我们在那种条件下一直坚持工作了21天,在抗震救灾转入灾后重建的时候,我们才胜利返回。最后民航局、空管局对我们的事迹进行了表彰,对我们的工作进行了肯定。

下面就来谈谈汶川救灾中气象保障的特点。首先是直升机飞行的特点。在汶川救灾之前,我了解一些通用飞行保障的专业知识,但并没有亲身参与,这次经历也给了我难得的学习机会。参与救灾行动的32架直

图 6 民航直升机抗震救灾飞行指挥部

图 7 生活场景
(左图:冷志成穿着雨裤坚守岗位,右图:刘芳振在点蚊香)

升机,机型有贝尔 206、米 171、米 26、超美洲豹等。直升机和商业运输飞机的飞行特点有很大的差异,不同机型的机载设备、飞行标准等性能差异也很大,就连机组的飞行能力也有很大的不同,这就给气象保障工作造成了很大的困难。另外,直升机的巡航速度一般在 200—300 公里,其最大升限一般是 4000—6000 米,这是设计的最大升限,一般来说,可达到的最大升限也就在 4000 米左右。直升机一般是目视飞行,要求云下的能见度在平原地区不小于两公里,在山区不小于三公里。这相对于我们平时的商业运输飞机保障来说,条件要苛刻得多。除此之外,当时为什么要选广汉机场作为抗震救灾的基地呢?是因为广汉机场位于四川盆地内川西平原中部偏北的位置,离汶川灾区的直线距离只有 90 公里,比成都离震中的距离还要近 10 公里左右。成都市位于广汉西南大约 40 公里的地方,双流机场在成都西南约 16 公里,中间有太平寺机场。太平寺机场是抗震救灾时陆航团所在地,他们的任务是在震区西部一带,理县、汶川等这一带就是由陆航团来负责的。震区北部的北川一带,如著名的唐家山堰塞湖抢险任务等都是由空军部门负责,他们当时是以绵阳机场为基地实施救援的。中间靠东部一带基本是由民航的直升机来实施救灾任务。由于广汉机场地处四川盆地的中部,土质比较疏松,地震对它造成的影响不是很大,并且它离灾区近,用来作为这次抗震救灾的实施机场非常合适,所以民航局决定把抗震救灾的基地选在广汉机场。

  此次地震的震中是汶川,处在龙门山的断裂带中,地形非常复杂。我们首先来看一下西南地区的地形特点,四川盆地北部是秦岭和大巴山,东部是巫山和武陵山,南面是云贵高原,西面是青藏高原东麓,川西北部有岷山、邛崃山、龙门山。盆地西北部的龙门山脉,也就是此次地震发生地区的山脉高度平均海拔在 2000—3000 米左右,而广汉机场和双流机场的海拔平均只有 400 多米,可见山脉与平原地区的高度落差比较大。广汉机场处在平原之中,其西北和北部 10 点到 14 点方向的扇形区域就是民航直升机救灾的主要区域。这个区域内沟壑纵横,高低落差大。受这种地形的影响,再加上直升机最大升限在 4000 米左右,不能飞得太高,所以一般实施救援时要从沟口或河谷口进入,顺着山沟或河谷飞行,到达目的地后再实施救援。例如:到汶川、理县救灾就得从灌县,也就是都江堰这个沟口进去;到清平就要从汉旺进入;到北川要从安县进入等等。因此灌县、什邡的李家碾、绵竹的汉旺、雎水镇、晓坝场、安县就是六个重要的沟口。这种救灾飞行方式就决定了沟口以及山沟里的天气如何对于飞行安全是非常重要的,这就是预报的一个重点,恰恰也是一个难点。直升机的这些特点决定了我们工作的重点是预报救灾飞行区域的天气现象,主要是预报雷暴、降水、能见度、低云和颠簸等信息。如果预报不准确,或者说直升机遇到了强烈的不可预知的天气的话,就可能发生危险。但是由于复杂多变的地形,导致了气象条件非常复杂,气象要素变化多端,所以预报的难度也非常大,气象保障就显得很被动。

下面我们来看一下山地气象对于飞行的影响主要有哪些?对所有航空飞行来说危害最大的是雷暴,直升机飞行也不例外,尤其在山地气象保障中,更是如此。这次救灾飞行中,对直升机有影响的天气除雷暴外主要还有低云、低能见度以及风切变。在山区,低云一般在半山腰,700—2500米之间,一般在两侧的半山腰上。在河谷和山沟中飞行,如果进入这种低云,危险可想而知。因为两侧都是高山,如果前面是拐弯处,一旦进入云里,看不清楚前面是什么,就会发生危险(后面提到的陆航团失事的那架飞机就是在映秀镇以南突然间进入云层,而后发生了事故)。另外就是低能见度的问题,河谷地带往往有湿润的空气,清晨易形成大雾。那么,低能见度会使飞行员无法看清地面。地面附近还有一些高压线、高大的树木等,如果看不清这些东西,对于直升机来说就非常危险。风切变就是在狭窄曲折的山谷里面,风向、风速的变化较快,在时间和空间上就会存在很大的切变。从风的变化特点来说,一般在晴朗炎热的午后风会加大。在热力和动力作用下,风切变有时候是非常大的。强的水平气流过山往往也会产生山地波,进而产生风切变。直升机一旦进入这个区域,颠簸就会发生,也就可能产生事故。强气流从两座山之间通过之后的横向绕流也可能产生湍流,在这个地方也会产生一些颠簸。再就是山谷风,白天吹谷风,夜间吹山风。一般来说,山风比谷风要强一些,可以达到五级左右。另外,夜间山地地区,湿气会随着山风下沉,在河谷地带聚集,往往会产生浓雾,影响飞行安全。

以上介绍了山地飞行的一些影响因素,那么我们的预报手段是什么?我们能利用的有哪些资料?做出了哪些产品?下面向大家详细介绍一下。因为广汉机场气象台地处偏远,规模又比较小,整个气象台只有六个预报员,采用的短期预报手段较为单一,主要是天气图方式。当然他们读图的经验相当丰富,但是仅依靠天气图来做预报的手段也确实比较落后。到达广汉机场后,我们快速学习了四川地区的气候特征及地方天气特点,很快熟悉了当地的天气系统在天气图上的反映,并着重逐步加强了数值预报的应用。广汉机场能参考的数值预报资料有我国的 T213 和欧洲中期 ECWMF 预报资料。在此基础上,我们将民航部门应用较多的 WAFS 数值预报应用到这里,下面这幅图(图 8 左)就是我们民航华北空管局气象中心利用 WAFS(World Area Forecast System)中的数值预报格点数据制作的预报资料。目前世界上有两个 WAFS 中心,即伦敦和华盛顿,向全球发布航空气象预报产品,分别基于自己的全球模式。华盛顿依据的数值模式是 GFS(Global Forecast System),它们为用户提供的 WAFS 数值预报格点数据是部分抽取后的"变网格"格式,格点分辨率约 140 公里。我们就基于这种资料,把中心调到广汉机场,专门为灾区制作了数值预报资料。根据这种资料我们就可以得到未来 36 小时,每隔 6 小时的预报场资料。另外,我们使用的资料中还有一个加密观测资料,因为精细化的预报不能没有精细的观测资料,只靠大的环流形势是做不到的。地震之后,国家气象部门在震区快速建立了多个地面观测站,加密观测的资料为我们制作预报提供了很好的参考,但其密度还远远达不到我们需要保障的精度(后面我会给大家看一下观测资料的密度)。另外,在临近预报中还运用了卫星云图和雷达图。天气图上地面观测站的间距是 50—100 公里,高空探测站是 200—400 公里的间距。欧洲和 WAFS 数值预报数据的分辨率是 1.25 度和 140 公里。卫星云图的范围非常大,分辨率较粗。雷达图受到地形的影响,山沟或河谷里面的云根本就探测不到。而且较大尺度的探测无法捕捉到一些精细的天气现象。这些都给我们的气象预报造成了很大的难度,有时候可以说是"巧妇难为无米之炊",即我们没有很好的资料,所以无法做到精确预测。这里我要特别提到北大的张庆红教授,她在 5 月 17 日听说我们在汶川救灾,遇到了以上这些困难,她就带着她的学生戴展鹏等加班加点为我们制作了一个精细的数值预报模式。模式有三重嵌套,最大区域的分辨率 45 公里,第二重嵌套域是 15 公里,最小域是 5 公里。这个 5 公里分辨率的模式预报产品就为我们提供了很好的参考,而且随时在不断地跟踪。在 19 日首次预报出这个产品之后,还不断地进行跟踪、修订,适用性和美观性做得越来越好。这种叠加了精细地图的数值预报产品(图 8 右),一定程度上满足了我们精细化预报的要求。

那么我们基于这些资料,做出了哪些气象保障的产品呢?我们的产

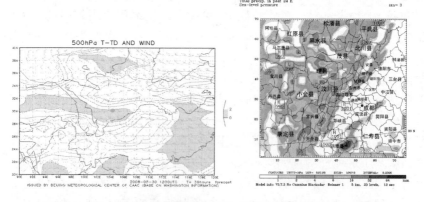

图 8　专门为广汉机场抗震救灾预报制作的 WAFS 华盛顿数值预报产品和北大精细数值预报模式产品

品都是根据需求而做的,因为用户的需求才是我们气象保障或气象服务的目的。此次保障中用户的需求就是抗震救灾飞行的需求,也就是说广汉机场的救灾飞行作业区域内未来一到两天的天气趋势是什么? 可飞还是不可飞? 关于这个信息,我们在每天的下午作出预报,提供给直升机指挥部和管制室,以便他们计划未来一到两天的整个救援计划和任务。因为每天的任务都可能变,比如说在每个救灾点有多少人需要救出来,每个救灾点需要多少的物资运进去。这就有轻重缓急,而且可能还有一些突发的紧急任务,所以要怎么安排救援计划,就显得非常重要。我们就给他们提供了这样一个气象预报产品,即从气象的角度出发来如何部署和安排救援计划。另外,我们制作了抗震救灾重要天气预告图。目前在我国商业飞行的气象服务规范中,只制作高层和中层的重要天气预告图,低层重要天气预告图是不需要制作的。这是我们为广汉抗震救灾专门制作的重要天气预告图,在不拘泥于规范的情况下制定了非常实际的、非常符合需求的预告图。因为参与救灾的直升机飞行员都是通用飞行员,与运输飞行的机组相比,他们的航空气象规范知识不尽相同,参差不齐。但在非常时期,我们不可能在短时间内对他们进行培训,让他们都能明白具体烦琐的编码都是什么意义。那么我们就采用明语的形式,把预报的天气现象做到图上。再根据山地地区天气变化多端的特点,每 3 小时更新,滚动制作预告图。另外,对于图上的天气都进行了更多、更详细的标注,比如说雷暴、山地波、风切变等对直升机来说特别重要的一些危险天气,我们都明确标示出来。

这幅图就是加密的地面天气观测资料(图9),每小时我们都能收到一次国家气象局收集的地震灾区地面加密观测资料。这个资料对制作较为精细化的预报,尤其是某个地点的风向、风速、能见度、低云等详细的要素预报非常有用。对于卫星云图来说,云图的最小间隔为半小时一次,但它只能提供高空的天气情况,地面是什么状况往往是探测不到的。那么,我们就利用每小时加密观测资料对我们的短期预报进行临近预报订正。我们还能收到帐篷内外的观测温度,帐篷内外温度有时候可以相差十几度,例如帐篷外30度左右,帐篷内温度可达到40多度。每逢此时,我总在想,相对于很多远离灾区的人来说,我们很艰苦,但相对于灾区前线的很多救灾人员,如医务人员,我们又是很幸福的。他们不得不在忍受着40多度有时甚至是50多度的高温来实施救援,而我们还可以坐在有空调的房子里来提供气象保障。

除了以上这些,我们还有哪些气象服务产品呢?为了使我们的用户更清楚地了解天气,我们打印了较高分辨率的彩色卫星云图和雷达图,提供给他们以供参考。另外,我们还额外制作了一个附加产品,就是利用Google earth 软件把每天需要实施救援的任务点标注在地形图上。因为每天的任务点是不固定的,而且变化较大,每个任务点位置的不同,由于地形差异就可能导致天气差异很大。为便于准确掌握飞行具体落点的地形,我们在 Google earth 上,把飞行计划中的任务点详细标注出来,然后针对不同机组、不同任务点、不同地形,相应地从不同角度来制作更适合他们的天气预报产品。

做了这么多产品,我们的服务形式是什么呢?我们的用户主要是飞行指挥部、管制人员和飞行机组。气象保障的服务手段就是每三小时例行提供一个气象文件,气象文件包括我们上述提到的所有产品。同时密切监视天气,随时发布订正预报,如有重要天气变化,及时提供给相关用户。另外,随时提供天气讲解以及可能需要的天气咨询。

接下来,我简单讲几个气象保障的实例。我们是5月15日到达广汉机场的,16日开始进行气象保障。但由于16、17日灾区低能见度,大部

抗震救灾加密气象观测资料_2008年05月22日10时											
站名	天空状况	云状	云高(米)	能见度(千米)	温度(C)	湿度	1小时降水量	风向风速	帐篷内温度(C)		
									温度	昼高	昼低
青川	5_多云	Cuhum, Cidens	600	30.0	21.1	61.40%					
广元	3_晴	Cuhum, Cifil	>=2500	15.0	22.7	60.20%					
平武	8_多云	Cuhum, Cidens	1000	21.0	20.2	62.40%		SW_1m/s			
平武平通	9_晴	Cidens	4800	25.0	20.0	87.00%		C_0m/s	22.2	23.0	####
北川	9_多云	Actra	>=2500	14.0	19.4	65.90%		SW_1m/s			
茂县	9_多云	Cuhum, Actra, Cidens	1000	30.0	17.4	62.50%		E_5m/s			
安县安昌	8_多云	Actra	2700	8.0	19.0	82.00%		C_0m/s	22.9	23.5	21.8
茂县南新	10-_阴	Sctra Fc	1300	30.0	18.4						
安县	9_多云	Actra, Cidens	>=2500	11.0	21.5	63.50%		E_1m/s			
古尔向贝	6_晴	Cuhum	2000	6.0	15.9			C_0m/s	20.5	25.2	16.3
噪县	9_多云	Sctra Cuhum	1000	30.0	15.3	73.70%		NE_1m/s			
汶川	10_阴	Sctra Cuhum	1000	25.0	17.8	73.80%		NE_1m/s			
棉竹汉旺	10-_阴	Actra Sctra	1900	10.0	23.2	61.00%		ENE_1m/s	27.9	28.8	####
绵阳	10_阴	Sctra	1500	4.0	20.0	85.60%	0.0	NE_1m/s			
绵竹	10_阴	Sccug, Acop	1000	6.0	20.1	81.10%		S_1m/s			
宝华坝											
卫走色车吉	9_阴	Sctra Fc	1200	40.0	17.4	68.00%		C_0m/s	20.8	24.8	####
名用牛嘴扭	10_阴	Scop	1600	22.2	18.6	73.00%		C_0m/s	20.6	20.6	####
什算	10_阴	Sctra	2000	8.0	19.7	88.40%	0.0	WNW_1m/s			
德阳	10_阴	Sctra	1500	3.0	20.1	92.40%	0.1	W_1m/s			
东平罗巴呢站					16.0						
小金	9_阴	Sctra	2000	30.0	15.5	66.30%		WNW_1m/s			
都江堰	10_阴	Acop	>=2500	18.0	19.5	80.50%		WNW_1m/s			
彭州	10_阴	Sccug	1500	20.0	19.5	80.50%	0.2	W_1m/s			
列该	10_阴	Acop	>=2500	7.0	19.7	83.00%		S_1m/s			
噪县棱坪	10-_阴	Actra Sctra Fc	800	25.0	17.4			SE_1m/s		21.1	18.3

图9 加密的地面天气观测资料

分时间达不到飞行的标准,基本上没有成批次的飞行,只是在17日的下午才有个别直升机执行了飞行救援任务。18日,有一个高空槽南压过四川盆地,之后渐转为槽后到高压脊的控制。于是,我们就做出了一个预报结论:整个飞行作业区域18日和19日天气很好,非常适合飞行。并于当日上午迅速向飞行指挥部汇报了这种情况,让他们抓紧时间制定飞行计划,调动一切力量,快速实现救援。所以在18日和19日两天,飞行指挥部实施了大量救灾飞行任务,救出了大量伤病员,同时也投放了很多物资。19 日我们又做出了另一个预报:20 日以后天气将出现转折,转折以后实施救援的难度就加大了,所以建议指挥部调整飞行计划。指挥部采纳了我们的建议,调整了飞行救援计划,尽快实施了紧急任务,并提前投放了物资,确保了后两天天气不好情况下过渡期的物资供应。

另一个事例是为成功解救被困 19 天的矿工提供了准确优质的气象保障。5 月 31 日在救灾中是很重要的一天,民航直升机也有一件非常重要的事。民航直升机为了救援两名被困 19 天的矿工,先投放了六名解放军战士到清平山区。当解放军战士找到受伤矿工,返回直升机能营救的地点之后,从雷达上发现,那个地方已被浓积云覆盖了,直升机无法实施救援。这时候指挥部很着急,紧急询问天气,询问直升机何时可以去,覆盖营救地点的浓积云能不能马上消散?我们立即仔细查看了所有的气象资料,判断浓积云在当天日落之前不会消散,建议第二天再实施救援。指挥部知道这种情况后很着急,决定还是要尽一切努力去救人,就组织机组、管制人员以及气象人员共同制定了试探性营救方案。让 7806 机组前去救援,但须密切关注天气,如不能实施营救,立即返回。直升机起飞后,所有人员都提着心、捏着汗,密切关注着雷达及云图,严密监视着天气。35 分钟后直升机遇浓积云安全返回,没能实施营救,但所有人都松了一口气。这一天天气比较晴朗,午后对流发展比较旺盛。就在这天下午 14 时 56 分,成都陆航团一架米 171 直升机执行理县救灾任务的返回途中,在映秀镇南部突然进入云中,就失事了,这一带山区叫赵公山。民航负责救援的两名被困 19 天的矿工和 6 名解放军战士是由香港特区政府飞行服务队在第二天上午从气象台得知气象条件适合飞行后成功营救回来的。

前面提到陆航团那架失事的直升机是在赵公山附近消失的。在失事以后,党中央非常重视,下达了全力搜救的指示。部队战士、人民群众都展开了拉网式的搜救行动,民航也参与其中。6 月 3 日下午,民航的救援直升机准备前往赵公山一带区域进行搜救,但这一带天气不好,从雷达上看是降水云覆盖了整个山区。是去还是不去?我们操纵气象雷达进行了多角度扫描,并对照了绵阳机场雷达资料后,认为赵公山被浓厚的降水云覆盖,当日不会消散,直升机前往会在降水云中飞行,在山区飞行,看不到地面,危险性极大。于是将此情况汇报给了指挥部,并到直升机下给机组及部队指挥人员讲解天气,建议不要去。最后为安全起见,指挥部、15军指挥人员及机组一起决定取消了此次行动,化解了一次有危险的飞行任务。

直升机的抗风能力比较差,尤其是在关机停场的时候。因为直升机一般比较轻,尤其是贝尔206,它是那种小型的轻型飞机,抗风能力非常差,10米以上的风就有可能把它吹动,或者吹翻。即使是大型的运输客机,在首都机场也有被大风吹动,进而产生机体损伤的事件。所以在广汉机场实施通用保障时,我们还特别注重对风力的预报。5月25日我们发布了夜间有雷暴并可能伴有大风的天气预报,机组不仅把直升机的螺旋桨都用绳子拴上了,还把直升机都拴在了地上,就是为了固定飞机,防止直升机被大风袭击受损。因为熟知用户的需求,预防得当,在此期间没有发生停场直升机因气象原因受损的事件。

以上就是几个保障的真实事例。最后讲一下我对此次汶川地震救灾中气象保障工作方面的一些思考,或者说是一点感想吧。首先,我觉得在救灾的那段时间,人在大灾大难面前迸发出的民族精神,或者说是爱国主义精神非常令我感动。我给大家说两件小事,其一就是在我们刚到广汉不久的时候,我们工作的地点距离住处大约有三公里的路程。有一天,我们在休息后去工作的路上打了一辆车,是那种没有的票的黑车。司机是个小伙子(在这种时候还在坚持干这种营生说明他生活确实不容易),上车之后,他看到我们戴着抗震救灾的牌子,就问我们是从哪里来的?我们说是从北京来的。他问是来参与抗震救灾工作的?我说是。然后他就对我们表示了很真挚的谢意。当送我们到达目的地后,坚持不要说好的10元车钱,并说你们在这种危险的时刻,从很远的地方赶过来,来救助我们四川人民,我怎么能要你们的钱呢?还说以后只要有需要,他都免费为我们出车。还有另外一件事也令我特感动。一天,我们小组中唯一的女士,就是民航局气象处的专家徐小敏,因为衣服带的不够,就想买一件衣服。在去买衣服的路上,她问一个路人买衣服的地方怎么走,那人本来是骑着自行车往相反的方向走的,因为看见她戴着抗震救灾的牌子,知道她是来参与抗震救灾的工作人员,就一直推着自行车,带着她到了买衣服的地方。这些小事真的让我深深地感受到在灾难面前我们伟大的民族精神!

下面谈一下我对汶川救灾气象保障工作的一些思考。这次的救灾飞行本身就是一次通用飞行,只不过情况紧急,规模宏大。我们原来接触的通用飞行也比较少,通用飞行与商业运输飞行的差别还是比较明显的,它的机型很多,性能差异也比较大,对气象条件的要求往往比较苛刻。另外,这种通用飞行尤其是救灾飞行任务往往随机性很大,变化较多。这就要求保障人员要全面熟悉保障对象的飞行性能,还要全面掌握气象信息,气象预报要切合需求又要能快速提供。另外,就是山地等特殊条件下的气象保障能力不足问题。因为山地地形复杂,天气也复杂多变,很多天气现象尺度较小,我们目前的探测能力以及预报能力都无法达到令人满意的程度。民航气象有一个高原机场气象研究项目,就是因为高原机场有很多危及飞行安全的天气现象值得我们去研究,如九黄机场频繁出现的风切变等。因此,我们一方面应该大力建设我们的探测网,不仅要从地面上扩大观测的覆盖范围和分辨率,而且要从空基和星基探测上加强研究并尽快加强业务转化;另一方面,要加强研究山地等特殊条件下天气现象的原理与预报技术,打破多年来仍只能依靠经验,始终缺乏科学技术强有力支撑的局面,切实提高我们的山地气象保障能力。

数值预报模式的局限性问题。对于数值预报模式来说,大到全球模式,小到精细化的中尺度模式,甚至是小尺度模式,其局限性就是:运用在山地或复杂地形的时候,尤其是地形比较陡峭的时候,往往会有很大的不确定性。目前数值预报从总体上来说,其形势场和一些要素预报的准确性是远远高出预报员的能力的。但需要改进的地方还很多,尤其是关于复杂地形的问题。这就需要我们这些北大的老师和同学们不畏艰险,勇攀高峰!

应用气象的研究以及研究成果向业务转化的问题。大气科学固然需要气象基础理论方向的研究,但应用气象的研究也非常重要,应用气象研究成果向实际业务转化就显得更为重要。但在实际中,应用气象研究与业务转化之间确实存在一些脱节现象。比如说在一些较偏远地区的小机场的气象部门,应用气象业务技术的能力着实很差,一些新的探测手段和预报技术的应用确实还很薄弱。一方面是因为我们的气象研究向业务转化的工作没有做好,另一方面就是我们的业务转化后培训不够,推广不够。

最后,我想强调,实际气象保障中时刻都需要踏踏实实、认真负责的工作态度,因为我们在实施保障的时候往往都是人命关天的事,稍有不慎可能就会发生一些伤亡惨重的事故。而任何气象保障的技术又都需要科学研究成果的支撑,所以在科学研究中我们也都要时刻以踏实认真、严谨求实的研究作风去进行!所以无论在研究中还是在实际保障中,多一份责任意识,就多一份安全,我们的社会也才会更加美好!

我的报告就到这儿,谢谢大家!

现场互动

学生:我有一个问题,在航空探测中一个很好的方法就是飞机的气象探测报告,我感觉在民航中飞机都给我们提供了这些,我想问在汶川气象保障中有没有应用飞机气象保障技术?

梁爱民:我前面提到的直升机机型里面有一个叫贝尔206,贝尔206是最小型的直升机之一,它是民航飞行学院的。这个飞机的载重很小,只有200公斤左右,它的主要任务是什么呢?就是监视天气,或者说是探测天气。前面我们说预报手段不足,好多时候是用直升机预先探测一下看天气是否可以飞行,这也是这次保障中得到的一个经验。因为贝尔206很轻,速度比较快,特别灵活。每天早上沟口的天气够不够飞行条件,我们做出预报之后,就先派出贝尔206去沟口实地探测一下,看这个沟到底是不是可以进入?有没有低云?有没有低雾?信息都是随时通报的。这样就为后续飞行提供了很好的气象探测信息。

学生:我觉得飞机的自动探测是很好的手段,但是似乎没有应用到?

梁爱民:现在我国商业运输飞机的自动探测资料可以下发,也已参加GTS交换,我们也是可以收到的,目前正在进行研究和应用开发阶段。但是,我们国家的资料和国外相比确实又有较大的差异。在国外来说,航路选择较自由,飞机自动探测资料分布就比较均匀,这对于数值模式来说,其作用就很明显。而我们国家的飞行航路都是固定的,只有为数不多的一些固定航线。所以现在我们的飞机自动探测数据对于数值模式的作用就比较有限,但在机场的实时分析中还是很有实际意义的,飞机在机场起

332

降时的气象数据相当于机场的探空数据,这些垂直廓线对机场单站分析来说是很好的资料。但参与此次抗震救灾的直升机上是没有安装这种探测设备和数据发送设备的。

学生:还有一个问题就是,汶川地震对当地天气有没有什么影响?

梁爱民:在我的印象中,地震初期往往有一些恶劣天气发生。比如这次地震发生后的初期,5月12、13、14日那几天基本上都是大雨,但我对此没有研究,不能确定。

学生:我看您上面说的直升机都有4000米的升限,但是一般在山区只有3000多米,那为什么不往上飞?

梁爱民:4000米是它的最大升限。一般来说直升机还要运大量的物资或运送人员,有载重,升限肯定要受影响。它一般是升不了那么高的。

学生:您好,我想请问您一个问题,就是在汶川气象保障中,雷暴天气是怎样预报的?谢谢。

梁爱民:对于雷暴天气的预报,我们首先是从大的形势场来分析,就是先根据天气图或数值预报看未来预报时刻的天气形势及各种物理量场,依据雷暴天气的概念模型看是否具备其产生的条件,做出雷暴天气的短期预报;另外在临近时(一般是两小时内)我们靠临近预报,临近预报主要是看云图、雷达以及地面加密观测资料等,用外推的方法进行预报。雷达探测对沟里的低云探测不到,但要产生雷暴天气,云是要发展到一定高度的,所以即使是在山沟里产生的雷暴,云也会发展到一定高度,雷达还是能探测到的。

主持人:让我们再次感谢梁老师的演讲!

(2008年10月6日)

《北大讲座》十一至二十辑总目录

第十一辑

选择的智慧	李开复
人生的阳光	李连杰
怎样从现在规划未来	杜子德
法庭辩论的技巧 ——钱列阳演讲	钱列阳
近年来市场营销热点问题的回顾与反思	张 华
中国历史上的台湾问题	臧运祜
郑和下西洋时期的世界态势	张信刚
历史环境与社会空间	韩茂莉
谈文化产业	陈少峰
大学的功能变迁和学生的全面发展	夏学銮
中国医疗体制改革	李 玲
全球化与中国流通业的生存与发展	张文中
中国经济发展和对外开放的协调性问题	张燕生
市场化迷信与中国经济的两难处境	左大培
棚式电视栏目之批判 ——鉴定央视《鉴宝》	少 工
电视谈话节目的策划、制作与经营及品牌的打造	王 峥
放飞心灵的蓝天——如何面对压力和抑郁	康成俊
应对挫折,快乐心灵	张智勇
作文、作学与做人	郭 弘

第十二辑

沟通是一种能力	敬一丹
企业家思维、核心竞争力与执行启蒙	姜汝祥
从连宋大陆行看两岸关系	李义虎
转型时期的中国与律师行业的现状和未来	
——兼论律师的职业规划	李 庆
新《公司法》的突破与创新	赵旭东
我们永远在路上	王春芙
快速成长期大学校园历史文脉的传承与创新	
——兼谈北京大学校园（海淀校区）总体规划构想	吕 斌
青年领袖意识和能力的培养	李家华
产权、治权和地方差异	张晓波
何处用心？何处用脑？	
——学经济的一个困难	周其仁
自下而上的力量：通过公众参与建设法治政府	王锡锌
中国传统文化的衰危与出路	张祥龙
学习、学术与大学生活	朱天飙
现代化第三次浪潮与亚洲世纪	陈峰君
伊朗核问题的由来和它的前景	华黎明
当代中国歌剧掠影兼析歌剧《原野》、《楚霸王》、《杨贵妃》	金 湘
中国的土地问题	蔡运龙

第十三辑

开放复杂巨系统的研究与进展	
——多学科交叉研究前沿讲座	于景元
故宫与故宫学	郑欣淼
传统道德的现代价值	
——五四精神之反思	王海明
文化的传递	王 娟
诗书画与人生	汪国新
如何组建成功团队	姜家齐
人际的魅力	
——如何正确处理人际关系	邓世英

实用心理学漫谈 ……………………………………… 卓　依
当前中国和世界石油形势的几个显著特点 ………… 王能全
加强东亚区域合作,促进中日经贸关系的发展 ……… 李光辉
东北亚现代化进程中的奥林匹克现象 ………………… 宋成有
德国默克尔新政府的外交与欧洲政策 ………………… 连玉如
十年后的中国教育:我的愿景 ………………………… 汤　敏
宏观经济学的发展趋势 ………………………………… 霍德明
有关侵权责任法立法的若干问题思考 ………………… 杨立新
澳大利亚法治实践 ……………………………………… 唐　林
孟子人性论 ……………………………………………… 杨立华
关于探索金星与火星的奥秘 …………………………… 焦维新

第十四辑

楚人的文化精神 ………………………………………… 熊召政
法律人的思维方式 ……………………………………… 陈瑞华
法律行为与民法思考 …………………………………… 夏雯雯
我爱我校
　　——读百年历史,扬北大精神 …………………… 梁　柱
如何感受诗歌之美 ……………………………………… 洛　夫
自由的精神与流浪的探寻 ……………………………… 蔡康永
颠覆电视 ………………………………………………… 黎瑞刚
正确认识佛教 …………………………………………… 楼宇烈
新时期中国经济发展的新思想
　　——新型工业化道路的探索 ……………………… 李继文
蓝海战略与资本运作 …………………………………… 谭　智
新时期房地产市场认识及策划创新 …………………… 黎振伟
通识教育的本土实践与探索 …………………………… 朱青生
中国调味品产业的发展及行业协会的作用 …………… 卫祥云
载人航天与中国的"神舟"飞船 ……………………… 焦维新
肿瘤的侵袭与转移 ……………………………………… 方伟岗

第十五辑

科学发展观与和谐社会 ………………………………… 厉以宁

紫禁城中的佛教世界
　　——清代宫廷藏传佛教文化观察 ………………………………… 王家鹏
近代校园的旷世杰作 …………………………………………………… 何绿萍
台湾地区"宪政"体制之危机 …………………………………………… 杨敏华
成败晋商
　　——传统商帮的兴起与衰败 …………………………………… 周建波
视觉文化的"转向" ……………………………………………………… 周　宪
诗人与诗歌精神 ………………………………………………………… 王家新
解读《道德经》…………………………………………………………… 李湘雅
道教的生死观 …………………………………………………………… 郑志明
民族的质感 ……………………………………………………………… 方文山
怎样正确认识自由主义 ………………………………………………… 姚　洋
关于市场化改革的反思 ………………………………………………… 方　敏
中国知识产权制度的产生与发展 ……………………………………… 郭寿康
医疗服务的市场化与社会公益性能否兼容 …………………………… 顾　昕
中医与传统文化 ………………………………………………………… 楼宇烈
美国中期选举与未来美国政治及外交走向 …………………………… 余万里
关于大学理念的讨论 …………………………………………………… 陈洪捷
大学发展战略规划：我们的经验 ……………………………………… 别敦荣
博物学的当代意义 ………………………………… 吴国盛　刘华杰　苏贤贵
高分辨电子显微学与21世纪蛋白质研究 ……………………………… 尹长城

第十六辑

大学：大人之学 ………………………………………………………… 唐代兴
透视"万岛之国"印度尼西亚 …………………………………………… 梁敏和
武术散打技术及其比赛规则 …………………………………………… 毛智和
温柔可以改变世界 ……………………………………………………… 张李玺
美丽的意味 ……………………………………………………………… 俞　虹
我国环境问题的解决思路
　　——从环境保护到可持续发展 ………………………………… 王　奇
环境伦理中的科学与民主
　　——漫谈环境实用主义 ………………………………………… 林官明
全球变化与人类生存环境安全 ………………………………………… 刘树华
中国环境法规政策回顾与展望 ………………………………………… 别　涛

信息技术与微电子 ……………………………………………… 张　兴
全球化的经济特点和中国数字产业的发展情况 ………………… 乔世赵
漫谈德国文学批评教皇赖希·拉尼茨基 ………………………… 黄燎宇
《源氏物语》在中国 ……………………………………… 文洁若　张龙妹
女娲神话的民俗研究 …………………………………………… 王　娟
纠纷的化解
　　——理论思考与经验研究 ……………………………… 刘世定
浅论哲学经典的解释问题
　　——以《庄子》的解释为例 …………………………… 韩林合
传统文化与新农村建设 ………………………………………… 雷　原
我为什么写科幻 ………………………………………………… 韩　松
中国医药学——伟大的宝库 …………………………………… 杨志勋

第十七辑

北京大学精神的解读 …………………………………………… 胡　军
重温蔡元培先生的大学理念 …………………………………… 韦政通
第一要改革的是学生的观念
　　——蔡元培革新北大的一个重要思路 ………………… 梁　柱
一所大学和一个国家
　　——北京大学的故事 …………………………………… 韩毓海
毛泽东与北京大学的三段情缘 ………………………………… 萧超然
电影中的北大与北大人的电影 ………………………………… 李道新
"五四"后至抗战前北大史学系的课程变革 …………………… 尚小明
马寅初精神对我学术生涯的启示 ……………………………… 邵　秦
温故知新
　　——追寻哲学系前贤们的足迹 ………………………… 楼宇烈
支撑起西南联大的是中华民族自强不息的精神 ……………… 张寄谦
北大校园近代建筑 ……………………………………………… 方　拥
北京风物与北大精神 …………………………………………… 肖东发
快速成长期北京大学校园历史文脉的传承与创新 …………… 吕　斌
北京大学——马克思主义传统最深厚的大学 ………… 赵玉兰　王　东
浅议北大精神 …………………………………………………… 林齐模
北大生存心态的形成和再生产 ………………………………… 田　玲
北大的源头在哪里？ …………………………………………… 王　东

第十八辑

关于我国公民社会研究的若干理论问题	俞可平
漫谈文化软实力	唐代兴
人力资源开发,未来中国强盛之路	肖鸣政
燕园史迹寻踪	岳升阳
清宫意大利画家郎世宁	聂崇正
世界博览会:走向中国时代	朱咏雷
关于构建创新型国家的几个问题	易杰雄
普京当政时的俄罗斯	季志业
非洲经济问题	汪勤梅
中国高等教育的开放历程	葛道凯
传奇人生·职业规划	陈慰中
一个记者的责任与成功	
——在北京大学新闻与传播学院的讲演	梁 衡
从冰穹 A 到可可西里	陈晓夏
动物的语言与意识	苏彦捷
酷讯创业与创新	陈 华

第十九辑

以改革开放的精神创建世界一流大学	闵维方
中国经济改革 30 年	张维迎
是否存在一个中国模式	姚 洋
制度激励与人的自由选择	
——从凤阳思考我国农村 30 年变革	王曙光
中国经验对于世界的启示	姚 洋 王曙光 刘民权 苏 剑
30 年改革的回顾与展望	曹和平
改革开放 30 年回顾与思考	雎国余
从中国经济发展数字看改革开放 30 年	王其文
刑法知识的转型与刑法理论的演进	陈兴良
近十年刑事司法的改革与反思	陈瑞华
被忽略的私人力量	
——公司董事服务合同的文化解释	蒋大兴
从地震的视角审视中国的崛起	朱 锋

市场化进程、通货膨胀与可持续发展 …………………………… 蔡志洲
当前世界经济危机与中国未来 ………………………………… 李民骐
中国税收制度改革:问题与对策 ………………………………… 林双林
在改革开放中前行的中国保险业 ………………………………… 孙祁祥

第二十辑

北京大学与五四运动 …………………………………………… 欧阳哲生
五四运动:现代中国的新起点 …………………………………… 耿云志
蔡元培校长与五四运动 ………………………………………… 肖东发
五四运动有多重要 ……………………………………………… 杨奎松
新文化是如何"运动"起来的 …………………………………… 王奇生
百年中国社会变迁与儒家文化的命运
　　——兼评"五四" …………………………………………… 卢晖临
"五四"新文化主题与李大钊的"物心两面改造"方案 ………… 刘志光
关于五四运动的几个问题 ……………………………………… 沙健孙
中西价值观的渊源与比较:家—国—天下 …………………… 辜正坤
儒、道、佛三位一体与中国人的文化精神结构 ………………… 樊　浩
决定中国命运的"五四"一代 …………………………………… 张　永
五四背景下的中国民俗学 ……………………………………… 王　娟
从京剧舞台看五四思潮的社会局限性 ………………………… 罗检秋
俄国十月革命后孙中山对辛亥革命的反思 …………………… 徐万民
成长·成才·成功 ……………………………………………… 孙祁祥
人道和自由:社会治理的最高道德原则 ……………………… 王海明